财政部和农业农村部：国家现代农业产业技术体系资助

# Python 编程在农业科技创新中的应用

唐荣华　蒋　菁　贺梁琼　等　著

科 学 出 版 社

北　京

## 内 容 简 介

本书以科学试验数据为例，通过针对性示例代码详细地介绍 Python 在数据保存、统计等数据分析中的应用，主要内容包括字符串、浮点数等 Python 基本数据对象，列表、元组、字典、集合等 Python 原生数据容器及方法，以及 NumPy、SciPy、pandas 等科学计算第三方模块增强型数据容器及方法或函数在数据分析应用中的作用；Python 基本结构单元函数与类的构建和使用方法；正则表达式模块 re 在处理生物信息等文字数据中的应用；os、json、csv 等内置模块、第三方模块 python_docx 等在试验数据文件处理和分析报告编写中的应用；人机互动应用程序界面构建和事件响应；自主研发的“花生结荚区平衡集中精准施肥软件”、“作物新品种区域试验数据分析软件”和“全基因组序列查找软件”等具有自主知识产权软件的开发方案及源代码。

本书内容丰富，突出高效数字化处理编程语言在科学试验数据分析应用中的作用，有助于提升科技工作者的思维和数据分析应用能力，实用性和可操作性强，可供农业等行业的科技工作者、院校师生参考使用。

**图书在版编目(CIP)数据**

Python 编程在农业科技创新中的应用 / 唐荣华等著. -- 北京: 科学出版社, 2025. 8. -- ISBN 978-7-03-080606-2

Ⅰ. F303.2-39

中国国家版本馆 CIP 数据核字第 2024UJ7833 号

责任编辑: 陈 静 霍明亮 / 责任校对: 胡小洁

责任印制: 师艳茹 / 封面设计: 迷底书装

科学出版社 出版

北京东黄城根北街 16 号

邮政编码: 100717

http://www.sciencep.com

北京建宏印刷有限公司印刷

科学出版社发行 各地新华书店经销

*

2025 年 8 月第 一 版 开本: 787 × 1092 1/16

2025 年 8 月第一次印刷 印张: 27

字数: 637 000

**定价: 248.00 元**

(如有印装质量问题, 我社负责调换)

# 著作委员会名单


**主　　著**　唐荣华　蒋　菁　贺梁琼

**副 主 著**　韩柱强　单世华　王兴祥　庄伟建　李春娟

**其他作者**　张　翔　张　正　刘　娟　张　昆　邹晓霞
赵新华　晏立英　曲明静　陈玉宁　唐秀梅
吴海宁　黄志鹏　李明灌　蒋相国　孙　伟
陈荣华　陈剑洪　符明联　高华援　于树涛
冯恩友　钟瑞春　吴春玲　李　忠　陈　华
杨方舟　熊　军　赵传志　郑奕雄　杨天锦
郑　希　张　冲　杨　彬　蔡铁成　黄拔程
夏　晗　秦国兵　陈庆政　唐　娟　唐秀桦
高忠奎　覃夏燕　刘海东　李博胤　郑　浩
杨祖丽　王伟程　舒兴香　王玉荣　潘教文
张宗急　黄伟信　毛玲莉　祁俊程　陈远权
钟　丽　冯建强　庄小燕　赵小波　何博济

**审稿人员**　唐荣华　蒋　菁　贺梁琼

# 序　言

作为花生科研同行，我和本书作者唐荣华先生已相识 30 多年。他给我最深的印象是干一行爱一行，热爱学习、善于学习，创新意识强，工作充满激情。在前辈蔡骥业老先生的带领下，他所在团队历经 15 年不懈努力，于 2020 年通过种间杂交三倍体育种途径育成了高产高油花生良种——桂花 22，并通过种间杂交的其他倍性育种途径相继育成了桂花 26、桂花 30 等品种，在花生种间杂交育种领域成绩斐然。自 2008 年加入国家花生产业技术体系后，他带领团队研发了可大幅度提高花生单产的“花生结荚区平衡集中精准施肥技术”和有助于解决糖、油争地矛盾，扩大花生面积的“甘蔗宽行丛生栽培套种花生技术”，在推动华南地区花生扩面提质增效方面发挥了重要作用。

荣华同志爱学习、善钻研在业内是颇为出名的，然而当获悉拥有农学专业背景的他竟然撰写出编程方面的专著时，还是让我颇感意外，毕竟隔行如隔山嘛，其在学习钻研新知识方面所花费的心血也就可想而知了。他研发的施肥软件能根据目标产量、土壤化验值即时自动计算出当前耕地所需要施用的肥料品种和用量，并自动把施肥配方和施肥方法等内容输送到 WPS 文档中供用户参考。在同行专家协助下，软件的功能不断完善，正广泛用于科学试验和生产指导，是花生科技的一大进步。因此，我对荣华同志充满了敬佩，他以自己的巨大付出为我们国家花生产业技术体系增添了光彩。

该书也许是第一部由花生专家撰写的编程著作。该书最大的特点：一是由从事农业科研的专家撰写，这与计算机专家撰写的思路和视野可能有所不同，使其更具有亲近感和操作性；二是该书不仅用来自科研、生产一线的试验数据说明 Python 编程语言特点和功能，更是公布了作者付出多年心血完成的“花生结荚区平衡集中精准施肥软件”等软件的源代码，充分体现了作者的共享发展理念和宽广的胸怀，可以让读者站在前人的肩膀上走得更快更远。

希望该书的出版，可以让更多农业科研工作者掌握 Python 编程语言，学习运用编程技术，在各自的研究领域开发出更多的应用软件，推动科技创新工作实现数字化升级，取得更多原创性科技成果。

中国工程院院士

国家花生产业技术体系首席科学家

2024 年 5 月 18 日

# 前 言

当前，新一轮科技革命和产业变革如火如荼，数字化转型已经成为大势所趋。自 1989 年金山创始人求伯君推出 WPS1.0 以来，WPS Office 功能不断完善，把最简单高效的办公体验带给众多个人、家庭和组织，这是本人经历的完美国产替代案例，自从 2005 年起一直使用；最近几年，华为突破国外的技术封锁，研发出世界第三大移动操作系统——鸿蒙系统，原生鸿蒙应用不断增加，让国人倍感自豪。这些案例说明只要国人有信心，敢于拼搏，科技创新一定能实现从跟跑到并跑、领跑的转变。近年来，大模型在人工智能领域取得了令人瞩目的重大进展，现代社会已经进入数字化和智能化时代。但在我国农业等领域，还有相当大部分科技人员只限于常规办公软件的使用和网页浏览，常用专业软件以国外软件为主，对软件开发更是陌生，因此提高科技人员数字化应用研发能力迫在眉睫。

本人作为长期从事花生新品种和新技术研究的科研人员，特别是自 2008 年受聘为国家花生产业技术体系岗位科学家以来，在科技创新和服务农业生产中，深感工具落后对科研和生产的严重影响。例如，生产上大面积花生由空果引起大幅度减产甚至绝收，种植户损失惨重，都是良种良法不配套特别是施肥不科学引起的，但依靠传统技术指导难以实现真正的良种良法配套。

三年新冠疫情之初，本人在学习强国 APP 上，学习了北京理工大学嵩天老师的“Python 语言程序设计”课程，接触到简洁、功能强大、易掌握的编程语言 Python，深感相识恨晚。经过 3 年多的编程学习和实践，编写出“花生结荚区平衡集中精准施肥软件”等实现花生良种良法配套的数字化应用工具，在科研和生产上得到广泛应用。作为一个年满 55 岁才开始学习编程的农业科技工作者，在软件开发上取得了一定成绩，相信其他科技工作者只要有兴趣，肯定会做得更好。本人带领团队成员在全国花生同行的大力支持下，结合科研工作实践撰写本书，希望通过抛砖引玉能让更多的科技人员学会编程，在科技创新上取得更大成绩。

限于作者水平，书中难免有疏漏之处，恳请读者不吝指正。


唐荣华

国家花生产业技术体系岗位科学家

广西壮族自治区农业科学院二级研究员


2024 年 5 月 3 日于南宁

# 目　录

# 第 1 章　Python 语言的安装和开发环境

## 1.1　Python 安装

使用 Python 语言编程，需要先安装 Python 程序，建议到 Python 官网（https: //www.python.org/downloads/）下载 Python 安装程序，建议选择 Python 3 系列版本。

以微软 Windows 系统为例，Windows 7 及更低版本可以选择安装 Python 3.8 及以下的版本，Windows 10 及以上版本建议安装 Python 3.8 及以上版本，但要考虑与第三方依赖包的兼容性。Python 同一版本号包含 64 位和 32 位两个版本，Python 32 位和 64 位的主要区别在于系统兼容性与内存大小限制。Python 64 位只能在 64 位系统上运行，不能在 32 位系统上运行，而 Python 32 位可以在 32 位和 64 位系统上运行。如果需要把脚本编译成可执行程序并安装在 32 位 Windows 7 计算机上运行，那么需要安装 Python 3.8 及以下的 32 位版本，32 位版本 Python 3 内存限制为 2GB，打开文件或导入的数据占用的内存需小于 2GB，另外，用 32 位版本 Python 3 生成的可执行程序小于 64 位版本 Python 3 生成的可执行程序；如果需要打开超过 2GB 的单个文件，如打开大于 2GB 的作物基因组序列文件，32 位 Python 解释器就会因内存问题而停止运行，这时就需要安装 64 位的 Python 3。

## 1.2　开 发 环 境

Python 自带的集成开发和学习环境（Python's integrated development and learning environment，IDLE）有两种操作模式：一种是脚本编辑模式，这个模式相当于一个文本编辑器，可以先编写程序代码，再运行或测试，这是编程的主要方式；另一种是交互模式，输入一行或多行代码后立即执行，即时看到运行结果，一般在验证个别语句或函数运行效果时使用。

本书主要在 32 位 Python 3.8.10 的 IDLE 中编写和运行代码，部分示例代码在 Python 3.12.0 的 IDLE 中编写和运行。安装成功后，会在开始菜单生成集成开发环境 IDLE 等快捷菜单，打开 IDLE 后，在选项菜单选择 IDLE 设置，设置字体、文字高亮格式、IDLE 启动界面等，可以先熟悉各项菜单功能后再使用，在 help 菜单中有相关的帮助内容。

另外，第三方提供了功能更完善的集成开发环境，如 Anoconda 中的 Spyder 等，用户可在熟悉官方程序后尝试其他的开发环境。

## 1.3　进入 Python

在开始菜单或桌面单击 IDLE（Python 3.8 32-bit）快捷菜单，默认设置会打开交互式窗体，也可在选项（Options）菜单中设置首先打开的是脚本编辑窗体。

### 1.3.1　交互式窗体

如果显示的窗体名称为 IDLE Shell 3.8.10，那么表示进入的是交互式窗体，可以直接在代码输入区输入表达式或其他语句，单击键盘的 Enter 键即时反馈处理结果。

```
IDLE Shell 3.8.10                                                    —   □   x
File   Edit   Shell   Debug   Options   Window   Help
Python 3.8.10 (tags/v3.8.10:3d8993a, May    3 2021, 11:34:34) [MSC v.1928 32 bit (Intel)] on win32
Type "help", "copyright", "credits" or "license()" for more information.
>>> 3+6
9
>>> print('您好！欢迎使用 Python！')
您好！欢迎使用 Python！
```

也可以在 Windows 命令提示符窗体，输入 `python` 进入 Python 解释器交互环境，运行 Python 代码，作用与 IDLE Shell 相同。

菜单下显示的内容说明如下：

第一行显示 Python 版本等信息，安装的是 3.8.10 版（32 位）；

第二行显示提示信息，键入相关命令，获取帮助、版权和许可等信息；

第三行起始位置有连在一起的 3 个英文大于符号 `>>>`，是提示输入代码或语句的位置，这个提示符可以在设置中自定义，而在 3.11 及更新版本中这个提示符放在代码框外面。

读者可以在 `>>>` 后输入 3+6 回车看一下，是不是显示 9 呢？你可以把它当成计算器，试试各种算术计算。还可以输入 `>>>print('您好！欢迎使用 Python!')`，会在窗体打印这句话，但要注意括号和引号均为英文的半角符号，否则回车会报错。在交互式窗体中，通过导入自带或第三方模块中的函数等对象，或自定义函数或类，完成更复杂的功能。

### 1.3.2　脚本编辑窗体

在 IDLE 的 File 菜单通过单击 New File 可以打开一个空白代码文件，通过 Open 或 Recent Files 打开一个已经保存的扩展名为 py 的代码文件，打开的窗体为脚本编辑窗体，其窗体名称为 untitled（新建文件）或文件名及完整路径（已经保存的文件）。

```
untitled                                                             —   □   x
File   Edit   Format   Run   Options   Window   Help

```

脚本编辑窗体可以按照 Python 语法来写入代码（无输入提示符，也不会即时显示运算结果），在添加代码后，单击 Run 菜单的 Run Module 按钮，提示保存为一个.py 文件后，运行该文件（module）中的代码，通过代码中的 `print` 函数可以把计算结果打印在交互式窗体内，也可以通过编写代码将相关结果输出到应用程序界面文本框或保存到文件中。将下面示例文件保存为“演示代码.py”。

```
演示代码.py-C:\Users\trong\Desktop\演示代码.py                — □ x
File  Edit  Format  Run  Options  Window  Help
a = 3+6
print(a)
print('您好！欢迎使用 Python！')
```

运行后在交互式窗体显示如下信息：

```
IDLE Shell 3.8.10                                              — □ x
File  Edit  Shell  Debug  Options  Window  Help
Python 3.8.10 (tags/v3.8.10:3d8993a, May  3 2021, 11:34:34) [MSC v.1928 32 bit (Intel)] on win32
Type "help", "copyright", "credits" or "license()" for more information.
==================== RESTART: C:/Users/trong/Desktop/演示代码.py ====================
9
您好！欢迎使用 Python！
```

其他第三方集成开发环境如 Spyder，则在同一窗体显示脚本编辑窗体和交互式窗体，左半部为脚本编辑窗体，右半部为交互式窗体，功能更丰富，能更方便编写和验证代码。

# 第 2 章　应用内置数据对象处理试验数据

软件开发就是利用编程语言编写程序代码，对数字、文字等各种类型的数据进行运算或加工，输出处理结果，而计算机的高速处理能力非人类自身所能及。Python 编程语言结构简单、条理清晰、功能强大，是没有任何编程基础的读者都可以掌握的一门编程语言。科技人员等读者可以利用 Python 语言高效解决面临的所有计算或数据处理问题，如各种数学、工程运算、田间试验、生物信息和常规文字信息分析等。

## 2.1　Python 语言处理试验数据的基本语法

Python 语言是一门高级语言，基础语言是英文，通过国际通用语言统一码（unicode）兼容中文等世界上多数语言文字。Python 语言的所有变量、数据对象都是通过操作符和保留字按照一定规则构成语句进行运算的。本节简要介绍 Python 语言的基本语法，详细语法请参考 IDLE 的帮助菜单中的 Python Docs 链接的文档相关章节内容和网络上的资料。

### 2.1.1　语句、对象和变量

将 Python 语言代码中能完成指定功能的句子称为语句，如 `3+6`、`print('您好!')` 等。Python 语言是比较接近人类自然文字结构的编程语言，其语句由专用文字（如 if、elif、else、try 等，也称为保留字)、操作符（如 `+`、`-` 、`*`、`/`等）、部分英文标点符号按照一定语法规则构成，能对各种类型数据进行高速计算并输出处理结果。Python 语言可以分为单行语句（包括由续行符（反斜杠\）连起来的多行语句)、复合语句（由保留字组织完成一个较复杂功能的多行语句，如函数、类等）。单行语句可以独占一行，也可以通过英文分号把多个相同范围的语句合并在一行。如果一行只有一句，那么句子末尾可以有分号，也可以没有。

Python 语言是面向对象的程序语言。Python 语言的对象主要为函数和类。Python 对象的命名规则为对象名由英文字母、汉字等语言文字及下划线组成，不能有空格、转义符和操作符等符号，名字的首字母不能为数字，对象名不能和保留字相同，Python 对大小写敏感，字母一样大小写不一样就是不同的对象，名字的长度不限。将由 `def+` 函数名定义和所属的多个单行语句来完成特定功能的代码块称为函数，将由 `class+` 类名定义和所属的多个单行语句、函数的代码块称为类。类对象是对自然对象的抽象化，通过属性或方法，对自身或其他对象进行设置和改变，如试验对象有编号、类型、性状等属性，还有性状赋值、性状值计算等方法，具体定义方法参考后续有关章节示例。Python 语言的类（class)，包括整数、小数、字符串等各种内置的基本数据对象和列表、字典等数据容器对象，以及第三方（用户、个人或组织）自定义的类。类对象可以只包括属性或方法，也可以同时包含属性和方法，方法就是属于类的函数。所有需要计算的对象都是类对象的实例，如 `3+6` 中 `3` 和 `6` 都是整数（`int`）对象的实例，“`+`” 号为操作符。其程序代码由数据对象（整数、浮点数、字符串、列表、元组、字典等内置类对象和第三方定义的对象)、保留字(该语言的基本词汇，如 in 、True 等)、操作符组成语句。其他更高级的对象称为模块和包，属于一个文档的代码称为模块(module)，多个具有功能联系的模块组成代码包(package)，一般保存在同一个文件夹中。每一个模块有一个 __name__ 属性，执行代码功能模块的 __name__ 默认为 __main__，其他从属模块的 __name__ 为其文件名，通过 import 可以导入其他模块中的函数等对象。

变量用于表示 Python 总体对象的一个实例。Python 一般需要把各种数据对象的实例赋值给一个变量进行运算。如“含油量 =56.12”，称为赋值语句，意思是把浮点数类的实例“56.12”赋值给变量“含油量”，变量“含油量”目前的值为 56.12。Python 的灵活性在于变量“含油量”的值及类型都可以根据需要改变，整数、浮点数、字符串等类型数据在不同时刻可以分别赋值给这个变量。

所有变量均具有编号、类型和值三个属性。编号可以理解为其内存地址，创建后就不会更改，可以用操作符 is 判断两个对象是不是同样的，用 id(对象)函数返回其身份编号；对象类型决定了其运算方式和特性，用函数 type(对象)返回其类型；变量的值可以在创建时直接赋予，也可以通过赋值符号“=”在其他时间重新赋予。

英文短下划线 _ 的作用：下划线 _ 在对象名字中间只代表下划线，但当下划线单独存在时，如果下划线在交互式窗体，那么代表最后一次计算并没有赋值给一个命名变量的计算结果的默认变量名；当对象名字前面只有一个下划线时，表示该对象不能通过 import 保留字导入；当对象名只有开始两个字符为下划线时，表示类对象的私有属性或方法，只能在类的内部有效，不能在外部取值或调用。而当对象的属性或方法名前后都有两个下划线时，表示这类属性或方法是由 Python 解释器或标准模块内置的，用户一般不需要调用。

上述的相关 Python 基本语法功能在交互式窗体的示例代码如下(注：本书所有示例代码均在紧接着相关正文的代码显示区。其中，在交互式窗体示例代码中，第一行含有 Python 版本等信息的交互式窗体代码是新建的，其他无版本信息的交互式示例代码均表示在原打开的交互式窗体内继续运行，而脚本编辑窗体示例代码另有说明)：

```
Python 3.8.10 (tags/v3.8.10:3d8993a, May  3 2021, 11:34:34) [MSC v.1928 32
    bit (Intel)] on win32Type "help","copyright", "credits" or "license()"
    for more information.
>>> 含油量 = 56.12 #把值56.12赋值给变量含油量
>>> 含油量 #交互式窗体直接显示变量含油量的值56.12
>>> 小区 1, 小区 2, 小区3=12.1,12.3,11.9 #随机区组试验某一品种在三个重复的小区产量
>>> 小区 1+ 小区 2+ 小区3 #三个重复的小区产量之和为36.3
>>> _ #三个重复的小区产量之和没有赋值给某个指定变量，默认赋值给通用变量_36.3
```

如果要在脚本编辑窗体写代码，而起始窗体为交互式窗体，需要在文件(File)菜单单击 New File 按钮，新建一个.py 文件或单击其他按钮打开一个已经保存的文件，在其中写入或修改代码，脚本编辑窗体示例代码如下(注：Python 脚本代码均在脚本编辑窗体编写，需保存到一个.py 文件才能运行，脚本编辑窗体无版本信息，只有代码，返回值可在运行后的交互式窗体显示)：

```
含油量 = 56.12 #把值56.12赋值给变量含油量
```

```
print('含油量：',含油量) #打印变量含油量的名称和值
小区1,小区2,小区3=12.1,12.3,11.9
#随机区组试验某一品种在三个重复的小区产量分别赋值给变量小区1、小区2和小区3
合计 = 小区1+小区2+小区3 #计算三个重复的小区产量之和，并赋值给变量‘合计’
print('合计：',合计)  #打印变量合计的名称和值，将单引号内的文字称为字符串并原样打印
```

在 Run 菜单中单击 Run Module 按钮，提示保存文件，选择一个位置和文件名保存该文件，然后在交互式窗体显示如下输出结果：

```
=========== RESTART: C:/Users/trong/Desktop/示例代码.py==========
含油量：  56.12
合计：  36.3
>>>
```

### 2.1.2　操作符

数字、文字等信息，在编程语言中统称为数据，数据运算包括算术运算、比较运算、赋值运算、逻辑运算、成员运算、身份运算等，操作符就是代表不同运算方法的符号。

1. 算术运算符

Python 编程最简单的使用方式就像计算器一样，输入一个单行算式就能获得计算结果，可以在 IDLE 的交互式窗体使用。Python 语言的加、减、乘、除的符号分别为 +、-、* 和/，与一般的数学运算符号相似，乘方和开方的符号都为 **，如 4 的开平方为 4**0.5。Python 语言中的 + 不仅能加数字，还能加字符串、列表和元组（后面章节将进行介绍），乘号 * 也能用于字符串、列表和元组。另外，“//” 返回商的整数部分（向下取整），“%” 返回除法的余数，这些符号的功能参见下面的交互式窗体示例代码：

| | | |
|---|---|---|
| >>> a=6;b=8;c=16<br>>>> a+b<br>14<br>>>> a+b-c<br>-2 | >>> a*b+c/b-a<br>44.0<br>>>> a**b<br>1679616 | >>> 16**0.5<br>4.0<br>>>> c//53<br>3<br>>>> c%5<br>1 |

2. 比较运算符

比较运算符用于判断两个数据的关系，若关系成立，则返回 True；否则，返回 False。Python 语言中的等号（=）表示把等号右边的数据赋值给等号左边的变量。若两个数据相等，则用双等号（==）表示；若两个数据不相等，则比较符为“!=”。其他比较符与常规的算术比较符相似，大于为“>”，大于等于为“>=”，小于为“<”，小于等于为“<=”，这些比较符不仅能判断两个数值的关系，还能判断两个文字数据之间的关系，也能判断数据容器对象（列表、元组和集合）间的关系，但不支持字典数据对象的比较。这些比较符的功能参见下面的交互式窗体示例代码：

```
>>> a=30;b=60;c=60
>>> a>b
False
>>> a<=b
True
>>> b==c
True
>>> c>=a
True
>>> a!=b
True
```

```
>>> a==c
False
>>> '计算机'>'书桌'
True
# 文字根据其 Unicode 码点比较

>>> ord('电');ord('书')
30005
20070
>>> # 数据容器对象比较
>>> L1=[2,3,4];L2=[5,6,7,8];
>>> L3=[5,6,7,8]
```

```
>>> L4=[12,13,14,15]
>>> L1<L2
True
>>> L2<L4
True
>>> L2==L4
False
>>> s1=(3,5);s2=(5,6)
>>> s1>s2
False
>>> s1!=s2
True
```

3. 赋值运算符

最简单的赋值符号是“=”，表示让左边变量的值等于其右边的值，左边只能是一个变量名，右边可以是具体数据或是另一个已经赋值的变量。另外，在等号“=”前面加上前面所述的算术运算符，表示两边的变量（值）进行相关的算术运算再把运算结果赋值给左边的变量。赋值运算符功能参见下面的交互式窗体示例代码：

```
>>> a=20;b=60;c=3 #为 a、b、c 三个变量赋值
>>> a += b #把 a+b 的和赋值给 a
>>> a
80
>>> a -= b #把 a-b 的计算结果赋值给 a
>>> a
20
```

```
>>> a *= c #把 a*c 的计算结果赋值给 a
>>> a
60
>>> a /= c #把 a 除以 c 的商赋值给 a
>>> a
20.0
```

4. 逻辑运算符

逻辑运算符有 and、or 和 not，它们的含义如表 2-1 所示。

**表 2-1 逻辑运算符的含义**

| 运算符 | 逻辑表达式 | 描述 |
|---|---|---|
| and | x and y | “与”：如果 x 为 False，那么返回 False；否则，返回 y 的值 |
| or | x or y | “或”：如果 x 和 y 都是布尔值，有 True 就返回 True；如果 x 为 False，那么返回 y 的值。如果 x 不是 0 或 None 等空白值，那么返回 x |
| not | not x | “非”：如果 x 为 True 或是一个非空白的数据，则返回 False；如果 x 为 False 或空白的数据（如 None，''），那么它返回 True |

逻辑运算符的功能参见下面的交互式窗体示例代码：

```
>>> a=10;b=20;c=True;d=False
>>> a and b #a 为 True，返回 b
20
>>> c and b #c 为 True，返回 b
20
>>> d and b #d 为 False，返回 d
False
```

```
>>> a or b
10
>>> c or d
True
>>> d or c
True
>>> d or b
20
```

```
>>> not a
False
>>> not c
False
>>> not d
True
```

5. 成员运算符

在 Python 语言的数据容器对象中，如列表、元组、集合和字典，以及基本数据类型字符串都包含一个或多个元素，判断这些对象是否包含指定的元素（一个或多个），Python 语言用 `in` 或 `not in` 操作符进行判断，若成立，则返回 `True`；否则，返回 `False`。成员运算符的功能参见下面的交互式窗体示例代码：

```
>>> list_s1 = [1,2,3,4,5,6,7];
>>> list_s2=[1,2,3]
>>> 5 in list_s1
True
>>> 5 in list_s2
False
>>> list_s2 in list_s1
False
>>> 5 not in list_s2
True
>>> tuple_s1 = (5,6)
```

```
>>> 5 in tuple_s1

True
>>> set_s1 = 'text','brain','computer'
>>> 'text' in set_s1
True
>>> dict_s1='a':5,'b':6,'c':7 # 字典数据
>>> 'a' in dict_s1
True
>>> 'a' not in dict_s1
False
```

6. 身份运算符

身份运算符（`is` 和 `is not`）用于比较两个变量的存储地址是否一样，存储地址一样的两个变量名表示其值是一样的。相关示例见下面的交互式窗体代码：

```
>>> a=20;b=20;c=[2,3];d=[2,3]
>>> a is b # 基本数据类型值一样的变量存储
地址相同
True
```

```
>>> c is d #c 和 d 元素相同，但存储地址不同
False
>>> a is not b
False
```

7. 运算符优先级

在同一个表达式中，与数学的规则相似，括号里的运算最优先，其次是乘方运算，再其次是乘除运算，最后是加减运算。相关示例见下面的交互式窗体代码：

```
>>> a=3;b=4;c=5
>>> d = (a*b+5)-(a*b**c-(c//a*b-c%a))
```

```
>>> d
-3053
```

### 2.1.3 保留字

Python 语言的保留字指 Python 语言内置具有特殊用途、程序员不能用作变量等名称的一些单词，即 Python 语言的基本词汇，有 35 个英文单词（表 2-2）。

**表 2-2 Python 语言保留字**

| | | | | |
|---|---|---|---|---|
| True | try | return | is | for |
| False | except | raise | in | from |
| if | finally | as | del | None |
| elif | import | assert | global | lambda |
| else | pass | async | nonlocal | not |
| continue | class | await | while | with |
| break | def | and | or | yield |

Python 语言大小写敏感，保留字在编程窗体中会自动地用特殊的颜色与其他字符区别开；如果改变了这些保留字的字符大小写，那么就不是保留字了，可以作为对象的名字。

单行语句就是一行代码（包括用续行符（\）连起来的数行语句），由保留字、数据对象、操作符组成，表达或完成特定功能。

多行语句是由保留字、数据对象、操作符组成的多个单行语句共同完成特定功能的语句，一般由特定的保留字组合形成多行语句，如由 `def` 构建函数，由 `class` 构建类，由 `try···except···else···finally` 等保留字构建的多行语句。本节介绍部分保留字的功能。

1. import 和 from

模块导入语句，`import` 直接导入整个模块，`from` 与 `import` 搭配，可以从一个模块导入指定的子模块或函数或对象，如 `from tkinter import Text`（从 `tkinter` 模块中导入文本编辑器 `Text`）。

2. async 和 await

`async` 表示协程函数，定义函数时在 `def` 前面加上 `async`，即 `async def func_name()`，执行协程函数只能返回协程对象，不会执行协程函数的内部代码，执行协程函数的内部代码必须把协程对象交给事件循环处理；`await` 表示等待可等待对象（协程对象、`Future`、`Task` 等）返回结果，才会继续执行后续代码。

下面在脚本编辑窗体构建一个示例程序，演示 `async` 和 `await` 两个保留字的功能，示例代码如下：

```
import asyncio #导入asyncio模块
import time #导入time模块
async def show_act(delay_time,act_name): #构建show_act函数
    await asyncio.sleep(delay_time)  #等待asyncio.sleep执行完
    return act_name
async def main():
    print("开始时间：{}".format(time.strftime('%Y年%m月%d日 %X')))
    #打印开始时间
    act1 = await show_act(1,'开始') #等待show_act执行完
```

```
    print(act1)
    act2 = await show_act(2,'结束')
    print(act2)
    print("完成时间: {}".format(time.strftime('%Y年%m月%d日 %X')))
    #打印结束时间
>>>asyncio.run(main()) #把协程对象交给asyncio执行
```

把上述代码保存为“asyn.py”，运行后在交互式窗体显示如下结果：

```
Python 3.8.10 (tags/v3.8.10:3d8993a, May  3 2021, 11:34:34) [MSC v.1928 32
    bit (Intel)] on win32
Type "help", "copyright", "credits" or "license()" for more information.
>>>
============ RESTART: C:/Users/trong/Desktop/asyn.py ===========
开始时间: 2023年11月06日 15:46:35
开始
结束
完成时间: 2023年11月06日 15:46:38
```

3. assert

该关键字后面跟一个表达式，当表达式返回结果为 True 时，继续执行后面的语句；当返回结果为 False 时，发生 AssertionError 错误，程序终止运行，以避免程序崩溃。assert 表达式后还可以添加由英文逗号隔开的字符串信息，对错误类型进行说明。assert 功能演示参见下面的交互式窗体示例代码：

```
>>> def add(list_data): #对一个列表数据进行和计算
        y = 0
        for item in list_data:
            assert item > 0,'值为负数' #要求列表中的元素大于0
            y = y + item
        return y
>>> sum_result = add([5,6,7,-1])
Traceback (most recent call last):
  File "<pyshell#7>", line 1, in <module>
    sum_result = add([5,6,7,-1])
  File "<pyshell#6>", line 4, in add
    assert item > 0,'值为负数' #要求列表中的元素大于0
AssertionError: 值为负数
>>> sum_result = add([5,6,7])
>>> sum_result
18
```

4. try、except、else 和 finally

这 4 个保留字常常组合使用。先尝试执行属于 try 的语句，出错时执行属于 except 的语句，对时继续执行属于 else 的语句，属于 finally 的语句对错都会执行，因此，try

可与 except 单独搭配完成异常处理功能，也可与 finally 单独搭配完成异常处理功能。4 个保留字的功能演示参见下面的交互式窗体示例代码：

```
Python 3.8.10 (tags/v3.8.10:3d8993a, May  3 2021, 11:34:34) [MSC v.1928 32
   bit (Intel)] on win32
Type "help", "copyright", "credits" or "license()" for more information.
>>> def text_to_decimal(x):#创建一个处理文本型数字转换为数字的函数
        try:
                value = float(x)
        except Exception as e:
                print(e) #显示系统给出的错误信息
                print('\'{}\'不是一个可转换为数值的字符串'.format(x))
                    #自定义错误信息
                value = None #如果转换不成功，则输出空值
        else: # try语句无错误时额外执行的语句
                print('\'{}\'是一个字符串数字'.format(x))
        finally: #总是执行的语句
                print('已经执行完text_to_digit函数')
                return "'{}'转换结果为：{}".format(x,value)
>>> result = text_to_decimal('3.14')
'3.14'是一个字符串数字
已经执行完text_to_decimal函数
>>> print(result)
'3.14'转换结果为：3.14
>>> result = text_to_decimal('3.14k')
could not convert string to float: '3.14k'
'3.14k'不是一个可转换为数值的字符串
已经执行完text_to_digit函数
>>> print(result)
'3.14k'转换结果为：None
>>># try与except单独搭配
>>> try:
       y=8/0
    except Exception as err:
       print(err)
division by zero
>>> try:
       y=8/0
    finally:
       print('执行完毕try、finally复合语句')
执行完毕try、finally复合语句
```

5. lambda

在 Python 中有两种函数，一种是 def 定义的函数；另一种是 lambda 函数，也就是大家常说的匿名函数，格式为

lambda argument:expression

lambda 保留字可以构建一个单行语句。参数 argument 可以是逗号分隔的参数，或是带默认值的参数，或是 *args 或 **kwargs。表达式只能为一行语句能完成的计算公式等。可以把 lambda 函数赋给一个变量（如 y）。lambda 功能演示参见下面的交互式窗体示例代码：

```
>>> a,b,c = 2,3,4
>>> y = lambda a,b,c:a+b+c #该函数有a, b, c共3个参数，返回3个参数的和
>>> y(a,b,c) #执行lambda函数
9
>>> y = lambda *args:sum(args);
#该lambda函数的参数为一个可变序列对象，返回参数中所有元素之和，要求元素值都为数值
>>> args=[2,3,4];y(*args) #把一个列表赋值给变量args，并执行函数
9
>>> y = lambda **kwargs:kwargs['x']+kwargs['y']+kwargs['z']
#该lambda函数返回字典值之和
>>> y(x=5,y=6,z=7) #**表示函数的参数为赋值参数，程序识别为字典的键值对
18
```

可以把 lambda 函数作为参数传递给其他函数，下面是 3 种 lambda 函数与内置函数配合的高级应用。

1）作为 map 函数的一个参数

map() 会根据提供的函数对指定序列进行映射，格式为

map(function,iterable, ···)

第一个参数是函数；iterable 参数是一个或多个序列数据；map 可以根据函数的参数情况逐一调用序列中的元素并将其作为函数的参数，并返回函数运算结果的迭代器。示例代码参见下面的交互式窗体：

```
>>> y = lambda x:x**2 #该lambda函数求参数 x 的平方值
>>> result = map(y,[4,5,6]) #y通过 map 函数对应地求第二个列表参数中元素的平方值
>>> result #map函数返回的是一个迭代器
<map object at 0x038F8208>
>>> result.__next__() #用迭代器的__next__方法或用next函数返回第一个值
16
>>> list(result) #用list函数返回其余的值列表
[25, 36]
>>> y = lambda a,b:a+b # 该lambda函数返回参数a, b的和
>>> result = map(y,[2,3,4],[5,6,7])
#通过y返回第二个列表参数和第三个列表参数对应元素的和
>>> list(result) #转换迭代器对象为列表
[7, 9, 11]
```

2）作为 sorted 函数的一个参数

lambda 函数可以指定 sorted 函数用于排序的 key 参数。示例代码参见下面的交互式窗体：

```
>>> 含油量_list = [('桂花22',54.6),('桂花36',55.2),('桂花57',50.8),('桂花58',
    51.36)]
>>> sorted(含油量_list,key=lambda x:x[1])
[('桂花57', 50.8), ('桂花58', 51.36), ('桂花22', 54.6), ('桂花36', 55.2)]
>>> 含油量_dict = {'桂花22':54.6,'桂花36':55.2,'桂花57':50.8,'桂花58':51.36}
>>> sorted(含油量_dict,key=lambda x:含油量_dict[x])
#字典的值排序，返回对应的键列表
['桂花57', '桂花58', '桂花22', '桂花36']
>>> sorted(含油量_dict,key=lambda x:含油量_dict[x],reverse=True) #降序排序
['桂花36', '桂花22', '桂花58', '桂花57']
```

3）作为函数 filter 的参数

用于设置 filter 函数的筛选条件，示例代码见下面的交互式窗体：

```
>>> filter_result = filter(lambda x:x%2==0,[1,2,3,4,5,6,7]) #返回一个迭代器
>>> while True:
        try:
            num = filter_result.__next__()
 #使用迭代器的__next__方法提取其中的值
        except:
            break
        print('迭代器中的元素：',num)
迭代器中的元素： 2
迭代器中的元素： 4
迭代器中的元素： 6
```

6. if、elif 和 else

这三个保留字组合使用可以形成多行条件判断语句块，用于满足不同条件或执行不同语句或完成不同功能，elif 可以在语句块根据选项多少不使用或多次使用。一般这三个保留字的条件语句各占一行，如果只有两个选项，可使用一行语句，如"y=10/x if x != 0 else None"，表示如果 x 不为 0，y 等于 10 和 x 的商，如果 x 等于 0，y 为 None。

下面通过花生含油量分级标准来说明这三个关键字的使用方法。花生品种根据籽仁含油量可以分为 5 级，1 级为极低含油量，5 级为极高含油量，具体分级标准如表 2-3 所示。

**表 2-3 花生含油量分级标准**

| 级别 | 1 | 2 | 3 | 4 | 5 |
|---|---|---|---|---|---|
| 定性 | 极低 | 低 | 中 | 高 | 极高 |
| 含油量/% | < 40 | ⩾ 40 且 < 50 | ⩾ 50 且 < 55 | ⩾ 55 且 < 58 | >58 |

从分级标准可以看出，如果含油量大于 58%，那么该类品种称为极高含油量，大于等于 55% 小于 58% 的含油量称为高含油量，以此类推。可以构建一个判断和定性评价品种

含油量高低的函数，根据分级标准编写代码，完成分级功能。示例代码参见下面的交互式窗体：

```
>>> def 含油量分级(含油量):
        分级 = ''
        if 含油量 > 58:
            分级 = '极高'
        elif 含油量 >= 55:
            分级 = '高'
        elif 含油量 >= 50:
            分级 = '中'
        elif 含油量 >= 40:
            分级 = '低'
        else:
            分级 = '极低'
        return 分级
>>> 花生品种含油量 = {'桂花22':55.25,'桂花36':53.53,'桂花58':51.04,
    '桂花红132':59.28}
>>> for 品种 in 花生品种含油量:
        含油量 = 花生品种含油量[品种]
        分级 = 含油量分级 (含油量)
        print('{}含油量为{}%, 为{}含油量品种'.format(品种, 含油量, 分级))

桂花 22 含油量为55.25%, 为高含油量品种
桂花 36 含油量为53.53%, 为中含油量品种
桂花 58 含油量为51.04%, 为中含油量品种
桂花红 132 含油量为59.28%, 为极高含油量品种
>>> 含油量分级(40.5)
'低'
>>> 含油量分级(39.5)
'极低'
>>> 含油量分级(55.32)
'高'
```

7. while

保留字 while 语句用于循环执行属于 while 的语句，即当 while 后面的表达式为 True 时，执行属于 while 的语句；当 while 后面的表达式为 False 时退出循环，如果有 else 语句就执行属于 else 的语句。当 while 后面跟 True 或者非空值时，都无限循环执行属于 while 的语句，可以通过键盘操作 ctrl+C 来中断循环，也可以在属于 while 的语句中设置条件，通过关键字 break 退出循环，另一个关键字 continue 则表示终止当次循环进入下一次循环。

```
Python 3.10.9 | packaged by Anaconda, Inc. | (main, Mar  1 2023, 18:18:15)
    [MSC v.1916 64 bit (AMD64)]
Type "copyright", "credits" or "license" for more information.
```

```
IPython 8.10.0 -- An enhanced Interactive Python.
>>>y = 0
>>>while y < 10: #while 后面的表达式若为True，则执行属于while的语句；若为False则退
   出循环，若有else，则执行属于else的语句
    print("y={}, 小于10，继续".format(y))
    y += 1
else:
    print(" y={},大于等于10，结束循环".format(y))
y=0，小于10，继续
y=1，小于10，继续
y=2，小于10，继续
y=3，小于10，继续
y=4，小于10，继续
y=9，小于10，继续
y=10,大于等于10，结束循环
```

8. **for 和 in**

Python 的 `for` 和 `in` 两个保留字结合使用可以遍历任何序列中的元素，如一个列表或者一个字符串。如果循环正常完成，不是因为 `break` 退出，那么可选执行属于关键字 `else` 后面的语句。

`[x for x in sequence]` 可以把任何序列转换为列表。该两个保留字组合使用的功能参见下面的交互式窗体示例代码：

```
>>> str_sample='遗传育种' #把 ‘遗传育种’ 4个字赋值给变量str_sample
>>> for item in str_sample: #遍历字符串对象中的元素
        print(item,end=',')      #打印遍历的元素，用逗号隔开
遗,传,育,种,

>>> tuple_data = '花生','玉米','水稻','甘蔗'
>>> for item in tuple_data:#遍历元组，这两个语句复制到交互式窗体会是正常的缩进
    print(item,end='、') #打印每个元素，用 ‘、’ 分隔花生、玉米、水稻、甘蔗、

>>> dict_data = {'花生':350,'玉米':800,'水稻':3700,'甘蔗':1200}
#广西壮族自治区几种作物的面积（万亩）
>>> for crop in dict_data: #遍历字典
        print(crop,dict_data[crop],end='; ')
    #打印作物名称及面积，用中文分号分隔
花生 350; 玉米 800; 水稻 3700; 甘蔗 1200;
# else关键字的配合使用
>>>for num in range(10,20):  # 迭代 10~20 的数字
        for i in range(2,num):
              if num%i == 0:
                    j = int(num/i)
                    print('{}等于{}*{}'.format(num,i,j))
```

```
                    break # 如果num可以被分解为两个数，则中断小for循环
        else:#若num为质数，则前面的小for循环执行完毕，再执行该关键字后面的语句
            print('{}是一个质数'.format(num))
10等于2*5
11是一个质数
12等于2*6
13是一个质数
14等于2*7
15等于3*5
16等于2*8
17是一个质数
18等于 2*9
19是一个质数
>>> [word for word in '广西壮族自治区农业科学院经济作物研究所']
['广', '西', '壮', '族', '自', '治', '区', '农', '业', '科', '学', '院',
'经', '济', '作', '物', '研', '究', '所']
```

9. and 和 or

同时满足给出的所有条件用 and，满足给出的条件之一用 or。

10. break 和 continue

在循环语句中，break 中断该循环，continue 表示停止执行 continue 后的语句，直接执行下一个循环。

11. pass

表示在 pass 位置不需要进行任何操作，直接执行其后的语句。

12. global

在函数内声明某个变量为全局变量。

13. nonlocal

在函数内声明某个变量为非本地变量。

14. with 和 as

当打开文件或保留数据到文件时，使用 with 和 as 的组合可以自动关闭文件对象，减少内存消耗。with 语句使代码更清晰、更具可读性，它简化了文件流等公共资源的管理。

如果按打开（open）、读取（read）和关闭（close）3 个步骤处理文件，当读取数据出现错误时，打开的文件对象不会自动关闭，会一直占用内存。通过如下包含 3 行语句的脚本文件，读取保存在作者电脑桌面的文本文件——数字经济.txt 内容，如果 open 函数的参数没有指定编码方式，则当使用 read 函数读取文件对象内容时会报错，打开的文件对象会一直占用内存。

```
数字经济 = open("C:\\Users\\trong\\Desktop\数字经济.txt",'r+') #如果不指定合适的
    编码格式, 如UTF-8
data = 数字经济.read() #读取文件数据会出现错误数字经济.close()
```

执行数字经济.py 文件，在交互式窗体出现如下结果：

```
Traceback (most recent call last):
  File "<pyshell#3>", line 1, in <module>
    data = 数字经济.read()
UnicodeDecodeError: 'gbk' codec can't decode byte 0xaf in position 14:
    illegal multibyte sequence
```

可以使用 `try···except···finally` 保留字组合处理异常，通过 `finally` 语句，无论是否发生异常，都关闭打开的文件对象，再次读取时显示打开的文件对象不存在了。Python 脚本代码如下：

```
数字经济 = open("C:\\Users\\HUAWEI\\Desktop\\数字经济.txt",'r+') #如果不指定合适
    的编码格式, 如UTF-8
try:
    data = 数字经济.read() #读取文件数据会出现编码错误
except Exception as err:
    print('错误原因:',err)
finally:
    数字经济.close()
data = 数字经济.read() #再次读取文件对象内容时会出现对象不存在错误
```

运行保存上述代码的 with.py 文件，在交互式窗体显示下列结果：

```
错误原因: 'gbk' codec can't decode byte 0x80 in position 56: illegal
    multibyte sequence
Traceback (most recent call last):
  File "C:/Users/HUAWEI/Desktop/with.py", line 8, in <module>
    data = 数字经济.read()
ValueError: I/O operation on closed file.
Traceback (most recent call last):
  File "C:/Users/HUAWEI/Desktop/with.py", line 8, in <module>
    data = 数字经济.read()
ValueError: I/O operation on closed file.
```

如果使用 `with` 保留字，系统会自动调用 `f.close()` 方法，`with` 的作用等效于上面属于 `finally` 保留字的文件对象关闭语句。修改 with.py 文件的代码如下，检验文件是否关闭：

```
with open("C:\\Users\\HUAWEI\\Desktop\\数字经济.txt",'r+') as 数字经济:
    try:
        data = 数字经济.read() #读取文件数据会出现错误
    except Exception as err:
        data = None
```

```
        print('错误原因：',err)
print('文件关闭：',数字经济.closed)
```

运行结果如下，证明文件对象已经关闭。

```
Python 3.8.0 (tags/v3.8.0:fa919fd, Oct 14 2019, 19:21:23) [MSC v.1916 32 bit
    (Intel)] on win32
Type "help", "copyright", "credits" or "license()" for more information.
>>>
============== RESTART: C:/Users/HUAWEI/Desktop/with.py ==============
错误原因： 'gbk' codec can't decode byte 0x80 in position 56: illegal
   multibyte sequence
文件关闭： True
>>>
```

15. del

可在代码中删除不需要的某个对象，减少内存消耗。

16. raise

自定义异常语句，及时终止程序运行。格式：raise 异常名 (异常原因)，异常名、异常原因都是可选参数，可以不要，该保留字的功能参见下面的交互式窗体示例代码：

```
>>> raise #设置一个异常，在交互式窗体即时显示异常，在脚本文件中运行时才会产生异常
Traceback (most recent call last):
  File "<pyshell#0>", line 1, in <module>
     raise
RuntimeError: No active exception to reraise
>>> raise ValueError('输入一个字符，应输入数字')
#ValueError为自定义异常名，英文小括号里的字符串为自定义的异常原因
Traceback (most recent call last):
  File "<pyshell#1>", line 1, in <module>
    raise ValueError('输入一个字符，应输入数字')
ValueError: 输入一个字符，应输入数字
```

17. yield

如果执行一个方法或函数，那么需要输出处理数据，一般按元组或列表形式输出结果，但如果需要输出大量数据，就会消耗大量内存，减缓计算机运行速度。为了解决这个问题，Python 用保留字 yield 代替 return，这样函数就转换成一个生成器，不像 return 那样一次性地把所有计算结果输出，输出结果只是一个生成器。生成器其实就是一个特殊的迭代器，它可以像迭代器那样，用 __next__ 方法每次只输出一个计算结果。该保留字的功能参见下面的交互式窗体示例代码：

```
>>> def add(a,b): #构建一个自定义函数，该函数返回参数a和b之和
        y=a+b #把a和b之和赋值给变量y
       return y #返回计算结果变量y，也可通过return a+b 直接返回
```

```
>>> y=add(6,10) #求6和10之和，并返回给变量y，此y不是add函数中的y
>>> y #查看y的值
16
>>> def add(a,b):
        y=a+b
        yield y #不返回计算结果，而是通过yield返回一个生成器
>>> y = add(6,10)
>>> y #y为一个生成器对象
<generator object add at 0x03517568>
>>> y.__next__() #通过__next__方法或next函数可返回其值
16
>>> def cumsum(list_data):#对一个列表数据进行累加运算，需要每次的累加结果
    cum_sum = 0
    for item in list_data:
        cum_sum = cum_sum + item #逐元素计算列表中的每个元素的累加值
        yield cum_sum #当次计算结果不返回，而是存储在生成器中
>>> cumsum_data = cumsum(range(1,11)) #计算1~11的每个数的累加值
>>> while True: #无限循环模式
        try: #尝试打印累加值
            print(cumsum_data.__next__(),end='，')
            #每次只输出一个累加值，立即销毁输出过的元素，输出的元素用中文逗号分隔
        except: #如果已经没有累加值，就退出循环，结束无限循环
            break
1，3，6，10，15，21，28，36，45，55
```

# 2.2 数据运算对象——函数

### 2.2.1 函数的定义与创建

函数是 Python 语言的精华之一，是由两个及以上单行语句协同完成一个具体功能的代码块，结构简单，功能强大，Python 代码主要由函数组成。构建一个函数必须以保留字 `def` 开头，后加函数名，函数名的命名规则与变量名一样，函数名后为英文括号，括号内可以有 0 个、1 个或多个形式参数，以英文冒号结束定义语句。属于该函数的语句在 `def` 定义语句下面等距离缩进，整个模块缩进空格数都需要一样，一般为 4 个。紧跟函数定义语句宜用一对英文三引号引用的一段多行文字来说明函数功能和参数作用，Python 有专门的函数来显示函数的这部分内容以供用户参考。在说明文字下是函数的主体代码，如果需要返回函数运行结果，则最后需要加上 `return` 保留字及需要返回的计算结果变量名。函数等包含多行语句的对象宜在脚本编辑器中编写，也可以在交互式窗体构建函数并实时显示函数运行结果。

函数定义的完整结构参见下面的脚本编辑窗体示例代码：

```
def 函数名(参数1,参数2,...,参数n,*args,**kwargs):
    '''
```

```
    函数功能和参数说明。
    '''
    语句1
    语句2
    ...
    语句m
    return 计算结果1, 计算结果2,...,计算结果k
```

在上述函数定义中，函数可以没有任何参数，只要能完成指定功能就行，如处理全局变量、处理类的属性等，参数 1~ 参数 $n$ 称为位置参数，在调用函数时按定义的顺序必须提供的参数，有默认值的参数必须放在最后。一个星号 * 后面的 args 表示其元素个数可以改变，函数内部自动把位置参数后的多个参数转换为元组，args 也可以是列表、元组等数据容器；两个星号 ** 后面的 kwargs 为键值对参数，在函数内部转换为字典使用，kwargs 也可以直接为字典，带星号的参数均为可选参数，可以提供，也可以不提供，其中，列表、元组和字典为数据容器，后面将介绍。语句 1~ 语句 $m$ 是处理参数的语句，参数可以多于函数语句需要处理的参数，但不能少于函数语句需要处理的参数。return 保留字用于返回语句 1~ 语句 $m$ 的计算（或处理）结果变量，简单的计算可以省略语句 1~ 语句 $m$，直接在 return 后输入表达式，return 返回的是指针，不是变量本身。有关其他函数的使用规则在相关章节将继续介绍。

下面代码为在脚本编辑窗体构建的返回列表数据的最大值、最小值、平均值、标准差、变异系数的两个函数（statistics 和 statistics_2）及执行语句，保存为 statistics.py 文件。

```
def statistics(data_list): #data_list 是必须提供的位置参数
    '''
    计算一个列表中数值数据的最大值,最小值,平均值,标准差,变异系数
    data_list: list
    包含大于等于2个数量性状观测值的列表或元组。
    return: 元组
    '''
    最大值=max(data_list)
    最小值=min(data_list)
    总和 = sum(data_list)
    n = len(data_list)
    平均值 = round(总和/n,2)
    方差=0
    for data in data_list:
        方差 += (data-平均值)**2
    方差 = 方差/(n-1)
    标准差 = round(方差**0.5,2)
    变异系数 = round(标准差/平均值,2)
    return 最大值, 最小值, 平均值, 标准差, 变异系数
```

```
def statistics_2(*data_list): #data_list 是可选的变长参数，data_list可以直接为
    列表数据
    '''
    计算多个值或一个列表中数值数据的最大值，最小值，平均值，标准差，变异系数
    data_list: list
    包含大于等于2个数量性状观测值的列表或元组。
    return: 元组
    '''
    if not data_list:
        return 0,0,0,0,0
    最大值=max(data_list)
    最小值=min(data_list)
    总和 = sum(data_list)
    n = len(data_list)
    平均值 = round(总和/n,2)
    方差=0
    for data in data_list:
        方差 += (data-平均值)**2
    方差 = 方差/(n-1)
    标准差 = round(方差**0.5,2)
    变异系数 = round(标准差/平均值,2)
    return 最大值，最小值，平均值，标准差，变异系数
data_list = [80.2, 41.2, 38.3, 38.3, 37.8, 42.6, 42.5, 36.2, 38.9, 40.3,
    77.2, 35.55, 45.3, 77.8, 45.3, 44.3, 40.86, 40.51, 77.1, 41.83, 51.19,
    43.8, 53.8, 57.1, 42.8, 42.5, 42.7, 44.8, 45.6, 45.3, 49.3, 50.2, 81.9,
    44.4, 39.4, 40.7, 41, 40.31, 40.35]
最大值，最小值，平均值，标准差，变异系数 =  statistics(data_list)
#必须提供参数data_list，运行函数，获得返回值
# 打印计算结果
print('最大值，最小值，平均值，标准差，变异系数：',(最大值,最小值,平均值,标准差,
    变异系数))
最大值,最小值,平均值,标准差,变异系数 =  statistics_2(80.2, 41.2, 38.3, 38.3,
    37.8, 42.6, 42.5, 36.2, 38.9, 40.3, 77.2, 35.55, 45.3, 77.8, 45.3,
    44.3, 40.86, 40.51, 77.1, 41.83, 51.19, 43.8, 53.8, 57.1, 42.8, 42.5,
    42.7, 44.8, 45.6, 45.3, 49.3, 50.2, 81.9, 44.4, 39.4, 40.7, 41, 40.31,
    40.35)#参数个数不变，运行函数，获得返回值
# 打印计算结果
print('最大值，最小值，平均值，标准差，变异系数：',(最大值，最小值，平均值，标准差，
    变异系数))

最大值，最小值，平均值，标准差，变异系数 =  statistics_2(*data_list)
    #运行函数，获得返回值
# 打印计算结果
print('最大值，最小值，平均值，标准差，变异系数：',(最大值，最小值，平均值，标准差，
    变异系数))
```

```
最大值, 最小值, 平均值, 标准差, 变异系数 =  statistics_2()
    #可以不输入参数, data_list就是一个空元组, 返回0
print('最大值,最小值,平均值,标准差,变异系数: ',(最大值,最小值,平均值,标准差,
    变异系数))
```

在 Run 菜单单击 Run Module，按提示保存该脚本文件，保存后就在交互式窗体显示如下结果：

```
Python 3.8.10 (tags/v3.8.10:3d8993a, May  3 2021, 11:34:34) [MSC v.1928 32
    bit (Intel)] on win32
Type "help", "copyright", "credits" or "license()" for more information.
>>>
========== RESTART: C:/Users/trong/Desktop/statistics.py =========
最大值,最小值,平均值,标准差,变异系数:  (81.9, 35.55, 47.67, 12.92, 0.27)
最大值,最小值,平均值,标准差,变异系数:  (81.9, 35.55, 47.67, 12.92, 0.27)
最大值,最小值,平均值,标准差,变异系数:  (81.9, 35.55, 47.67, 12.92, 0.27)
最大值,最小值,平均值,标准差,变异系数:  (0, 0, 0, 0, 0)
```

在分析作物新品种随机区组试验产量数据时，首先要进行方差分析，然后在脚本编辑窗体编写一个单因素随机区组试验方差分析函数，代码如下：

```
variety_test_dict = {'A':[10.9,9.1,12.2],'B':[10.8,12.3,14.0],
    'C':[11.1,12.5,10.5],'D':[9.1,10.7,10.1],'E':[11.8,13.9,16.8],
    'F':[10.1,10.6,11.8],'G':[10.0,11.5,14.1],'H':[9.3,10.4,14.4]}
def 单因素随机区组方差分析(**随机区组_dict):
    '''
    计算随机区组试验方差
    随机区组_dict: 随机区间试验品种名称或代号为键、重复间小区产量列表为值的字典, 前面有
        双**号表示可选参数, 调用该函数时, 如果不提供该参数, 则返回一个字典。还可以提供
        赋值变量参数调用, 如单因素随机区组方差分析(品种1=[重复1,重复2,重复3],品种2=[重
        复1,重复2,重复3],…,品种n=[重复1,重复2,重复3])
    return: 试验误差均方、区组F值和品种F值的字典
    '''
    if not 随机区组_dict:
        return {}
    处理数 = len(随机区组_dict) #计算参试品种 (处理) 数
    小区产量= list(随机区组_dict.values())
    #利用字典的values方法提取纯小区产量数据
    区组数 = len(小区产量[0]) #根据第一个参试品种的小区产量获得区组数
    # 自由度用DF表示
    DF_T = 处理数 * 区组数- 1 #总自由度
    DF_R = 区组数 - 1 # 区组自由度
    DF_t = 处理数 - 1 # 品种自由度
    DF_e = (区组数 - 1) * (处理数 - 1) # 误差自由度
    T = 0 # 初始小区产量总和为零
    SS_T = 0 # 初始小区产量总平方和为零
```

```
    SS_R = 0 # 初始区组产量平方和为零
    SS_t = 0 # 初始处理平方和为零
    区组产量_list = [] # 新建一个区组列表保存区组间的小区产量
    for i in range(区组数):
    #初始区组列表的元素为空列表，用于保存每个区组的小区产量
        区组产量_list.append([])
    for item in 小区产量: #遍历每个品种的小区产量数据
        # 计算所有小区产量之和T
        T = T + sum(item)
        #利用函数sum先计算出每个品种各区组小区产量之和，再与T相加，并重新赋值给T
        SS_t = SS_t + sum(item)**2
        #由参试品种在所有区组的小区产量之和再平方之和
        for i,value in enumerate(item):
            SS_T = SS_T + value**2 # 计算每个小区产量平方之和
            区组产量_list[i].append(value)
            #把每个品种各区组的小区产量分配到对应的区组中
    for item in 区组产量_list:
        SS_R = SS_R + sum(item)**2 #计算区组间产量平方之和
    C = T**2/(处理数*区组数) #C为矫正系数
    SS_T = SS_T - C #计算总平方和
    SS_R = SS_R/处理数 - C #计算区组间平方和
    SS_t = SS_t/区组数 - C #计算品种间平方和
    SS_e = SS_T - SS_R - SS_t #计算误差平方和
    MS_R = SS_R/DF_R #计算区组间均方
    MS_t = SS_t/DF_t #计算品种间均方
    MS_e = SS_e/DF_e #计算误差均方
    F_r = round(MS_R/MS_e,2) #计算区组间 F 值，并利用round函数保留 2 位小数
    F_t = round(MS_t/MS_e,2) #计算品种 F 值，并利用round函数保留 2 位小数
    MS_e = round(MS_e,2) #利用round函数保留2位小数
    result_dict = {'MS_e':MS_e,'F_区组':F_r,'F_品种':F_t}
    return result_dict #返回保存误差均方、区组F值和品种F值的字典,用于后续F测验
result_dict = 单因素随机区组方差分析(**variety_test_dict)
#执行上面的函数，返回方差分析结果 #把字典数据variety_test_dict作为参数执行上述函数
print(result_dict)  #打印函数运行结果
```

把上述代码保存到文件“单因素随机区组试验方差.py”，运行后在交互式窗体显示如下结果：

```
======= RESTART: C:/Users/tronghua/Desktop/单因素随机区组试验方差.py =======
{'MS_e': 1.64, 'F_区组': 8.4, 'F_品种': 2.97}
>>>
```

### 2.2.2　函数作用范围

1. 函数中的变量

从函数的定义可以看出，函数中的变量包括函数参数、函数执行中赋值的变量。这些变量按其作用范围可以分为本地变量、非本地变量、全局变量。本地变量是在一个函数内命名的变量，这些变量如果在函数内没有通过保留字 global 或 nonlocal 申明为其他类型变量，则只能在该函数内发挥作用，所以与不同函数、不同类及同一模块内的全局变量可以名称相同，不会混淆。函数内命名的变量，通过 global 保留字申明，可以把该变量转换为全局变量，就是在整个模块内发生作用的变量；通过保留字 nonlocal 申明该变量为非本地变量，就是作用范围不仅在申明的函数内，还在包含该函数的母函数内发挥作用。有关函数中变量作用范围，参见如下的脚本编辑窗体示例代码：

```
生育期 = 120;含油量 = 50;蛋白质 = 30 #创建 3 个全局变量并赋值
def 收获建议 (生育期): #创建收获建议函数，该函数根据参数生育期提出相关建议
    global 含油量 #申明含油量为全局变量，在本函数中其值的变化是对全局变量的改变
    if 115 <=生育期<=130:
        含油量 = '含油量适当，建议收获'
    elif 生育期 > 130:
        含油量 = '含油量会降低，花生过熟，尽快收获'
    else:
        含油量 = ' 含油量偏低，未成熟，不适合收获'
    #在收获建议函数中构建一个收获建议 2 函数，根据参数蛋白质含量提出建议
    def 收获建议 2(蛋白质):
        含油量 = 80-蛋白质 #该公式不完全符合实际，只是为了演示函数功能
        if 含油量>=50:
            含油量 = '含油量适当，建议收获'
        else:
            含油量 = '含油量偏低，未成熟，不适合收获'
        print('收获建议 2 本地',含油量,sep='：')
        #此处含油量只是函数‘收获建议2’的本地变量
    蛋白质 = 35 #在函数内部把 35 赋值给变量蛋白质，创建了一个新的变量蛋白质
    收获建议2(蛋白质) #在执行函数‘收获建议’时同步执行‘收获建议2’
    print('收获建议本地',含油量,sep='：') #此处‘含油量’已经为全局变量
    print('蛋白质',蛋白质,sep='：') #此处打印的变量蛋白质为函数中新创建的变量
print('全局含油量',含油量,sep='：') #此处打印的变量含油量为全局变量
收获建议(120) #执行收获建议和收获建议 2 两个函数，全局变量含油量的值发生改变
print('全局含油量',含油量,sep='：')#此处再次打印的全局变量含油量的值发生改变
print('蛋白质',蛋白质,sep='：') #此处打印的变量蛋白质为第一行的全局变量
```

保存上面代码到文件“含油量.py”，运行结果参见下面的交互式窗体：

```
=========== RESTART: C:/Users/trong/Desktop/含油量.py ===========
全局含油量：50
收获建议 2 本地：含油量偏低，未成熟，不适合收获
收获建议本地：含油量适当，建议收获
```

```
蛋白质: 35
全局含油量: 含油量适当, 建议收获
蛋白质: 30
```

2. 函数变量的传递

定义函数时，函数名后英文小括号里的参数名只是表示其随后的代码中需要用到的变量名，与函数所在模块中其他地方的变量毫无关系，称为形式参数。如上面的示例代码中收获建议 2(蛋白质) 定义中的参数名蛋白质，与值为 30 的全局变量蛋白质没有关系。调用函数收获建议 2 时，其小括号中的 35 为形式参数蛋白质的实际参数，如果 35 改为变量名蛋白质就引用了值为 30 的全局变量蛋白质。

如前面的示例代码所示，在一般情况下，如果函数内部创建的变量没有申明为全局变量，即使变量名与全局变量名相同，对全局变量没有影响，那么这些变量在完成函数调用后，就会自动消失，但可以通过 `return` 语句把函数中的本地变量作为返回变量赋值给其他全局变量或本地变量，作为其他函数或语句的参数或计算对象。但有例外，如果全局变量为列表或字典，则在函数内部只要没有重新定义一个同名的列表或字典，在函数内部对同名的列表或字典变量进行操作，改变的是变量名代表的全局变量。该特性特别适合保存科学试验或实验数据，可以在需要的任何地方对数据进行修改完善，也可用于临时存储应用程序运行需要的参数，该特性在后面章节中的应用程序开发实例中均有应用。

### 2.2.3 内置函数

前面介绍的在模块中创建的函数，只有导入到主模块才能调用，或只能运行主模块内部的函数。Python 解释器中内置一批可以随时调用的函数，可以通过 `import builtins` 和 `dir(builtins)` 两个语句查看 Python 内置函数等对象。下面介绍在处理试验数据时常用到的部分内置函数。

1. `abs(x)`

返回数值数据的绝对值。交互式窗体示例代码如下：

| | |
|---|---|
| `>>> abs(-3.14)`<br>`3.14` | `>>> abs(3.14)`<br>`3.14` |

2. `all(iterable)`

如果一个可迭代数据容器对象中的所有元素都不是空值，或这个对象本身是空的，那么返回 `True`。交互式窗体示例代码如下：

```
>>> sample_list = [3,4,'a','k','中国','数字经济'] #列表所有元素均为真值
>>> all(sample_list)
True
>>> sample_list = [3,4,'a','','中国','数字经济'] #列表中含有空值
>>> all(sample_list)
False
```

```
>>> sample_list = [] #空列表
>>> all(sample_list)
True
>>> sample_list = [3,4,'a',None,'中国','数字经济'] #列表含有空值None
>>> all(sample_list)
False
```

3. any(iterable)

如果一个可迭代的数据容器对象中的所有元素只要有一个不是空值，那么返回 True；如果这个对象本身是空的或所有元素都是空值，那么返回 False。交互式窗体示例代码如下：

```
>>> sample_list = [3,4,'a','k','中国','数字经济'] #列表所有元素均为真值
>>> any(sample_list)
True
>>> sample_list = [3,4,'a','','中国','数字经济'] #列表含有空值元素
>>> any(sample_list)
True
>>> sample_list = [None,None,'','','中国','数字经济'] #列表含有空值元素
>>> any(sample_list)
True
```

4. bin(int)、hex(int) 和 oct(int)

bin(int) 把十进制整数转换为带前缀“0b”的二进制数字；hex(int) 把十进制整数转换为带前缀“0x”的十六进制数字；oct(int) 把十进制整数转换为带前缀“0o”的八进制数字。这些前缀由数字 0 和对应的英文小写字母组成。交互式窗体示例代码如下：

| | | |
|---|---|---|
| >>> bin(12) | >>> hex(12) | >>> oct(8) |
| '0b1100' | '0xc' | '0o10' |
| >>> bin(24) | >>> hex(16) | >>> oct(256) |
| '0b11000' | '0x10' | '0o400' |
| >>> bin(8) | >>> hex(6897) | >>> oct(24) |
| '0b1000' | '0x1af1' | 0o30' |

5. chr(i) 和 ord(character)

chr 返回 Unicode 码位为 i 的字符，如 chr(20013) 返回的是'中'，而 ord 返回单个字符的 Unicode 码位，ord('唐') 返回的是 21776。

6. classmethod

指定其后方法为类方法，不需要创建类的实例就能调用该方法。在脚本编辑窗体构建一个花生籽仁类，示例代码如下：

```
class 花生籽仁(object): #构建一个名为花生籽仁的类, class为固定搭配的单词
    颜色 = '红色'  #设置类的颜色属性值为红色
    形状 = '椭圆'  #设置类的形状属性值为椭圆
    def 显示颜色(self): #定义类实例的显示颜色方法，即打印颜色属性
        print (‘种皮颜色’,self.颜色)
    @classmethod #指定其后的方法为类方法，类和类的实例均可以调用
    def 显示信息(cls): #定义显示种仁所有信息的方法
        print ('显示信息') #打印显示信息 4 个字
        print (‘籽仁形状’,cls.形状) #通过 cls 加属性名引用属性
        cls().显示颜色()   # 通过cls()再加方法名调用显示颜色方法
花生籽仁.显示信息() #调用类方法
```

保存代码到文件“花生籽仁.py”，运行后在交互式窗体显示如下内容：

```
============== RESTART: C:/Users/trong/Desktop/花生籽仁.py ==============
显示信息
籽仁形状 椭圆
种皮颜色 红色
```

7. delattr(object, name)

用于删除类属性。交互式窗体示例代码如下：

```
>>> class 花生品种(object): #定义一个只有 5 个属性的花生品种类
        株高 = '';分枝长 = '';含油量 = '';粗蛋白含量 = '';亩产 = ''
>>> 桂花36= 花生品种();#创建品种类的一个实例桂花36
>>> 桂花36.株高 = 45;桂花36.分枝长 = 50;桂花36.含油量 = 56 #给实例的属性赋值
>>> 桂花36.粗蛋白含量 = 26.5;桂花36.亩产 = 300 #继续给实例的属性赋值
>>> 桂花36.株高 # 查看实例的株高属性
45
>>> delattr(桂花36, '亩产') #删除实例的亩产属性数据
>>> 桂花36.亩产 # 查看实例的亩产属性，恢复为类定义时的属性值
''
>>> delattr(花生品种, '亩产') #删除花生品种类的亩产属性
>>> 桂花36.亩产 #再次查看实例桂花 36 的亩产属性，出现错误
Traceback (most recent call last):
  File "<pyshell#10>", line 1, in <module>
    桂花36.亩产
AttributeError: '花生品种' object has no attribute '亩产'
```

8. dir([object])

当不带参数时，返回当前范围内的变量、方法和定义的对象列表；当带参数时，返回参数指定对象的属性、方法列表。如果参数对象包含方法 __dir__()，那么该方法将被调用。如果参数对象不包含 __dir__()，那么该函数将最大限度地收集参数对象的信息。交互式窗体示例代码如下：

```
>>> class 花生籽仁 (object):
    颜色 = '红色'
    形状 = '椭圆'
    def 显示颜色 (self):
        print (self.颜色)
    @classmethod
    def 显示信息 (cls):
        print ('显示信息')
        print (cls.形状)
        cls(). 显示颜色 () # 调用显示颜色方法
>>> dir(花生籽仁) # 返回类对象的属性和方法
['__class__', '__delattr__', '__dict__', '__dir__',
'__doc__', '__eq__', '__format__', '__ge__',
'__getattribute__', '__gt__', '__hash__',
'__init__', '__init_subclass__', '__le__', '__lt__',
'__module__', '__ne__', '__new__',
'__reduce__', '__reduce_ex__', '__repr__',
'__setattr__', '__sizeof__', '__str__',
'__subclasshook__', '__weakref__', '形状',
'显示信息', '显示颜色', '颜色']
```

```
>>> dir(list) # 返回列表对象的属性和方法

['__add__', '__class__',
'__contains__', '__delattr__',
'__delitem__', '__dir__', '__doc__',
'__eq__', '__format__', '__ge__',
'__getattribute__', '__getitem__',
'__gt__', '__hash__', '__iadd__',
'__imul__', '__init__',
'__init_subclass__', '__iter__',
'__le__', '__len__', '__lt__', '__mul__',
'__ne__', '__new__', '__reduce__',
'__reduce_ex__', '__repr__',
'__reversed__', '__rmul__',
'__setattr__', '__setitem__',
'__sizeof__', '__str__',
'__subclasshook__', 'append', 'clear',
'copy', 'count', 'extend', 'index', 'insert',
'pop', 'remove', 'reverse', 'sort']
```

9. enumerate(sequence, [start=0])

用于将一个可遍历的数据对象（如列表、元组或字符串）组合为一个索引序列，同时列出数据索引和数据，一般用在 for 循环当中。交互式窗体示例代码如下：

```
>>> text = '数字经济是继农业经济、工业经济之后的主要经济形态'
>>> for i,item in enumerate(text):
    print(i,item,end='; ')
0 数; 1 字; 2 经; 3 济; 4 是; 5 继; 6 农; 7 业; 8 经; 9 济; 10 、; 11 工;
12 业; 13 经; 14 济; 15 之; 16 后; 17 的; 18 主; 19 要; 20 经; 21 济;
22 形; 23 态;
```

10. eval(expression)

用于将字符串数字或表达式转换为数字或执行字符串表达式。交互式窗体示例代码如下：

```
>>> 粗脂肪=56.3;粗蛋白=26.5
>>> eval('粗脂肪 + 粗蛋白')
82.8
>>> eval('56.3')
56.3
```

11. exec(filename)

该函数比 eval 功能更强大，可以执行字符串型代码或执行一个源代码文件（即脚本文件），如在交互式窗体直接运行“花生施肥 3.0.py”，打开了花生施肥应用程序：

```
>>> exec('营养 = 粗脂肪 + 粗蛋白')
```

```
>>> 营养
82.8
>>> with open("D:\WPS云盘\\291525\WPS云盘\python学习\在开发\花科花生结荚区平衡集中施肥软件\花生施肥3.0.py",'r',encoding='utf-8') as f:
        exec(f.read())
```

12. filter(function, iterable)

用于过滤序列，参数 function 用于设置过滤条件，iterable 为需要过滤的序列，过滤掉不符合条件的元素，返回由符合条件元素组成的 filter 对象，该对象可迭代。交互式窗体示例代码如下：

```
>>> peanut_dict = {'桂花36':53.53,'桂花1026':50.96,'桂花376':55.86} #字典数据
>>> 高油品种 = filter(lambda x:peanut_dict[x] > 55,peanut_dict)
>>> 高油品种
<filter object at 0x03676D90>
>>> list(高油品种)
['桂花376']
```

13. float(x)

把数值或数值型字符串转换为浮点数，不能像 eval 那样处理字符串表达式。

14. hash(object)

如果有的话，返回对象 object 的哈希值。str 或 tuple 等不可变对象才有哈希值。

15. help(object)

输出对象的帮助文档。

16. id(object)

返回对象的唯一标识符，标识符是一个整数。

17. input([prompt])

在交互式窗体由用户输入数据，返回 string 类型，可选参数一般为字符串对象，作为提示信息提醒用户需要输入的内容。交互式窗体示例代码如下：

```
>>> name = input('请输入花生品种名称：')
请输入花生品种名称：桂花22
>>> name
'桂花22'
```

18. int(number)

返回浮点数的整数部分，不会四舍五入。

19. isinstance(object, classinfo)

判断一个对象是否属于指定的数据类型，参数 object 为 Python 对象，classinfo 参数指定目标对象类型，含有多个对象则用元组表示。如 isinstance(5,int) 返回 True，isinstance(5,(str,float)) 则返回 False。

20. iter(object)

用来把可迭代对象 object（如 list 或 str）转换为迭代器对象，减少内存占用。交互式窗体示例代码如下：

```
>>> iter_object = iter('广西壮族自治区农业科学院经济作物研究所')
>>> iter_object.__next__() #用迭代对象的__next__方法返回其第一个或下一个值
'广'
>>> next(iter_object) #用内置函数next返回迭代对象的下一个值
'西'
```

21. len(s)

返回对象 s 的元素或成员个数。

22. list([iterable])

转换可迭代对象为列表。函数 list 和 len 的功能示例代码如下：

```
>>> iter_object = iter('广西壮族自治区农业科学院经济作物研究所')
>>> list_object = list(iter_object) #iter_object对象清空
>>> len(list_object)
19
>>> len('广西壮族自治区农业科学院经济作物研究所')
19
```

23. map(function, *iterables)

根据提供的函数对指定序列做映射处理。参数 function 为一个返回数据处理结果的函数，参数 *iterables 为多组数据，function 对其对应位置数据进行处理，返回所有处理结果的迭代对象，当最短的一组数据处理完时就停止。在脚本编辑窗体创建一个计算随机区组试验处理重复小区产量之和的小程序，其包含一个函数，名称为小区产量和，同时提供了 8 个品种 3 个重复的小区产量数据，示例代码如下：

```
def 小区产量和(重复1,重复2,重复3):
    小区产量 = 重复1+重复2+重复3
    return 小区产量
#下面为8个参试品种3个重复的小区产量，现用 map 函数计算每个品种 3 个重复产量之和
重复1=[10.9, 10.8, 11.1, 9.1, 11.8, 10.1, 10.0, 9.3];
重复2=[9.1, 12.3, 12.5, 10.7, 13.9, 10.6, 11.5, 10.4];
重复3 = [12.2, 14.0, 10.5, 10.1, 16.8, 11.8, 14.1, 14.4]
品种产量 = map(小区产量和, 重复 1, 重复 2, 重复 3)
print(list(品种产量))
```

保存上面的代码到文件“随机区组试验小区产量.py”，然后运行，在交互式窗体得到如下结果：

```
=========== RESTART: C:/Users/trong/Desktop/随机区组试验小区产量.py ===========
[32.2, 37.1, 34.1, 29.9, 42.5, 32.5, 35.6, 34.1]
```

24. max(iterable) 或 max(arg1,arg2[,*args]) 和 min(iterable)

max 返回可迭代对象中的最大值，或返回多个参数中最大的参数。min 则返回最小值。其功能参见下列交互式窗体示例代码：

```
>>> list_data = [45.2,50.2,52.3,54.6,55.8,56.2,58.5] #花生品种含油量示例数据
>>> max(list_data) #查找并显示list_data中的最大值
58.5
>>> min(list_data) #查找并显示list_data中的最小值
45.2
```

25. open(file, mode='r', buffering=-1, encoding=None, errors=None, newline=None, closefd=True, opener=None)

该函数用于打开一个文件，返回一个文件对象。根据相关参数设置用于读取、写入其内容。

参数说明如下所示。

file：需要打开文件的路径，可以是相对路径或绝对路径。

mode：包括数据读取模式和数据处理模式的组合。默认用文本模式（t）打开文件，读取的数据为字符串，也可以用二进制模式（b）读取数据。有些文件可以用文本和二进制两种模式读取数据，有些文件只能用二进制读取数据，如图片等。

以 t 或 b 模式读取数据后，如果只是从文件获取数据不更改原文件，数据处理模式就是只读模式（r）；如果返回的文件对象用于重新保存数据，就用只写模式（w），用程序处理过的数据更新原有文件；如果创建的文件对象用于在原文件后面添加数据，就用添加模式（a），将程序处理过的数据添加到文件数据后面；如果只需要创建一个新文件，就用独占写模式（x），将程序处理的数据写入新文件；而“+”表示可读可写，功能自动扩展。

参数 mode 组合默认为 rt，其中的 t 可省略，如果处理二进制数据，则数据处理方式与 b 组合就行。open 函数打开文件模式及代码组合如表 2-4 所示。

open 函数只有 mode 包含'r' 的组合返回的文件对象具有下列数据读取方法。

（1）read(n=-1)：该方法可以一次性读取由参数 n 指定的字符串个数，n 的默认值为 −1，表示依次读取所有内容。

（2）readline(size=-1)：只读取第一行中由 size 参数指定的字符数，返回读取的字符串。有换行符，只读取第一行；没有换行符，与 read 返回的结果一样。

（3）readlines(hint=-1)：读取由参数 hint 指定的行数，默认读取所有行的内容，该方法返回由读取行组成的列表。如果文本内容没有换行符，那么返回的列表只有一个元素，该元素就是整个文本的内容。

**表 2-4 open 函数打开文件模式及代码组合**

| 功能 | 代码 | 作用 |
|---|---|---|
| 读取数据 | t | 文本模式 (默认)，用于打开文本文件等 |
| | b | 二进制模式，主要用于打开二进制数据保存的文件，也可以打开文本文件 |
| 数据处理 | r | 以只读方式打开文件，只获取文件数据。文件的指针将会放在文件的开头。这是默认模式，只用于打开已经存在的文件 |
| | w | 打开一个文件只用于写入。如果该文件已存在，那么打开文件，并从开头开始编辑，即原有内容会被删除。如果该文件不存在，那么创建新文件 |
| | a | 打开一个文件用于追加。如果该文件已存在，文件指针将会放在文件的结尾。也就是说，新的内容将会被写入已有内容之后。如果该文件不存在，那么创建新文件进行写入 |
| | x | 独占写模式，新建一个文件，可写入相关数据，如果该文件已存在，那么会报错 |
| | + | 打开一个文件进行更新 (可读可写) |
| 读取处理组合 | rb | 以二进制格式打开一个文件用于只读。文件指针将会放在文件的开头。这是默认模式。一般用于非文本文件，如图片等 |
| | r+ | 打开一个文件用于读写。文件指针将会放在文件的末尾，可以在文件末尾写入新内容 |
| | rb+ | 以二进制格式打开一个文件用于读写。文件指针将会放在文件的开头。一般用于非文本文件，如图片等 |
| | wb | 以二进制格式打开一个文件只用于写入。如果该文件已存在，那么打开文件，并从开头开始编辑，即原有内容会被删除。如果该文件不存在，那么创建新文件。一般用于非文本文件，如图片等 |
| | w+ | 打开一个文件用于读写。如果该文件已存在，那么打开文件，并从开头开始编辑，即原有内容会被删除。如果该文件不存在，那么创建新文件 |
| | wb+ | 以二进制格式打开一个文件用于读写。如果该文件已存在，那么打开文件，并从开头开始编辑，即原有内容会被删除。如果该文件不存在，那么创建新文件。一般用于非文本文件，如图片等 |
| | ab | 以二进制格式打开一个文件用于追加。如果该文件已存在，那么文件指针将会放在文件的结尾。也就是说，新的内容将会被写入已有内容之后。如果该文件不存在，那么创建新文件进行写入 |
| | a+ | 打开一个文件用于读写。如果该文件已存在，那么文件指针将会放在文件的结尾。文件打开时会是追加模式。如果该文件不存在，那么创建新文件用于读写 |

open 函数 mode 参数不包含'r' 的组合，返回的文件对象具有下列写入数据方法。

（1）write(text)：把文本内容写入文件对象，根据打开的模式决定写入模式，只读模式打开的对象不能写入新的内容，只写模式打开的文件对象可以写入新的内容，添加模式可以在原有内容之后写入新的内容。

（2）writelines(text_list)：参数 text_list 为包含多行内容的列表，逐行写入文件对象中，如果希望读取时采取多行模式读取，建议先在 text_list 的每行末尾添加换行符，写入数据方法不会自动添加换行符。

当打开中文文档时，如果不指定文档的编码格式为 UTF-8，有时会出现读取错误。交互式窗体示例代码如下：

```
>>> 数字经济 = open("C:\\Users\\trong\\Desktop\数字经济.txt",'r+')
>>> data = 数字经济.read()
Traceback (most recent call last):
  File "<pyshell#3>", line 1, in <module>
    data = 数字经济.read()
UnicodeDecodeError: 'gbk' codec can't decode byte 0xaf in position 14:
    illegal multibyte sequence
>>> 数字经济 = open("C:\\Users\\trong\\Desktop\数字经济.txt",'r+',encoding
='utf-8')
>>> 数字经济.read()
```

```
'数字经济是继农业经济、工业经济之后的主要经济形态，是以数据资源为关键要素，以现代信息网络
    为主要载体，以信息通信技术融合应用、全要素数字化转型为重要推动力，促进公平与效率更加统
    一的新经济形态。数字经济发展速度之快、辐射范围之广、影响程度之深前所未有，正推动生产方
    式、生活方式和治理方式深刻变革，成为重组全球要素资源、重塑全球经济结构、改变全球竞争格
    局的关键力量。'
>>> with open(r"C:\Users\trong\Desktop\Chr_A01.txt") as data_file:
    #打开一个染色体序列文件
        data_file.read(500)
'agtttcacgagaagtgtaaacatcactagaaaaggttcactattatttccggcttatgccgggct
gttatttatagctgtaggaaggagttctttgttcagatcgattctatgggcactttctaaccagat
aaatgagagtttcgggcccctgccctgccccatcaatgatttcagctcattttgaatgatgtgggt
ttgattgacaatggcttttgggcaattcttttacttggactaatgggcgcacctggaagaggttgg
atcggattctttgaatcctgcctggaattctctttgtaccgcttcttctattcgccacctttgtcg
agctggttctgatcactccccctcctttccttcttgagggaaatttctcttctcatcagggatttc
aatcTTTGAAGTTTCAGGAAATGTGGTTGCGCCACAAGAACTTTGACCAGGTAGTTCGTGATGCCT
GGAATATCCCCTCTCACGGCTCGGCCATTGCGAATTTAG'
>>> with open(r"C:\Users\trong\Desktop\Chr_A01.txt") as data_file:
        data_file.readline(100) #读取第一行的前面 100 个字符
'agtttcacgagaagtgtaaacatcactagaaaaggttcactattatttccggcttatgccgggct
gttatttatagctgtaggaaggagttctttgttca'
>>> with open(r"C:\Users\trong\Desktop\Chr_A01.txt") as data_file:
        data = data_file.readlines(100)

>>> len(data)
1
>>> data[0][0:500]
'agtttcacgagaagtgtaaacatcactagaaaaggttcactattatttccggcttatgccgggct
gttatttatagctgtaggaaggagttctttgttcagatcgattctatgggcactttctaaccagat
aaatgagagtttcgggcccctgccctgccccatcaatgatttcagctcattttgaatgatgtgggt
ttgattgacaatggcttttgggcaattcttttacttggactaatgggcgcacctggaagaggttgg
atcggattctttgaatcctgcctggaattctctttgtaccgcttcttctattcgccacctttgtcg
agctggttctgatcactccccctcctttccttcttgagggaaatttctcttctcatcagggatttc
aatcTTTGAAGTTTCAGGAAATGTGGTTGCGCCACAAGAACTTTGACCAGGTAGTTCGTGATGCCT
GGAATATCCCCTCTCACGGCTCGGCCATTGCGAATTTAG'
>>> with open(r"C:\Users\trong\Desktop\Chr_new.txt",'a+',encoding='utf-8')
as data_file:
    n = data_file.write\
('AGAACTTTGACCAGGTAGTTCGTGATGCCTGGAATATCCCCTCTCACGGCTCGGCCATTGCGAATTTAG')
        print(n)        #write方法会返回写入字符串的字符数
69
>>> with open(r"C:\Users\trong\Desktop\Chr_new.txt",'a+',encoding='utf-8')
as data_file:
    data_file.writelines(['gtaggaaggagttctttgttcagatcgattctatgggcactttct\n',
    'ggatttcaatcTTTGAAGTTTCAGGAAATGTGGTTGCGCCACAA\n'])
#多行写入方法不返回对象，如果列表元素末尾不带换行符，那么写入的字符串会合并在一起。
```

26. pow(base, exp[, mod])

指数运算函数，返回 base 的 exp 次幂，其中，base 为“底数”，exp 为“指数”，如果只有底数和指数两个参数，那么与 base**exp 的功能一样；如果有可选参数 mod，那么该函数是计算幂与 mod 的余数。交互式窗体示例代码如下：

```
>>> pow(8,3) #求底数为8指数为3的幂
512
>>> pow(10,12,93)  #求底数为8指数为3的幂与93的余数
4
```

27. print(*objects, sep='', end='\n', file=sys.stdout, flush= False)

用于打印输出，最常见的一个函数。各参数的含义如下。

（1）objects：复数，表示可以一次输出多个对象。当输出多个对象时，需要用英文逗号（,）分隔，所有非键值对参数都算 objects。

（2）sep：用来间隔多个对象，默认值是一个空格，该参数必须是键值对参数。

（3）end：用来设定以什么结尾。默认值是换行符\n，根据输出需要也可以换成其他符号，该参数必须是键值对参数。

（4）file：要写入的文件对象，该参数必须是键值对参数。

下面为在脚本编辑窗体创建的一个打印花生性状的小程序，其代码如下：

```
peanut_data=[['品种名称','生育期 (天)','百仁重(g)','百果重(g)','粗脂肪含量(%)',
'荚果亩产1(kg)'],['桂花1026',124,60.5,159,50.96,252.09],
['桂花57',124,85.7,184.4,51.94,331.33],
['桂花58',122,77.19,192.4,51.04,302.7]]
列_width = [] #求出性状名称相当于英文字符的宽度（字符个数），各列统一宽度
file_path = r"C:\Users\trong\Desktop\peanut_data_table.txt"
with open(file_path,'w',encoding='utf-8') as f: #以添加模式打开一个文件
    for i,line in enumerate(peanut_data):
        if i== 0:
            text_list = []
            for value in line:
                中文_n = 0
                for v in str(value):
                    if not v.isascii():
                        中文_n += 1
                #value = str(value).center(len(value)+6)
                value = '{0:<{1}}'.format(value,len(value)+4)
                列_width.append(len(value)+4)
                text_list.append(value)
            text = ' '.join(text_list) #用空格把每行数据合并成一个字符串
        else:
            text_list = []
            for width,value in zip(列_width,line):
```

```
            中文_n = 0
            for v in str(value):
                if not v.isascii():
                    中文_n += 1
            #value = str(value).center(width-中文_n)
            value = '{0:<{1}}'.format(value,width-中文_n)
            text_list.append(value)
        text = ' '.join(text_list) #用空格把每行数据合并成一个字符串
    print(text,file=f) #把字符串逐行打印到文件
    print(text) #把字符串逐行打印到交互式窗体
```

运行上面的脚本文件，在交互式窗体显示如下结果：

```
============ RESTART: C:/Users/trong/Desktop/print.py ============
  品种名称  生育期(天) 百仁重(g)  百果重(g) 粗脂肪含量(%) 荚果亩产1(kg)
  桂花1026      124      60.5       159       50.96       252.09
   桂花57       124      85.7      184.4      51.94       331.33
   桂花58       122     77.19      192.4      51.04        302.7
>>>
```

28. property(fget=None, fset=None, fdel=None, doc=None)

property 函数用于对象的属性批量取值、赋值和删除。在构建对象类时，加入这个函数，后期对该类属性值的处理就非常方便。其参数 fget、fset、fdel 分别是属性值获取、赋值或删除的类方法，在构建类时创建，参数 doc 就是这个对象的说明文字。

下面示例在交互式窗体先构建一个花生品种类，再构建花生品种桂花 57 的实例，通过给其特征特性赋值、取值和删除实例的属性来说明 property 函数的功能，交互式窗体代码及运行结果如下：

```
>>> class 花生品种(object):
    def __init__(self):
        self._品种名称 =None; self._主茎高 =None; self._侧枝长 = None
        self._种皮颜色 = None; self._籽仁形状 = None; self._百仁重 = None
        self._百果重 = None;self._粗脂肪 = None;self._蛋白质 = None
        self.属性 = ['self._品种名称','self._主茎高','self._侧枝长',
        'self._种皮颜色','self._籽仁形状','self._百仁重','self._百果重',
        'self._粗脂肪','self._蛋白质']
    def get_p(self):
        return self._品种名称,self._主茎高,self._侧枝长,self._种皮颜色,
        self._籽仁形状,self._百仁重,self._百果重,self._粗脂肪,self._蛋白质
    def set_p(self,*values):
        values, = values; self._品种名称 = values[0]; self._主茎高 = values[1]
        self._侧枝长 = values[2]; self._种皮颜色 = values[3]
        self._籽仁形状 = values[4]
        self._百仁重 = values[5]; self._百果重 = values[6]
```

```
        self._粗脂肪 = values[7]
        self._蛋白质 = values[8]
    def del_p(self):
        del self._品种名称; del self._主茎高; del self._侧枝长
        del self._种皮颜色
        del self._籽仁形状; del self._百仁重; del self._百果重
        del self._粗脂肪; del self._蛋白质
    品种特性 = property(get_p, set_p, del_p, "花生品种特征特性取值、赋值或删除。")
>>> 桂花57 = 花生品种()
>>> 桂花57.品种特性 = ['桂花57',57.4,66,'浅红色','圆柱形',85.7,184.4,51.94,27.2]
>>> print(桂花57.品种特性)
('桂花57', 57.4, 66, '浅红色', '圆柱形', 85.7, 184.4, 51.94, 27.2)
>>> del 桂花57.品种特性
>>> print(桂花57.品种特性)
Traceback (most recent call last):
  File "<pyshell#10>", line 1, in <module>
    print(桂花57.品种特性)
  File "<pyshell#5>", line 14, in get_p
    return self._品种名称,self._主茎高,self._侧枝长,self._种皮颜色,
    self._籽仁形状,self._百仁重,self._百果重,self._粗脂肪,self._蛋白质
AttributeError: '花生品种' object has no attribute '_品种名称'
```

上面的示例是显式创建 property 函数，同时创建了花生品种类的 get_p、set_p、del_p 三个不同名称的方法，增加了该类命名空间的名称数量。下面的示例代码则是隐式利用 property 函数，采用 property 函数创建了一个 property 对象，该对象有 setter、getter、deleter 三个方法，它们可以作为装饰器创建属性的副本，并将相应的访问器函数设置为被装饰的函数。下面交互式窗体的示例与上面的示例功能相同。

```
Python 3.8.10 (tags/v3.8.10:3d8993a, May  3 2021, 11:34:34) [MSC v.1928 32
    bit (Intel)] on win32
Type "help", "copyright", "credits" or "license()" for more information.
>>> class 花生品种(object):
    '''
    花生品种属性设置、提取和删除。
    '''
    def __init__(self):
        self._品种名称 =None; self._主茎高 =None; self._侧枝长 = None
        self._种皮颜色 = None; self._籽仁形状 = None;self._百仁重 = None
        self._百果重 = None; self._粗脂肪 = None; self._蛋白质 = None
        self.属性 = ['self._品种名称','self._主茎高','self._侧枝长',
        'self._种皮颜色','self._籽仁形状','self._百仁重','self._百果重',
        'self._粗脂肪','self._蛋白质']
    @property
    def 品种特性(self):
        return self._品种名称,self._主茎高,self._侧枝长,self._种皮颜色,\
```

```
        self._籽仁形状,self._百仁重,self._百果重,self._粗脂肪,self._蛋白质
    @品种特性.setter
    def 品种特性(self,*values):
        values, = values;self._品种名称 = values[0];self._主茎高 = values[1]
        self._侧枝长 = values[2];self._种皮颜色 = values[3]
        self._籽仁形状 = values[4]
        self._百仁重 = values[5]; self._百果重 = values[6]
        self._粗脂肪 = values[7]; self._蛋白质 = values[8]
    @品种特性.deleter
    def 品种特性(self):
        del self._品种名称;del self._主茎高; del self._侧枝长
        del self._种皮颜色;del self._籽仁形状; del self._百仁重
        del self._百果重; del self._粗脂肪; del self._蛋白质
>>> 桂花57 = 花生品种()
>>> 桂花57.品种特性 = ['桂花57',57.4,66,'浅红色','圆柱形',85.7,184.4,51.94,27.2]
>>> print(桂花57.品种特性)
('桂花57', 57.4, 66, '浅红色', '圆柱形', 85.7, 184.4, 51.94, 27.2)
>>> del 桂花57.品种特性
>>> print(桂花57.品种特性)
Traceback (most recent call last):
  File "<pyshell#6>", line 1, in <module>
    print(桂花57.品种特性)
  File "<pyshell#1>", line 18, in 品种特性
    return self._品种名称,self._主茎高,self._侧枝长,self._种皮颜色,
self._籽仁形状,self._百仁重,self._百果重,self._粗脂肪,self._蛋白质
AttributeError: '花生品种' object has no attribute '_品种名称'
```

29. repr(object)

该函数将对象转化为供解释器读取的形式，也就是把对象转换为字符串格式。

例如，dict1={'a':4,'b':6,'c':8}，repr(dict1) 会输出"{'a': 4, 'b': 6, 'c': 8}"。

30. reversed(seq)

该函数对列表等序列对象的元素进行反向排序，返回一个迭代器对象。交互式窗体示例代码如下：

```
>>> list_data = [45.2,50.2,52.3,54.6,55.8,56.2,58.5] #花生品种含油量示例数据
>>> reversed_obj = reversed(list_data)
>>> type(reversed_obj)
<class 'list_reverseiterator'>
>>> list(reversed_obj) #返回一个元素顺序与原序列对象相反的迭代器对象
[58.5, 56.2, 55.8, 54.6, 52.3, 50.2, 45.2]
>>> text_data = '数字化' #创建一个字符串对象
>>> reversed_text = reversed(text_data)
```

```
#对字符串字符反向排序，返回一个迭代器对象
>>> next(reversed_text) #利用next函数返回第一个元素
'化'
>>> next(reversed_text)返回第二个元素
'字'
>>> next(reversed_text)返回第三个元素
'数'
```

31. round(number[, ndigits])

该函数返回浮点数 number 的四舍五入值，参数 ndigits 指定保留的小数位数，默认为 0。例如，round(3.141592653589793,3) 返回 3.142。

32. sorted(iterable, key=None, reverse=False)

该函数为排序函数，默认为升序，sorted 可以对所有可迭代的对象进行排序操作，返回一个经过排序的新列表，利用 sorted 与 lambda 两个函数实现对二元组列表和字典的排序，参见下面的交互式窗体示例代码：

```
>>> list_data = [45.2,50.2,52.3,54.6,55.8,56.2,58.5] #花生品种含油量示例数据
>>> sorted_data = sorted(list_data) #对含油量列表数据进行升序重排
>>> sorted_data #重排后的列表
[45.2, 50.2, 52.3, 54.6, 55.8, 56.2, 58.5]
>>> list_data #原列表没有改变
[45.2, 50.2, 52.3, 54.6, 55.8, 56.2, 58.5]
>>> sorted('数字化') #还能对字符串排序，返回单个字符组成的列表
['化', '字', '数']
>>> sorted((3,2,5,8,6)) #可以对元组排序，返回列表
[2, 3, 5, 6, 8]
>>> data_list = [('a',9),('d',35),('c',65),('b',56)] #二元组列表
>>> sorted(data_list,key=lambda x:x[1])
#利用lambda函数选择元组中的第二个元素排序
[('a', 9), ('d', 35), ('b', 56), ('c', 65)]
>>> sorted(data_list,key=lambda x:x[0])
#利用 lambda 函数选择元组中的第一个元素排序
[('a', 9), ('b', 56), ('c', 65), ('d', 35)]
>>> dict_data = {'b':32,'a':55,'c':13,'d':8} #创建一个 4 成员字典
>>> sorted(dict_data,key=lambda x:dict_data[x]) #根据字典的值排序
['d', 'c', 'b', 'a']
>>> sorted(dict_data,key=lambda x:x) #根据字典的键排序
['a', 'b', 'c', 'd']
```

33. @staticmethod

该函数为类方法之一，如果不需要利用该方法访问任何实例方法和属性，纯粹地通过传入参数并返回数据，那么它就适合用静态方法来定义，它节省了实例化对象的开销成本，

相当于一个普通的函数，而放在类中，仅为这个类服务。我们将在类的构建章节详细地进行说明。

34. sum(iterable, /, start=0)

该函数表示对纯数字序列进行求和计算。

35. super([type[, object-or-type]])

在类方法中，该函数用于调用父类 (超类)。参见下面的脚本编辑窗体代码：

```
class 乘法类: # 构建一个乘法类, 该类只有一个方法‘乘法’, 有两个数字参数
     def 乘法(self,a,b):
         y = a*b
         return y # 返回a、b的积

class 乘法子类(乘法类): # 构建乘法类的一个子类
    def 乘法(self,a,b):
        return super().乘法(a,b) #调用父类‘乘法类’的乘法方法
乘法 = 乘法子类() #此处的‘乘法’为乘法子类的一个实例
print(乘法. 乘法(2,3))
```

36. vars([object])

该函数返回具有 __dict__ 属性对象 object 的属性字典对象，如果没有参数，就打印当前调用位置的属性和属性值，相当于 locals()。

37. zip(*iterables)

该函数将可迭代的两个或多个对象作为参数，将对象中对应的元素打包成一个元组，然后返回由这些元组组成的对象。交互式窗体示例代码如下：

```
>>> a = [1,2,3]
>>> b=[4,5,6]
>>> c = [4,5,6,7,8]
>>> zip_ab = zip(a,b)
>>> zip_ab
<zip object at 0x0335B148>
>>> list(zip_ab)
[(1, 4), (2, 5), (3, 6)]
>>> zip_bc = zip(b,c)
>>> list(zip_bc)
[(4, 4), (5, 5), (6, 6)]
```

```
>>> list(zip_ab)
[]
>>> zip_ab = zip(a,b)
>>> a1, a2 = zip(*zip_ab)
# 与 zip 相反, zip(*) 可理解为解压, 返回二维矩阵式
>>> a1
(1, 2, 3)
>>> a2
(4, 5, 6)
```

## 2.3 试验对象的抽象化——类（class）对象

Python 语言是面向对象的编程语言，在其语言结构中，除了单行语句、函数，另一个主要结构单元就是类，后面将要介绍的基本数据对象、数据容器对象等都是相关的类，类

由单行语句、函数组成，因此，类是 Python 语言中比函数更复杂的结构单元。

### 2.3.1　类的定义和构建

Python 的类对象（class）是一类具有属性和完成指定功能函数（在类中的函数称为方法）的 Python 对象。定义类的第一行语句，约定用英文单词 class 开始，class 后面是类名，英文类名第一个字母宜大写，如果定义的类来自父类，就用英文小括号引用父类名称，像函数用 def 定义一样，但函数名如果是字母，一般习惯用小写。属于该类的所有其他语句，都要缩进，一般缩进 4 个空格。类由单行语句、函数（方法）组成。

构建一个类后，程序自动为该类创建一个局部命名空间，保存该类包含的函数、变量名等信息，作为本地变量存在。

在下面的脚本编辑窗体构建了一个花生品种类并展示相关特性的脚本文件代码：

```
class 花生品种(object): #此处构建一个包含属性和方法的花生品种类
    '''
    花生品种类，保存和处理中国登记花生品种的登记信息。
    '''
    种名 = 'Arachis hypogaea L.(花生栽培种)';属名 = 'Arachis(花生属)';
    科名 = 'Fabaceae(豆科)'
    染色体组 = '2n = 4x = 40, AABB'
    #初始化函数，增加一个品种名称参数，设置属性起始值为None
    def __init__(self,品种名称):
        self.登记编号 = None;self.登记年份=None;self.作物名称 = None
        self.品种名称 = 品种名称; self.申请者 = None;self.育种者 = None
        self.品种来源 = None;self.品种类型 = None;self.生育期 = None
        self.生长习性 = None;self.主茎高 =None;self.侧枝长 = None
        self.总分枝数 = None;self.结果枝数 = None;self.单株饱果数 = None
        self.饱果率 = None;self.百仁重 = None;self.百果重 = None
        self.出仁率 = None;self.粗脂肪含量 = None;self.粗蛋白含量 = None
        self.茎蔓粗蛋白含量 = None;self.油酸含量 = None;self.亚油酸含量 = None
        self.棕榈酸含量 = None;self.青枯病 = None;self.白绢病 = None
        self.锈病 = None; self.网斑病 = None;self.叶斑病 = None
        self.果腐病 = None;self.荚果亩产1 = None; self.荚果亩产2 = None
        self.籽仁亩产1 = None;self.籽仁亩产2 = None;self.休眠性 = None
        self.属性 = ['登记编号', '登记年份', '作物名称', '品种名称', '申请者',
            '育种者','品种来源', '品种类型', '生育期', '生长习性', '主茎高',
            '侧枝长', '总分枝数', '结果枝数', '单株饱果数', '饱果率','百仁重',
            '百果重', '出仁率', '粗脂肪含量', '粗蛋白含量','茎蔓粗蛋白含量',
            '油酸含量', '亚油酸含量', '棕榈酸含量','青枯病', '白绢病', '锈病',
            '网斑病', '叶斑病', '果腐病', '荚果亩产1',荚果亩产2', '籽仁亩产1',
            '籽仁亩产2','休眠性']
        self.属性名 = self.属性;self.含油量 = self.粗脂肪含量 #设置别名
    @property
    def 品种特性(self):
        return self.登记编号,self.登记年份,self.作物名称,self.品种名称,\
```

```
            self.申请者,self.育种者,self.品种来源,self.品种类型,self.生育期,\
            self.生长习性,self.主茎高,self.侧枝长,self.总分枝数,self.结果枝数,\
            self.单株饱果数,self.饱果率,self.百仁重,self.百果重,self.出仁率,\
            self.粗脂肪含量,self.粗蛋白含量,self.茎蔓粗蛋白含量,self.油酸含量,\
            self.亚油酸含量,self.青枯病,self.白绢病,self.锈病,self.网斑病,\
            self.叶斑病,self.果腐病,self.荚果亩产1,self.荚果亩产2,\
            self.籽仁亩产1,self.籽仁亩产2,self.休眠性,self.棕榈酸含量
    @品种特性.setter
    def 品种特性(self,values):
        self.登记编号 = values[0];self.登记年份=values[1];
        self.作物名称 = values[2];self.品种名称 = values[3];
        self.申请者 = values[4];self.育种者 = values[5];
        self.品种来源 = values[6];self.品种类型 = values[7];
        self.生育期 = values[8];self.生长习性 = values[9];
        self.主茎高 =values[10];self.侧枝长 = values[11];
        self.总分枝数 = values[12];self.结果枝数 = values[13];
        self.单株饱果数 = values[14];self.饱果率 = values[15];
        self.百仁重 = values[16];self.百果重 = values[17];
        self.出仁率 = values[18];self.粗脂肪含量 = values[19];
        self.粗蛋白含量 = values[20];self.茎蔓粗蛋白含量 = values[21];
        self.油酸含量 = values[22];self.棕榈酸含量 = values[24];
        self.青枯病 = values[25];self.白绢病 = values[26];
        self.锈病 = values[27];self.网斑病 = values[28];
        self.叶斑病 = values[29];self.果腐病 = values[30];
        self.荚果亩产1 = values[31];self.荚果亩产2 = values[32];
        self.籽仁亩产1 = values[33];self.籽仁亩产2 = values[34];
        self.休眠性 = values[35];self.亚油酸含量 = values[23];
        self.含油量 = self.粗脂肪含量
    @品种特性.deleter
    def 品种特性(self):
        del self.登记编号; del self.登记年份;del self.作物名称
        del self.品种名称; del self.申请者; del self.育种者
        del self.品种来源; del self.品种类型;del self.生育期;
        del self.生长习性; del self.主茎高;self.侧枝长
        del self.总分枝数;del self.结果枝数; del self.单株饱果数
        del self.饱果率;del self.百仁重;del self.百果重
        del self.出仁率;del self.粗脂肪含量;del self.粗蛋白含量
        del self.茎蔓粗蛋白含量;del self.油酸含量;del self.亚油酸含量
        del self.棕榈酸含量; del self.青枯病; del self.白绢病; del self.锈病
        del self.网斑病;del self.叶斑病; del self.果腐病; del self.荚果亩产1
        del self.荚果亩产2; del self.籽仁亩产1; del self.籽仁亩产2
        del self.休眠性
    @classmethod
    def 植物学分类(cls):
        print(cls.科名,cls.属名,cls.种名)
```

```
    def 登记信息(self):
        print(self.品种特性)
    def 含油量评级(self):
        含油量 = self.粗脂肪含量
        assert isinstance(含油量,(float,int)) and\
    含油量 > 0,'含油量数值必须大于0'
        评级 = ''
        if 含油量>=58:
            评级 = '极高含油量品种'
        elif 55<=含油量<58:
            评级 = '高含油量品种'
        elif 50<=含油量<55:
            评级 = '中含油量品种'
        elif 45<=含油量<50:
            评级 = '低含油量品种'
        else:
            评级 = '极低含油量品种'
        return '{}: {}'.format(self.品种名称, 评级)
    @staticmethod
    def 类功能():
        return '该类保存和处理花生品种的登记信息'
traits_value = ['GPD花生(2021)450131','2021','花生','桂花57',
'广西壮族自治区农业科学院','广西壮族自治区农业科学院经济作物研究所/蒋菁、唐荣华、贺梁琼、
唐秀梅、钟瑞春、韩柱强、熊发前、黄志鹏、吴海宁','贺花1号/856','珍珠豆型',124,'直立',
57.4,66,7.6,6,20.8,84.4,85.7,184.4,70.4,51.94,27.2,None,46.5,31.6,None,
'感病',None,'中抗',None,'中抗',None,331.33,217.43,234.08,149.56,None]
桂花57 = 花生品种('桂花57');桂花57.品种特性 = traits_value
print(花生品种.染色体组);花生品种.植物学分类();print(花生品种.类功能())
print(桂花57.染色体组);print(桂花57.含油量评级());print(桂花57.类功能())
print(桂花57.染色体组);print(桂花57.含油量)
```

保存上述代码到文件“class.py”，运行后在交互式窗体得到如下结果：

```
============ RESTART: C:/Users/trong/Desktop/class.py ============
2n = 4x = 40, AABB
Fabaceae(豆科) Arachis(花生属) Arachis hypogaea L.(花生栽培种)
该类保存和处理花生品种的登记信息
2n = 4x = 40, AABB
桂花57: 中含油量品种
该类保存和处理花生品种的登记信息
2n = 4x = 40, AABB
51.94
```

### 2.3.2 类对象的属性、方法和调用

类对象主要有属性和实例化两类操作。类对象构建后，可以用对象名.属性名对属性进行赋值或取值，其方法也像属性一样调用，方法名后要有一对英文小括号。类的实例化很简单，类名加上英文小括号就行，就像调用没有参数的函数一样，如果 `__init__` 方法需要提供额外的参数，也需要提供必要的参数。

在上面构建的花生品种类中，实例对象为桂花 57。花生品种类有科名、属名、种名和染色体组 4 个属性，花生品种类和实例桂花 57 都能引用类属性。创建花生品种的实例需要有一个品种名称参数，通过 `__init__` 方法初始化实例对象，设置了实例对象的 36 个品种登记信息属性，如果不添加其他属性值，那么该实例对象的品种名称属性为提供的品种名称，其他属性都为空值。

类的方法，可以分为类方法、实例方法和静态方法。使用 `@classmethod` 修饰的方法为类方法，花生品种类中的植物学分类就是类方法，其定义的第一个参数必须为 `cls`，类和实例均可调用，调用时 Python 会自动将类本身绑定给 `cls` 参数（注意，绑定的不是类实例对象）。也就是说，我们在调用类方法时，无须显式输入 `cls`。使用 `@staticmethod` 修饰的方法为静态方法，如花生品种类中的“类功能”，该方法与一般的函数一样，不需要 `self` 或 `cls` 参数，不能处理类或实例的属性，但类和实例都可调用。不用任何修饰的方法为实例方法，上面花生品种类中的“`__init__`”、“登记信息”、“含油量评级”均为实例方法，类和实例都能调用，如果用类调用，实例对象必须为第一个参数。

从上述代码的运行结果可以看出，类的方法与函数表现有点不一样。函数定义时有几个参数，调用它必须输入几个参数，即使这些参数用不上，否则报错。类实例的方法定义时约定第一个参数必须是 `self`，但在调用时，不需要这个参数，其实实例化对象桂花 57 代表 `self` 参数，所以调用其方法时不需要输入 `self` 参数。

## 2.4 处理试验数据的 Python 内置数据对象

在现代信息技术中，数据包括数值、文字、声音、图像、视频等能在计算机中存储的信息。Python 内置数据对象有字符串（`str`）、整数（`int`）、浮点数（`float`）、复数（`complex`）、字节（`bytes`）等基本数据对象和列表（`list`）、元组（`tuple`）、集合（`set`）、字典（`dict`）、字节数组（`bytearray`）等数据容器对象。根据其值是否可变，可以把 Python 数据对象分成可变对象和不可变对象。可变对象一般为数据容器对象，其实例包含的元素个数可以增加或减少，如后面将要介绍的数据容器对象列表（`list`）、字典等；不可变对象在赋值后就不可更改，如将要介绍的基本数据对象和集合、元组等数据容器对象。

### 2.4.1 常用试验数据类型对应的 Python 数据对象

常见的试验数据有整数、小数、分数等，还有像水稻、小麦、花生、高抗、感病等文字数据，Python 语言也定义了对应的数据对象，分别用于这些数据的存储、分析和利用，具体如下所示。

### 1. 整数 (int)

1）定义与创建

整数用于表示只可计数的试验数据，如水稻的单株穗粒数、株数等。整数可以用十进制、二进制、八进制、十六进制等方法表示，十进制数字就是用数字（1234567890）表示，其他进制的表示方法需要加不同的前缀让程序识别。二进制数据前缀为数字零（0）加字母 b，后面跟二进制数字，如 0b11000111。八进制数据前缀为数字零（0）加字母 o，后面跟八进制数字，如 0o1727。十六进制数据前缀为数字零（0）加字母 x，后面跟十六进制数字，如 0x4EAF。

用内置函数 int(a) 函数可以把十进制浮点数 a 转换为整数，只取整数部分。如果 a 为文本型整数也能转换，如果 a 是文本型浮点数，直接转换会报错，可以用函数 eval 或 float 函数先把 a 转换为浮点数，再用 int 转换为整数，如 int(55.65) 返回 55。

2）方法

整数对象常用的方法如下所示。

（1）int.bit_length(a)：返回给定整数 a 的二进制数字位数。见如下交互式窗体示例代码：

| | |
|---|---|
| >>> int.bit_length(255)<br>8 | >>> (255).bit_length()<br>8 |

（2）int.from_bytes(bytes)：返回字节表示的整数。见如下交互式窗体示例代码：

```
>>> int.from_bytes(b'\x00\x00\x00\x00\x00\x00\x00\x00\x00\xff','big')
255
>>> int.from_bytes(b'\x00\x00\x00\x00\x00\x00\x00\x00\x00\xff','little')
1204203453131759529492480
```

（3）int.to_bytes(a,length,disorder)：返回整数 a 按照给定长度和顺序的字节数据。见如下交互式窗体示例代码：

| | | |
|---|---|---|
| >>> (255).to_bytes<br>(3,'big')<br>b'\x00\x00\xff' | >>> (2555).to_bytes<br>(5,'big')<br>b'\x00\x00\x00\t\xfb' | >>> int.to_bytes<br>(255,3,'big')<br>b'\x00\x00\xff' |

### 2. 浮点数 (float)

1）定义与创建

浮点数在计算机中表示小数。用 float(a) 函数可以把整数、文本型数字 a 转换为浮点数，参见如下的交互式窗体示例代码：

| | |
|---|---|
| >>> float('8') #字符 8 转换为浮点数 8.0<br><br>8.0 | >>> float('8.69')<br>#把字符串数值转换为浮点数<br>8.69 |

2）方法

浮点数类常用的方法如下所示。

（1）float.as_integer_ratio(a)：返回近似表示浮点数 a 分数的分子和分母。

（2）float.hex(self)：返回浮点数的十六进制表示形式。

（3）float.is_integer(a)：判断 a 是不是整数。

（4）float.fromhex(string)：把十六进制数字字符串转换为浮点数。

上述 4 个方法的使用见如下交互式窗体示例代码：

```
>>> float.as_integer_ratio(3.14)
(7070651414971679, 2251799813685248)
>>> 3.14159.hex()
'0x1.921f9f01b866ep+1'
```

```
>>> float.is_integer(5.0)
True
>>> float.fromhex('0x1.ffffp10')
2047.984375
```

### 3. 布尔值（True 或 False）

正如花生植株的青枯病抗性鉴定分为存活和死亡两种状态，布尔值就是表示相对立的两种状态，如是和否、真和假等。Python 布尔值用 True 和 False 表示，True 也可以是 1，False 是 0，可以与数字进行数学运算。交互式窗体示例代码如下：

```
>>> 5+True
6
```

```
>>> 5+False
5
```

### 4. 字符串（str）

有些只能定性不能定量的性状，如花生种衣的颜色，荚果和种仁形状，抗病性的高抗、中抗和感病描述，只能用文字描述的性状值，这类数据在 Python 中称为字符串。当然，一个字、一个词、一句话、一段话、一篇文章直至一本书的所有文字都可以用一个字符串的实例表示，可赋值给一个变量，并对其进行相关分析。

1）字符串的定义

文本数据即字符串，通常指由语言文字和符号、数字等文字组成的一个或多个字符，字符串属于 str 数据对象。字符串类的实例用成对英文单引号、双引号或三引号表示。如'123'，"中国"，'''peanut'''，如果没有引号同时符合变量命名规则的文字就是变量名。

成对三引号还可以表示多行字符串实例，包含其中的空行。如设置变量 triple_sample 的值为一个多行字符串，见如下的脚本编辑窗体代码：

```
triple_sample = '''
Python 语言功能强大，

优雅美观，
易学易上手，建议大家都学学。
'''
```

根据字符串中各字符从左到右的顺序，用 0,1,2, $\cdots$, $n$ 的位置索引锚定各元素，或从最后一个元素开始，按从右到左的顺序用 $-1, -2, -3, \cdots, -n$ 的位置索引锚定各元素。通过字符串本身或赋值的变量加上英文中括号提取中括号中指定位置的元素。参见如下交互式窗体示例代码：

| | | |
|---|---|---|
| str1 = '文本数据即字符串'<br>>>> str1[0] #提取指定位置元素<br>'文'<br>>>> str1[0:3] #切片提取，不包含右边的数字<br>'文本数' | >>> str1[3]<br>'据'<br>>>> str1[-1]<br>'串' | >>> str1[-3:-1]<br>'字符' |

字符串中可以包含转义序列（在计算机编程中，一种表示特殊字符或执行特定操作的字符组合，通常以反斜杠（\）开头），如换行符\n，但如果在字符串前面加上字母 r 或 R，则表示原始字符串，它会忽略转义字符（如\n、\t 等），如 r'I am a student\nyou are a teacher'，其中的\n 就是\和 n，打印时就不会换行。

str 函数可以把任何数据对象转换为字符串类，str(1.25) 会返回'1.25'，数字类字符串也可以用函数 eval 转换成数字。

| | | |
|---|---|---|
| >>> str()<br>'' | >>> eval('1.25')<br>1.25 | >>> str([2,3,4])<br>'[2, 3, 4]' |

2）字符串的方法

字符串对象有多个方法，用于加工处理字符串本身。

（1）对齐。

对齐是指在指定的宽度中字符串的摆放方式。居中对齐（str.center(width[,fillchar])）表示字符串放在指定宽度的中间，两边多余的位置用指定的符号填充；左对齐（str.ljust(width[, fillchar])）表示字符串放在指定宽度的左边，右边多余的位置用指定的符号填充；右对齐（str.rjust(width[, fillchar])）表示字符串放在指定宽度的右边，左边多余的位置用指定的符号填充。

3 种方法都有位置参数宽度（width），width 为字符串的总宽度（包括原字符串和填充字符）。填充符号参数 fillchar 是可选参数，默认为空格，fillchar 必须是单字符，否则报错。注意一个中文字符占用两个英文字符的空间，width 只表示字符的个数。交互式窗体代码如下：

| | | |
|---|---|---|
| >>>'高抗'.center(10,'*')<br>'****高抗****' | >>>'高抗'.ljust(10,'#')<br>'高抗########' | >>>'高抗'.rjust(10)<br>'        高抗' |

（2）计数（str.count(sub[, start[, end]])）。

用于统计子字符串 sub 在原字符串中出现的次数，可以指定搜索范围（start 和 end），start 和 end 为可选参数，默认在整个字符串中查找。下列示例为一个基因的序列片段，用于计算其中 CT 出现的次数。交互式窗体代码如下：

```
gene='AGAGTGTAGCTCTGATCGCAACAACACCGCTGTAGCGTGTTTTTGTTGCAGCAGCGATACGCGCAGAA
AAAGATTCTCAGAAGATCTTGAATCTTTCACGGGTCTGACGCTCATGGAACGGACTCGGTAAGGGATTGGTTGGA
GATTTCCAAGACTCACTGAATCTTAATAATGAGACTCATACTCAAGCTTATTGAGTCAAGCTTGTGTCGGCAGAT
TCCAACGCGCT'
>>> gene.count('CT')
17
>>> gene.count('CT',10,80)
3
```

（3）编码和解码。

字符串对象的 encode 用于将 str 类型转换为 bytes 类型，这个过程也称为编码，而字节对象的 decode 则是用于将 bytes 类型转换为 str 类型，两种方法的参数一样，都是可选参数，每个参数的含义如表 2-5 所示。

**表 2-5 字符串编码和解码方法的参数及含义**

| 参数 | 含义 |
|---|---|
| str | 表示要进行转换的字符串 |
| encoding | 字符编码格式，默认为 utf-8 （其他常见编码格式中文可用 gb2312.gbk, 英文可用 ascii、latin-1 等）<br>当方法中只使用这一个参数时，可以省略前边的 encoding=，直接写编码格式，例如，str.encode("UTF-8") |
| errors | 指定错误处理方式，其可选择值如下所示。<br>strict：默认，遇到非法字符就抛出异常（Unicode EnCodeError）。<br>ignore：忽略非法字符，直接跳过。<br>replace：用“?”替换非法字符。<br>xmlcharrefreplace：替换为 xml 实体 |

字符串编码和解码的功能演示如下：

```
>>> str_text = '广西壮族自治区农业科学院经济作物研究所'
>>> str_bytes = str_text.encode()
>>> str_bytes
b'\xe5\xb9\xbf\xe8\xa5\xbf\xe5\xa3\xae\xe6\x97\x8f\xe8\x87\xaa\xe6\xb2\xbb\
   xe5\x8c\xba\xe5\x86\x9c\xe4\xb8\x9a\xe7\xa7\x91\xe5\xad\xa6\xe9\x99\xa2\
   xe7\xbb\x8f\xe6\xb5\x8e\xe4\xbd\x9c\xe7\x89\xa9\xe7\xa0\x94\xe7\xa9\xb6\
   xe6\x89\x80'
>>> str_bytes.decode()
'广西壮族自治区农业科学院经济作物研究所'
```

（4）前序列和尾序列判断（str.startswith(sub[,start[,end]]）和 str.endswith (suffix[, start[, end]])）。

判断在指定范围内的字符串是否以 sub 或 suffix 参数指定的字符串开始或结束。返回 True 或者 False。仍然使用上一页的基因序列片段说明来介绍这两个方法。前序列和尾序列判断功能演示如下：

```
>>> gene.startswith('AGAGTGTAGCTCTGAT')
True
```

```
>>> gene.endswith('AGAGTGTAGCTCTGAT')
False
```

（5）扩充制表符（str.expandtabs(tabsize=8)）。

该方法是模拟制表符（\t）的功能，但更灵活。每个制表符（\t）规定其前面列的初始宽度为 8 个英文字符，如果填充或输入的字符（中文字符占 2 个英文字符宽度）不超出这 8 个字符的宽度，那么剩余空间用空格填充，如果填充字符宽度等于或超过 8 字符的倍数，那么自动为该制表符所在列增加 8 个字符宽度并用空格填充。而 str.expandtabs 方法的 tabsize 默认为 8 个，也可以设置为任意整数，如 4 个、5 个或 16 个，填充规则同\t。扩充制表符功能演示如下：

```
>>> gene_sub ='AGAGTGTA\tGCTCTGAT\tCGCAACAA\tCACCGCTG'
>>> gene_sub1 = gene_sub.expandtabs()
>>> print(gene_sub1)
AGAGTGTA        GCTCTGAT        CGCAACAA        CACCGCTG
gene_sub2 ='AGAGTGT\tGCTCTGA\tCGCAACA\tCACCGCT' #每个字段都是 7 个英文字符
>>> print(gene_sub) #每个制表符余一个空白字符，字段间只有一个空白字符
AGAGTGT GCTCTGA CGCAACA CACCGCT
>>> gene_sub3 = gene_sub2.expandtabs(6)#把tabsize从默认的 8 调整为6
>>> print(gene_sub3) #每个字段的制表符增加 6 个空白位，其中一个由各字段的最后一个字母
填充，字段间就由 5 个空白字符分隔
AGAGTGT     GCTCTGA     CGCAACA     CACCGCT
```

（6）查找（str.find(sub,[,start[,end]])）。

该方法返回一个子字符串（sub）在原字符串（str）范围（由 start 和 end 指定）内第一次出现的位置索引，默认从原字符串第一个字符开始查找。如果查找不到，那么返回−1，start 和 end 为可选参数，相当于在 str 的切片中查找。查找功能演示如下：

```
>>> gene = 'AGAGTGTAGCTCTGATCGCAACAACACCGCTGTAGCGTGTTTTTGTTGCAGCAGCGATACGC\
GCAGAAAAAGATTCTCAGAAGATCTTGAATCTTTCACGGGTCTGACGCTCATGGAACGGACTCGGTAAGGGATTG\
GTTGGAGATTTCCAAGACTCACTGAATCTTAATAATGAGACTCATACTCAAGCTTATTGAGTCAAGCTTGTGTCG\
GCAGATTCCAACGCGCT'
>>> gene.find('ATG')
113
```

（7）设置格式（str.format(*args, **kwargs)）。

该方法用于按一定格式合并文字、数字，优化输出格式，可以让文字或数字在指定的空间（宽度）左对齐、右对齐、居中对齐，剩余位置用空格或其他指定的字符填充，还可以指定数字的显示格式。

格式: '{填充内容索引: 填充符 + 对齐方式 + 宽度}'.format(*args, **kwargs)

其中大括号 { } 为占位符，可以有一个或多个，与 args 和 kwargs 中的元素对应，args 可以是列表、元组或字符串，占位符通过索引引用其中的元素，如果有 kwargs，那么占位符通过关键字引用其值；占位符引用的值可以是字符串、数字或变量，可以通过对数字的引用把数字变成字符串的一部分。填充符为在指定宽度（英文字符数，整数）和指定对齐方式（居中、左对齐、右对齐）前提下，填充符放在字符串两边的方式，如果是居中对齐，又有多余的空间，填充符均匀地分布在字符串的两边，如果是左对齐，那么填充

符全部放在字符串的右边，默认填充符为空格。

① 按索引引用。占位符默认按给出的参数顺序一一对应引用，默认引用时占位符可以留空。通过改变占位符的索引号，自定义引用操作。

按索引引用设置格式功能演示如下交互式窗体代码：

```
>>> 作物名称 = ['水稻','甘蔗','玉米','薯类','花生']
>>> '广西壮族自治区栽培的主要农作物有{}，{}，{}，{}和{}'.format(*作物名称)
'广西壮族自治区栽培的主要农作物有水稻，甘蔗，玉米，薯类和花生'
>>> '广西壮族自治区栽培的主要农作物有{4}，{3}，{2}，{1}和{0}'.format(*作物名称)
'广西壮族自治区栽培的主要农作物有花生，薯类，玉米，甘蔗和水稻'
>>> '广西壮族自治区栽培的主要农作物有{0}，{0}，{1}，{4}和{2}'.format(*作物名称)
'广西壮族自治区栽培的主要农作物有水稻，水稻，甘蔗，花生和玉米'
>>> '广西壮族自治区栽培的主要农作物有{0}，{1}，{crop1}，{crop2}和{crop3}'.\
format(*作物名称,crop1='花生',crop2='玉米',crop3='甘薯') #可以直接用关键字指定值
'广西壮族自治区栽培的主要农作物有水稻，甘蔗，花生，玉米和甘薯'
```

② 按关键字引用。在占位符中输入字典参数的关键字，引用对应的值。

按关键字引用设置格式功能演示如下交互式窗体代码：

```
>>> 含油量 = {'桂花22':0.5435,'桂花36':0.5562}
>>> '品种含油量：桂花36为{桂花36:.2%}，桂花22为{桂花22:.2%}'.format(**含油量)
'品种含油量：桂花36为55.62%，桂花22为54.35%'
```

③ 自定义输出格式。如果要自定义字符串的输出格式，在利用占位符引用数据时，在占位符中的索引号或关键字后面紧跟英文冒号，冒号后加上填充字符、对齐指示符、填充宽度，可以定义字符串的对齐方式。填充字符可以是任何符号或单个字母或中文字，对齐指示符有 ^（居中）、<（左对齐）、>（右对齐）和 =（只用于数字的格式化，使正负号在最前面，正负号与数字之间用 0 填充，如 +000000123），填充宽度为英文字符数（一个中文字或符号占用 2 个英文字符宽度），如果有中文字符，那么将宽度减去中文字符个数作为填充宽度，与全部由英文字符填充的宽度相当。

对于数字，在宽度前一位可以添加 +（表示正负号都标明）、-（表示只标明负号）和空格（表示正数前面留一个空格，负号标明），宽度值后可跟分组指示符（, 表示千位分隔符，如 123,456.23），然后可以加上小数精度（小数点符号跟数字，如.2），最后可以加上数字类型。整数数字类型有表 2-6 中的 8 种。

**表 2-6 整数数字类型**

| 类型 | 含义 |
|---|---|
| b | 二进制 |
| c | 把字符转换为统一编码，如'{:*^10c}'.format(25)，输出为'****\x19*****' |
| d | 十进制 |
| o | 八进制 |
| x | 十六进制，大于 9 的字母为小写 |
| X | 十六进制，大于 9 的字母为大写 |
| n | 与 d 相同，只是它使用当前的区域设置来插入适当的数字分隔符字符 |
| None | 与 d 相同 |

小数类型可以设置 f（把整数转换为浮点数，如 12.00）或%（转换为百分数，如 0.25 转换为 25%）。

交互式窗体示例代码如下：

```
>>> '目前沈阳的气温为：{:+.2f}℃'.format(-15.3)
'目前沈阳的气温为：-15.30℃'
>>> '目前南宁的气温为：{:+.2f}℃'.format(15.3)
'目前南宁的气温为： +15.30℃'
>>> for num in range(50,120,10):
        for base in 'dXob':
            print('{0:*^{width}{base}}'.format(num,base=base,width=width),
end='')
        print()

****50****  ****32****  ****62****  **110010**
****60****  ****3C****  ****74****  **111100**
****70****  ****46****  ***106****  *1000110**
****80****  ****50****  ***120****  *1010000**
****90****  ****5A****  ***132****  *1011010**
***100****  ****64****  ***144****  *1100100**
***110****  ****6E****  ***156****  *1101110**

>>> '{:😆^10.2%}'.format(0.6868)
'😆😆68.68%😆😆'
>>> '{:😆^10.2f}'.format(6868)
'6868.00'
```

④ 占位符的嵌套。占位符内还可以设置占位符，即嵌套占位符，可以用索引号或关键字引用参数，如'{0:{fill}{align}{width}}'.format('中国',fill='#',align='',width=10)，输出为'#### 中国 ####'。

（8）格式映射（format_map(mapping)）。

参数 mapping 为字典类数据，与 str.format(**mapping) 功能相似，只是该函数的 mapping 直接是字典，具体功能演示如下：

```
>>> peanut_variety_dict = {'品种名称':'桂花22','含油量':55.4,'蛋白质':26.2}
>>> print('{品种名称} 含油量为：{含油量}%，蛋白质含量为：{蛋白质}%'.\
format_map(peanut_variety_dict))
桂花22 含油量为：55.4%，蛋白质含量为：26.2%
>>> print('{品种名称} 含油量为：{含油量}%，蛋白质含量为：{蛋白质}%'.\
format(**peanut_variety_dict))
桂花22 含油量为：55.4%，蛋白质含量为：26.2%
```

（9）索引（str.index(sub[, start[, end]])）。

用于查找子字符串 sub 在原字符串中第一次出现的起始索引。如果找到子字符串，则返回它第一次出现的位置索引（查找范围由 start 和 end 指定默认从 0 即第一个字符开始)。与 str.find() 相似，但如果 sub 不存在则会报错，抛出 ValueError 异常，而 str.find() 会返回-1。

（10）文字数字判断（str.isalnum()）。

用于检查字符串是否仅由文字和数字组成，即是否是一个“文字数字”字符串，如果字符串至少有一个字符，并且所有字符都是文字或数字，那么返回 True；否则，返回 False。功能演示如下：

```
>>> sample_text = 'abDe56*/创新'
>>> sample_text.isalnum()
False
>>> for c in sample_text:
    print(c,c.isalnum())

a True
b True
D True
e True
5 True
6 True
* False
/ False
创 True
新 True
```

（11）文字判断（str.isalpha()）。

如果字符串中都是文字，则返回 True；否则，返回 False。

（12）美国信息交换标准代码判断（str.isascii()）。

ASCII（American Standard Code for Information Interchange，美国信息交换标准代码）是一套基于拉丁字母的字符编码，共收录了 128 个字符，用一个字节就可以存储，它等同于国际标准 ISO（International Organization for Standardization）/IEC（International Electrotechnical Commission）646。包含了基本的拉丁字母（英文字母）、阿拉伯数字（也就是 1234567890）、英文标点符号、特殊符号（@、#、$、%、^、& 等）及一些具有控制功能的字符（往往不会显示出来）。

字符串中的所有字符都属于 ASCII 中的字符，则返回 True；否则，返回 False。功能演示如下：

```
>>> 'abc\n\t*/3%!`'.isascii()
True
>>> '，。中国'.isascii() # 中文不属于 ASCII
False
```

（13）十进制数字判断（str.isdecimal()）。

如果字符串中至少有一个字符并且是不同语言的 0~9 十进制数字，那么返回 True；否则，返回 False。不同语言的十进制数字都属于 decimal，在 Unicode 代码分类中属于 Nd，如 Unicode 代码'U+0e51'（泰语数字 1）。

（14）数字判断（str.isdigit() 和 str.isnumeric()）。

str.isdigit()：如果字符串至少有一个字符并且所有元素均属于数字（包括不同语言的 0~9 十进制数字和上下标数字等），那么返回 True。

str.isnumeric()：如果字符串至少有一个字符并且所有元素均属于数字类（包括不同语言的 0~9 十进制数字和上下标数字、分数如'½' 等表示数值的符号），那么返回 True。

功能演示如下：

```
>>> for item in '168¹²₃½⅔':
    print(item,'isdigit',item.isdigit())
    print(item,'isnumeric',item.isnumeric())


1 isdigit True
1 isnumeric True
6 isdigit True
6 isnumeric True
8 isdigit True
8 isnumeric True
¹ isdigit True
¹ isnumeric True
² isdigit True
² isnumeric True
₃ isdigit True
₃ isnumeric True
½ isdigit False
½ isnumeric True
⅔ isdigit False
⅔ isnumeric True
```

（15）名称判断（`str.isidentifier()`）。

如果字符串符合对象或变量等命名规则，那么返回 `True`；否则，返回 `False`。功能演示如下：

```
>>>'花生'.isidentifier()
True
>>>'123 花生'.isidentifier()
False
>>>'_花生'.isidentifier()
True
```

（16）字符串合并（`str.join(iterable)`）。

用指定字符串把所有元素均为字符串的列表、元组等可迭代对象的元素合并为一个新字符串。功能演示如下：

```
>>>'，'.join(['花生','水稻','甘蔗'])
# 用中文逗号连接
'花生，水稻，甘蔗'
>>>'；'.join(('花生','水稻','甘蔗'))

'花生；水稻；甘蔗'
```

（17）删除两端字符（`str.lstrip(sub)`、`str.strip(sub)` 和 `str.rstrip(sub)`）。

分别从左端、同时左右两端、右端开始删除所有出现在 sub 中的字符，直到遇到不在 sub 中的字符为止。sub(可选) 为一个字符串，指定要删除的字符集合，默认为空白字符（空格、制表符\t、换行符\n 等）。返回值为新字符串，原字符串不变。功能演示如下：

```
>>>sample_str = ' 数 字 经 济 '
>>>sample_str.lstrip()
'数 字 经 济 '
>>> str_sample = '协同推进数字产业化和产业数字化'
>>> str_sample.strip('协同数字化')
'推进数字产业化和产业'
>>>sample_str.strip()
'数 字 经 济'
>>>sample_str.rstrip()
'    数 字 经 济'
>>> str_sample.lstrip('协同数字化')
'推进数字产业化和产业数字化'
>>> str_sample.rstrip('协同数字化')
'协同推进数字产业化和产业'
```

（18）翻译（`str.maketrans(x,[y,[z]])` 和 `str.translate(trans_table)`）。

`str.maketrans` 为 `str.translate` 创建一个用于翻译的字典，其参数 `x` 是必需的，y 和 `z` 都是可选的。如果只有 `x` 参数，那么 `x` 必须是一个字典，表示把字典的键翻译为字典的值，而且键和值只能是一个字符，并将键转换为 Unicode 码点（十进制正整数），格

式为 {unicode 码点：替换目标}；如果有 x 和 y 两个参数，那么要求 x、y 是一一对应的长度相等的键和值关系的字符串，即把 x 中的元素翻译为 y 中对应位置的元素；如果有 x、y、z 三个参数，那么 z 参数表示需要删除待翻译字符串中的字符，翻译字典会把 z 参数中元素翻译为 None，即空值（不是空格）。str.translate () 则利用 str.maketrans 创建的字典把给定的字符串翻译成一个新字符串。

该方法可以模拟 DNA 互补链的构建、DNA 遗传信息转录为信使核糖核酸（messenger RNA，mRNA）mRNA 的过程，在生物信息学中有重要的应用前景。在 DNA 分子合成过程中，互补链的形成遵循'A'→'T'、'T'→'A'、'G'→'C' 和'C'→'G' 的原则。template_strand='ATGC',new_strand='TACG'。功能演示如下：

```
Python 3.8.10 (tags/v3.8.10:3d8993a, May  3 2021, 11:34:34) [MSC v.1928 32
    bit (Intel)] on win32
Type "help", "copyright", "credits" or "license()" for more information.
>>> template_strand = 'AGGGCCCTTTGGGCCC'
>>> trans_code = str.maketrans({'A':'T','T':'A','G':'C','C':'G'}) #单个参数
>>> trans_code
{65: 'T', 84: 'A', 71: 'C', 67: 'G'}
>>> trans_code = str.maketrans('ATGC','TACG') #两个参数
>>> trans_code
{65: 84, 84: 65, 71: 67, 67: 71}
>>> new_strand = template_strand.translate(trans_code)
>>> new_strand
'TCCCGGGAAACCCGGG'
>>> #如果给出第三个参数，表示排除模板链输入的错误字符
>>> trans_code = str.maketrans('ATGC','TACG','NBK')
>>> trans_code
{65: 84, 84: 65, 71: 67, 67: 71, 78: None, 66: None, 75: None}
>>> template_strand = 'NAGGGCCCBTTTGKKGGCCC'
>>> template_strand.translate(trans_code)
'TCCCGGGAAACCCGGG'
```

同理，DNA 转录成 mRNA，遵循'A'→'U'、'U'→'A'、'G'→'C' 和'C'→'G' 的原则。可以构建相关的代码模拟其转录过程（代码略）。

（19）一分为三（str.partition(sep) 和 str.rpartition(sep)）。

用字符串存在的子字符串（sep）把原字符串分隔为三部分，str.partition(sep) 从左边出现的第一个 sep 参数指定的字符串分隔原字符串，并返回一个 3 元素元组（第一部分，分隔字符串，第二部分），如果 sep 不存在，那么返回的元组包括字符串本身和两个空元素。str.rpartition(sep) 则是从最右边（末尾）开始查找第一次出现的字符串 sep 来分隔原字符串。功能演示如下：

```
>>> str_sample = '协同推进数字产业化和产业数字化'
>>> str_sample.partition('和')
('协同推进数字产业化', '和', '产业数字化')
>>> str_sample.partition('科技')
```

```
('协同推进数字产业化和产业数字化', '', '')
```

（20）删除前缀和后缀（str.removeprefix(prefix) 和 str.removesuffix(suffix)）。

str.removeprefix(prefix) 返回一个从原字符串中移除了由 prefix 指定的前缀形成的新字符串，str.removesuffix(suffix) 则返回一个从原字符串中移除了由 suffix 指定的后缀形成的新字符串。如果 prefix 或 suffix 不存在，那么返回原字符串。该功能是 Python 3.9 新增的。功能演示如下：

```
Python 3.9.12 (main, Apr  4 2022, 05:23:19) [MSC v.1916 32 bit (Intel)]
Type "copyright", "credits" or "license" for more information.
IPython 8.2.0 -- An enhanced Interactive Python.
str_sample = '协同推进数字产业化和产业数字化'
str_sample.removeprefix('协同推进')
Out[2]: '数字产业化和产业数字化'
str_sample.removesuffix('和产业数字化')
Out[3]: '协同推进数字产业化'
```

（21）替换（str.replace(old,new[,count])）。

用新的字符串（new）替换原字符串中所有匹配的子字符串（old）。如果有可选参数 count，那么只替换最前面出现 count 指定的个数。功能演示如下：

```
>>> str_sample = '协同推进数字产业化和产业数字化'
>>> str_sample.replace('化','工程')
'协同推进数字产业工程和产业数字工程'
>>> str_sample.replace('化','工程',1)
'协同推进数字产业工程和产业数字化'
>>> str_sample.replace('化','工程',2)
'协同推进数字产业工程和产业数字工程'
>>> str_sample.replace('化','工程',0)
'协同推进数字产业化和产业数字化'
```

（22）拆分（str.split(sep=None, maxsplit=-1) 和 str.rsplit(sep=None,maxsplit=-1)）。

这两个方法都是用指定的子字符（sep）作为分隔符，把原字符串分成多个部分组成的列表。str.split 从左边开始拆分，str.rsplit 从右边开始拆分。如果 maxsplit 为默认的-1，那么功能完全一样。如果不指定分隔符 sep，那么 sep 默认为空格。功能演示如下：

```
>>> str_sample = '协同推进数字产业化和产业数字化'
>>> str_sample.split('数字')
['协同推进', '产业化和产业', '化']
>>> str_sample.rsplit('数字')
['协同推进', '产业化和产业', '化']
>>> str_sample.split('数字',1)
['协同推进', '产业化和产业数字化']
>>> str_sample.rsplit('数字',1)
```

```
['协同推进数字产业化和产业', '化']
>>> str_sample = '协同推进数字产业化和产业数字化'
>>> str_sample.split()
['协', '同', '推', '进', '数', '字', '产', '业', '化', '和产业数字化']
>>> str_sample.rsplit()
['协', '同', '推', '进', '数', '字', '产', '业', '化', '和产业数字化']
```

（23）行分隔（str.splitlines(keepends=False)）。

根据字符串中的行分隔符把原字符串分隔形成一个由行组成的列表，原字符串不变。keepends 参数（有两个值 True 和 False）控制是否保留行尾的换行符。keepends=False 为默认行为，去除换行符；keepends=True，保留换行符。

常见的行分隔符有\n、\r。交互式窗体代码如下：

```
>>> sample_text = '全面贯彻党的十九大和十九届历次全会精神，\n立足新发展阶段，完整、准
    确、全面贯彻新发展理念，\n构建新发展格局，\n推动高质量发展，\n统筹发展和安全、统筹
    国内和国际，\n\r以数据为关键要素，\r以数字技术与实体经济深度融合为主线，\r加强数字
    基础设施建设，\n完善数字经济治理体系，\n协同推进数字产业化和产业数字化，\n赋能传统
    产业转型升级，\n培育新产业新业态新模式，\n不断做强做优做大我国数字经济，\n为构建数
    字中国提供有力支撑。'
>>> sample_text.splitlines()
['全面贯彻党的十九大和十九届历次全会精神，', '立足新发展阶段，完整、准确、全面贯彻新发展
    理念，', '构建新发展格局，', '推动高质量发展，', '统筹发展和安全、统筹国内和国际，',
    '', '以数据为关键要素，', '以数字技术与实体经济深度融合为主线，', '加强数字基础
    设施建设，', '完善数字经济治理体系，', '协同推进数字产业化和产业数字化，', '赋能传
    统产业转型升级，', '培育新产业新业态新模式，', '不断做强做优做大我国数字经济，',
    '为构建数字中国提供有力支撑。']
```

3）转义符

转义符是字符串数据中用于表达与字面完全不一样功能的字符或字符组合，如在文本输出时只需要文本换行，不需要输出换行符，就用\n 表示换行，程序在其出现的地方执行换行功能，而不是输出这两个字符。在 Python 中用反斜杆（\）执行转义功能，转义符的常用功能如表 2-7 所示。

**表 2-7　转义符的常用功能**

| 转义符 | 功能 |
|---|---|
| \ | 续行符（在代码行尾，连接多行语句成为一个逻辑语句） |
| \\ | 在字符串打印输出时，代表反斜杠本身 |
| \' | 在字符串打印输出时，代表英文单引号 |
| \'' | 在字符串打印输出时，代表英文双引号 |
| \000 | 在字符串打印输出时，空格 |
| \n | 在字符串打印输出时，换行（光标移动到下行首） |
| \t | 在字符串打印输出时，横向制表符 |
| \u | 在字符串打印输出时，返回十六进制数字的 Unicode 代码所代表的字符 |

转义符功能演示如下：

```
>>> 单位名称 = '广西壮族自治区农业科学院\
经济作物研究所'
>>> print(单位名称)
广西壮族自治区农业科学院经济作物研究所
>>> 单位名称 = '广西壮族自治区农业科学院\\经济作物研究所'
>>> print(单位名称)
广西壮族自治区农业科学院\经济作物研究所
>>> sentence = 'he asked:\'what\'s your name?\''
>>> print(sentence)
he asked:'what's your name?'
>>> str_1 = 'abcd\\efgh'
>>> print(str_1)
abcd\efgh
```

十六进制的通用字符名（universe-character name）：`\u` 后面必须跟 4 个十六进制数字（不足四位前面用零补齐），表示 Unicode 中在 0～0xFFFF 码点的字符（但不能表示 0xD800～0xDFFF 码点的字符，Unicode 标准规定这个范围内的码位保留，不表示字符），与 `chr`（码点）功能相同。`\u` 的功能演示如下：

| | | |
|---|---|---|
| >>> '\u4e2d'<br>'中'<br>>>>chr(0x4e2d)<br>'中' | >>> '\u0030'<br>'0'<br>>>>chr(0x0030)<br>'0' | >>> '\u4EA7'<br>'产'<br>>>>chr(0x4EA7)<br>'产' |

### 2.4.2　保存和处理批量试验数据的对象和方法

在现实世界里存在大量的数据，需要创建组织这些数据的对象，对其进行分类保存和处理。如每个人都有身高、体重、血压及各种表示身体健康情况的化验数据，同一个人的这些数据怎么组织，所有人的数据怎么组织，需要组织和分析这些数据的容器。前面介绍过的 `str` 对象，不仅可以表示一个词语或短语，也可以表示一篇文章，甚至一本书，所以 `str` 对象（字符串）是文字的组织对象。Python 语言内置了列表（`list`）、元组（`tuple`）、集合（`set`）、字典（`dict`）等用于组织不同类型的数据，这些都是 Python 语言的数据容器对象。其中，所有元素有固定位置，可以通过索引进行元素读取、切片等操作的对象（如 `str`、`list`、`tuple` 等）称为序列型对象；位置不固定的，无法通过索引对元素进行操作的对象，如 `set`、`dict` 等，称为非序列对象。

1. 列表

1）定义与创建

列表（list）是用英文中括号包装的数据集合，是一个功能强大的数据容器对象，通过内置函数 `list()` 或一对英文中括号创建，`list` 函数可以把其他迭代对象转换为列表，无参数创建一个空列表。列表中的元素可以是各种数据类型，包括基本数据类型和数据容器对象。如 `data = ['桂花 376',55,32,80,6,300,69,189]`，其中的中括号、单引号、逗号都是英文符号。品种名称'桂花 376' 处于第一个位置，其索引为 0；含油量 55 在第二个位置，其索引为 1，以此类推。反向索引，则最后一个元素 189 的位置索引值为−1，依次为−2，−3 等，可以通过正向或反向索引获取列表的值，列表创建参见如下交互式窗体示例代码：

```
>>> list((3,4,5))
[3, 4, 5]
>>>data = ['桂花376',55,32,80,6,300,69,189]
>>> data[0] #获取第一个元素的值
'桂花376'
>>> data[-2] #获取倒数第二个元素的值
69
>>> data[2:6] #切片，获取位置2到位置6（不包括6）的值
[32, 80, 6, 300]
>>> data[:3]  #省略冒号:前面的索引，默认从第一个开始，获取0~2的值
['桂花376', 55, 32]
>>> data[::-1] #使data中的元素顺序颠倒排列
[189, 69, 300, 6, 80, 32, 55, '桂花376']
>>> data[2:] #省略冒号：后面的索引，默认到最后一个
[32, 80, 6, 300, 69, 189]
```

2）列表的方法

可以用内置函数 len(data) 函数获得列表参数 data 的元素个数，如果列表的元素全是数字，可以用 max() 函数获得列表中的最大值，用 min() 获得其最小值，用 sum 函数求列表的和，用 sorted() 对其排序，返回一个升序或降序的新列表。内置函数处理列表的效果参见如下交互式窗体示例代码：

```
>>> data = ['桂花 376', 55, 32, 80, 6,
300, 69, 189]
>>> len(data)
8
>>> data1=[5,1.23,-3.65,9,66]
>>> max(data1)
66
>>> min(data1)
-3.65
```

```
>>> sorted(data1)

[-3.65, 1.23, 5, 9, 66]
>>> sorted(data1,reverse=True)
[66, 9, 5, 1.23, -3.65]
>>> data1
[5, 1.23, -3.65, 9, 66]
>>>sum(data1)
77.58
```

列表还定义了对自身数据进行处理的特殊方法，这些方法均返回更新后的列表本身，现分述如下。

（1）在末尾添加单个元素（list.append(item)）。在列表最后添加单个元素，参见如下交互式窗体示例代码：

| | |
|---|---|
| >>> data = [3,4,5] | >>> data |
| >>> data.append(6) | [3, 4, 5, 6] |

（2）添加多个元素（list.extend(iterable)）。该方法虽然与一个列表加（+）上另一个列表作用相似，但列表相加会产生一个新的列表，而 extend 则是从原来的列表最后一个元素开始按顺序添加第二个列表、元组等可迭代对象的元素，列表一次性添加多个元素的功能，参见如下交互式窗体示例代码：

| | |
|---|---|
| >>> data_list = [4,5,6] | >>> data_list.extend('数字经济') |
| >>> data_list.extend([7,8,9]) | >>> data_list |
| >>> data_list | [4,5,6,7,8,9,'数','字','经','济'] |
| [4, 5, 6, 7, 8, 9] | |

（3）清空列表（list.clear()）。删除列表中所有的元素，使其成为一个空列表。

（4）建立副本（list.copy()）。返回一个与原 list 完全一样的副本，可以对副本进行操作，而不改变正本。

（5）值计数（list.count(value)）。返回列表中指定元素 value 的出现次数。

（6）获取指定元素值第一次出现的索引（list.index(item)）。返回元素 item 第一次出现的索引，见后面的示例代码。

（7）在指定位置插入新值（list.insert(index,item)）。在列表的指定索引 index 处插入一个元素 item，原位置的元素及后面的元素依次后移。

（8）提取指定位置的元素并删除该元素（list.pop(index)）。提取列表中索引 index 处的元素，返回该元素，在列表中删除该元素。

（9）删除一个元素（list.remove(item)）。与 pop 一样，都能删除列表中的一个元素，但 remove 的参数为元素，直接删除在列表中第一次出现的元素 item，不返回值。

（10）倒序功能（list.reverse()）。让列表中的元素颠倒位置，与 list[::-1] 功能相似，但 list[::-1] 返回一个新列表。

（11）排序（list.sort(reverse=False)）。对列表本身进行升序（默认）或降序排序（reverse=True）。

一定要记住，list 的这些方法除了 copy 只改变其本身，不产生新的 list 或副本。需要说明的是，字符串对象 str 可以说是 list 的特例，如 str[index] 获取指定位置的元素，也可以采用 str[start:end] 形式来提取指定范围的切片，还可以用函数 sorted 对其元素排序并转换为元素列表。

列表其他部分方法功能参见如下交互式窗体代码：

| | |
|---|---|
| `>>> peanut_v = ['桂花 22', '桂花 36', '桂花 58']`<br>`>>> peanut_v _copy=peanut_v.copy()`<br>`>>> peanut_v.append('桂花 67')`<br>`>>> peanut_v`<br>`['桂花 22', '桂花 36', '桂花 58','桂花 67']`<br>`>>> peanut_v.count('桂花 36')`<br>`1`<br>`>>> peanut_v.index('桂花 36')`<br>`1`<br>`>>> peanut_v.insert(1,'桂花 57')`<br>`>>> peanut_v`<br>`['桂花 22', '桂花 57', '桂花 36', '桂花 58','桂花 67']`<br><br>`>>> 品种 = peanut_v.pop(1)`<br>`>>> 品种`<br>`'桂花 57'` | `>>> peanut_v`<br><br>`['桂花 22', '桂花 36', '桂花 58','桂花 67']`<br>`>>> peanut_v.remove('桂花 36')`<br>`>>> peanut_v`<br>`['桂花 22', '桂花 58','桂花 67']`<br>`>>> peanut_v_copy`<br>`['桂花 22', '桂花 36', '桂花 58']`<br>`>>> data_list = [55,6,32,12,78,99,86,68]`<br>`>>> data_list.reverse()`<br>`>>> data_list`<br>`[68,86,99,78,12,32,6,55]`<br>`>>> data_list.sort()`<br><br>`>>> data_list`<br>`[6,12,32,55,68,78,86,99]`<br>`>>> data_list.sort(reverse=True)`<br>`>>> data_list`<br>`[99,86,78,68,55,32,12,6]` |

3）嵌套列表的自动更新功能

对于元素也是列表的嵌套列表，列表具有自动跟踪子列表的变化和自动更新母列表的功能，即列表的切片与原列表共享内存地址。自动更新功能演示参见如下交互式窗体代码：

| | |
|---|---|
| `>>> data_list = [[5,6,7],[8,9,10]]`<br>`>>> data_list_1 = data_list[0]`<br>`>>> data_list_2 = data_list[1]`<br>`>>> data_list_1[0] = 50`<br>`>>> data_list`<br>`[[50, 6, 7], [8, 9, 10]]`<br>`>>> data_list_1.remove(7)` | `>>> data_list`<br>`[[50, 6], [8, 9, 10]]`<br>`>>> data_list_1.append(80)`<br>`>>> data_list`<br>`[[50, 6, 80], [8, 9, 10]]`<br>`>>> data_list_2[2] = 100`<br>`>>> data_list`<br>`[[50, 6, 80], [8, 9, 100]]` |

2. 元组

1）定义与创建

元组是一组由英文逗号分隔元素组成的数据对象，可用英文小括号括起来。str、list 对象中的元素可以增加或减少，属于可变的序列对象，而元组（tuple）则是一个创建后元素固定不变的数据容器对象，用内置函数 tuple(list) 可以把列表或其他迭代对象转换为元组。元组的构建方法有下列 4 种。

（1）一对英文小括号就能表示一个空元组：()。

（2）变量或值后面跟一个英文逗号，就创建了一个元组，如 a, 或 (a,)。

（3）用逗号分隔的多个元素，如 a,b,c,d 或 (a,b,c,d)。

（4）用函数 tuple() 创建一个空元组，用函数 tuple(iterable) 创建一个含有元素的元组，参数 iterable 是一个可遍历的迭代对象（Python 语言的一个概念，表示对象中的元素是可以一个个访问或处理的对象，像 str、list 和 tuple 本身都是迭代对象）。

可以看出，元组主要特征是由英文逗号分隔的对象，小括号可有可无，用小括号方便把元组识别为一个独立对象。元组的元素值可以用与元组元素对应数量的变量元组获取（如 a,b,c=2,3,4），或者像 list 那样用位置索引获取。

2）元组的方法

tuple 对象的常用方法只有 index 和 count 两个方法。tuple 的构建、方法、元素值获取功能演示参见如下交互式窗体代码：

```
>>> #下面是花生品种桂花57的性状观测值元组，这里的桂花57为一个Python变量
>>> 桂花57 ='珍珠豆型',124,'直立',57.4,66,7.6,6,20.8,84.4,85.7,184.4,70.4,\
51.94,27.2,46.5,31.6,'感病','中抗','中抗',331.33,217.43,234.08,149.56
>>> 桂花57.count('中抗') #计算‘中抗’这个值出现的次数
2
>>> 桂花57.index('中抗') #返回‘中抗’这个值第一次出现的索引
17
>>> 桂花57[17] #返回指定索引处的元素
'中抗'
>>> 桂花57[17:20] #返回指定索引范围的元素，不包含20
('中抗', '中抗', 331.33)
>>> len(桂花57) #返回元组的元素个数
23
```

3. 区间

类对象区间（range）的元素由纯整数组成，它表示一定范围内的整数。通过函数 range(start,stop,step) 创建，起点（start 默认为 0）、终点（stop 默认为 1）、步长（step 默认为 1）三个参数均为整数。其元素值必须通过遍历才能访问，常用于控制操作次数。也可以通过终点（stop）一个参数 range(stop) 创建，此时起点默认为 0，步长默认为 1。区间功能演示参见如下交互式窗体代码：

| | |
|---|---|
| `>>> data = range(10)`<br>`>>> data`<br>`range(0, 10)`<br>`>>> for i in data:`<br>`    print(i)`<br>`0`<br>`1`<br>`2`<br>`3`<br>`4`<br>`5`<br>`6`<br>`7`<br>`8`<br>`9` | `>>> data = range(10,110,10)`<br>`>>> data`<br>`range(10, 110, 10)`<br>`>>> for i in data:`<br>`    print(i)`<br>`10`<br>`20`<br>`30`<br>`40`<br>`50`<br>`60`<br>`70`<br>`80`<br>`90`<br>`100` |

4. 集合

1）定义与创建

集合是一组由英文大括号括起来的其元素互不相同的数据集，分为可变集合（set）和冻结集合（frozenset）两类。集合在判断微生物种类、几个样本是否包含相同个体等方面具有应用价值。

可变集合（set）对象包含的元素必须是各不相同的，如果有重复值，会被自动删除重复值，每个元素必须可哈希（作为 hash 函数的参数能返回一个值的对象），具有唯一的哈希值，其元素可以增加或减少，通过其方法 add 或 remove 实现，所以可变集合本身不可哈希，不能作为另一个集合的元素或作为后面介绍字典（dict）的键。

另一类集合称为冻结集合（frozenset），其包含的元素在创建后不能更改，可以哈希，因而可以作为其他集合的元素或字典对象的键。

两类集合都不记录元素的位置信息，因而不能使用 index、切片方法，但可以使用 len(set) 函数统计元素个数，使用 x in set 或 x not in set 方法判断 set 是否包含元素 x，使用 for x in set 遍历其元素。

内置函数 set() 与 frozenset() 分别用于创建可变集合和冻结集合，没有参数创建空集合，如果给定一个可迭代对象作为参数，那么把该参数转换为集合。可以用带元素的英文大括号创建集合，而用一对空大括号只能创建一个接下来介绍的空字典。

集合创建功能演示参见如下交互式窗体示例代码：

```
>>> s = set()
>>> type(s)
<class 'set'>
>>> s1 = {'水稻', '花生', '小麦'}
>>> type(s1)
<class 'set'>
>>> fs = frozenset([1,1,2,2,3,3,3,4,5,6])

>>> fs
frozenset(1, 2, 3, 4, 5, 6)
```

```
>>> hash(fs)
-1077257706
>>> s2 = set([1,1,2,2,3,3,3,4,5,6])
>>> s2
1, 2, 3, 4, 5, 6
>>> hash(s2)
Traceback (most recent call last):
  File "<pyshell#11>", line 1, in <module>
    hash(s2)
TypeError: unhashable type: 'set'
```

2）集合的方法

集合的方法包括对集合本身元素进行处理的方法和对两个或多个进行比较或运算的方法。

下列是对集合本身元素进行增加或减少的处理方法。

（1）添加元素方法：data_set.add(item)，表示在集合 data_set 中添加参数 item 指定的元素。

（2）移除元素方法：data_set.remove(item) 和 data_set.discard(item)。其中 data_set.remove(item) 表示从集合 data_set 中删除参数 item 指定的元素，如果 item 不在集合中则报错；而 data_set.discard(item) 方法表示如果参数 item 指定的元素在集合中则删除该元素，不在集合中也不报错。

（3）清空集合方法：data_set.clear()，表示清空集合 data_set 中所有元素，data_set 成为一个空集合。

对集合的元素进行包含、大小等比较的方法如下所示。

（1）set1.isdisjoint(set2)：如果集合 set1 与集合 set2 没有任何共同的元素，那么返回 True。

（2）set1.issubset(set2)：如果 set1 的元素都在 set2 里，那么返回 True。

（3）set1 <=set2：set2 包含 set1 的所有元素，或者两个集合的元素相同，返回 True。

（4）set1 <set2：set2 包含 set1 的所有元素，但 set2 的元素更多，返回 True。

（5）set1.issuperset(set2)：set1 包含 set2 的所有元素，但 set1 的元素更多，返回 True。

（6）set1 >= set2 和 set1>set2，参考上面的说明。

集合的运算包括交集、并集、差集和补集的运算，具体如下所示。

（1）交集：set1.intersection(*[set2,set3,···]) 或 set1 & set2 & set3& ···，返回包含给定的两个或多个集合共有元素的一个新集合。

（2）并集：set1.union(*[set2,set3,···]) 或 set1|set2|set3|···，返回包含给定的两个或多个集合所有元素的一个新集合。

（3）差集：set1.difference(set2)，或 set1-set2，返回集合 set1 中不属于 set2 所有元素组成的一个新集合。

(4)补集:set1.symmetric_difference(set2),或 set1^set2,返回不属于集合 set1 和 set2 共有的所有元素组成的一个新集合。

上面 4 个集合间的运算结果都是返回一个对应的新集合，用后面的这些方法或操作符更新原有的集合：set1.intersection_update(set2) 或 set1 &= set2 表示把 set1 更新为 set1 和 set2 的交集；set1.update(set2) 或 set1|= set2，表示把 set1 更新为 set1 和 set2 的并集；set1.difference_update 或 set1 -= set2，表示把 set1 更新为 set1 和 set2 的差集；set1.symmetric_difference_update(set2) 或 set1^ = set2，表示把 set1 更新为 set1 和 set2 的补集。

集合部分功能演示参见如下交互式窗体代码：

```
>>> set1 = set('广西壮族自治区农业科学院经济作物研究所')
>>> set1
{'族', '作', '区', '所', '农', '治', '学', '西', '济', '院', '究', '业',
'自', '物', '科', '壮', '研', '广', '经'}
>>> set2 = set('广西壮族自治区农业科学院园艺作物研究所')
>>> set2
{'族', '作', '区', '所', '农', '治', '学', '艺', '西', '院', '究', '业',
'自', '物', '科', '壮', '研', '广', '园'}
>>> set3 = set('经济作物研究所')
>>> set3
{'所', '济', '作', '物', '究', '研', '经'}
>>> set4 = set('集合的基本运算')
>>> set4
{'的', '合', '算', '运', '本', '基', '集'}
>>> set1.isdisjoint(set4)
True
>>> set3.issubset(set1)
True
>>> set1 > set3
True
>>> set1>set4
False
>>> set1.issuperset(set3)
True
>>> set5 = set1.intersection(*[set2,set3,set4])
>>> set5
set()
>>> set5 = set1.intersection(*[set2])
>>> set5
{'西', '所', '业', '广', '族', '作', '自', '研', '院', '物', '科', '壮',
'农', '究', '治', '区', '学'}
>>> set6 = set1.intersection(*[set2,set3])
>>> set6
{'所', '作', '物', '究', '研'}
```

```
>>> set1 & set2 & set3
{'所', '作', '物', '究', '研'}
>>> set7 = set3.union(*[set4,set1])
>>> set7
{'作', '族', '区', '所', '的', '合', '运', '农', '治', '学', '集', '西',
'济', '院', '算', '究', '基', '业', '自', '物', '科', '壮', '本', '研',
'广', '经'}
>>> set3|set4|set1
{'作', '族', '区', '所', '的', '合', '运', '农', '治', '学', '集', '西',
'济', '院', '算', '究', '基', '业', '自', '物', '科', '壮', '本', '研',
'广', '经'}
>>> set1.difference(set3)
{'西', '业', '广', '族', '自', '院', '科', '壮', '农', '治', '区', '学'}
>>> set1-set3
{'西', '业', '广', '族', '自', '院', '科', '壮', '农', '治', '区', '学'}
>>> set1.symmetric_difference(set2)
{'济', '经', '艺', '园'}
>>> set1^set2
{'济', '经', '艺', '园'}
```

### 5. 字典

#### 1）定义与创建

字典（dict）是由键值对组成元素的数据容器，键应为可哈希的数据对象，在农业试验中就是性状名称之类的字符串；其值可以是基本数据类型，也可以是包括字典本身的数据容器。可以通过函数 dict() 或大括号创建字典，采用一对无元素的英文大括号表示字典。字典在保存和分析试验数据方面具有广泛的用途，需要分类的数据均可以使用字典保存和分析，如随机区间试验的小区产量数据等各种二维数据。

下面在交互式窗体创建一个包含 3 个花生品种含油量的字典，4 种方法创建的是同一个字典，字典只保存其成员的插入顺序，示例代码如下：

```
>>> # 构建表示3个花生品种含油量的字典
>>> peanut_dict_1 = {'桂花36':53.53,'桂花1026':50.96,'桂花376':55.86}
>>> peanut_dict_1
{'桂花36': 53.53, '桂花1026': 50.96, '桂花376': 55.86}
>>> peanut_dict_2 = dict(桂花36=53.53,桂花1026=51.5,桂花376=55.86)
>>> peanut_dict_2
{'桂花36': 53.53, '桂花1026': 50.96, '桂花376': 55.86}
>>> peanut_dict_3 = dict([('桂花36',53.53),('桂花1026',51.5),
('桂花376',55.86)])
>>> peanut_dict_3
{'桂花36': 53.53, '桂花1026': 50.96, '桂花376': 55.86}
>>> peanut_dict_4 = dict({'桂花36': 53.53, '桂花1026': 50.96,
'桂花376': 55.86})
```

```
>>> peanut_dict_4
{'桂花36': 53.53, '桂花1026': 50.96, '桂花376': 55.86}
>>> peanut_dict_1==peanut_dict_2==peanut_dict_3==peanut_dict_4
True
```

2）字典的方法

用内置函数可以对字典进行一些操作。list(dict) 可以直接获得字典的键列表，用函数 len(dict) 可以获得字典的成员个数，用 dict[key] 获得键 key 的值。dict[key] = value，表示新建一个键为 key 值为 value 的元素，或者把已经存在的键的值更新为 value。del(dict[key])，功能为删除字典 dict 中键为 key 的元素。reversed(dict) 返回一个与字典中原有键顺序颠倒的生成器，利用生成器的 __next__ 方法获取其中的元素。key in dict 判断一个字典中是否存在键为 key 的成员。内置函数处理的字典功能演示参见如下交互式窗体代码：

```
>>> dict_peanut = {'桂花 36': 53.53,
'桂花 1026': 50.96, '桂花 376': 55.86}
>>> list(dict_peanut)
['桂花 36', '桂花 1026', '桂花 376']
>>> len(dict_peanut)
3
>>> dict_peanut['桂花 1026']
51.5
>>> dict_peanut['桂花 67'] = 55.6
>>> dict_peanut
{'桂花 36': 53.53, '桂花 1026': 50.96,
'桂花 376': 55.86, '桂花 67': 55.6}
>>> reversed(dict_peanut)
<dict_reversekeyiterator object at
0x03B09E88>
```

```
>>> dict_peanut
{'桂花 36': 53.53, '桂花 1026': 50.96,
'桂花 376': 55.86, '桂花 67': 55.6}
>>> rp = reversed(dict_peanut)
>>> rp.__next__()
'桂花 67'
>>> while True:
    rp.__next__()
'桂花 376'
'桂花 1026'
'桂花 36'
Traceback (most recent call last):
  File "<pyshell#13>", line 2, in <module>
    rp.__next__()
StopIteration
```

字典对象还有如下特有方法。

（1）dict.copy()：返回一个字典的副本。

（2）dict.clear()：清空字典，返回一个无成员的空字典。

（3）dict.fromkeys(iterable[, value])：创建一个键由参数 iterable 提供的新字典，各成员的值默认为 None，可选参数 value 可为各成员指定默认值。该功能参见如下交互式窗体示例代码：

```
>>> dict_peanut.fromkeys(['a','b','c'],8) #dict_peanut保持原样，返回的是一个字典
{'a': 8, 'b': 8, 'c': 8}
```

（4）dict.get(key[,default])：如果 key 在字典中，那么返回键为 key 的值；如果 key 不存在，则返回默认值 default。该方法功能演示参见如下交互式窗体示例代码：

```
>>> dict_peanut = {'桂花36': 53.53, '桂花1026': 50.96, '桂花376': 55.86,
'桂花67': 55.6}
>>> dict_peanut.get('桂花36','50.00')
53.53
>>> dict_peanut.get('桂花57','50.00')
'50.00'
>>> dict_peanut_iter = (dict_peanut.get(key,50.0) for key in ['桂花36',\
'桂花67','桂花1026','桂花376','桂花57']) #用元组可以一次获得多个值的迭代器
>>> list(dict_peanut_iter)
[53.53, 55.6, 50.96, 55.86, 50.0]
>>> [dict_peanut.get(key,50.0) for key in ['桂花36','桂花67','桂花1026',\
'桂花376','桂花57']]
[53.53, 55.6, 50.96, 55.86, 50.0]
```

（5）dict.items()：返回一个类似列表的包含字典成员的新对象，成员由 (key,value) 组成。

（6）dict.keys()：返回一个类似列表的包含字典键名的新对象。可以用 list 函数转换为列表。

（7）dict.values()：返回一个类似列表的包含字典值的新对象。可以用 list 函数转换为列表。

（8）dict.pop(key[,default])：提取并返回键 key 的值，如果 key 不存在，那么返回默认值，同时删除键为 key 的成员。

（9）dict.popitem()：移除一个成员，返回该成员的键值对，遵循后进先出的原则。该方法演示参见如下交互式窗体代码：

```
>>> dict_peanut.popitem() #返回字段的最后一个元素并删除该元素
('桂花376', 55.86)
```

（10）dict.setdefault(key[,default])：如果 key 在字典中，那么返回该键的值；如果 key 不在字典中，那么在字典中新增一个键为 key 的元素，其值默认为 None，也可设置其值为 default，并返回该值。该方法演示参见如下交互式窗体代码：

```
>>> dict_peanut.setdefault('桂花58',51.04)
51.04
>>> dict_peanut
{'桂花36': 53.53, '桂花1026': 50.96, '桂花58': 51.04}
```

（11）dict.update(other_dict)：如果 dict 与 other 的键相同，那么用 other 的值更新 dict 的值，并把 other 中其他元素导入 dict 中。该方法演示参见如下交互式窗体代码：

```
>>> dict_peanut.update({'桂花36':53.53,'桂花39':50.62,'桂花67':55.6})
>>> dict_peanut
```

```
{'桂花36': 53.53, '桂花1026': 50.96, '桂花58': 51.04, '桂花39': 50.62,
'桂花67': 55.6}
```

3）嵌套字典的自动更新功能

与 list 容器功能相似，对于值是字典的嵌套字典，字典具有自动跟踪子字典的变化和自动更新母字典的功能。这个功能在数据库更新中非常实用，特在此单独介绍。

该功能演示参见如下交互式窗体代码：

```
>>> peanut_dict = {'广西壮族自治区农业科学院':{'桂花36':53.53,'桂花1026':50.96,
'桂花376':55.32},'广东省农业科学院':{'粤油7号':52.3,'粤油86':52.6,'粤油91'\
: 54.74}}
>>> 广西壮族自治区_花生 = peanut_dict['广西壮族自治区农业科学院']
#获得广西壮族自治区农业科学院的子字典
>>> 广西壮族自治区_花生['桂花57'] = 51.94
#广西壮族自治区农业科学院子字典增加了桂花 57 的数据
>>> 广西壮族自治区_花生
{'桂花36': 53.53, '桂花1026': 50.96, '桂花376': 55.32, '桂花57': 51.94}
>>> peanut_dict #母字典peanut_dict同步更新
{'广西壮族自治区农业科学院': {'桂花36': 53.53, '桂花1026': 50.96, '桂花376'\
: 55.32, '桂花57': 51.94}, '广东省农业科学院': {'粤油7号': 52.3, '粤油86'\
: 52.6, '粤油91': 54.74}}
```

# 第 3 章　数据处理高级模块

## 3.1　文本数据处理模块——正则表达式（re）

字符串对象（str）的方法一般只对某一字符串或其包含的单一子字符串进行处理，如果要处理字符串中具有共同特征的一批子字符串，那么就需要用到本章介绍的 `re` 模块。`re` 模块是用于在字符串中匹配符合正则表达式的子字符串的模块，可用于特定类型子字符串的检索、查找、替换。如果需要从基因组中查找具有特定序列或保守序列的所有位点或基因序列，利用 Python 的 `re` 模块就能实现。

### 3.1.1　正则表达式的定义

正则表达式（Regular Expression）是由普通字符和有特殊含义的操作符组成的表示一类字符串的字符串公式，就是用事先定义好代表一类字符的一些特定字符（即操作符）与普通字符来组成一个“规则字符串”，该“规则字符串”用来代表符合这一规则的字符串集合。例如，“广西壮族自治区农业科学院.+ 研究所”表示广西壮族自治区农业科学院下属的所有研究所，其中，. 代表任意字符（单个文字），+ 代表一个或多个由 . 代表的字符组成的字符串。

### 3.1.2　正则表达式的操作符

如表 3-1 所示，正则表达式规定了一批操作符，用于代表一类单个字符或多个字符组成的字符串。

大多数正则表达式操作符包含转义符\，如\w，那么其表达式宜采用原始字符串格式表示，在字符串第一个引号前面添加 `r`，如 `r'\w+'`。

常用信息的正则表达式如下所示。

（1）英文 26 个大小写字母组成的字符串：`'^[a-zA-Z]+$'`。

（2）英文 26 个大小写字母和数字组成的字符串：`'^[a-zA-Z0-9]+$'`。

（3）整数：`r'^-?\d*$'`。

（4）正整数：`r'^[1-9]\d*$'`。

（5）中国境内邮政编码：`r'[1-9]\d{5}'`。

（6）中国手机号码：`'1[3-9]\d\d{8}'`。

（7）所有英文字符、数字和标点符号：`r'[\x00-\xff]'`。

（8）常用中文字：`r'[\u4E00-\u9FFF]'`。

（9）常用中文字及标点符号:`r'[\u0020-\u007f\u2000-\u206f\u3000-\u303f\uff00-\uffef\u4e00-\u9fff]'`。

（10）IP 地址：`r'(([1-9]?\d|1\d{2}|2[0-4]\d|25[0-5])\.){3}([1-9]?\d|1\d{2}|2[0-4]\d|25[0-5])'`，其中的转义符（\）与后面的（.）组合（\.）由于不是正则表达式

操作符，而点（.）是正则表达式的操作符，就代表点本身，其他需要操作符本身时也这样实现。读者可以参考 3.1.3 节介绍的函数示例来理解这些常用正则表达式操作符的使用方法。

**表 3-1 常用的正则表达式操作符**

| 操作符 | 含义 |
|---|---|
| . | 匹配任意字符，除了换行符，当 re.DOTALL 标记被指定时，可以匹配包括换行符的任意字符 |
| ^ | 匹配字符串的开头，如'^中国' 表示以'中国' 两字开始的文本或在换行符'\n' 前的句子 |
| $ | 匹配字符串的末尾，如'公司 $' 表示以'公司' 两字结尾的文本或在换行符'\n' 前的句子末尾两字为'公司' |
| [...] | 用英文方括号表示字符或文字集合。如果一类具有明确先后顺序的字符，如英文小写或大写字母、阿拉伯数字，则可以把第一个字符和最后一个字符用'-' 连接起来，代表第一个字符到最后一个字符的所有字符，如 [a-z] 代表英文所有 26 个小写字母，[1-9] 代表 1,2,3,4,5,6,7,8,9 这 9 个数字的任意数字。英文方括号内的所有字符只代表其字面含义，如 [(*+?)] 代表'('、'*'、'+'、'?'、')'5 个字符中任意字符 |
| [^...] | 不在 [] 中的字符：[^数字经济] 匹配除了'数'、'字'、'经' 和'济'4 个字之外的所有字符 |
| * | 匹配 0 个或多个前一个字符或子正则表达式，最大限度模式 |
| + | 匹配 1 个或多个前一个字符或子正则表达式，最大限度模式 |
| ? | 匹配 0 个或 1 个前一个字符，非最大限度模式 |
| *?, +?, ?? | 多加一个? 表示取消前一个正则表达式最大限度模式。如 re.findall(r'.+','abc') 得到 ['abc']，re.findall(r'.+?','abc') 得到 ['a', 'b', 'c'] |
| { n} | 匹配 *n* 个前一个字符或子正则表达式 |
| { n,} | 精确匹配 *n* 到多个前一个字符或子正则表达式。例如，"中{2,}" 不能匹配"局中局" 中的"中"，但能匹配"局中中中中中中局" 中的所有"中"。"中{1,}" 等价于"中+"。"中{0,}" 则等价于"中*" |
| { n,m} | 匹配 *n* 到 *m* 次前一个字符或子正则表达式，最大限度模式 |
| { n,m}? | 匹配 *n* 到 *m* 次前一个正则表达式，取消最大限度模式。re.findall('a{3,10}','abcaaaaaa') 得到 ['aaaaaa']，而 re.findall('a{3,10}?', 'abcaaaaaa') 得到 ['aaa', 'aaa'] |
| \| | 分组符号，如 abc\|mnk 表示'abc' 或'mnk' 两个字符串 |
| (...) | 为括号内的正则表达式分组，用于在总正则表达式中其他位置通过'\编号' 或'(?P= 组名)' 引用 |
| (?P<name>re) | 给分组的子正则表达式（re）起一个组名，'?P<name>' 是起名的固定格式 |
| (?#...) | 表示小括号内的内容只是注释 |
| \w | 在 Unicode 模式下匹配所有文字和下划线 |
| \W | 在 Unicode 模式下匹配所有非文字和下划线的字符，包括空格、标点符号等 |
| \s | 匹配所有空字符，等价于[\t \n \r \f ] |
| \S | 匹配任意非空字符 |
| \d | 匹配数字，等价于 [0-9] |
| \D | 匹配非数字 |
| \A | 只匹配字符串开始，必须放在匹配字符串前面 |
| \Z | 只匹配第一行字符串结束，如果存在换行，只匹配到换行前的结束字符串，必须放在匹配字符串后面 |
| \b | 匹配一个单词边界，也就是指单词和空格间的位置。例如，'er\b' 可以匹配"never" 中的'er'，但不能匹配"verb" 中的'er' |
| \B | 匹配非单词边界。'er\B' 能匹配"verb" 中的'er'，但不能匹配"never" 中的'er' |
| \n, \t | 匹配一个换行符，匹配一个制表符 |
| \1...\n | 结合英文小括号'()' 分组使用，表示匹配第 *n* 个分组的内容，此处 *n* 为一个整数 |
| \10 | 如果有第 10 个分组，那么匹配第 10 个分组的内容，否则指的是八进制字符码的表达式 |

### 3.1.3 字符串数据处理函数

re 是 Python 安装程序自带的正则表达式模块，能处理 Unicode 代码和 8 比特字节字符串。该模块包含 match、fullmatch、search、sub、subn、split、findall、finditer、compile、purge 和 escape 共 11 个函数，除了 compile、purge 和 escape，其他函数都包含 pattern、string 两个位置参数，一个可选参数 flags，其中，pattern 参数指正则表达式，string 为待匹配的字符串，flags 则调整其匹配模式，可以包含表 3-2 中的一个或多个常数，用 | 分隔。compile 包含一个位置参数 pattern 和可选参数 flags，flags 参数的默认值为 0，使用默认匹配模式；escape 只包含 pattern 参数；purge 无参数，用于清除用过的正则表达式缓存。

**表 3-2 re 内置常数及含义**

| 常数名 | 含义 |
|---|---|
| re.ASCII（简写为 re.A） | 设定匹配 ASCII 字符集，在文字型字符串模式下影响\w, \W, \b, \B, \d, \D 的匹配 |
| re.IGNORECASE（简写为 re.I） | 英文大小写均匹配 |
| re.LOCALE（简写为 re.L） | 做本地化识别（locale-aware）匹配，即设定为 8 比特字节型字符串 |
| re.MULTILINE（简写为 re.M） | 影响符号 ^ 和 $ 的匹配方式 |
| re.DOTALL（简写为 re.S） | 使. 匹配包括换行符在内的所有字符 |
| re.UNICODE（简写为 re.U） | 根据 Unicode 字符集解释字符。这个标志影响 \w, \W, \b, \B 的匹配 |
| re.VERBOSE（简写为 re.X） | 忽略空格和注释 |

re 模块的函数通过指定其 flags 参数，规定其作用范围，flags 通常用 re 内置常数设置。re 内置常数及含义如表 3-2 所示。

1. re.match(pattern,string,flags=0)

该函数尝试用 pattern 从待匹配 string 的首个字符开始匹配，若匹配成功，则返回一个 Match 对象；若匹配不成功，则返回 None。参数 flags 用于调整匹配行为，参数值为表 3-2 中的一个或多个常数，默认值为 0，re 其他函数都有这个参数。

Match 对象有多个属性和方法，用于返回匹配对象的各种信息，如表 3-3 所示。

match 函数及 Match 对象的属性和方法参见下面的交互式窗体示例代码：

```
Python 3.8.10 (tags/v3.8.10:3d8993a, May  3 2021, 11:34:34) [MSC v.1928 32
    bit (Intel)] on win32
Type "help", "copyright", "credits" or "license()" for more information.
>>> import re
>>> gene_text = 'TATAATAATATATATATAAAGTGAGCTATAAGGCGATTGAATTCATTTCAGTTTAGTCG
AATATCGCATTTGAAAGCAAGTGAGATATAACTATAGAAAGCCCTATTGTAGACTAATAGCTCTAGCTTTCGATTC
CTCCACACTTCCATTTGTTAGGAAGAGCTATTATTCATAGTATACTTTATTTCCCGCTTCAAGCAAAGTCAAGGAC
CTTCCTCATTGGCCTTCGGCTTCAGCAAATTGATCTGGGACCTTGTTTCGGTATAAGGACCAAGCCTTCGAGAGTC
ATCCTTCTTGCTACTTGTTTGGGGGTTCTTTAGACTCTCGGAACAAGGCTGTCAGTCAGGCATGTCTGTGCTGTGA
CTGGGAGGTCGAAGCTAAGACGTGGAACAGGTCTCCCATCAGCCAGTTACTTTCCCCAGTGGACAATGCTGCGCCA
GAGTGAAAAAGAAGAAAATAAAAGAGAAGTAGGTTTGGAAGGACCAACGGGGATGGAGGAGATGCCCCGTCAGGAG
GTGTTATGCGCAGACCACTCAATCTTTTTGAAACTGGGTCCGCTGGGGCGGGTTCTTTGGTTAGCACACTTATCTG
```

```
GGAACTTTGTTTTTCTTCATGACTGCCGATCATAATTCACTTCGCATCCATCAAGCTCTGAACCTTCATTTGAAAT
CTTCGCAATCTCGGATGGAATGACCTTTTGCTCCTTGATGAAACTCACATGATTCATCTTTTTCATAACTAGTTAC
TTGAGATTGCTCTTCGAAAGAGTGAAGAATGAAAAGTAGAGTTTCACTAGTAAGTCGAACGTCTCATCTTTCCGAC
TTTAC' #花生染色体A1上的一段DNA序列，在其中启动子保守序列'TATAATAAT'和起始密码子'TAC'
之间序列查找
>>> 启动子_re = '(?P<组1>TAT)(?P<组2>A{2}T){2,4}(?P<组3>.+)TAC' #用一对英文小括
号把整个正则表达式分成 3 组，并命名为组1、组 2 和组3，其中的'.'代表任意字符，'+'表示'.'
的字符需要有1到多个，组2的英文大括号表示前面的字母'A'只能重复2次，组2后面的{2,,4}规定
组2可重复2~4次，'TAC'规定匹配的字符串最后三个字符，如果'+'后增加一个'?'规定当遇到第一
个'TAC'时就完成匹配。
>>> 启动子_match = re.match(启动子_re,gene_text)
>>> 启动子_match.group(0)
'TATAATAATATATATATAAAGTGAGCTATAAGGCGATTGAATTCATTTCAGTTTAGTCGAATATCGCATTTGAAA
GCAAGTGAGATATAACTATAGAAAGCCCTATTGTAGACTAATAGCTCTAGCTTTCGATTCCTCCACACTTCCATTT
GTTAGGAAGAGCTATTATTCATAGTATACTTTATTTCCCGCTTCAAGCAAAGTCAAGGACCTTCCTCATTGGCCTT
CGGCTTCAGCAAATTGATCTGGGACCTTGTTTCGGTATAAGGACCAAGCCTTCGAGAGTCATCCTTCTTGCTACTT
GTTTGGGGGTTCTTTAGACTCTCGGAACAAGGCTGTCAGTCAGGCATGTCTGTGCTGTGACTGGGAGGTCGAAGCT
AAGACGTGGAACAGGTCTCCCATCAGCCAGTTACTTTCCCCAGTGGACAATGCTGCGCCAGAGTGAAAAAGAAGAA
AATAAAAGAGAAGTAGGTTTGGAAGGACCAACGGGGATGGAGGAGATGCCCCGTCAGGAGGTGTTATGCGCAGACC
ACTCAATCTTTTTGAAACTGGGTCCGCTGGGGCGGGTTCTTTGGTTAGCACACTTATCTGGGAACTTTGTTTTTCT
TCATGACTGCCGATCATAATTCACTTCGCATCCATCAAGCTCTGAACCTTCATTTGAAATCTTCGCAATCTCGGAT
GGAATGACCTTTTGCTCCTTGATGAAACTCACATGATTCATCTTTTTCATAACTAGTTACTTGAGATTGCTCTTCG
AAAGAGTGAAGAATGAAAAGTAGAGTTTCACTAGTAAGTCGAACGTCTCATCTTTCCGACTTTAC'
>>> 启动子_match.group('组1')
'TAT'
>>> 启动子_match.group('组2')
'AAT'
>>> 启动子_match.group(3)
'ATATATATAAAGTGAGCTATAAGGCGATTGAATTCATTTCAGTTTAGTCGAATATCGCATTTGAAAGCAAGTGAG
ATATAACTATAGAAAGCCCTATTGTAGACTAATAGCTCTAGCTTTCGATTCCTCCACACTTCCATTTGTTAGGAAG
AGCTATTATTCATAGTATACTTTATTTCCCGCTTCAAGCAAAGTCAAGGACCTTCCTCATTGGCCTTCGGCTTCAG
CAAATTGATCTGGGACCTTGTTTCGGTATAAGGACCAAGCCTTCGAGAGTCATCCTTCTTGCTACTTGTTTGGGGG
TTCTTTAGACTCTCGGAACAAGGCTGTCAGTCAGGCATGTCTGTGCTGTGACTGGGAGGTCGAAGCTAAGACGTGG
AACAGGTCTCCCATCAGCCAGTTACTTTCCCCAGTGGACAATGCTGCGCCAGAGTGAAAAAGAAGAAAATAAAAGA
GAAGTAGGTTTGGAAGGACCAACGGGGATGGAGGAGATGCCCCGTCAGGAGGTGTTATGCGCAGACCACTCAATCT
TTTTGAAACTGGGTCCGCTGGGGCGGGTTCTTTGGTTAGCACACTTATCTGGGAACTTTGTTTTTCTTCATGACTG
CCGATCATAATTCACTTCGCATCCATCAAGCTCTGAACCTTCATTTGAAATCTTCGCAATCTCGGATGGAATGACC
TTTTGCTCCTTGATGAAACTCACATGATTCATCTTTTTCATAACTAGTTACTTGAGATTGCTCTTCGAAAGAGTGA
AGAATGAAAAGTAGAGTTTCACTAGTAAGTCGAACGTCTCATCTTTCCGACTT'
>>> 启动子_match.regs
((0, 824), (0, 3), (6, 9), (9, 821))
>>> 启动子_match.lastgroup
'组3'
>>> 启动子_match.endpos
824
```

**表 3-3　Match 对象的属性和方法**

| 类型 | 名称 | 含义 |
|---|---|---|
| 属性 | endpos | 原字符串终点位置，即原字符串 string 中最后一个字符索引加 1 |
| | lastgroup | 给正则表达式分组并命名最后匹配的组名 |
| | lastindex | 匹配的子字符串中最后一个字符串组的编号 |
| | pos | 正则表示式在参数 string 中开始查找的第一个字符索引 |
| | re | 指经过函数 compile 编译的正则表达式 |
| | regs | 匹配的子字符串及其包含的字符串组在 string 中的位置边界元组 |
| | string | 匹配的原字符串 string |
| 方法 | group([group_index\|group_name]) | 该函数如果无参数，则返回匹配的子字符串。当包含参数时，参数如果是 group_index，则 0 代表匹配的子字符串，1,2,3,...，n 分别代表从左到右的组顺序号，返回对应的匹配字符串；参数如果是组名，那么返回该组的匹配字符串 |
| | end(group=0,/) | 返回匹配子字符串及各组的右边界位置，参数为 0，返回整个匹配的子字符串在 string 中的右边界位置索引，其他整数分别返回对应组的右边界 |
| | groupdict() | 无参数，如果给正则表达式内部的字符串组命名，那么该函数返回键为组名，值为匹配字符串组的一个字典 |
| | span(group=0,/) | 返回匹配子字符串及各组的左右边界位置，参数为 0，返回整个匹配的子字符串在 string 中的左右边界位置索引，其他整数分别返回对应组的左右边界 |
| | start(group=0,/) | 返回匹配子字符串及各组的左边界位置，参数为 0，返回整个匹配的子字符串在 string 中的左边界位置索引，其他整数分别返回对应组的左边界 |

2. re.fullmatch(pattern,string,flags=0)

该函数尝试与待匹配的 string 进行整体匹配，若匹配成功，则返回一个 Match 对象；否则返回 None。

3. re.search(pattern,string,flags=0)

该函数尝试从待匹配的 string 搜索第一个与 pattern 匹配的子字符串。若匹配成功，则返回一个 Match 对象；否则返回 None。该方法的功能参见下面的交互式窗体示例代码：

```
>>> import re
>>> DNA_string = 'GAGGACCGGATCGCGGTCAGGTAAAAGGGAAAAAAAAATTTTTACTTTTTCTTTTAT
AAAAAATCGTGGGCTTTTTATTAAAAAAAAAGGGGGGGGGGGGGGGGGGGGGC' #DNA片段序列
>>> DNA_pattern = r'A{3,}' #匹配三个'A'及以上的区域
>>> m = re.search(DNA_pattern,DNA_string)
>>> m #最先匹配成功的区域是4个'A', 返回一个Match对象
<re.Match object; span=(22, 26), match='AAAA'>
>>> re_mattern = r'(T{5,50}).+\1' #\1表示引用前面小括号里的正则表达式
>>> rs = re.search(re_mattern,gene_text) #在gene_text搜索匹配子字符串
>>> rs.group() #查看匹配到的子字符串
'TTTTTGAAACTGGGTCCGCTGGGGCGGGTTCTTTGGTTAGCACACTTATCTGGGAACTTTGTTTTTCTTCATGAC
TGCCGATCATAATTCACTTCGCATCCATCAAGCTCTGAACCTTCATTTGAAATCTTCGCAATCTCGGATGGAATGA
CCTTTTGCTCCTTGATGAAACTCACATGATTCATCTTTTT'
```

4. re.sub(pattern,repl,string,count=0,flags=0)

该函数用替换字符串 repl 替换原字符串 string 中匹配的子字符串，返回替换过的新字符串，其中，参数 count 设置需要替换的匹配子字符串个数，默认值 0 表示替换所有匹配的子字符串，大于 0 的整数表示需要替换的最大子字符串个数。该方法的功能参见下面的交互式窗体示例代码：

```
>>> string='数字经济是继农业经济、工业经济之后的主要经济形态，是以数据资源为关键要素，
    以现代信息网络为主要载体，以信息通信技术融合应用、全要素数字化转型为重要推动力，
    促进公平与效率更加统一的新经济形态。'
>>> re.sub('数字','数字信息',string,0,0)
'数字信息经济是继农业经济、工业经济之后的主要经济形态，是以数据资源为关键要素，以现代信息网
    络为主要载体，以信息通信技术融合应用、全要素数字信息化转型为重要推动力，促进公平与效率
    更加统一的新经济形态。'
>>> re.sub('数字','数字信息',string,1,0)
'数字信息经济是继农业经济、工业经济之后的主要经济形态，是以数据资源为关键要素，以现代信息网
    络为主要载体，以信息通信技术融合应用、全要素数字化转型为重要推动力，促进公平与效率
    更加统一的新经济形态。'
>>> re.sub('数字','数字信息',string,3,0)
'数字信息经济是继农业经济、工业经济之后的主要经济形态，是以数据资源为关键要素，以现代信息网
    络为主要载体，以信息通信技术融合应用、全要素数字信息化转型为重要推动力，促进公平与效率
    更加统一的新经济形态。'
```

5. re.subn(pattern,repl,string,count=0,flags=0)

该函数用替换字符串 repl 替换原字符串 string 中匹配的子字符串，返回替换过的新字符串和替换个数的二元素元组，其中，参数 count 设置需要替换的匹配子字符串个数，默认值 0 表示替换所有匹配的子字符串，大于 0 的整数表示可以替换的最大子字符串个数。该方法的功能参见下面的交互式窗体示例代码：

```
>>> re.subn('数字','数字信息',string,0,0)
('数字信息经济是继农业经济、工业经济之后的主要经济形态，是以数据资源为关键要素，以现代信息
网络为主要载体，以信息通信技术融合应用、全要素数字信息化转型为重要推动力，促进公平与效率更
加统一的新经济形态。', 2)
```

6. re.split(pattern,string,flags=0)

该函数返回把匹配子字符串作为 string 拆分区域删除后形成的子字符串列表。该方法的功能参见下面的交互式窗体示例代码：

```
>>> string = 'GAGGACCGGATCGCGGTCAGGTAAAAGGGAAAAAAAAATTTTTTACTTTTTCTTTTATAAA
AAATCGTGGGCTTTTTTATTAAAAAAAAAGGGGGGGGGGGGGGGGGGGGGGC'
>>> DNA_pattern = r'A{3,}'
>>> seq_list = re.split(DNA_pattern,string)
>>> seq_list
['GAGGACCGGATCGCGGTCAGGT','GGG','TTTTTTACTTTTTCTTTTAT','TCGTGGGCTTTTTTATT',
'GGGGGGGGGGGGGGGGGGGGGGC']
```

7. re.findall(pattern,string,flags=0)

该函数返回 string 中所有匹配子字符串组成的列表。该方法的功能参见下面的交互式窗体示例代码：

```
>>> match_substring_list = re.findall(DNA_pattern,string)
>>> match_substring_list
['AAAA', 'AAAAAAAAA', 'AAAAAA', 'AAAAAAAA']
```

8. re.finditer(pattern,string,flags=0)

该函数返回包含一个或多个 Match 对象的迭代器。然后可以调用该迭代器的 __next__ 方法获取各匹配对象的相关数据，该函数可以减少内存消耗，在处理整个作物基因组等大数据时特别有用。该方法的功能参见下面的交互式窗体示例代码：

```
>>> match_iter = re.finditer(DNA_pattern,string)
>>> match_iter
<callable_iterator object at 0x03D88C28>
>>> match_iter.__next__()
<re.Match object; span=(22, 26), match='AAAA'>
>>> match_iter.__next__()
<re.Match object; span=(29, 38), match='AAAAAAAAA'>
>>> match_iter.__next__()
<re.Match object; span=(58, 64), match='AAAAAA'>
>>> match_iter.__next__()
<re.Match object; span=(81, 89), match='AAAAAAAA'>
>>> match_iter.__next__()
Traceback (most recent call last):
  File "<pyshell#18>", line 1, in <module>
    match_iter.__next__()
StopIteration
```

9. re.compile(pattern,flags=0)

上面所描述的由普通文字和操作符组成的代表一类字符串集合的正则表达式字符串必须先经过该函数的编译才能被程序识别，所以该函数返回一个 Pattern 对象。

Pattern 对象同样具有'findall'、'finditer'、'fullmatch'、'match'、'scanner'、'search'、'split'、'sub' 和'subn' 共 9 个方法，与上述函数功能相同，通过 Pattern.方法 (string) 格式完成上面所描述函数的功能。Pattern 对象创建后，可以反复用于处理多个 string，对需要一次在不同序列中匹配字符串特别有用。该方法的功能参见下面的交互式窗体示例代码：

```
>>> dna_string_1 = 'GTTGCAGCAGCAATACGCGCAGAAAAAAGATTCTCAGAGATTCTTTGATCTTTTAC
GGTCTGAGCCCTCATGGACGAAATTCACGTAGATTGGTCTGAATATCCAAGACTACTGATCCTTTAATTAAATAGA
AGCTTAATAATC'
>>> dna_string_2 = 'CGAAAAGAGTGGTAGCTCTGATCGCAACACACCGCTGTAGCGGTGTTTTTTGTTGC
```

```
AGCAGCAGATACCGCAGAAAAAAGATCTCCAGAAGAATCTTTGATCTTTCTACGGGTCTGACGCTCAGTGCACGAA
CTCACGTAAGAATTTGTCTGGAGATATCAAAAGACTCCTCTGAATCCTTTTATTAAATAGAGTGAATCACTTCAGA
TTGAAT'
>>> dna_string_3 = 'AGCCTCTTTGAATCCGGCAAACAAAACCACCCGCTGGTAAGCGGGGGTTTTTTG
TTTTGCCTGGCGAGCCAATTACCCGACGGAAAAAAAAGGAATCCTACAGGAGAGATATCCTTTTGATTCCTTTTT
CTACCGGGGGGTCTCGGACACCCGCTCTCGTGGTACCCGAAACACTCCACACGTGTAGGTAATTTTGGCCTTGGAA
TATTTCTCAAAAAGGACCTCTCTCTCACACCGTAGAACCCTCTCTTTTTTTTAGATA'
>>> dna_pattern = '(AGC)+'
>>> dan_Pattern = re.compile(dna_pattern,0)
>>> dan_Pattern.match(dna_string_3)
<re.Match object; span=(0, 3), match='AGC'>
>>> dan_Pattern.search(dna_string_3)
<re.Match object; span=(0, 3), match='AGC'>
>>> dan_Pattern.match(dna_string_1)
>>> dan_Pattern.search(dna_string_1)
<re.Match object; span=(5, 11), match='AGCAGC'>
>>> dan_Pattern.findall(dna_string_1)
['AGC', 'AGC', 'AGC']
>>> dan_Pattern.findall(dna_string_2)
['AGC', 'AGC', 'AGC']
>>> dan_Pattern.finditer(dna_string_3)
<callable_iterator object at 0x014C9FD0>
>>> dan_Pattern.split(dna_string_2)
['CGAAAAGAGTGGT', 'AGC', 'TCTGATCGCAACACACCGCTGT', 'AGC', 'GGTGTTTTTTGTTGC',
'AGC', 'AGATACCGCAGAAAAAAGATCTCCAGAAGAATCTTTGATCTTTCTACGGGTCTGACGCTCAGTGCACG
AACTCACGTAAGAATTTGTCTGGAGATATCAAAAGACTCCTCTGAATCCTTTTATTAAATAGAGTGAATCACTTCA
GATTGAAT']
>>>
```

10. `re.escape(pattern)`

把正则表达式字符串中的操作符转换为普通字符，参数为正则表达式字符串。该方法的功能参见下面的交互式窗体示例代码：

```
>>> re.escape('(AGC)+') #分组符号'()'和'+'转换为字面意思，不再作为特殊字符用
'\\(AGC\\)\\+'
```

## 3.2 大数据处理模块——迭代器工具（itertools）

在 Python 中，迭代器（Iterator）常用来作为节省内存处理大数据的对象，只有当迭代到该部分时才会进行计算，已经计算的部分即清空。因此，迭代器可以用来存储无限大的序列，这样就不用一次性计算出所有结果进而导致消耗内存。所以，对于读取大文件或者无限集合，最好是使用迭代器，有选择地提取数据进行分析处理。

Python 的内置模块 `itertools` 就是用来创建迭代器的一个模块，其函数创建的对象

都是迭代器对象，可用 for 循环或者 next() 获取其中的数据。该模块的函数主要分为无限迭代器、有限迭代器和组合迭代器三类。

### 3.2.1　无限迭代器函数

1. count(start=0,step=1)

该函数含有两个位置参数，start 默认值为 0，step 默认值为 1，返回一个从 start 开始，按 step 递增的无限迭代器。该函数可用于作物种质资源自动编号等方面，通过 start 指定上一次已经用过的最后一个编号，就不会出现重复编号现象。该函数功能参见如下交互式窗体示例代码：

```
Python 3.8.10 (tags/v3.8.10:3d8993a, May  3 2021, 11:34:34) [MSC v.1928 32
    bit (Intel)] on win32
Type "help", "copyright", "credits" or "license()" for more information.
>>> import itertools
>>> auto_num = itertools.count(1000,1) #对象从1000开始，可以无限编号下去
>>> for i,item in enumerate(auto_num):
        print(i,item,end='; ')
        if i > 8: # 查看前9个编号
                break
0 1000; 1 1001; 2 1002; 3 1003; 4 1004; 5 1005; 6 1006; 7 1007; 8 1008;
>>> next(auto_num) #用内置函数next遍历
1010
>>> next(auto_num)
1011
>>> auto_num.__next__() #用迭代对象的__next__方法遍历
1012
>>> auto_num.__next__()
1013
```

2. cycle(iterable)

该函数用一个可迭代对象作为参数，返回一个对参数无限循环迭代器。在绘图中，可以选择几个颜色组成的列表，给线条等不同图形元素循环设置颜色。该函数功能参见如下交互式窗体示例代码：

```
>>> color_list = ['red','blue','yellow']
>>> color_cycle = itertools.cycle(color_list)
>>> next(color_cycle)
'red'
>>> next(color_cycle)
'blue'
>>> next(color_cycle)
'yellow'
>>> next(color_cycle)
'red'
>>> next(color_cycle)
'blue'
>>> next(color_cycle)
'yellow'
```

3. repeat(elem [,n])

该函数将参数 elem 给定的元素重复无穷次，如果给定可选参数 $n$，那么重复 $n$ 次。

```
>>> repeat_iter = itertools.repeat('red',5)
>>> list(repeat_iter)
['red', 'red', 'red', 'red', 'red']
```

### 3.2.2 有限迭代器函数

1. accumulate(iterable [,func],*,initial=None)

该函数对可迭代对象 iterable（列表、元组等）的元素根据参数 func 给定的函数进行遍历累计计算，func 默认为求和（sum），累计过程为前一个值与后一个值按照 func 提供的计算方式获得的结果，所得结果再与下一个数进行计算，直到 iterable 的最后一个数，返回一个迭代器对象。关键字参数 initial 为可选参数，指定计算的起始数值，默认为空值，即返回的迭代器对象的第一个值为 iterable 的第一个值。该函数功能参见如下交互式窗体示例代码：

```
>>> import operator
>>> data = [55,45,56,60,30,53,50]
>>> accum_add = itertools.accumulate(data,initial=50)
>>> list(accum_add)
[50, 105, 150, 206, 266, 296, 349, 399]
>>> accum_mul = itertools.accumulate(data,func=operator.mul)
>>> list(accum_mul)
[55, 2475, 138600, 8316000, 249480000, 13222440000, 661122000000]
```

2. chain(*iterables)

该函数可以把多个可迭代对象串联起来返回一个按顺序合并的新迭代对象。该函数功能参见下列交互式窗体示例代码：

```
>>> data_chain = itertools.chain(*[[1,2,3],(4,5,6)])
>>> list(data_chain)
[1, 2, 3, 4, 5, 6]
>>> data_chain = itertools.chain('Python编程','促进科技创新')
>>> list(data_chain)
['P', 'y', 't', 'h', 'o', 'n', '编', '程', '促', '进', '科', '技', '创', '新']
```

### 3.2.3 组合迭代器函数

1. product(*iterables, repeat=1)

笛卡儿积组合：在数学中，两个集合 A 和 B 的笛卡儿积是一个集合，其中，每个元素都是由一个来自 A 的元素和一个来自 B 的元素组成的有序对。该函数返回两个或多个集合元素间的有序排列元组形成的迭代器。该函数功能参见下列交互式窗体示例代码：

```
>>> list(itertools.product(*[[2,4],[5,6,7]],repeat=1)) #数字组合
[(2, 5), (2, 6), (2, 7), (4, 5), (4, 6), (4, 7)]
>>> list(itertools.product(*[[2,4],[5,6,7]],repeat=2)) #重复二次的数字组合
[(2, 5, 2, 5), (2, 5, 2, 6), (2, 5, 2, 7), (2, 5, 4, 5), (2, 5, 4, 6), (2,
    5, 4, 7), (2, 6, 2, 5), (2, 6, 2, 6), (2, 6, 2, 7), (2, 6, 4, 5), (2, 6,
    4, 6), (2, 6, 4, 7), (2, 7, 2, 5), (2, 7, 2, 6), (2, 7, 2, 7), (2, 7,
    4, 5), (2, 7, 4, 6), (2, 7, 4, 7), (4, 5, 2, 5), (4, 5, 2, 6), (4, 5, 2,
    7), (4, 5, 4, 5), (4, 5, 4, 6), (4, 5, 4, 7), (4, 6, 2, 5), (4, 6, 2,
    6), (4, 6, 2, 7), (4, 6, 4, 5), (4, 6, 4, 6), (4, 6, 4, 7), (4, 7, 2, 5)
    , (4, 7, 2, 6), (4, 7, 2, 7), (4, 7, 4, 5), (4, 7, 4, 6), (4, 7, 4, 7)]
>>> list(itertools.product(*[('a','b'),('A','B','C'),('j','k')],repeat=1))
    #字符组合
[('a', 'A', 'j'), ('a', 'A', 'k'), ('a', 'B', 'j'), ('a', 'B', 'k'), ('a', '
    C', 'j'), ('a', 'C', 'k'), ('b', 'A', 'j'), ('b', 'A', 'k'), ('b', 'B',
    'j'), ('b', 'B', 'k'), ('b', 'C', 'j'), ('b', 'C', 'k')]
```

2. combinations(iterables, r)

该函数只返回 iterables 中元素间按其顺序的组合形成的迭代器，每个组合的元素个数由 r 指定，r 为整数，iterables 和 r 都是函数的必需参数。该函数功能参见下列交互式窗体示例代码：

```
>>> list(itertools.combinations(('A','K','M'),2))
[('A', 'K'), ('A', 'M'), ('K', 'M')]
>>> list(itertools.combinations(range(2,10),2))
[(2, 3), (2, 4), (2, 5), (2, 6), (2, 7), (2, 8), (2, 9), (3, 4), (3, 5), (3,
    6), (3, 7), (3, 8), (3, 9), (4, 5), (4, 6), (4, 7), (4, 8), (4, 9), (5,
    6), (5, 7), (5, 8), (5, 9), (6, 7), (6, 8), (6, 9), (7, 8), (7, 9), (8,
    9)]
```

3. compress(data, selectors)

通过设置该函数的参数 selectors 从 data 参数提供的数据集中有选择地返回一个迭代对象，selectors 元素为 True（1）或 False（0），一一对应 data 中的元素，只返回 selectors 中为真的元素。该函数功能参见下列交互式窗体示例代码：

```
>>>oil_data = [55,50,51,55.6,58.2,53.7,56.35] #花生品种含油量数据
>>> selector = [True,False,False,True,True,False,True]
#只输出含油量大于等于55的数据
>>> list(itertools.compress(oil_data,selector))
[55, 55.6, 58.2, 56.35]
```

4. groupby(iterable, key=None)

该函数为分组函数，返回一个由组名和组成员组成的元组的迭代器。含有两个参数，第一个 iterable 为需要分组的可迭代的数列，key 为一个函数，由该函数确定组名和分组

条件。如果 key 为 None 或不给予，key 的组名为元素本身，分组条件等于当前元素本身的恒等函数。在分组之前，宜对参数 iterable 先根据 key 的函数进行排序，才能形成完整的分类。组名和组成员成对出现，各组同样为一个迭代器。各组与 groupby 共享数据源 iterable，当迭代到下一组时，上一组的内容会消失，所以各组内容应保存在列表或字典中。该函数功能参见下列交互式窗体示例代码：

```
>>> import itertools
>>> data = [12,34,55,55,12,3.5,55,3.5,35]
>>> data.sort()
>>> data
[3.5, 3.5, 12, 12, 34, 35, 55, 55, 55]
>>> group_data = itertools.groupby(data)
>>> group_data
<itertools.groupby object at 0x03C408E8>
>>> group_dict = {}
>>> for key,group in group_data:
            group_dict[key]=list(group)
>>> group_dict
{3.5: [3.5, 3.5], 12: [12, 12], 34: [34], 35: [35], 55: [55, 55, 55]}
>>> # lambda函数创建True和False两个组
>>> group_data = itertools.groupby(data,lambda x:x>30)
>>> group_dict = {}
>>> for key,group in group_data:
            group_dict[key]=list(group)
>>> group_dict
{False: [3.5, 3.5, 12, 12], True: [34, 35, 55, 55, 55]}
>>> # 下面根据品种含油量把花生品种分成高油品种和普通品种两组
>>> peanut_oil = {'桂花21':50.0,'桂花22':54,'桂花36':55.32,'桂花1026':51,
    '桂花67':56.1,'桂花57':53.2,'桂花58':52.3}
>>> def oil_groupby(name): #构建一个分组函数
            if peanut_oil[name] >= 58:
                    key = '极高油品种'
            elif 55<=peanut_oil[name] < 58:
                    key = '高油品种'
            else:
                    key = '普通品种'
            return key
>>> peanut_oil_sorted = sorted(peanut_oil,key = lambda x:peanut_oil[x])
    #先对peanut_oil字典进行排序
>>> groupby_peanut = itertools.groupby(peanut_oil_sorted,key=oil_groupby)
    # 再对品种进行分组
>>> for name,group in groupby_peanut:
            print(name,list(group))
普通品种 ['桂花21', '桂花1026', '桂花58', '桂花57', '桂花22']
高油品种 ['桂花36', '桂花67']
```

5. starmap(function, iterable)

该函数返回 function 根据 iterable 提供的参数组计算结果组成的迭代器，与 map() 函数功能一样，只是 starmap 的 iterable 参数为打包成元组的列表等可迭代数据。参数 iterable 的元素为 function 的参数元组。该函数功能参见下列交互式窗体示例代码：

```
>>> def add(a,b):
        c = a+b
        return c
>>> list(itertools.starmap(add,[(3,5),(7,8),(2.3,5.6)]))
[8, 15, 7.8999999999999995]
```

6. takewhile(predicate,iterable)

该函数的参数 predicate 是以参数 iterable 的元素为参数的条件判断函数，返回 predicate 连续为 True 的 iterable 参数中元素组成的迭代器，如果 predicate 为 False，那么终止计算。该函数功能参见下列交互式窗体示例代码：

```
>>> data = [32,23,56,78,50,25,52]
>>> list(itertools.takewhile(lambda x:x>30,data))
[32]
>>> data = [10,12,13,22,26,29,32,23,56,78,50,25,52]
>>> list(itertools.takewhile(lambda x:x<30,data))
[10, 12, 13, 22, 26, 29]
```

## 3.3　日期时间处理模块

在农业科研中，需要采集日期和时间方面的信息用于表示试验对象的生长发育过程或变化趋势，在本节中介绍 Python 内置的 time、datetime 等模块，常用于处理和格式化日期、时间数据。

### 3.3.1　time 模块

UTC（coordinated universal time），协调世界时，又称世界统一时间、世界标准时间、国际协调时间。由于英文（CUT）和法文（TUC）的缩写不同，作为妥协，简称 UTC。UTC 是现在全球通用的时间标准，全球各地都同意将各自的时间进行同步协调。UTC 时间是经过平均太阳时（以格林尼治标准时（Greenwich mean time，GMT）为准）、地轴运动修正后的新时标及以秒为单位的国际原子时进行综合精算而成的。

GMT 是前世界标准时，UTC 是现世界标准时。UTC 比 GMT 更精准，以原子时计时，适应现代社会的精确计时。但在不需要精确到秒的情况下，二者可以视为等同。每年格林尼治天文台会基于 UTC 发布调时信息。另外，在日常生活中所使用的时间，我们通常称为本地时间（local mean time, LMT，当地标准时间）。这个时间等于我们所在（或者所使用）时区内的当地时间，它由 UTC 之间的偏移量来定义。这个偏移量可以表示为 UTC− 或 UTC+，后面接上偏移的小时和分钟数。

该模块提供了多个函数用于处理时间，有两种标准的时间表示方法。一种是从一个公认的时间起点（1970 年 1 月 1 日 0 时 0 分 0 秒）算起到往后任意时刻的秒数，可能是整数或浮点数，称为秒时，当前秒时，可以通过函数 `time.time()` 获得；另一种是用结构化时间对象表示日期时间的，如表 3-4 所示，该对象有年、月（1~12）、日（1~31）、时（0~23）、分（0~59）、秒（0~61）、星天（一星期中的第几天，值为 0~6，星期一为 0）、年天（一年中的第几天，值为 1~366）、是否夏时制（1 表示夏时制，0 表示无夏时制，−1 表示由函数 `mktime()` 根据日期和时间确定）9 个属性，可以通过索引（index）与属性名编辑和提取其值，该对象由接下来介绍的函数 `gmtime()`、`localtime()`、`strptime()` 创建，称为年时。

**表 3-4　struct_time 类的属性名及其值**

| 索引 | 属性 | 值 | 索引 | 属性 | 值 |
|---|---|---|---|---|---|
| 0 | tm_year | (如 1993) | 6 | tm_wday | 星天（0~6），星期一为 0 |
| 1 | tm_mon | 取值范围（1~12） | 7 | tm_yday | 年天（1~366） |
| 2 | tm_mday | 取值范围（1~31） | 8 | tm_isdst | 夏时制（0, 1 或 −1） |
| 3 | tm_hour | 取值范围（0~23） | N/A | tm_zone | 时区名缩写 |
| 4 | tm_min | 取值范围（0~59） | N/A | tm_gmtoff | UTC 东向偏移量，单位：秒 |
| 5 | tm_sec | 取值范围（0~61） | | | |

1. 返回秒时的函数（time.time()）

`time.time()` 函数返回从设定起点（epoch）到当前时刻的总秒数（即秒时）。该函数功能参见下列交互式窗体示例代码：

```
Python 3.8.10 (tags/v3.8.10:3d8993a, May  3 2021, 11:34:34) [MSC v.1928 32
    bit (Intel)] on win32
Type "help", "copyright", "credits" or "license()" for more information.
>>> import time
>>> time.time()
1714532301.9920297
```

2. 从秒时转换为年时的函数

（1）`time.gmtime([seconds])`。该函数返回世界标准时间的年时。参数 seconds 为可选参数，如果不给定，那么函数调用 `time.time()` 获得当前时刻世界标准时的秒时，再转换为当前时刻的年时。

（2）`time.localtime([seconds])`。该函数返回本地时间的年时。参数 seconds 为可选参数，如果不给定，那么函数调用 `time.time()` 获得当前时刻世界标准时的秒时，再转换为当前时刻本地的年时。该函数功能参见下列交互式窗体示例代码：

```
>>> time.gmtime()
time.struct_time(tm_year=2024, tm_mon=1, tm_mday=5, tm_hour=10, tm_min=19,
    tm_sec=35, tm_wday=4, tm_yday=5, tm_isdst=0)
>>> time.localtime() #说明北京时间比世界标准时早8h
```

```
time.struct_time(tm_year=2024, tm_mon=1, tm_mday=5, tm_hour=18, tm_min=19,
    tm_sec=45, tm_wday=4, tm_yday=5, tm_isdst=0)
```

3. 从年时转换为秒时的函数

（1）time.mktime()。该函数返回本地年时的秒时，可把 time.localtime() 函数返回的年时转换为秒时。

（2）calendar.timegm()。该函数返回世界标准时间的秒时，为 time.gmtime() 函数的反函数。该函数功能参见下列交互式窗体示例代码：

```
>>> localtime = time.localtime()
>>> time.mktime(localtime)
1704450157.0
>>> import calendar
>>> calendar.timegm(localtime)
1704478957
```

4. 其他函数

1）time.sleep(secs)

在函数所在位置暂停指定的秒数。参数 secs 可以是浮点数，以表示更精确的睡眠时间。如果睡眠被信号中断，而且信号处理程序没有引发异常，那么睡眠将重新启动。由于系统中其他活动的调度，所以暂停时间可能比请求的时间长一些。

2）中文日期时间转换

由于中文显示日期的格式与英文不一样，而 Python 中的时间格式均为英文格式，并不符合我们中国人的需要，我们可以在该模块基础上编写一个中文日期时间显示格式函数。参见下列交互式窗体示例代码：

```
>>> def 中文日期时间(年时): #构建一个转换年时为中文日期时间的函数
        中文日期=time.strftime('%Y年%m月%d日',年时)
        中文日期时间 = time.strftime('%Y年%m月%d日 %H时%M分%S秒',年时)
            return 中文日期,中文日期时间
>>> local_time = time.localtime()
>>> 中文日期,中文日期时间 = 中文日期时间(local_time)
>>> 中文日期
'2024年4月20日'
>>> 中文日期时间
'2024年4月20日 11时58分53秒'
```

### 3.3.2　datetime 模块

datetime 模块包含时间差、日期（年月日）、时间（时分秒）、日期时间（年月日时分秒）等类，各自具有不同的属性和方法，包含处理日期、时间或日期时间的实用函数。该模块可以用于计算作物生育期、发育阶段等与日期时间有关的数据。

1. 时间差对象

timedelta 类（class datetime.timedelta(days = 0, seconds =0, microseconds = 0, milliseconds = 0, minutes =0, hours = 0, weeks=0)）表示两个 datetime 对象间的时间差，可以接受 days、seconds、microseconds、milliseconds、minutes、hours 和 weeks 共 7 个参数，所有参数均是可选的，默认为零。返回一个 timedelta 实例，但该实例只用天数（days）、秒数（seconds）和微秒数（microseconds）3 个属性指标表示时间差，输入的其他参数均自动转换为这 3 个指标。该类的功能参见下列交互式窗体示例代码：

```
Python 3.11.5 (tags/v3.11.5:cce6ba9, Aug 24 2023, 14:21:31) [MSC v.1936 32
    bit (Intel)] on win32
Type "help", "copyright", "credits" or "license()" for more information.
from datetime import timedelta,datetime #导入timedelta、datetime 对象
delta = timedelta(days=50,seconds=27,microseconds=10, milliseconds=29000,
    minutes=5,hours=8, weeks=2) #自定义一个时间差实例
 #查看返回的时间差对象
datetime.timedelta(days=64, seconds=29156, microseconds=10)
#只包含天数、秒数和微妙数)
dt1 = datetime(2023,3,8,10,30,30) # 自定义一个日期对象
dt2 = datetime(2023,3,18,12,35,50) # 自定义另一个日期对象
delta = dt2-dt1 # 将两个日期对象相减获得的timedelta对象赋值给delta变量
delta.days # 提取delta的days属性
10
delta.seconds #提取delta的seconds属性
7520
delta.microseconds #提取delta的microseconds属性
0
dt1 + delta #日期1加上时间差delta获得另一个较晚日期对象
datetime.datetime(2023, 3, 18, 12, 35, 50)
dt1 - delta #日期1减去时间差delta获得另一个较早日期对象
datetime.datetime(2023, 2, 26, 8, 25, 10)
year = timedelta(days=365) #新建一个时间差对象year，差异为365d
five_years = 5 * year #year可以与一个整数相乘或相除
five_years
datetime.timedelta(days=1825)
# timedelta 实例具有total_seconds方法，返回总的秒数
delta.total_seconds()
5558756.00001
```

2. 日期对象

阳历日期类，创建 date 类（class datetime.date(year, month, day)），需要将年月日信息（year, month, day）作为参数，也是所创建实例的 3 个属性，设定 1 月 1 日为一年的第一天。

1）类方法

date 类具有下列 5 个类方法，用于创建日期类。

（1）datetime.date.today()。该方法返回今天的日期，创建了一个当天的日期类。

（2）datetime.date.fromordinal(ordinal)。参数 ordinal 是指公历格里高利序数（Gregorian ordinal)，即自公元 1 年 1 月 1 日以来经过的天数。该函数把格里高利序数转换为日期对象。

（3）datetime.date.fromisoformat(date_string)。date_string 在 Python 3.11 以前的版本只支持'YYYY-MM-DD' 格式,Python3.11 开始增加支持'YYYYMM-DD' 和'YYYY-Www-D' 的功能 (W 表示星期，ww 为第几个星期，D 表示星期几)。

该函数把包含日期信息并符合指定格式的字符串转换为日期对象。具体功能参见下列交互式窗体示例代码：

```
from datetime import date #从datetime模块导入date类
date.fromordinal(365*2000)
date(1999, 9, 3)
date.fromisoformat('2025-06-25') #转换用‘-’连接的年月日信息字符串为日期对象
date(2025, 6, 25)
date.fromisoformat('20250625') #转换只有年月日信息字符串为日期对象
date(2025, 6, 25)
date.fromisoformat('2025-W06-1') #转换年度、年内星期数、星期几信息字符串
date(2025, 2, 3)
```

2）实例方法

下面介绍 date 类的部分实例方法。

（1）isoformat()。返回格式为'YYYY-MM-DD' 的日期表示字符串。该方法功能参见如下的交互式窗体示例代码：

```
today = date.today()
today.isoformat()
'2023-08-27'
```

（2）replace(year=None, month=None, day=None)。该方法更新指定日期中的年、月、日。其功能参见如下的交互式窗体示例代码：

```
today.replace(year=2022,day=2)
datetime.date(2022, 8, 2)
```

3. 时间对象

datetime 模块（class datetime.time(hour=0, minute=0, second=0, microsecond=0, tzinfo=None, *, fold=0)）的时间（time）对象表示任意一天当地（或指定时区）的时间，和时区有关，如果 tzinfo 为 None，那么表示当前系统的时间。

构建该 time 对象的所有参数均是可选的，tzinfo 参数默认为 None 或者 tzinfo 对象的一个实例。其他参数均为属于规定范围的整数，其中，0<=hour<24，0<=minute <60，0<=second <60，0 <= microsecond < 1000000，参数 fold 取值 0 或 1。

time 实例具有 hour、minute、second、microsecond、tzinfo、fold 属性，具体功能参见下列交互式窗体示例代码：

```
from datetime import time as dt_time
my_time = dt_time(18,18,30,999999)
my_time
datetime.time(18,18,30,999999)
```

1）类方法

time 类只有 fromisoformat(time_string) 方法，用于构建一个 time 实例，具体功能参见下列交互式窗体示例代码：

```
dt_time.fromisoformat('08:35:01') #转换时间字符串为time对象
datetime.time(8, 35, 1)
dt_time.fromisoformat('T04:23:01')
#转换时间字符串为time对象, T 为日期和时间的分隔符
datetime.time(4, 23, 1)
dt_time.fromisoformat('T042301')
#转换时间字符串为time对象, T 为日期和时间的分隔符
datetime.time(4, 23, 1)
dt_time.fromisoformat('04:23:01.000384')
#转换时间字符串为time对象, 秒小数点后面为纳秒
datetime.time(4, 23, 1, 384)
dt_time.fromisoformat('08:32:01,000')
datetime.time(8, 32, 1)
dt_time.fromisoformat('04:23:01+04:00')
datetime.time(4, 23, 1, tzinfo=datetime.timezone(datetime.timedelta(seconds
    =14400)))
dt_time.fromisoformat('08:36:01Z') #Z表示当前的时间是 UTC 时间
datetime.time(8, 36, 1, tzinfo=datetime.timezone.utc)
dt_time.fromisoformat('04:23:01+00:00')
#+ 表示的是东, 如北京; - 表示的是西, 如 -04:00 表示的是西 5 区的美国东部时间。
datetime.time(4, 23, 1, tzinfo=datetime.timezone.utc)
```

2）部分实例方法

（1）time.replace(hour=self.hour,minute=self.minute,second=self.second, microsecond = self.microsecond, tzinfo=self.tzinfo, *, fold=0)。返回一个新的时间对象，原 time 对象的一个或多个参数被更新。

（2）time.isoformat(timespec='auto')。该方法返回符合 ISO 格式的时间字符串，完整格式为'HH:MM:SS.mmmmmm+zz:zz'。如果时间对象的 microseconds == 0，那么可以省略秒后面的小数点部分。参数 timespec 指定返回字符串包含的时间元素，如 hours 表示只返回小时的字符串，而 minutes 则返回包含小时和分钟的字符串，其他正确的值有 seconds、milliseconds 和 microseconds。具体功能参见下列交互式窗体示例代码：

```
my_time = dt_time(18,18,30,999999); my_time
datetime.time(18, 18, 30, 999999)
my_time.isoformat(timespec='hours') #只包含小时
'18'
my_time.isoformat(timespec='minutes') #包含小时和分钟
'18:18'
my_time.isoformat(timespec='milliseconds') #包含时分秒及秒带三位小数
'18:18:30.999'
my_time.isoformat(timespec='microseconds') #包含时分秒及秒带六位小数
'18:18:30.999999'
my_time.isoformat(timespec='auto')
'18:18:30.999999'
```

4. 日期时间对象

日期时间对象(class datetime.datetime(year, month, day, hour=0, minute=0, second=0, microsecond=0, tzinfo=None, *, fold=0))可以同时保存和处理日期与时间，下面介绍该对象的创建和相关方法（类方法、实例方法）。

1）对象创建

datetime.datetime(year, month, day, hour=0, minute=0, second=0, microsecond=0, tzinfo=None, *, fold=0)。创建一个属性包含年、月、日、时、分、秒、毫秒的 datetime 类，其中，year、month 和 day 为必有参数；hour、minute、microsecond 和 tzinfo 有默认值，可以不提供；fold 为键值对参数，可以取值为 0 或 1。

2）类方法

下面介绍部分类方法，用于创建 datetime 实例。

(1) fromtimestamp(timestamp,tz=None)。根据输入的时间戳创建一个 datetime 实例，该函数可以输入时区参数。

(2) now(tz=None) 和 utcnow()。分别根据指定时区（默认为本地时区）和世界标准时区的时间戳创建一个当前时刻的 datetime 实例。

(3) fromisoformat(date_string)。根据给定的符合 ISO 8601 格式的日期字符串来创建一个 datetime 实例。

3）实例方法

(1) date()。返回日期对象，其年、月、日与 datetime 实例一样。

(2) time()。返回时间对象，其时、分、秒、毫秒和 fold 与 datetime 实例一样。

(3) replace(year=self.year, month=self.month, day=self.day, hour=self.hour, minute=self.minute, second=self.second, microsecond=self.microsecond, tzinfo=self.tzinfo, *, fold=0)。返回一个新的 datetime 实例，除了重新赋值的属性，其他属性与原 datetime 实例一样。

## 3.4 随机数字模块

在田间试验的随机区组等试验中，小区需要随机排列，随机数字模块（random）可以用于相关的试验设计，因此，本节介绍该模块的相关函数。

random 模块用于生成伪随机数，之所以称为伪随机数，是因为真正意义上的随机数（或者随机事件）在某次产生过程中是按照某一总体的分布概率随机产生的，其结果是不可预测的。而计算机中的随机函数是按照一定算法模拟产生的，某个事件有可能出现多次。

该模块构建了一个伪随机数类 Random，其实例 random 的方法包含类基本方法和扩展方法（随机取值方法、随机排列方法和不同数据分布类型的随机数产生方法等），简要的介绍如下。

### 3.4.1 基本方法

由于该模块内置了一个 Random 的实例，并在模块水平引用了 Random 的各个方法，可以采用模块名.方法 () 的方式调用 Random 实例的方法。

1. 伪随机数生成器 random.random()

random() 方法为其他方法或函数的基础。random() 方法基于 Mersenne Twister 算法作为伪随机数发生器并生成伪随机数 $x$（$0 \leqslant x < 1$），$x$ 为精确到小数点后 15~18 位的浮点数。这是 1997 年提出的伪随机数生成算法，其修复了以往随机数算法的诸多缺陷，可快速生成高质量的伪随机数，且经过了广泛的统计学检验，目前在各种编程语言和库中已普遍存在或作为默认的伪随机数发生器，被认为是更可靠的伪随机数发生器。该方法的作用参见下列交互式窗体示例代码：

```
Python 3.8.10 (tags/v3.8.10:3d8993a, May  3 2021, 11:34:34) [MSC v.1928 32
    bit (Intel)] on win32
Type "help", "copyright", "credits" or "license()" for more information.
>>> import random
>>> random.random()
0.8187617086663952
>>> random.random()
0.5673433315986782
```

2. random.seed(a=None, version=2)

seed 方法用于初始化伪随机数生成器，相同的种子产生相同的随机数字。第一个种子参数 a 默认为 None，其数据类型可以是整数、浮点数、字符串、字节或字节数组。如果 a 为默认值，那么 a 为当前系统时间；如果系统本身提供了随机数字来源，那么使用该随机数字来源。第二个参数 version 默认为 2，也可为 1。该方法的作用参见下列交互式窗体示例代码：

| | |
|---|---|
| `>>> random.seed('数字经济')` | `>>> random.seed('数字经济')` |
| `>>> random.random()` | `>>> random.random()` |
| `0.22848096792981998` | `0.22848096792981998` |
| `>>> random.random()` | `>>> random.random()` |
| `0.2662114430342535` | `0.2662114430342535` |

### 3.4.2 部分扩展方法

1. random.shuffle(x)

参数$x$ 为一个列表数据，该函数对$x$ 进行随机排序，在随机区组试验等田间试验中可以用于对区组或组内处理的随机排序。该方法的作用参见下列交互式窗体示例代码：

```
>>> 品种_list = ['品种1','品种2','品种3','品种4','品种5','品种6','对照']
random.shuffle(品种_list)
>>> 品种_list
['品种3', '品种6', '品种2', '品种4', '品种1', '对照', '品种5']
```

2. random.choices(population, weights=None, *, cum_weights=None, k=1)

参数 population 为一个序列数据，该函数从 population 中随机进行 $k$ 次重复采样，每次选择一个元素，返回被选择的元素列表。如果 $k$ 大于 population 中的元素个数，那么报错。参数 weights 或 cum_weights 只能设置一个，用于设置 population 中元素的权重，权重大的被选择的概率大。如果没有设置 weights 或 cum_weights，那么每个元素每次都有均等的机会被选择。如果设置了 weights 或 cum_weights，那么包含的权重个数与 population 相同，否则出错。该方法的作用参见下列交互式窗体示例代码：

```
>>> population_stuff = ['员工1','员工2','员工3','员工4','员工5','员工6']
>>> random.choices(population_stuff,k=2,cum_weights=[1,2,3,6,12,24])
['员工6', '员工1']
```

# 第 4 章　数据文件操作高级模块

所有试验数据均需要以文件形式保存到计算机磁盘，然后根据需要读取到计算机内存中进行阅览和进一步处理，因此，数据文件的读写与数据的安全、保存和使用有关。如果要进行数据文件的管理、复制、移动等与文件路径相关的操作，建议使用 `os` 模块及其子模块 `os.path`；要进行更高级的文件和路径操作及打包或压缩，则可以使用 `shutil` 模块。

## 4.1　功能强大的操作系统模块——os

`os` 模块提供了与操作系统交互的各种函数，可以通过这些函数调用计算机底层操作系统的部分功能来快速、高效地管理文件和目录。在数据文件处理过程中，尤其是批量处理数据文件时，不可避免地需要进行文件路径获取、文件重命名等处理，有时还需要进行目录的创建、删除、遍历等操作。Python 中的 `os` 模块正是处理这些问题必备的工具库之一，可以通过代码对数据文件进行多种操作。

导入 `os` 模块时需要注意，千万不要为了方便而使用语句 `from os import *` 来导入 `os` 模块的所有对象，否则 `os.open()` 将会覆盖内置函数 `open()`，从而造成预料之外的错误。

`os` 模块中大多数接受路径作为参数的函数也可以接受文件描述符（`file descriptor`）并将其作为参数。在 Python 文档中将文件描述符简记为 `fd`，是一个与某个打开的文件对象绑定的整数，可以理解为该文件在系统中的编号。

### 4.1.1　操作系统名称和环境变量的获取

1. `os.name`

该属性返回操作系统模块的名称。这个名称也决定了模块中哪些功能是可用的，哪些是没有相应实现的。目前有效名称为以下三个：`posix`、`nt`、`java`。其中，`posix` 是 Portable Operating System Interface of UNIX（可移植操作系统接口）的缩写，Linux 和 Mac OS 均会返回该值；`nt` 全称应为 Microsoft Windows NT，大体可以等同于 Windows 操作系统，因此，在 Windows 环境下会返回该值；`java` 则是 Java 虚拟机环境下的返回值。

2. `os.environ`

该属性返回操作系统设置的各种文件保存路径和用户名等属性值。返回值是一个映射（类似字典类型），具体的值为第一次导入 `os` 模块时的快照；其中的各个键值对，键是环境变量名，值则是环境变量对应的值。在第一次导入 `os` 模块之后，除非直接修改 `os.environ` 的值，否则该属性的值不再发生变化。

下面是在交互式窗体演示两个属性的示例代码。

```
Python 3.8.10 (tags/v3.8.10:3d8993a, May  3 2021, 11:34:34) [MSC v.1928 32
    bit (Intel)] on win32
Type "help", "copyright", "credits" or "license()" for more information.
>>> import os
>>> os.name  # 作者计算机的操作系统为windows11
'nt'
>>> 环境变量 = os.environ
>>> 环境变量['USERNAME'] #获取用户名
'trong'
>>> 环境变量['USERPROFILE'] #获取用户文件夹路径
'C:\\Users\\trong'
```

### 4.1.2 返回指定数据文件夹所有文件名和文件完整路径

1. os.listdir(path='.')

listdir 即 list directories，该函数列出（当前）目录下的全部文件夹及文件名。该函数只有一个参数 path，用以指定文件夹路径，默认为"."，即“当前路径”。函数返回值是一个列表，其中各元素均为字符串，分别为 path 指定路径包含的文件夹名和文件名。该函数通常在需要遍历某个文件夹的场景下使用。该函数的功能参见下面交互式窗体示例代码：

```
>>> os.listdir(r"C:\Users\trong\Desktop\试验数据")
['甘蔗间作花生品种比较试验数据.xlsx', '甘蔗间作花生品种比较试验数据(2.4x1.2).xlsx',
    '甘蔗间作花生品种比较试验数据(2.6x1.3).xlsx']
```

2. os.scandir(path='.')

该函数返回一个迭代器，为 path 指定文件夹中的文件或文件夹创建了一个 os.DirEntry 对象，该对象有完整路径和文件或文件夹名（name）两个属性，还包含 is_file 和 is_dir 等方法，因此，通过该函数可以得到一个指定文件夹所包含的文件与文件夹的名称和路径信息。该函数的 path 参数用以指定目标文件夹路径，默认为"."，即当前路径，而'..' 表示当前目录的父目录。

下面脚本编辑窗体的示例代码为保存在作者桌面的脚本文件 file_info.py 的代码，其中，创建了一个函数，用于返回指定文件夹中所有文件与文件夹的名称和完整路径，通过执行该函数，返回相关结果。

```
import os
def fold_info(fold_path):
    file_path_list = [];file_name_list = [];fold_path_list = [];
        fold_name_list = []
    dir_entry = os.scandir(fold_path)
    while True:
        try:
            entry_obj = next(dir_entry) #获得迭代器中的每个DirEntry对象
            if entry_obj.is_file(): #利用DirEntry对象的is_file方法判断其是否为文件
                file_path_list.append(file.path)
```

```
                #利用DirEntry对象的path属性获得路径
                file_name_list.append(file.name)
                #利用DirEntry对象的name属性获得名称
            elif entry_obj.is_dir():
            #利用DirEntry对象的is_dir方法判断其是否为文件夹
                fold_path_list.append(file.path)
                fold_name_list.append(file.name)
        except:
            break
    return file_path_list,file_name_list,fold_path_list,fold_name_list
fold_path = r"C:\Users\trong\Desktop\试验数据" #指定目标文件夹
file_path_list,file_name_list,fold_path_list,fold_name_list = fold_info\
    (fold_path) #获得函数返回结果
print(file_path_list);print(file_name_list);print(fold_path_list)
print(fold_name_list) #打印结果
```

执行上面的文件代码，在交互式窗体显示如下运行结果：

```
Python 3.8.10 (tags/v3.8.10:3d8993a, May  3 2021, 11:34:34) [MSC v.1928 32
  bit (Intel)] on win32
Type "help", "copyright", "credits" or "license()" for more information.
>>>
========== RESTART: C:/Users/trong/Desktop/file_info.py ==========
['C:\\Users\\trong\\Desktop\\试验数据\\甘蔗间作花生品种比较试验数据.xlsx',
'C:\\Users\\trong\\Desktop\\试验数据\\甘蔗间作花生品种比较试验数据(2.4x1.2).xlsx',
'C:\\Users\\trong\\Desktop\\试验数据\\甘蔗间作花生品种比较试验数据(2.6x1.3).xlsx']
['甘蔗间作花生品种比较试验数据.xlsx', '甘蔗间作花生品种比较试验数据(2.4x1.2).xlsx',
'甘蔗间作花生品种比较试验数据(2.6x1.3).xlsx']
['C:\\Users\\trong\\Desktop\\试验数据\\品种区试']
['品种区试']
```

### 4.1.3 当前工作路径的获取和更改

当前工作路径默认为当前打开程序或文件所在路径；与之相关的相对路径、同目录下模块导入等相关的操作均以当前工作路径为准。通过更改当前工作路径，可以简化文件操作过程。

1. os.getcwd()

该函数返回当前工作路径。getcwd 实际上是 get the current working directory 的简写，顾名思义，也就是说这个函数的作用是获取当前工作路径。

在交互式窗体，如果还没执行一个脚本文件，那么返回的就是交互终端程序所在的文件夹路径；如果打开了 Python 脚本文件并执行该文件，那么返回的是该脚本文件所在的文件夹路径，即当前工作路径为当前打开文件所在文件夹的路径。

```
Python 3.8.10 (tags/v3.8.10:3d8993a, May  3 2021, 11:34:34) [MSC v.1928 32
    bit (Intel)] on win32
Type "help", "copyright", "credits" or "license()" for more information.
>>> import os
>>> os.getcwd()
'C:\\Users\\tronghua\\AppData\\Local\\Programs\\Python\\Python38-32'
>>>
= RESTART: D:\WPS cloud Files\WPS Cloud Files\python学习\在开发\花科花生结英区平
    衡集中施肥软件\花生施肥4.0(出版).py
>>> import os
>>> os.getcwd()
'D:\\WPS cloud Files\\WPS Cloud Files\\python学习\\在开发\\花科花生结英区平衡集中
    施肥软件'
```

2. os.chdir(path)

该函数用于把默认工作路径更改为参数 path 指定的路径。chdir 其实是 change the directory 的简写。其中,path 参数既可以是文本或字节型字符串,也可以是一个文件描述符,还可以是一个广义的类路径(path-like)对象。若指定路径不存在,则会返回 FileNotFoundError 异常。

有了这个函数，跨目录读写文件和调用模块就会变得非常方便，没必要反复将同一个文件在各个目录之间复制粘贴运行，可以在一个目录下完成对其他目录文件的调用，参见下面交互式窗体示例代码：

```
>>> os.getcwd() #打开的是交互式窗体，工作路径就是该程序所在路径'C:\\Users\\trong
    \\AppData\\Local\\Programs\\Python\\Python38-32'
>>> os.chdir(r"C:\Users\trong\Desktop") #把当前工作路径更改为用户桌面
>>> with open('安装说明.txt',encoding='utf-8') as f: #打开更改后的文件夹中文件
    text_安装说明 = f.readlines()


>>> print(text_安装说明[0]) #打印读取文件内容的第一行
    本软件只能在windows7、windows10及更新版本操作系统安装运行。
```

### 4.1.4　文件或文件夹操作

1. os.mkdir(path)

mkdir，即 make directory，用于新建一个文件夹。参数 path 为新建文件夹的完整路径，如果 path 指定路径已存在，那么会返回 FileExistsError 异常。该函数只能在已有的文件夹路径下新建一个文件夹，否则会返回 FileNotFoundError 异常。参见下面交互式窗体示例代码：

```
>>> os.mkdir(r"C:\Users\trong\Desktop\试验数据\品质分析数据")
>>> os.listdir(r"C:\Users\trong\Desktop\试验数据")
['品种区试', '品质分析数据', '甘蔗间作花生品种比较试验数据.xlsx', '甘蔗间作花生品种比较
    试验数据(2.4x1.2).xlsx', '甘蔗间作花生品种比较试验数据(2.6x1.3).xlsx']
```

2. os.makedirs(path, mode=0o777, exist_ok=False)

不同于 mkdir 函数只能在已经存在的文件夹中创建一个新的文件夹，该函数如果参数 path 指定路径的中间文件夹不存在，那么只要指定的根目录存在，就能依次创建所有不存在的文件夹。参见下面交互式窗体示例代码：

```
>>> os.listdir(r"C:\Users\trong\Desktop\试验数据")
#此次的示例代码只能在作者的计算机演示
['品种区试', '品质分析数据', '甘蔗间作花生品种比较试验数据.xlsx', '甘蔗间作花生品种比较
    试验数据(2.4x1.2).xlsx', '甘蔗间作花生品种比较试验数据(2.6x1.3).xlsx']
>>> os.makedirs(r"C:\Users\trong\Desktop\试验数据\水稻试验数据\基因组")
>>> os.listdir(r"C:\Users\trong\Desktop\试验数据")
['品种区试', '品质分析数据', '水稻试验数据', '甘蔗间作花生品种比较试验数据.xlsx',
'甘蔗间作花生品种比较试验数据(2.4x1.2).xlsx', '甘蔗间作花生品种比较试验数据(2.6x1.3).
    xlsx']
>>> os.listdir(r"C:\Users\trong\Desktop\试验数据\水稻试验数据")
['基因组']
```

3. os.remove(file_path, *, dir_fd=None)

该函数只能删除文件，其参数 file_path 指定目标文件的路径，如果是文件夹，那么产生 OSError；如果 file_path 指定的文件不存在，那么产生 FileNotFoundError。如 os.remove("C:\\Users\\trong\\Desktop\\datetime.py") 可删除作者桌面的datetime.py 文件。参数 dir_fd 为赋值型可选参数，默认为 None；file_path 宜为完整路径，dir_fd 需要的文件描述符值不是所有系统平台都能提供。

4. os.removedirs(path)

该函数只能删除空文件夹，会尝试从 path 指定路径的空文件夹开始，逐级删除空文件夹，一旦遇到非空目录即停止。

5. os.rename(src, dst, *, src_dir_fd=None, dst_dir_fd=None)

该函数的作用是将文件或文件夹重命名，或移动到新的位置，其中，参数 src 为待重命名的文件或文件夹路径，参数 dst 指定新名称的对应文件或文件夹路径，而且目标文件夹或文件不存在才能完成重命名或移动功能。

注意，如果指定的目标路径在其他目录下，那么该函数还可以实现文件或路径的剪切并粘贴功能。但无论直接原地重命名还是剪切粘贴，中间路径都必须要存在，否则就会返回 FileNotFoundError 异常。

6. os.startfile(file_path[, operation])

该函数用与参数 file_path 指定文件关联的应用程序打开该文件，如.docx 文件会调用 WPS 文字或 Microsoft Word 来打开该文件。该函数只能在 Windows 系统发挥作用。file_path 可以是相对路径或绝对路径。当参数 operation 未指定或是'open' 时，这类似于在 Windows 资源管理器中双击文件，或将文件名作为参数提供给交互式命令 shell

中的 start 命令，该文件将用其扩展名关联的任何应用程序（如果有的话）打开。当给出参数 operation 值时，它必须是一个“命令动词”，指定应该对文件执行什么操作。Windows 系统的常用动词有 print 和 edit（用于文件）及 explore 和 find（用于目录）。该函数的功能参见下面交互式窗体示例代码：

```
>>> os.startfile(r"C:\Users\trong\Desktop\试验数据",'explore') #打开文件夹
>>> os.startfile(r"C:\Users\trong\Desktop\安装说明.txt",'open') #打开文件
>>> os.startfile(r"C:\Users\trong\Desktop\安装说明.txt",'print') #打印文件
```

### 4.1.5 执行系统命令 (os.system(command))

os.system(command) 函数只在 Windows 系统模块中存在，该函数在命令行终端执行参数 command 指定的命令，command 为字符串格式。在导入未安装的第三方模块时，可以通过该函数先安装该模块，再导入，可在代码中用 try ... except ... 语句测试所用的模块是否已经安装。该函数的功能参见下面交互式窗体示例代码：

```
>>> try: #避免出现缺乏第三方模块导致程序启动失败，自动安装需要的第三方模块
    import openpyxl #先执行目标模块的导入
except:
    os.system('pip install openpyxl') #如果目标模块不存在，则os.system调用安装
    语句安装
        import openpyxl # 再次执行目标模块的导入
```

### 4.1.6 文件路径操作模块

os.path 是 os 模块根据系统类型导入的模块对象，并非直接由 os 模块实现。如果 os.name 值为 nt，那么在 os 模块中执行 import ntpath as path；如果 os.name 值为 posix，那么执行 import posixpath as path。该模块有一个很重要的特性：os.path 中的函数基本上是纯粹的字符串操作。换句话说，传入该模块函数的参数甚至不需要是一个有效路径，该模块也不会试图访问这个路径，而仅仅是按照“路径”的通用格式对字符串进行处理。下面介绍 os.path 模块常用的函数。

1. os.path.join(path, *paths)

该函数可以将多个传入路径组合为一个路径，功能很实用。实际上是将传入的几个字符串用路径连接符连接起来，组合成一个新的路径字符串，所以一般的用法是将第一个参数作为父目录，之后将每一个参数作为下一级目录，从而组合成一个新的符合路径逻辑的路径字符串。但如果传入参数中存在一个“绝对路径”格式的字符串，且这个字符串不是函数的第一个参数，那么其他在这个参数之前的所有参数都会被忽略，余下的参数再进行组合。更准确地说，只有最后一个“绝对路径”参数及其之后的路径参数才会用于组合为一个新的路径字符串，作为函数计算结果返回。该函数的功能参见下面的交互式窗体示例代码：

```
>>> from os import path
>>> #第一个参数为根目录
```

```
>>> path.join('C:\\','Users',*['tronghua','Desktop','文件夹1','文件夹2',
    'os.py'])
'C:\\Users\\tronghua\\Desktop\\文件夹1\\文件夹2\\os.py'
>>> #第一、二个参数都是根目录
>>> path.join(r'C:\Users',*[r'\tronghua',r'Desktop','文件夹1','文件夹2'])
'C:\\tronghua\\Desktop\\文件夹1\\文件夹2'
>>> #所有参数均在列表中，列表的第一个参数为根目录，返回一个相对路径
>>> path.join(*[r'\tronghua',r'Desktop','文件夹1','文件夹2'])
'\\tronghua\\Desktop\\文件夹1\\文件夹2'
>>> #第三个参数有路径连接符 '\'
>>> path.join(r'C:/','Users',*[r'\tronghua',r'Desktop','文件夹1','文件夹2'])
'C:\\tronghua\\Desktop\\文件夹1\\文件夹2'
>>> #第一、三个参数为根目录
>>> path.join('C:\\','Users',*['D:\\','tronghua','Desktop','文件夹1',
    '文件夹2','os.py'])
'D:\\tronghua\\Desktop\\文件夹1\\文件夹2\\os.py'
```

2. os.path.abspath(path)

该函数将传入路径参数 path 规范化，返回一个相应的符合当前系统要求的绝对路径格式字符串。也就是说当传入路径符合绝对路径格式时，该函数仅仅将路径分隔符替换为适应当前系统的字符，不做其他任何操作，并将结果返回。绝对路径格式是代表磁盘的字母加冒号，之后跟分隔符和字符串序列的格式。该函数的功能参见下面的交互式窗体示例代码：

```
>>> path.abspath(r"C:\Users\trong\Desktop\random.py")
#把Windows路径转换为python路径
'C:\\Users\\trong\\Desktop\\random.py'
>>> path.abspath(r"random.py")
#当输入的是相对路径时，把当前工作路径作为父路径组合为绝对路径
'C:\\Users\\trong\\AppData\\Local\\Programs\\Python\\Python38-32\\random.py'
>>> path.abspath(r"\random.py")
#当path参数带有路径分隔符时，把当前工作路径的根路径作为父路径连接为绝对路径
'C:\\random.py'
```

3. os.path.basename(path)

该函数返回路径参数 path 最后一个分隔符后面的部分，也就是 os.path.split(path) 函数返回值的第二个元素。该函数的功能参见下面的交互式窗体示例代码：

```
>>> # 如果是一个文件的路径，那么返回文件名
>>> path.basename('C:\\Users\\trong\\Desktop\\random.py')
'random.py'
>>> # 如果最后一个分隔符后无内容，那么返回空字符串
>>> path.basename('C:\\Users\\trong\\Desktop\\')
''
```

```
>>> # 如果是一个文件夹路径，那么返回最后一个文件夹名
>>> path.basename('C:\\Users\\trong\\Desktop')
'Desktop'
```

4. os.path.split(path)

该函数返回根据路径参数 path 最后一个分隔符作为拆分标记形成的二元素元组，第二个元素也就是 os.path.basename(path) 的返回值。该函数的功能参见下面的交互式窗体示例代码：

```
>>> path.split('C:\\Users\\trong\\Desktop\\random.py')
('C:\\Users\\trong\\Desktop', 'random.py')
>>> path.split('C:\\Users\\trong\\Desktop\\')
('C:\\Users\\trong\\Desktop', '')
>>> path.split('C:\\Users\\trong\\Desktop')
('C:\\Users\\trong', 'Desktop')
```

5. os.path.normcase(s)

该函数把表示路径的字符串 s 中的所有字符转换为小写，将斜杠转换为反斜杠，返回一个符合系统要求的标准路径字符串。该函数的功能参见下面的交互式窗体示例代码：

```
>>> os.path.normcase('C:\\Users/trong\\Desktop/random.py')
'c:\\users\\trong\\desktop\\random.py'
```

6. os.path.splitext(path)

该函数把参数 path 的文件扩展名分离，返回一个二元素元组，如果是文件夹路径，那么扩展名为空字符。该函数的功能参见下面的交互式窗体示例代码：

```
>>> os.path.splitext('C:\\Users/trong\\Desktop/random.py')
('C:\\Users/trong\\Desktop/random', '.py')
>>> os.path.splitext('C:\\Users/trong\\Desktop/')
('C:\\Users/trong\\Desktop/', '')
>>> os.path.splitext('C:\\Users/trong\\Desktop')
('C:\\Users/trong\\Desktop', '')
```

7. os.path.dirname(path)

返回路径参数 path 最后一个路径分隔符前面的部分，即 os.path.split(path) 返回元组的第一个元素。该函数的功能参见下面的交互式窗体示例代码：

```
>>> os.path.dirname('c:\\users\\trong\\desktop\\random.py')
'c:\\users\\trong\\desktop'
```

8. os.path.exists(path)

函数 exists 用于判断参数 path 所指向的路径是否存在。若存在，则返回 True；若不存在，则返回 False。一般用在需要长期保存某些文件的场景，为避免重复创建某个文件，需要在写入前用该函数检测一下相应文件是否存在，若不存在，则新建文件；若存在，则更改文件名。

9. os.path.expanduser(path)

如果 path 为'~'，则返回用户文件夹路径。该函数的功能参见下面的交互式窗体示例代码：

```
>>> os.path.expanduser('~data.txt')
#自动把符号‘~’后的文件或文件夹当作用户文件夹中的内容
'C:\\Users\\data.txt'
>>> os.path.expanduser('~') #返回当前用户文件夹路径
'C:\\Users\\tronghua'
```

10. os.path.isfile(path) 和 os.path.isdir(path)

这两个函数分别判断参数 path 指定的路径是文件还是文件夹。注意，此处会核验路径的有效性，如果是无效路径，那么也会返回 False。该函数的功能参见下面的交互式窗体示例代码：

```
>>> path.isfile("D:\多试验单工作表.docx")
True
>>> path.isdir('C:\\Users\\trong\\Desktop')
True
```

## 4.2 文件和文件夹处理高级模块——shutil

shutil 是用于处理文件和文件夹的高级模块，其函数建立在 os 等相关模块之上，shutil 模块进一步提供了文件和文件夹的复制、压缩、解压、删除、移动等操作，补充完善了 os 的功能，两个模块一起使用，基本能完成所有文件或文件夹的操作。

### 4.2.1 文件复制

1. copystat(src, dst, *, follow_symlinks=True)

该函数只把参数 src 指定文件的属性数据（创建时间、访问时间、修改时间和权限）复制给 dst 指定的文件，不改变 dst 指定文件的内容。

2. copyfile(src, dst, *, follow_symlinks=True)

该函数只是把参数 src 指定的文件内容复制到参数 dst 指定的文件路径，返回 dst 路径字符串，dst 文件的创建时间、修改时间和访问时间均为该函数完成复制的时间，该函数没有复制 src 文件的权限、属性等信息。

3. copy(src, dst, *, follow_symlinks=True)

该函数把 src 指定的文件内容和权限数据复制到 dst 指定的文件路径或文件夹路径，返回 dst 指定位置的文件路径。该函数通过 dst 参数可以实现 src 指定文件的复制、粘贴和重命名。读者可以自己尝试一下来验证函数的功能。

4. copy2(src, dst, *, follow_symlinks=True)

该函数把 src 指定的文件内容和修改时间等属性数据复制到 dst 指定的文件路径或文件夹路径，返回 dst 指定位置的文件路径。该函数通过 dst 参数可以实现 src 指定文件的复制、粘贴和重命名。

5. copytree(src, dst, symlinks=False, ignore=None,copy_function=copy2, ignore_dangling_symlinks=False, dirs_exist_ok=False)

该函数可以把参数 src 指定的文件夹复制到 dst 指定的文件夹路径，具体复制行为由其他参数控制，所有参数全是位置参数，如果需要输入最后一个参数，那么必须输入所有参数。

复制方式采用 copy 还是 copy2 函数由参数 copy_function 决定，默认为 copy2，copy_function 也可以是其他具备复制功能的函数。

如果参数 simlinks 为默认值 False，那么直接复制 src 链接的文件到 dst；如果设置为 True，那么只把链接复制到 dst，让 dst 链接到 src 链接的文件。如果 src 链接的文件不存在且参数 ignore_dangling_symlinks 为默认值 False，那么会报错；如果将 ignore_dangling_symlinks 设置为 True，那么不会报错。

参数 ignore 的默认值为 None，如果设置一个值，那么这个值应该是 shutil 的 ignore_patterns 函数，以 src 为参数，不复制 ignore_patterns 指定的文件或文件夹。

如果参数 dirs_exist_ok 为默认值 False，且 dst 存在，则产生 FileExistsError 错误。将 dirs_exist_ok 设置为 True，如果 dst 存在且 dst 不包含 src 中的文件，那么把 src 中的文件复制到 dst；如果 dst 含有 src 同名的文件，那么会报错。

文件复制有关函数的交互式窗体示例代码如下：

```
Python 3.8.10 (tags/v3.8.10:3d8993a, May  3 2021, 11:34:34) [MSC v.1928 32
    bit (Intel)] on win32
Type "help", "copyright", "credits" or "license()" for more information.
>>> from shutil import *
>>> copystat(r"C:\Users\trong\Desktop\class.py",r"D:\测试\测试 DOCX
    文档.docx")
>>> copyfile(r"C:\Users\trong\Desktop\class.py",r"D:\测试\class.py")
'D:\\测试\\class.py'
>>> copy(r"C:\Users\trong\Desktop\class.py",r"D:\测试")
'D:\\测试\\class.py'
>>> copy(r"C:\Users\trong\Desktop\class.py",r"D:\测试\class2.py")
'D:\\测试\\class2.py'
>>> copy2(r"C:\Users\trong\Desktop\class.py",r"D:\测试\class3.py")
'D:\\测试\\class3.py'
```

```
>>> copytree(r"C:\Users\trong\Desktop\docx",r'D:\测试',
    False,None,copy2,False,True)
'D:\\测试'
```

### 4.2.2 文件删除和移动

1. rmtree(path, ignore_errors=False, onerror=None, *, dir_fd=None)

该函数递归删除一个文件夹。如果将 path 中的文件或文件夹安全属性设置为只读，那么会出现如"PermissionError: [WinError 5] 拒绝访问。" 所示的错误信息而无法实现删除目的，可用下列代码修改文件的属性再删除。有关该函数的交互式窗体示例代码如下：

```
>>> import os,stat,shutil
>>> shutil.rmtree(r"C:\Users\trong\Desktop\测试") #测试文件夹中含有只读文件
...
PermissionError: [WinError 5] 拒绝访问。: 'C:\\Users\\trong\\Desktop\\测试
    \\统计分析结果.docx'
>>> os.chmod(r"C:\Users\trong\Desktop\测试\统计分析结果.docx",stat.S_IWUSR)
>>> shutil.rmtree(r"C:\Users\trong\Desktop\测试") #顺利删除文件夹
```

2. move(src, dst, copy_function=copy2)

该函数移动参数 src 指定的文件或文件夹到 dst 指定的路径。如果 src 是文件夹路径，dst 为一个已经存在的空文件夹，那么把 src 指定的文件夹整体移动到 dst 指定的文件夹；如果参数 dst 指定的文件夹路径在磁盘中不存在，则在指定路径创建一个文件夹，然后把 src 中的文件或子文件夹移到新建的文件夹中。

参数 copy_function 为一个可调用对象，默认为 copy2，也可以是其他具有复制功能的函数。下面为一个在脚本编辑窗体创建的把 fold1 中的文件及子文件夹移动到已经存在的空文件夹 fold2 中的函数代码，供参考。

```
import os;import shutil
def 移动文件(fold1, fold2):
    '''
    把文件夹fold1的内容移动到已经存在的空文件夹fold2中，而不是把fold1整体移动到
        fold2中。
    '''
    if not os.path.exists(fold1):
        return
        if fold1:
            file_names = os.listdir(fold1)
        else:
            return
        for name in file_names:
            srcname = os.path.join(fold1,name);
            dstname = os.path.join(fold2,name)
            if os.path.exists(dstname):
```

```
            os.remove(dstname)
        shutil.move(srcname, fold2)
```

### 4.2.3 文件压缩和解压

1. make_archive(base_name, format, root_dir=None, base_dir=None, verbose=0, dry_run=0, owner=None, group=None, logger=None)

该函数用于创建带路径的打包或压缩文件，即把多个文件打包为一个文件，或进一步压缩。其中，base_name 和 format 两个参数为必需的位置参数，其他为有默认值的位置参数或可选的键值对参数。

参数说明：

base_name：必需的位置参数，是待创建的不带文件扩展名的压缩文件名。

format：必需的位置参数，指定压缩文件类型（"zip"、"tar"、"gztar"、"bztar"和"xztar" 等），'tar' 只对文件打包，不压缩；'zip' 压缩比最低；'xztar' 压缩比最高。压缩文件的扩展名分别为.zip、.tar、.tar.gz、.tar.bz2 和.tar.xz。

root_dir：键值对参数，为压缩文件保存的路径根目录，默认为当前工作路径。

base_dir：键值对参数，为待压缩文件所在的路径，默认为当前工作路径。

'owner' 和'group'：键值对参数，在创建 tar 存档时使用。在默认情况下，使用当前的所有者和组。

其他参数按默认设置就行。

下面为脚本编辑窗体文件示例代码：

```
import shutil;import os
os.chdir(r"C:\Users\trong\Desktop\压缩例子");print(os.getcwd())
name = shutil.make_archive('压缩文件夹1',
    'zip',base_dir=r"C:\Users\trong\Desktop\文件");print(name)
name = shutil.make_archive('压缩文件夹2',
    'tar',base_dir=r"C:\Users\trong\Desktop\文件");print(name)
name = shutil.make_archive('压缩文件夹3',
    'gztar',base_dir=r"C:\Users\trong\Desktop\文件");print(name)
name = shutil.make_archive('压缩文件夹4',
    'bztar',base_dir=r"C:\Users\trong\Desktop\文件");print(name)
name = shutil.make_archive('压缩文件夹5',
    'xztar',base_dir=r"C:\Users\trong\Desktop\文件");print(name)
```

保存上述代码到文件 archive.py 并执行，在交互式窗体得到如下结果：

```
Python 3.8.10 (tags/v3.8.10:3d8993a, May  3 2021, 11:34:34) [MSC v.1928 32
    bit (Intel)] on win32
Type "help", "copyright", "credits" or "license()" for more information.
=========== RESTART: C:/Users/trong/Desktop/archive.py ===========
C:\Users\trong\Desktop\压缩例子
压缩文件夹1.zip
压缩文件夹2.tar
```

```
压缩文件夹3.tar.gz
压缩文件夹4.tar.bz2
压缩文件夹5.tar.xz
```

2. unpack_archive(filename, extract_dir=None, format=None, *, filter=None)

该函数用于解压缩参数 filename 指定的压缩文件。只有参数 filename 是必需的位置参数，为压缩文件路径；其他参数均相当于有默认值的键值对参数。extract_dir 为解压后的文件所在路径，默认为当前工作路径；format 提供压缩文件类型，如果不提供，那么根据文件扩展名决定；filter 参数使用默认值。

shutil.unpack_archive(r"C:\Users\trong\Desktop\压缩例子\压缩文件夹5.tar.xz")，该语句可把上面生成的第五个压缩文件解压。

# 第 5 章　数据文件读写高级模块

虽然内置函数 open 返回的文件对象具有读取数据或写入数据的方法，但文件对象的 write 方法只能写入字符串数据，像 list、dict 等数据容器的数据，不能用 write 等方法直接写入文件对象。另外，用文件对象的 read 等方法读取的数据也是字符串数据，不能直接转换为 list、dict 等数据容器数据。因此，在直接写入或读取数据为 list、dict 等时，就需要 json、csv 等模块提供的高级功能，以满足数据文件的读写功能。

## 5.1　JSON 数据格式模块——json

JSON（javascript object notation）是一种轻量级的数据交换格式，json 模块包含 JSON 格式数据编码函数（dumps）和解码函数（loads），以及把 Python 数据对象转换为 JSON 格式的函数并保存到一个文件对象的函数（dump）和从一个文件对象读取 JSON 格式保存的 Python 数据对象并转换为 Python 数据对象的函数（load）。

该模块主要用于 Python 数据容器对象 list、dict 等的保存和读取。

### 5.1.1　Python 数据转换为 JSON 格式和写入文件函数

1. dumps(obj, *, skipkeys=False, ensure_ascii=True, check_circular=True, allow_nan =True, cls=None, indent=None, separators=None,default=None, sort_keys=False, **kw)

该函数把 Python 数据转换为 JSON 格式字符串，只有 Python 对象参数 obj 为必需的位置参数，其他均为可选的键值对参数，部分参数说明如下所示。

obj：Python 数据对象，如整数、浮点数、字符串及列表、字典等数据容器对象。

skipkeys：如果设置为 True，当 obj 对象为字典时，其键不是 Python 的基本数据对象（str，int，float，bool，None），那么忽略该键值对，不会产生类型错误提示。

ensure_ascii：如果设置为 True，且 obj 中含有非 ASCII 字符（如中文），则会把这些字符转换为 Unicode 编码；若设置为 False，则不转换。

indent：该参数设置缩进的字符数，用于调整 JSON 数据的输出格式，通过换行与缩进使输出内容层次分明。

sort_keys：如果设置为 True，则对于字典类型数据，先根据字典的 key 对字典排序再输出；如果设置为 False，则按原有顺序输出。

该函数的功能参见下面的交互式窗体示例代码：

```
Python 3.8.10 (tags/v3.8.10:3d8993a, May  3 2021, 11:34:34) [MSC v.1928 32
   bit (Intel)] on win32
Type "help", "copyright", "credits" or "license()" for more information.
```

```
>>> import json;import os
>>> json.dumps(3.14) #浮点数转换为字符串
'3.14'
>>> json.dumps('科学施肥') #在ensure_ascii默认设置下，中文字转换为Unicode编码
'"\\u79d1\\u5b66\\u65bd\\u80a5"'
>>> json.dumps('科学施肥',ensure_ascii=False)
 #如果参数ensure_ascii设置为False，则中文字字符不转换为Unicode编码
'"科学施肥"'
>>> json_oil = json.dumps({'桂花22':55.25,'桂花1026':50.96,'桂花58':51.04})
>>> json_oil
'{"\\u6842\\u82b122": 55.25, "\\u6842\\u82b11026": 50.96,
   "\\u6842\\u82b158": 51.04}'
>>> print(json.dumps({'桂花22':55.25,'桂花1026':{'含油量':50.96,'蛋白质':26.73},
   '桂花58':51.04},ensure_ascii=False,sort_keys=True,
   check_circular=False,indent=4)) #设置缩进
{
    "桂花1026": {
        "含油量": 50.96,
        "蛋白质": 26.73
    },
    "桂花22": 55.25,
    "桂花58": 51.04
}
```

2. dump(obj, fp,*, skipkeys=False, ensure_ascii=True, check_circular=True, allow_nan =True, cls=None, indent=None, separators=None,default=None, sort_keys=False, **kw)

该函数可以把 Python 数据对象以 JSON 格式写入打开的文件对象并进行保存，数据对象 obj 和文件对象 fp 都是必需的位置参数，fp 是通过内置函数 open 打开的文件对象，“*”后的是可选的键值对参数，与 dumps 相同。该函数的功能参见下面的交互式窗体示例代码：

```
>>> peanut_variety_traits_dict = {'品种名称': ['开农310', '爱花88', '安花3号',
   '安花5号', '安花6号', '安花8号', '白参果', '白小珍', '百花1号', '百花2号',
   '百花3号', '邦花11', '邦农1号', '邦农2号', '邦农3号', '邦农6号', '汴花6号',
   '汴花7号', '汴花8号', '汴花百日红', '彩花1号', '彩色珍珠', '昌花10',
   '昌花18', '成花10号', '成花6号', '成花8号', '川单丰油88', '川单丰油99',
   '春阳红', '大良1号', '大良黑珍', '德利昌花6号', '邓花6号', '地豪1号',
   '地豪2号', '地豪6号', '泛花3号', '泛花6号'], '百仁重': ['81.55', '70',
   '66.2', '83.1', '79.7', '90.9', '76.3', '73.1', '85.2', '70.4', '77.2',
   '86.1', '88.4', '68.4', '69.6', '73.6', '89.25', '89.23', '98.1',
   '58.79', '83', '60', '81.2', '76.8', '90.2', '85.7', '105', '75',
   '75.1', '54.9', '90.8', '70.6', '78', '86.8', '62.3', '75.9', '74.59',
   '78.4', '84.7'], '百果重': ['218.65', '175', '155.2', '202.5', '183.8',
```

```
    '229.2', '181.2', '186.3', '198.3', '175.3', '183.1', '230.7', '195.6',
    '175.6', '182.8', '175.7', '236.2', '259.3', '226.7', '178.5', '167',
    '140', '180.2', '191.2', '187.5', '182.5', '236', '168.5', '169.7',
    '235', '254.1', '150.3', '221', '220.2', '139.33', '157.35', '188',
    '196.5', '227.8'], '粗脂肪': ['54.4', '51.2', '56.4', '46.7', '52.5',
    '52.8', '50.7', '47.2', '49.6', '51.2', '53.26', '51.79', '48.6',
    '51.3', '55.8', '52.3', '52.12', '51.26', '53.6', '47.82', '54.05',
    '53.19', '54.34', '54.03', '55.021', '54.196', '54.357', '55.3',
    '55.46', '50.3', '52.8', '51.8', '53.99', '51.7', '52', '56.11', '51.1',
    '52.4', '52.45'], '粗蛋白': ['24', '26.2', '20.8', '27.1', '25.2',
    '22.7', '26.6', '27', '28.7', '27.6', '25.81', '24.68', '30.2', '20.5',
    '22.6', '24.6', '22', '21', '24.8', '25', '26.86', '25.12', '27.5',
    '27.6', '25.556', '25.895', '25.845', '25.85', '28.43', '24.5', '25.2',
    '22.9', '26.42', '26.4', '22.7', '22.42', '25.37', '22.38', '21.95'],
    '油酸含量': ['80.2', '41.2', '38.3', '38.3', '37.8', '42.6', '42.5',
    '36.2', '38.9', '40.3', '77.2', '35.55', '45.3', '77.8', '45.3', '44.3',
    '40.86', '40.51', '77.1', '41.83', '51.19', '43.8', '53.8', '57.1',
    '42.8', '42.5', '42.7', '44.8', '45.6', '45.3', '49.3', '50.2', '81.9',
    '44.4', '39.4', '40.7', '41', '40.31', '40.35']}
>>> with open(r"C:\Users\trong\Desktop\39个花生品种部分性状观测值.txt",
    'w',encoding='utf-8') as data_file:
        json.dump(peanut_variety_traits_dict,data_file)

>>> os.listdir(r"C:\Users\trong\Desktop")
['39个花生品种部分性状观测值.txt', 'desktop.ini', 'file_info.py',
    'mmexport1687766373507.jpg', '全国花生品种测试原始数据.xlsx',
    '安装说明.txt', '微信图片_20231229115602.jpg', '试验数据']
```

### 5.1.2 JSON 格式数据转换为 Python 数据和读取文件函数

1. `loads(s, *, cls=None, object_hook=None, parse_float=None, parse_int=None, parse_constant=None, object_pairs_hook=None, **kw)`

该函数把以 JSON 格式保存的 Python 数据还原为对应的 Python 对象，s 为 JSON 格式的 Python 数据，其他参数采用默认值就行。该函数的功能参见下面的交互式窗体示例代码：

```
>>> json_oil = json.dumps({'桂花22':55.25,'桂花1026':50.96,'桂花58':51.04})
>>> json_oil
'{"\\u6842\\u82b122": 55.25, "\\u6842\\u82b11026": 50.96,
    "\\u6842\\u82b158": 51.04}'
>>> json.loads(json_oil)
{'桂花22': 55.25, '桂花1026': 50.96, '桂花58': 51.04}
```

2. load(fp, *, cls=None, object_hook=None, parse_float=None, parse_int=None, parse_constant=None, object_pairs_hook =None, **kw)

该函数把保存在文件中的 JSON 格式 Python 数据还原为对应的 Python 数据对象，fp 为通过 open 函数读取的文件对象。该函数的功能参见下面的交互式窗体示例代码：

```
>>> dict_data = {'桂花22':55.25,'桂花1026':{'含油量':50.96,'蛋白质':26.73},
    '桂花58':51.04}
>>> with open(r'C:/Users/trong/Desktop/dict_data.txt','w') as f:
    json.dump(dict_data,f)
>>> with open(r'C:/Users/trong/Desktop/dict_data.txt') as f:
    dict_data = json.load(f)
>>> dict_data
{'桂花22':55.25,'桂花1026':{'含油量':50.96,'蛋白质':26.73},'桂花58':51.04}
```

## 5.2 逗号分隔数据模块——csv

对于任何一个对象，均具有不同属性的数据，对于保存这些属性观测值的二维电子表格，每个属性的数据称为一个字段(field)，每个对象的所有属性数据称为一个记录(record)，用行存放一个对象的所有属性数据，用列存放单个属性数据，一个或多个记录的数据就会形成一个一维或二维数据组成的表格类或其他格式的数据。当保存数据到文件时，记录间可以通过换行符'\n'分隔，字段间一般通过英文的半角逗号','分隔，用这种格式保存的字符串类数据称为逗号分隔数据。

csv 模块就是用于保存和读取逗号（其他指定的单个符号）分隔数据的模块，该模块定义了"excel"、"excel-tab" 和"unix" 三类数据保存格式，其具体参数如表 5-1 所示。

**表 5-1　csv 数据保存类型及格式设置**

| 参数名 | 参数含义 | "excel" | "excel-tab" | "unix" |
|---|---|---|---|---|
| delimiter | 字段分隔符，可以是任意单字符 | , | \t | , |
| quotechar | 引号，一般用英文双引号，也可以是成对的任意单字符。如果字段数据本身含有分隔符，那么该字段数据就需要使用引号；如果不使用，那么其中分隔符前面就需要加一个转义符 | " | " | " |
| doublequote | 把字段放在两个引号之间 | True | True | True |
| skipinitialspace | 是否删除字段数据前面的空格 | False | False | False |
| lineterminator | 换行符 | \r\n | \r\n | \n |
| quoting | 引号使用的范围，0 表示只含有分隔符的字段数据使用引号，1 表示所有字段使用引号，2 表示只有非数值数据才使用引号，3 表示不使用引号（在这种情况下，如果字段数据含有分隔符，那么其前面必须加转义符'\'） | 0 | 0 | 1 |

csv 模块主要包含 writer 和 reader 两个类，还定义了两个类，一个是 DictWriter，用于把字典形式的数据转换为 csv 格式保存；另一个是 DictReader，用于读取 csv 格式

数据并转换为每个记录均为以列名作为关键字的字典。

### 5.2.1 二维列表类数据保存和读取

1. 数据写入函数（csv.writer(csvfile, dialect='excel', **fmtparams)）

该函数返回一个 csv writer 对象，本节用变量 csv_writer 表示。函数的参数 csvfile 通常为 open 函数返回的一个用于保存为 csv 格式的文件对象（写对象），open 函数打开的文件的扩展名为 csv，并设置 open 函数的 newline 参数为空字符串。参数 dialect 为数据保存格式，默认为'excel'，另外，可选'excel-tab' 或'unix'。**fmtparams 为键值对可选参数，可以根据 csvfile 对象的特殊格式指定 delimiter、quotechar 等格式参数值，该可选参数可覆盖 dialect 指定的格式参数。

该 csv writer 对象包含写入数据的两个方法：writerow 和 writerows。

（1）csv_writer.writerow(iterable)。参数 iterable 为一个可迭代的数据容器，如 list、tuple 等。该方法把 iterable 中的数据元素用指定的分隔符写入文件，并把所有非字符串对象转换为字符串。该方法每次只写入一行数据，也就是写入的数据不换行。

（2）csv_writer.writerows(iterable of iterables)。参数 iterable of iterables 为一系列可迭代数据容器的容器，如二维的嵌套列表等。把每个 iterable 中的数据元素用指定的分隔符写入文件，并把所有非字符串对象转换为字符串。该函数每次可写入多行数据。

2. 数据读取函数（csv.reader(csvfile, dialect='excel', **fmtparams)）

该函数返回一个可对行进行迭代的读对象（reader 对象）。参数 csvfile 为一个通过函数 open 打开 csv 文件返回的读对象，需要设置 open 函数的 newline 参数为空字符串；参数 dialect 为数据保存格式，默认为'excel'，另外，可选'excel-tab' 或'unix'；**fmtparams 为键值对可选参数，可以根据 csvfile 对象的特殊格式指定 delimiter、quotechar 等格式参数值，该可选参数可以覆盖 dialect 指定的格式参数。

上面两个函数的功能参见下面的交互式窗体示例代码：

```
Python 3.8.10 (tags/v3.8.10:3d8993a, May  3 2021, 11:34:34) [MSC v.1928 32
    bit (Intel)] on win32
Type "help", "copyright", "credits" or "license()" for more information.
>>> import csv
>>> # 将广西壮族自治区2010年以来油料作物面积作为需要保存的数据，该列表数据(2010-2012
    三年的面积数据) 有部分为字符串格式，年份和花生两个字段名本身含有分隔符 ‘,’
>>> data_list_广西壮族自治区油料作物面积 = [['年,份', '花,生', '油菜籽', '芝麻'],
    ['2010', 163.52, 14.06, 4.04], ['2011', 179.5, 15.5, 5.0], ['2012',
    176.95, 14.63, 3.38], ['2013', '181.42', '15.69', '3.25'], ['2014',
    '188.3', '19.7', '3.12'], ['2015', '195.5', '19.68', '2.99'], ['2016',
    '199.81', '20.68', '2.82'], ['2017', '206.03', '20.77', '2.81'],
    ['2018', '211.47', '24.43', '2.96'], ['2019', '218.5', '28.4', '3.1'],
    ['2020', '223.3', '32.5', '3'], ['2021', '226.25', '35.13', '2.96']]
>>> with open(r"C:\Users\trong\Desktop\2010年以来广西壮族自治区油料作物面积.csv",
    'w',newline='') as f:# 利用open函数的写模式在作者的计算机桌面创建一个csv格式文件
```

```
    "2010年以来广西壮族自治区油料作物面积.csv",返回csv文件对象f。
        data_writer = csv.writer(f,dialect='excel') #创建一个csv写对象
        data_writer.writerows(data_list_广西壮族自治区油料作物面积)
    #把二维列表数据写入csv文件对象
>>> # 用记事本打开上面生成的csv文件,可以看到只有含有分隔符的"年,份"、"花,生"有双引号
>>> with open(r"C:\Users\trong\Desktop\2010年以来广西壮族自治区油料作物面积.csv",
    newline='') as f:
        data_reader = csv.reader(f,dialect='excel')
        list(data_reader) # 可以看到所有字段数据都是字符串
[['年,份', '花,生', '油菜籽', '芝麻'], ['2010', '163.52', '14.06', '4.04'],
    ['2011', '179.5', '15.5', '5.0'], ['2012', '176.95', '14.63', '3.38'],
    ['2013', '181.42', '15.69', '3.25'], ['2014', '188.3', '19.7', '3.12'],
    ['2015', '195.5', '19.68', '2.99'], ['2016', '199.81', '20.68', '2.82'],
    ['2017', '206.03', '20.77', '2.81'], ['2018', '211.47', '24.43',
    '2.96'], ['2019', '218.5', '28.4', '3.1'], ['2020', '223.3', '32.5',
    '3'], ['2021', '226.25', '35.13', '2.96']]
```

### 5.2.2 字典类数据保存和读取

1. class csv.DictWriter(f, fieldnames, restval='', extrasaction='raise', dialect='excel', *args, **kwds)

该 DictWriter 类需要提供 csv 格式文件对象 f(通过 open 函数生成)。fieldnames 参数为字典键名列表。restval 参数表示提供的字典中无 fieldnames 中所属键时的值,默认为空字符串。extrasaction 参数如果设置为'raise',且字典中的关键字多于 fieldnames,则报错;若 extrasaction 设置为'ignore',则不报错。csv 格式默认为'excel'。

DictWriter 有 3 个方法,方法 writeheader() 用于写入 fieldnames,writerow(single_dict) 用于写入单个记录字典,字典键名相当于二维电子表格的列名,值为单个记录对应列的值,writerows(dict_list) 用于写入多个字典形式的记录。

2. class csv.DictReader(f, fieldnames=None, restkey=None, restval=None, dialect='excel', *args, **kwds)

构建 DictReader 类的参数 f 为一个通过 open 函数打开的 csv 只读文件对象,参数 fieldnames 可以提供,如果不提供,那么以 csv 格式数据的第一行作为每个记录字典的关键字。

如果字典中的键多于 fieldnames 指定数量,那么多余的值保存在一个列表中,并以参数 restkey 指定的名称保存这个列表。

如果字典中的键少于 fieldnames 指定数量,那么用 restval 参数指定的值代替缺失的值。

DictReader 类为一个迭代对象,具有 __next__ 方法。

上面两个函数的功能参见下面的交互式窗体示例代码:

```
Python 3.8.10 (tags/v3.8.10:3d8993a, May  3 2021, 11:34:34) [MSC v.1928 32
    bit (Intel)] on win32
```

```
Type "help", "copyright", "credits" or "license()" for more information.
>>> import csv
>>> row_dict_list = [{'年份': '2010', '花生': '163.52', '油菜籽': '14.06',
    '芝麻': '4.04'}, {'年份': '2011', '花生': '179.5', '油菜籽': '15.5',
    '芝麻': '5.0'}, {'年份': '2012', '花生': '176.95', '油菜籽': '14.63',
    '芝麻': '3.38'}, {'年份': '2013', '花生': '181.42', '油菜籽': '15.69',
    '芝麻': '3.25'}, {'年份': '2014', '花生': '188.3', '油菜籽': '19.7',
    '芝麻': '3.12'}, {'年份': '2015', '花生': '195.5', '油菜籽': '19.68',
    '芝麻': '2.99'}, {'年份': '2016', '花生': '199.81', '油菜籽': '20.68',
    '芝麻': '2.82'}, {'年份': '2017', '花生': '206.03', '油菜籽': '20.77',
    '芝麻': '2.81'}, {'年份': '2018', '花生': '211.47', '油菜籽': '24.43',
    '芝麻': '2.96'}, {'年份': '2019', '花生': '218.5', '油菜籽': '28.4',
    '芝麻': '3.1'}, {'年份': '2020', '花生': '223.3', '油菜籽': '32.5',
    '芝麻': '3'}, {'年份': '2021', '花生': '226.25', '油菜籽': '35.13',
    '芝麻': '2.96'}]
>>> fieldnames = list(row_dict_list[0].keys())
>>> with open(r"C:\Users\tronghua\Desktop\广西壮族自治区主要年份油料作物播种面积
    .csv",'w',newline='') as csvfile:
        area_writer = csv.DictWriter(csvfile, fieldnames=fieldnames)
        area_writer.writeheader() #写入列表
        area_writer.writerows(row_dict_list)
14
>>> with open(r"C:\Users\trong\Desktop\广西壮族自治区主要年份油料作物播种面积
    .csv",newline='') as csvfile:
        area_reader = csv.DictReader(csvfile, fieldnames=['年份', '花生',
    '油菜籽', '芝麻'])
        list(area_reader)


[{'年份': '年份', '花生': '花生', '油菜籽': '油菜籽', '芝麻': '芝麻'},
    {'年份': '2010', '花生': '163.52', '油菜籽': '14.06', '芝麻': '4.04'},
    {'年份': '2011', '花生': '179.5', '油菜籽': '15.5', '芝麻': '5.0'},
    {'年份': '2012', '花生': '176.95', '油菜籽': '14.63', '芝麻': '3.38'},
    {'年份': '2013', '花生': '181.42', '油菜籽': '15.69', '芝麻': '3.25'},
    {'年份': '2014', '花生': '188.3', '油菜籽': '19.7', '芝麻': '3.12'},
    {'年份': '2015', '花生': '195.5', '油菜籽': '19.68', '芝麻': '2.99'},
    {'年份': '2016', '花生': '199.81', '油菜籽': '20.68', '芝麻': '2.82'},
    {'年份': '2017', '花生': '206.03', '油菜籽': '20.77', '芝麻': '2.81'},
    {'年份': '2018', '花生': '211.47', '油菜籽': '24.43', '芝麻': '2.96'},
    {'年份': '2019', '花生': '218.5', '油菜籽': '28.4', '芝麻': '3.1'},
    {'年份': '2020', '花生': '223.3', '油菜籽': '32.5', '芝麻': '3'},
    {'年份': '2021', '花生': '226.25', '油菜籽': '35.13', '芝麻': '2.96'}]
```

# 第 6 章 数据分析高级模块

Python 是一个开源、功能强大的语言，世界各地众多的 Python 爱好者（个人或机构）共享了各种各样能实现不同功能的模块，使用已经共享的程序模块可大幅度地减轻编程的工作量并提高编程效率，通过观摩别人的源代码也可以尽快地提高 Python 编程能力。前面几章介绍了随着 Python 安装程序默认安装的 Python 标准库包含的部分模块，包括文本处理、系统管理、数据处理等功能。没有包含在 Python 标准库中的由相关机构和个人开发并共享的模块，需要从共享网站下载或其他途径获得，并安装到指定位置才能导入使用。

世界范围内共享第三方开发模块的网站为 https://pypi.org。该网站汇聚了众多共享的第三方模块，通过该网站可以查找和下载第三方模块，也可以通过国内同步了 https://pypi.org 所有模块的网站快速下载和安装需要的第三方模块。第三方模块可在 Windows 命令窗体输入语句"pip install 模块名"来安装最新版，或通过语句"pip install 模块名 == 版本号"安装指定版本，该命令语句可以自动从相关网站下载模块的最新版本或指定版本。

下面介绍功能强大的 3 个数据分析模块和 1 个用于把数据分析结果整合到 docx 文档的模块，这些模块由第三方机构或个人开发，充实和完善了 Python 内置模块的功能，值得在数据分析和处理中安装使用。

## 6.1 多维数组模块——NumPy

虽然 Python 本身含有列表和数组，其功能可以满足对日常数据的处理，但由于列表的元素可以是任何对象，因此，列表中所保存的是对象的指针。对于数值运算来说，这种结构比较浪费内存和 CPU 资源。至于数组对象，由于它不支持多维，并且其方法不够丰富，因此，也不适合进行多维数值运算。NumPy（Numerical Python）是 Python 语言的第三方程序包，扩展了 Python 内置相关模块的功能，主要用于数值数组计算。NumPy 设计了一个多维数组对象：ndarray（N-dimensional Array Object），宜用于存储单一数据类型的多维数组（以下简称数组）。

### 6.1.1 NumPy 数组的创建及方法

可以通过 numpy 模块的函数 array 创建：

ndarray:numpy.array(object, dtype= None, *, copy=True, order='K', subok=False, ndmin=0, like=None)。

该函数只含有两个位置参数 object 和 dtype，其他均是可选键值对参数。

object：宜为列表、元组等序列型数据对象。如果 object 只是一个基本数据对象或一个无法转换为数组的其他对象，那么该函数返回一个 0 维的单元素数组对象。

dtype：默认为 None，由软件自动识别给定对象的数据类型。如果 object 为元组的列表或元组，则通过 dtype 参数可以给每个元组元素（字段）命名和指定数据类型，创建一维结构化数组。

copy：指定是否复制对象，默认为 True，不改变原始参数 object。

order：可指定数据保存的方向，有'K'、'A'、'C' 和'F' 4 个选项，如果参数 object 不是一个数组，那么生成的数组默认按行方向（C）保存；如果 order 指定为 F，那么按列方向保存；如果 object 为一个数组，order 设置为'K' 或'A'，那么返回的对象与 object 的方向一致，也可指定为行方向（'C'）或列方向（'F'）。

subok：指定是否返回子类，默认返回一个与基类类型一致的数组，如果设置为 True，且 object 为 numpy 的一个子类，那么返回结果为该子类，默认为 False，返回 ndarray。

ndmin：指定返回数组的最小维数，整数，默认为 0。

like：默认值为 None，返回的对象为 ndarray。

NumPy 数组创建参见下面的交互式窗体示例代码：

```
Python 3.11.5 (tags/v3.11.5:cce6ba9, Aug 24 2023, 14:21:31) [MSC v.1936 32
   bit (Intel)] on win32
Type "help", "copyright", "credits" or "license()" for more information.
import numpy as np
np.array([55,50,52.35])
#如果列表中有元素为浮点数，那么所有元素都转换为相同小数位的浮点数
array([55.  , 50.  , 52.35])
data_array = np.array([[55.  , 50.  , 52.35],[55.2  , 56.3  , 54.35]])
#对嵌套列表，转换为对应维数的数组
data_array
array([[55.  , 50.  , 52.35],
       [55.2 , 56.3 , 54.35]])
data_array.ndim #数组有ndim、dtype、size、shape等属性
2
#如果通过dtype给元组的字段命名并设置了数据类型，那么列表中的元组作为数组的元素
data_array = np.array([(55.  , 50.  , 52.35),(55.2  , 56.3  , 54.35)],
    dtype=[('主茎高','<f4'),('侧枝长','<f4'),('含油量','<f8')])
    #返回一个结构化一维数组，其中，'f4'代表32为浮点数('float32'),
    'f8'代表64位浮点数('float64')
array([(55. , 50. , 52.35), (55.2, 56.3, 54.35)],
      dtype=[('主茎高', '<f4'), ('侧枝长', '<f4'), ('含油量', '<f8')])
data_array['主茎高'] #通过数组名和字段名提取该字段所有数据
array([55, 55])
data_array.ndim
1
data_array.shape
(2,)
```

### 6.1.2　科学试验数据分析常用函数

在科学试验数据分析中常常用到如下几个函数。

1. 数据有效性判断函数

数据有效性判断函数包括下列两个函数，分别用于判断数组指定数据集是否全部都有效，还是至少有一个为有效值。

（1）全部有效函数 np.all(a,axis=None, out=None, keepdims=False, *, where=True)。

（2）部分有效函数 np.any(a,axis=None, out=None, keepdims=False, *, where=True)。

np.all 用于判断数组 a 中指定方向数据集的所有元素是否都是有效值；np.any 用于判断数组 a 中指定方向数据集的所有元素是否至少有一个是有效值（非空值）。两个函数都返回 True 或 False。

np.all 和 np.any 两个函数的参数一样，主要参数说明如下所示。

a：数组或可转换为数组的类数组。

axis：子数据集来源，如果数组为一个代表多行多列的电子表，0 代表行方向，-1 或 1 代表列方向，那么默认 None 代表整个数组。

out：默认为 None，可以指定与函数返回结果结构一样的已经存在的数组对象保存返回结果。

keepdims：是否保持与 a 一样的维数，默认为否。

如表 6-1 所示，以 39 个在中国种业信息网登记的花生品种的百仁重 (g)、百果重 (g)、粗脂肪 (%)、粗蛋白 (%)、油酸含量 (%) 5 个性状的值为例，通过编程或手动把表 6-1 中的数据转换为下面示例代码的嵌套列表，将每个品种 5 个性状的观测值构成一个列表，并作为二维列表的一行。利用该性状观测值列表，创建一个 NumPy 数组——peanut_data_array，用于在下面的交互式窗体演示 NumPy 函数的功能。要求列表中所有性状观测值必须是数值，不能有空字符或字符串类型数据，也不能有缺失数据。如果列表中有空白字符或其他字符串数据，NumPy 的 array 函数就会把其所有数据转换为字符串，不能进行数值运算。

**表 6-1 39 个花生品种 5 个性状观测值（中国种业信息网）**

| 品种名称 | 百仁重/g | 百果重/g | 粗脂肪/% | 粗蛋白/% | 油酸含量/% |
|---|---|---|---|---|---|
| 开农 310 | 81.55 | 218.65 | 54.4 | 24 | 80.2 |
| 爱花 88 | 70 | 175 | 51.2 | 26.2 | 41.2 |
| 安花 3 号 | 66.2 | 155.2 | 56.4 | 20.8 | 38.3 |
| 安花 5 号 | 83.1 | 202.5 | 46.7 | 27.1 | 38.3 |
| 安花 6 号 | 79.7 | 183.8 | 52.5 | 25.2 | 37.8 |
| 安花 8 号 | 90.9 | 229.2 | 52.8 | 22.7 | 42.6 |
| 白参果 | 76.3 | 181.2 | 50.7 | 26.6 | 42.5 |
| 白小珍 | 73.1 | 186.3 | 47.2 | 27 | 36.2 |
| 百花 1 号 | 85.2 | 198.3 | 49.6 | 28.7 | 38.9 |
| 百花 2 号 | 70.4 | 175.3 | 51.2 | 27.6 | 40.3 |
| 百花 3 号 | 77.2 | 183.1 | 53.26 | 25.81 | 77.2 |
| 邦花 11 | 86.1 | 230.7 | 51.79 | 24.68 | 35.55 |
| 邦农 1 号 | 88.4 | 195.6 | 48.6 | 30.2 | 45.3 |
| 邦农 2 号 | 68.4 | 175.6 | 51.3 | 20.5 | 77.8 |
| 邦农 3 号 | 69.6 | 182.8 | 55.8 | 22.6 | 45.3 |
| 邦农 6 号 | 73.6 | 175.7 | 52.3 | 24.6 | 44.3 |

续表

| 品种名称 | 百仁重/g | 百果重/g | 粗脂肪/% | 粗蛋白/% | 油酸含量/% |
|---|---|---|---|---|---|
| 汴花 6 号 | 89.25 | 236.2 | 52.12 | 22 | 40.86 |
| 汴花 7 号 | 89.23 | 259.3 | 51.26 | 21 | 40.51 |
| 汴花 8 号 | 98.1 | 226.7 | 53.6 | 24.8 | 77.1 |
| 汴花百日红 | 58.79 | 178.5 | 47.82 | 25 | 41.83 |
| 彩花 1 号 | 83 | 167 | 54.05 | 26.86 | 51.19 |
| 彩色珍珠 | 60 | 140 | 53.19 | 25.12 | 43.8 |
| 昌花 10 | 81.2 | 180.2 | 54.34 | 27.5 | 53.8 |
| 昌花 18 | 76.8 | 191.2 | 54.03 | 27.6 | 57.1 |
| 成花 10 号 | 90.2 | 187.5 | 55.021 | 25.556 | 42.8 |
| 成花 6 号 | 85.7 | 182.5 | 54.196 | 25.895 | 42.5 |
| 成花 8 号 | 105 | 236 | 54.357 | 25.845 | 42.7 |
| 川单丰油 88 | 75.0 | 168.5 | 55.3 | 25.85 | 44.8 |
| 川单丰油 99 | 75.1 | 169.7 | 55.46 | 28.43 | 45.6 |
| 春阳红 | 54.9 | 235 | 50.3 | 24.5 | 45.3 |
| 大良 1 号 | 90.8 | 254.1 | 52.8 | 25.2 | 49.3 |
| 大良黑珍 | 70.6 | 150.3 | 51.8 | 22.9 | 50.2 |
| 德利昌花 6 号 | 78 | 221 | 53.99 | 26.42 | 81.9 |
| 邓花 6 号 | 86.8 | 220.2 | 51.7 | 26.4 | 44.4 |
| 地豪 1 号 | 62.3 | 139.33 | 52 | 22.7 | 39.4 |
| 地豪 2 号 | 75.9 | 157.35 | 56.11 | 22.42 | 40.7 |
| 地豪 6 号 | 74.59 | 188 | 51.1 | 25.37 | 41 |
| 泛花 3 号 | 78.4 | 196.5 | 52.4 | 22.38 | 40.31 |
| 泛花 6 号 | 84.7 | 227.8 | 52.45 | 21.95 | 40.35 |

两个判断数组元素有效性的函数功能参见下面的交互式窗体示例代码：

```
Python 3.8.10 (tags/v3.8.10:3d8993a, May  3 2021, 11:34:34) [MSC v.1928 32
   bit (Intel)] on win32
Type "help", "copyright", "credits" or "license()" for more information.
>>> import numpy as np
>>> peanut_data =[[81.55,218.65,54.4,24,80.2],[70,175,51.2,26.2,41.2],[66.2,
    155.2,56.4,20.8,38.3],[83.1,202.5,46.7,27.1,38.3],[79.7,183.8,52.5,25.2,
    37.8],[90.9,229.2,52.8,22.7,42.6],[76.3,181.2,50.7,26.6,42.5],[73.1,
    186.3,47.2,27,36.2],[85.2,198.3,49.6,28.7,38.9],[70.4,175.3,51.2,27.6,
    40.3],[77.2,183.1,53.26,25.81,77.2],[86.1,230.7,51.79,24.68,35.55],
    [88.4,195.6,48.6,30.2,45.3],[68.4,175.6,51.3,20.5,77.8],[69.6,182.8,
    55.8,22.6,45.3],[73.6,175.7,52.3,24.6,44.3],[89.25,236.2,52.12,22,
    40.86],[89.23,259.3,51.26,21,40.51],[98.1,226.7,53.6,24.8,77.1],[58.79,
    178.5,47.82,25,41.83],[83,167,54.05,26.86,51.19],[60,140,53.19,25.12,
    43.8],[81.2,180.2,54.34,27.5,53.8],[76.8,191.2,54.03,27.6,57.1],[90.2,
    187.5,55.021,25.556,42.8],[85.7,182.5,54.196,25.895,42.5],[105,236,
    54.357,25.845,42.7],[75,168.5,55.3,25.85,44.8],[75.1,169.7,55.46,28.43,
    45.6],[54.9,235,50.3,24.5,45.3],[90.8,254.1,52.8,25.2,49.3],[70.6,150.3,
    51.8,22.9,50.2],[78,221,53.99,26.42,81.9],[86.8,220.2,51.7,26.4,44.4],
    [62.3,139.33,52,22.7,39.4],[75.9,157.35,56.11,22.42,40.7],[74.59,188,
    51.1,25.37,41],[78.4,196.5,52.4,22.38,40.31],[84.7,227.8, 52.45,21.95,
    40.35]]
```

```
>>> peanut_data_array = np.array(peanut_data) #构建数组
>>> np.all(peanut_data_array,axis=0)
array([ True,  True,  True,  True,  True])
>>> np.all(peanut_data_array,None)
True
```

2. 排序函数

对数组指定方向的子数据集进行排序，可以直接返回经过排序的子数据集副本，也可以返回排序后各元素在原序列中的索引序列，还可以返回整个数组经过排序的副本。

1）值排序 np.sort(a, axis=-1, kind=None, order=None)

该函数对参数 a 指定数组或类数组数据集如 list 等按行或按列进行分别排序，相关参数如下所示。

a：要排序的数组或类数组数据集。

axis：axis=0 表示分别对列数据排序；默认 axis=-1，表示分别对行数据排序；如果 axis=None，那么把 a 先转换为一维数组，再对所有数据进行排序。

kind：指定排序方法，默认为'quicksort'（快速排序）。

order：如果数组 a 的元素是元组，并通过 dtype 定义了元组中各字段的名称和数据类型，那么通过参数 order 设置排序依据，其第一个元素为主排序依据，第二个元素为次一级排序依据，以此类推。

该函数的功能演示参见下面的交互式窗体示例代码：

```
>>> np.sort(peanut_data_array,axis=0) #分别返回各性状值的升序
array([[ 54.9  , 139.33 ,  46.7  ,  20.5  ,  35.55 ],
       [ 58.79 , 140.   ,  47.2  ,  20.8  ,  36.2  ],
       [ 60.   , 150.3  ,  47.82 ,  21.   ,  37.8  ],
       [ 62.3  , 155.2  ,  48.6  ,  21.95 ,  38.3  ],
       [ 66.2  , 157.35 ,  49.6  ,  22.   ,  38.3  ],
       [ 68.4  , 167.   ,  50.3  ,  22.38 ,  38.9  ],
       [ 69.6  , 168.5  ,  50.7  ,  22.42 ,  39.4  ],
       [ 70.   , 169.7  ,  51.1  ,  22.6  ,  40.3  ],
       [ 70.4  , 175.   ,  51.2  ,  22.7  ,  40.31 ],
       [ 70.6  , 175.3  ,  51.2  ,  22.7  ,  40.35 ],
       [ 73.1  , 175.6  ,  51.26 ,  22.9  ,  40.51 ],
       [ 73.6  , 175.7  ,  51.3  ,  24.   ,  40.7  ],
       [ 74.59 , 178.5  ,  51.7  ,  24.5  ,  40.86 ],
       [ 75.   , 180.2  ,  51.79 ,  24.6  ,  41.   ],
       [ 75.1  , 181.2  ,  51.8  ,  24.68 ,  41.2  ],
       [ 75.9  , 182.5  ,  52.   ,  24.8  ,  41.83 ],
       [ 76.3  , 182.8  ,  52.12 ,  25.   ,  42.5  ],
       [ 76.8  , 183.1  ,  52.3  ,  25.12 ,  42.5  ],
       [ 77.2  , 183.8  ,  52.4  ,  25.2  ,  42.6  ],
       [ 78.   , 186.3  ,  52.45 ,  25.2  ,  42.7  ],
```

```
       [ 78.4  , 187.5  , 52.5  , 25.37 , 42.8  ],
       [ 79.7  , 188.   , 52.8  , 25.556, 43.8  ],
       [ 81.2  , 191.2  , 52.8  , 25.81 , 44.3  ],
       [ 81.55 , 195.6  , 53.19 , 25.845, 44.4  ],
       [ 83.   , 196.5  , 53.26 , 25.85 , 44.8  ],
       [ 83.1  , 198.3  , 53.6  , 25.895, 45.3  ],
       [ 84.7  , 202.5  , 53.99 , 26.2  , 45.3  ],
       [ 85.2  , 218.65 , 54.03 , 26.4  , 45.3  ],
       [ 85.7  , 220.2  , 54.05 , 26.42 , 45.6  ],
       [ 86.1  , 221.   , 54.196, 26.6  , 49.3  ],
       [ 86.8  , 226.7  , 54.34 , 26.86 , 50.2  ],
       [ 88.4  , 227.8  , 54.357, 27.   , 51.19 ],
       [ 89.23 , 229.2  , 54.4  , 27.1  , 53.8  ],
       [ 89.25 , 230.7  , 55.021, 27.5  , 57.1  ],
       [ 90.2  , 235.   , 55.3  , 27.6  , 77.1  ],
       [ 90.8  , 236.   , 55.46 , 27.6  , 77.2  ],
       [ 90.9  , 236.2  , 55.8  , 28.43 , 77.8  ],
       [ 98.1  , 254.1  , 56.11 , 28.7  , 80.2  ],
       [105.   , 259.3  , 56.4  , 30.2  , 81.9  ]])
```

2）索引排序 np.argsort(a,axis=-1,kind=None,order=None)

该函数也是对 axis 指定 a 中的数据集分别排序，返回由排序后的各元素在原数据集中的索引组成的数组。该函数参数与 np.sort 一样。该函数的功能演示参见下面的交互式窗体示例代码：

```
>>> index_order = np.argsort(peanut_data_array,axis=0)
     #返回各性状排序后元素在原数组的索引
>>> index_order[:10,:] #查看返回索引数组前10行的数据
array([[29, 34,  3, 13, 11],
       [19, 21,  7,  2,  7],
       [21, 31, 19, 17,  4],
       [34,  2, 12, 38,  2],
       [ 2, 35,  8, 16,  3],
       [13, 20, 29, 37,  8],
       [14, 27,  6, 35, 34],
       [ 1, 28, 36, 14,  9],
       [ 9,  1,  9, 34, 37],
       [31,  9,  1,  5, 38]], dtype=int32)
```

3）扩展索引排序 np.lexsort(keys, axis=-1)

该函数以 keys 参数中的最后一个变量代表的单维数据进行主排序，如果主排序数组的值相同，那么以倒数第二个元素代表的数组或列表的值作为排序依据，以此类推，返回主排序元素的原索引数组。如果 keys 只是一个二维数组，那么以该二维数组的最后一行作为主排序依据，依次从后往前将各列对应数据作为排序依据。通过指定主排序列和次排

序列，该函数可以用于实现整个数据集（所有列）根据指定列进行准确的整体排序。

```
>>> lexsort_order = np.lexsort(peanut_data_array) #参数axis为默认值就行
>>> lexsort_order #查看返回结果
array([3, 4, 2, 0, 1], dtype=int32)
>>> 粗脂肪 = peanut_data_array[:,2]   #提取所有品种的粗脂肪数据
>>> 粗蛋白 = peanut_data_array[:,3]   #提取所有品种的粗蛋白数据
>>> 油酸含量 = peanut_data_array[:,4] #提取所有品种的油酸含量数据
>>> 油酸含量 #查看提取的油酸含量，为单维数组
array([80.2 , 41.2 , 38.3 , 38.3 , 37.8 , 42.6 , 42.5 , 36.2 , 38.9 ,
       40.3 , 77.2 , 35.55, 45.3 , 77.8 , 45.3 , 44.3 , 40.86, 40.51,
       77.1 , 41.83, 51.19, 43.8 , 53.8 , 57.1 , 42.8 , 42.5 , 42.7 ,
       44.8 , 45.6 , 45.3 , 49.3 , 50.2 , 81.9 , 44.4 , 39.4 , 40.7 ,
       41.  , 40.31, 40.35])
>>> lexsort_order = np.lexsort((粗脂肪,粗蛋白,油酸含量)) #油酸含量为主排序
>>> lexsort_order#查看返回的排序结果数组
array([11,  7,  4,  2,  3,  8, 34,  9, 37, 38, 17, 35, 16, 36,  1, 19, 25,
        6,  5, 26, 24, 21, 15, 33, 27, 14, 29, 12, 28, 30, 31, 20, 22, 23,
       18, 10, 13,  0, 32], dtype=int32)
```

3. 分组函数

1）值分组函数

该函数（np.partition(a,kth,axis=-1,kind='introselect', order=None)）返回对 a 的指定方向数据集分别进行分组排列形成的副本。分组规则为对指定的数据集进行排序，由参数 kth 指定进行分组的排名位次（按升序进行排序后的索引），在指定名次前的值属于一组，指定名次后的值为另一组，各组中的元素位置随机。

参数说明如下所示。

a：需要分组的数组，可以是一个 NumPy 数组或可转换为数组的对象。

kth：元组或列表，包含一个或多个根据数据集个数确定的排名位次（0 开始，10 表示排名第 11 位）。

axis：表示数据集的方向，−1 表示行数据集，0 表示列数据集。

kind：指定选择规则，默认为'introselect'。

order：当 a 为多个数据组成的元组，并进行了结构化（通过对字段进行数据类型指定）时，可以指定排序的字段名。

用油酸含量演示该函数的功能，参见下面的交互式窗体示例代码。该示例代码以油酸含量排名第 10 的 40.51 和排名第 20 的 42.8 作为分组临界值，第 10 位以前的值为一组，第 10 位的 40.51 单独为一组，第 11 位到第 19 位的值为一组，第 20 位单独为一组，第 21 位到第 39 位的值为一组。

```
>>> np.partition(油酸含量,(10,20),axis=0)
array([35.55, 36.2 , 38.3 , 38.3 , 37.8 , 40.31, 39.4 , 40.35, 38.9 ,
       40.3 , 40.51, 40.7 , 41.  , 41.2 , 40.86, 41.83, 42.5 , 42.5 ,
       42.7 , 42.6 , 42.8 , 43.8 , 44.3 , 44.4 , 44.8 , 57.1 , 53.8 ,
```

```
       45.3 , 45.6 , 45.3 , 49.3 , 50.2 , 81.9 , 51.19, 45.3 , 77.2 ,
       77.8 , 77.1 , 80.2 ])
```

2）索引分组函数

该函数(np.argpartition(a,kth,axis=-1,kind='introselect', order=None))对 a 的指定方向数据集分别进行分组，返回由各数值在原数据集的索引组成的数组。分组规则为：对指定的数据集进行排序，由参数 kth 指定进行分组的排名位次（按升序进行排序后的索引），在指定名次前的值在原数据集中的索引属于一组，指定名次独立一组，指定名次后的值在原数据集中的索引属于另一组，各组中的元素位置随机。

参数说明如下所示。

a：需要分组的数组，可以是一个 NumPy 数组或可转换为数组的对象。

kth：元组或列表，包含一个或多个根据数据集个数确定的排名位次（0 开始，10 表示排名第 11 位）。

axis：指定数据集的方向，对于一个二维数组，−1 和 1 表示第一维（行）方向的数据集，0 表示第二维（列）方向的数据集。

kind：指定选择规则，默认为'introselect'。

order：当 a 为多个数据组成的元组，并进行了结构化（通过对字段进行数据类型指定）时，可以指定排序的字段名。

继续以油酸含量数组演示该函数的功能，参见下面交互式窗体示例代码：

```
>>> np.argpartition(油酸含量,(10,20))
array([11,  7,  2,  3,  4, 37, 34, 38,  8,  9, 17, 35, 36,  1, 16, 19,  6,
       25, 26,  5, 24, 21, 15, 33, 27, 23, 22, 14, 28, 29, 30, 31, 32, 20,
       12, 10, 13, 18,  0], dtype=int32)
```

4. 统计函数

1）最大、最小和极差函数

这三个函数(numpy.amin(a, axis=None, out=None, keepdims=<no value>, initial=<no value>, where=<no value>)、numpy.amax(a, axis=None, out=None, keepdims=<no value>, initial=<no value>, where=<no value>) 和 numpy.ptp(a, axis=None, out=None, keepdims=<no value>, initial=<no value>, where=<no value>))分别返回数组 a 在 axis 指定轴上的最小值、最大值和极差，amin、amax 分别是 min、max 的别名，可以互用。各参数说明如下所示。

a：输入的数组，可以是一个 NumPy 数组或类似数组的对象。

axis：可选参数，用于指定计算的子数据集。axis 可以是 0（列）、−1 或 1（行）、None（全部数据）。

out：可选参数，用于指定结果的存储位置（一个已经存在的变量，其形状要与输出结果一样）。

keepdims：可选参数，如果为 True，那么将保持计算结果维度与输入数组相同；如果为 False（默认值），那么输出的计算结果为一维。

initial：可选参数，用于指定一个初始值，然后用数组的元素与之比较。

where：可选参数，元素为布尔值的元组或列表，在提供 initial 情况下，可指定不进行相关计算的子数据集，计算结果直接为 initial 值。

继续在前面的交互式窗体使用数组 peanut_data_array 演示该函数的功能，示例代码如下：

```
>>> np.min(peanut_data_array,axis=0) #分别计算5个性状的最小值
array([ 54.9 , 139.33,  46.7 ,  20.5 ,  35.55])
>>> np.max(peanut_data_array,axis=0) #分别计算5个性状的最大值
array([105.  , 259.3,  56.4,  30.2,  81.9])
>>> np.ptp(peanut_data_array,axis=0) #分别计算5个性状的极差
array([ 50.1 , 119.97,   9.7 ,   9.7 ,  46.35])
>>> np.min(peanut_data,0,keepdims=True,initial=50)
    #最小值保存维数和设置初始值的效果
array([[50.  , 50.  , 46.7 , 20.5 , 35.55]])
>>> np.max(peanut_data,0,keepdims=True,initial=50)
    #最大值保存维数和设置初始值的效果
array([[105.  , 259.3,  56.4,  50.  ,  81.9]])
>>>where_list = [True, True, True, True, False]
    #设置where参数列表，False表示不计算
>>> np.amin(peanut_data,axis=0,initial=60,where=where_list,keepdims=True)
array([[54.9, 60. , 46.7, 20.5, 60. ]])
```

2）百分位数函数

百分位数是统计中使用的度量，表示小于指定值的观察值所占百分比。第 $q$ 个百分位数是这样一个值，它使得至少有 $q\%$ 的数据项小于或等于这个值，且至少有 $(100-q)\%$ 的数据项大于或等于这个值。该函数（np.percentile(a, q, axis=None, out=None, overwrite_input=False, method='linear', keepdims=False)）参数如下所示。

a：数组或可以转换为数组的对象。

q：由浮点数组成的元组或列表，其元素的值为 0~100，百分点。

axis：0 表示列子集数据，1 或 −1 表示行子集数据，None 表示全部数据。

out：用于存放计算结果的数组，如果给定，那么其维数必须与预期输出结果对应，可选。

overwrite_input：如果设置为 True，那么数组 a 的值有可能被改写，可选。

method：设置计算百分位数的方法，有表 6-2 的 9 种方法可选。

keepdims：可选参数，如果为 True，那么将保持结果数组的维度数目与输入数组相同；如果为 False（默认值），那么输出的结果数组为一维。

**表 6-2　NumPy 计算百分位数的可选方法名称**

| 方法名称 | 方法名称 | 方法名称 |
|---|---|---|
| 'inverted_cdf' | 'interpolated_inverted_cdf' | 'linear'（默认） |
| 'averaged_inverted_cdf' | 'hazen' | 'median_unbiased' |
| 'closest_observation' | 'weibull' | 'normal_unbiased' |

继续在前面的交互式窗体使用数组 peanut_data_array 来演示该函数的功能，示例代码如下：

```
>>> np.percentile(peanut_data_array,[25,50,75],0)
    #分别计算5个性状的25%、50%和75%的百分位数
array([[ 71.85  , 175.45  ,  51.23  ,  22.8   ,  40.43 ],
       [ 78.    , 186.3   ,  52.45  ,  25.2   ,  42.7  ],
       [ 85.9   , 220.6   ,  54.123,  26.51  ,  47.45 ]])
```

3）中位数函数

该函数（np.median(a, axis=None, out=None, overwrite_input =False, keepdims=False)）返回数组 a 指定数据子集的中位数。各参数说明如下所示。

a：输入的数组，可以是一个 NumPy 数组或可转换为数组的对象。

axis：0 表示列子集数据，1 或 −1 表示行子集数据，None 表示全部数据。

out：可选参数，用于指定结果的存储位置。

overwrite_input：可选参数，如果为 True，那么允许在计算中使用输入数组的内存。这可能会在某些情况下提高性能，但可能会修改输入数组的内容。

keepdims：可选参数，如果为 True，那么将保持结果数组的维度数目与输入数组相同；如果为 False（默认值），那么由软件选择输出结果的维数。

继续在上面的交互式窗体使用数组 peanut_data_array 来演示该函数的功能，示例代码如下：

```
>>> np.median(peanut_data_array,axis=0) #分别计算5个性状的中位数
array([ 78.   , 186.3  ,  52.45,  25.2  ,  42.7 ])
```

4）平均数函数

该函数(np.mean(a, axis=None, dtype=None, out=None, keepdims=<no value>, *, where=<no value>))返回数组中由 axis 指定数据子集的算术平均值。各参数说明如下所示。

a：输入的数组，可以是一个 NumPy 数组或可转换为数组的对象。

axis：0 表示列子集数据，1 或 −1 表示行子集数据，None 表示全部数据。

dtype：可选参数，用于指定输出的数据类型。如果不提供，那么根据输入数据的类型选择合适的数据类型。

out：可选参数，用于指定结果的存储位置。

keepdims：可选参数，如果为 True，那么将保持结果数组的维度数目与输入数组相同；如果为 False（默认值），那么由软件选择输出结果的维数。

where：可选参数，一个布尔数组或列表，用于指定计算平均数的子集。

继续在前面的交互式窗体使用数组 peanut_data_array 来演示该函数的功能，示例代码如下：

```
>>> np.mean(peanut_data_array,0) #分别计算5个性状的平均值
array([ 78.56692308, 193.89307692, 52.43958974, 25.02528205, 47.67179487])
```

5）加权平均数

该函数（np.average(a, axis=None, weights=None, returned=False, *, keepdims=<no value>)）返回数组指定子集的加权平均数。各参数说明如下所示。

a：可以是一个 NumPy 数组或可转换为数组的对象。

axis：0 表示列子集数据，1 或 −1 表示行子集数据，None 表示全部数据。

weights：可选参数，用于指定数据子集对应元素的权重。如果不提供权重数组，那么默认为等权重。

returned：可选参数，如果为 True，那么将同时返回加权平均值和权重总和。

继续在上面的交互式窗体使用数组 peanut_data_array 来演示该函数的功能，示例代码如下：

```
>>> # 假定指定轴上的每个元素的权重为其位置索引下标，将returned设置为True
>>> np.average(peanut_data_array,0,range(39),True)
(array([ 78.49832659, 194.19591093,  52.79833468,  24.85897301,
        47.43255061]), array([741., 741., 741., 741., 741.]))
```

6）标准差函数

该函数（np.std(a, axis=None, dtype=None, out=None, ddof=0, keepdims=<no value>, *, where=<no value>)）返回数组 a 指定子数据集的标准差，参数说明如下所示。

a：是一个 NumPy 数组或可转换为数组的对象。

axis：0 表示列子集数据，1 或 −1 表示行子集数据，None 表示全部数据。

dtype：指定计算结果的数据类型，默认为'float64'。

out：计算结果的存储位置。

ddof：计算自由度时样本个数 $N$ 减去的数值，一般样本减去 1，总体减去 0，默认为 0。

keepdims：可选参数，如果为 True，那么将保持计算结果维度数目与输入数组相同。如果为 False（默认值），那么由软件选择计算结果维数。

where：可选参数，一个布尔数组或列表，用于指定计算标准差的子集。

继续在上面的交互式窗体使用数组 peanut_data_array 来演示该函数的功能，示例代码如下：

```
>>> std_array = np.std(peanut_data_array,0,ddof=1)
    #计算表6-1各性状的标准差，数据类型默认为64位浮点数
>>> std_array
array([10.72351748, 30.46104416,  2.35308017,  2.31434746, 12.92010344])
```

7）方差函数

该函数（np.var(a, axis=None, dtype=None, out=None, ddof=0, keepdims=<no value>, *, where=<no value>)）返回数组 a 指定数据子集的方差，参数与上述的 np.std 一样。

继续在上面的交互式窗体使用数组 peanut_data_array 来演示该函数的功能，示例代码如下：

```
>>> np.var(peanut_data_array,0,ddof=1) #计算表6-1中5个性状的方差
array([114.99382713, 927.87521134, 5.5369863, 5.35620416, 166.92907301])
```

8）最大值、最小值索引函数

这两个函数（np.argmax(a,axis=None,out=None,*,keepdims=False) 和 np.argmin(a,axis=None,out=None,*,keepdims=False)）返回指定数据子集最大值（argmax）或最小值（argmin）的索引（index）。

继续在上面的交互式窗体使用数组 peanut_data_array 来演示该函数的功能，下面示例代码计算表 6-1 中 5 个性状最大值和最小值的位置索引：

| | |
|---|---|
| >>> np.argmax(peanut_data_array,0)<br>array([26,17,2,12,32],dtype=int32) | >>> np.argmin(peanut_data_array,0)<br>array([29,34,3,13,11],dtype=int32) |

9）直方图函数

该函数(np.histogram(a, bins=10, range=None, density=None, weights=None))返回一维数组包含的随机变数绘制直方图的组次数或概率及组边界（hist，bin_edges）。各参数说明如下所示。

a：需要计算直方图的随机变数数组，如果是多维数组，那么会降维到一维数组。

bins：如果提供的值为整数，那么表示组数；如果提供的值为一维数组，那么表示方柱形图的边界坐标值；如果提供的值为字符串，那么代表计算组数和组距的方法，由函数'histogram_bin_edges' 定义。默认为 10。

range：数据范围，元组，默认元素为最小值和最大值，不统计超出数据范围的数据。

weights：权重，为与 a 相同维数的数组，为 a 中每个值对次数的贡献权重，默认 a 中每个变量的权重为 1。

density：设置是否以概率表示纵坐标，默认为 False 或 None，直方图的纵坐标值为其对应组的次数；如果为 True，那么纵坐标值为其对应组的概率密度函数值。

继续在前面的交互式窗体使用数组 peanut_data_array 来演示该函数的功能，示例代码如下：

```
>>> 油酸含量 = peanut_data_array[:,4] # 39个花生品种的油酸含量
>>> np.histogram(油酸含量) #按照参数的默认值返回油酸含量次数分布的次数及组边界值
(array([7, 18, 5, 3, 1, 0, 0, 0, 2, 3], dtype=int32), array([35.55, 40.185,
    44.82, 49.455, 54.09, 58.725, 63.36, 67.995, 72.63, 77.265, 81.9]))
>>> np.histogram(油酸含量,density=True) #设置density为True，返回各组的概率
(array([0.03872431, 0.0995768 , 0.02766022, 0.01659613, 0.00553204,
       0.        , 0.        , 0.        , 0.01106409, 0.01659613]),
       array([35.55 , 40.185, 44.82, 49.455, 54.09, 58.725, 63.36, 67.995,
           72.63, 77.265, 81.9]))
```

## 6.2 科学计算模块——SciPy

SciPy 是一个基于 NumPy 用于各种科学计算的程序包，由各种实现不同功能的子包或模块组成，如空间数据计算和聚类分析、线性代数、插值、积分、优化、图像处理、统计、特殊函数等。该程序包由表 6-3 所示子包组成。

**表 6-3 SciPy 包含的子包及功能**

| 序号 | 子包名 | 功能简述 |
|---|---|---|
| 1 | cluster | 聚类分析 |
| 2 | constants | 物理和数学常数 |
| 3 | fftpack | 傅里叶变换 |
| 4 | integrate | 积分 |
| 5 | interpolate | 插值 |
| 6 | io | 数据输入输出 |
| 7 | linalg | 线性代数 |
| 8 | ndimage | $n$ 维图像包 |
| 9 | odr | 正交距离回归 |
| 10 | optimize | 优化 |
| 11 | signal | 信号处理 |
| 12 | sparse | 稀疏矩阵 |
| 13 | spatial | 空间数据结构和算法 |
| 14 | special | 任何特殊的数学函数 |
| 15 | stats | 数据统计 |

因此，使用 `scipy` 程序包，只需要根据应用程序需要实现的功能导入相应的子包或子包中的模块或其中的函数，不需要采用 `import scipy` 导入所有功能模块，可以采用“`from scipy import` 子包名”语句导入需要的模块。

在农业科研中，常常需要对不同品种等研究对象进行综合性评价和分类，空间距离、聚类和统计功能对品种或样品评价有重要的作用，本节只介绍相关的函数，其他模块或函数可以通过官网帮助文档等途径学习使用。

### 6.2.1 空间距离函数

空间距离指由多个性状决定的样品在对应多维空间中之间的距离，每个性状为空间的一维，多个性状决定样品的空间位置。

`scipy.spatial.distance.pdist(X,metric='euclidean',*,out=None,**kwargs)`

该函数返回样品间的空间距离。

参数说明：

`X`：为一个包含 $m$ 个样品 $n$ 个性状值的数组或可转换为数组的对象。

`metrics`：距离计算方法，有`'braycurtis'`、`'canberra'`、`'chebyshev'`、`'cityblock'`、`'correlation'`、`'cosine'`、`'dice'`、`'euclidean'`、`'hamming'`、`'jaccard'`、`'jensenshannon'`、`'kulczynski1'`、`'mahalanobis'`、`'matching'`、`'minkowski'`、`'rogerstanimoto'`、`'russellrao'`、`'seuclidean'`、`'sokalmichener'`、`'sokalsneath'`、`'sqeuclidean'` 和

'yule'。常用的有欧氏距离（'euclidean'）、标准化欧氏距离（'seuclidean'）、马氏距离（'mahalanobis'）。

out：按照 out 指定的数组保存计算结果，默认为 None，不需要指定。

kwargs：dict，部分距离计算方法可以额外提供的参数，这些参数都有默认值，为可选参数。

下面是一些可能的参数。

p：计算 Minkowski，可提供 p，p 宜为大于 0 的整数，默认为 2。

w：可对使用权重的距离计算方法提供该参数，如 Minkowski。

V：标准化欧氏距离计算提供的方差，默认为 var(X, axis=0, ddof=1)。

VI：计算马氏距离可提供协方差矩阵的逆矩阵，默认为 inv(cov(X.T)).T。

下面以表 6-1 中 39 个花生品种 5 个性状的数据来演示该函数的使用，继续在前面的交互式窗体使用数组 peanut_data_array 来演示该函数的功能，示例代码如下：

```
>>> from scipy.spatial.distance import pdist #先导入pdist函数
>>> pdist(peanut_data_array[:2],'seuclidean')#计算第1、2两个品种的标准化欧氏距离
array([3.16227766])
>>> pdist(peanut_data_array[:2],'euclidean')#计算第1、2两个品种的欧氏距离
array([59.78967302])
>>> pdist(peanut_data_array[2:6],'seuclidean')
    #计算第2个到第5个品种间的标准化欧氏距离
array([4.00222, 2.4656057, 4.03970884, 1.7547849, 3.13243862, 2.94827649])
>>> pdist(peanut_data_array[:8],'mahalanobis')#计算第1个到第7个品种间的马氏距离
array([3.37812601, 3.70810785, 3.45980884, 3.46970496, 3.66534427,
       2.9442693 , 3.46443832, 3.46885718, 3.73667834, 2.76243857,
       3.36079906, 2.21602833, 2.20739984, 3.54074905, 3.22580649,
       3.72575969, 3.1841047 , 3.30539687, 2.87399407, 3.44705013,
       2.41901825, 2.43839472, 3.06967781, 1.12969349, 3.43916711,
       3.37213425, 3.30663368, 2.71263382])
>>> pdist(peanut_data_array[:2],'cityblock')
    #计算第1个到第2个品种间的cityblock距离
array([99.6])
>>> pdist(peanut_data_array[:2],'correlation')
    #计算第1个到第2个品种间的相关系数距离
array([0.02307265])
```

### 6.2.2 聚类函数

1. 空间多点聚类（$k$-means clustering）

1）数据标准化函数

该函数（scipy.cluster.vq.whiten(obs, check_finite=True)）对包含 $m$ 个样品 $n$ 个性状的数组或可转换为数组的对象 obs，用每个性状的标准差进行标准化，并返回标准化的数组。obs 的每一行为一个样品，每个样品包括 $n$ 个性状的观测值。check_finite 默认为 True，检查所有变量是否为有限数。

标准化方法就是先计算出各性状的标准差，再把原始数据除以对应的标准差，消除因不同单位数据产生的计算结果不可比性。

继续在上面的交互式窗体使用数组 peanut_data_array 来演示该函数的功能，示例代码如下：

```
>>> from scipy.cluster.vq import whiten #先导入whiten函数，对数组数据进行标准化
>>> peanut_array_whitened = whiten(peanut_data_array) #标准化原始数据
>>> peanut_array_whitened #查看标准化后的花生性状数据
array([[ 7.70419393,  7.27185483, 23.4208515 , 10.50565624,  6.28852632],
       [ 6.613042  ,  5.82014451, 22.04315435, 11.46867473,  3.23051477],
       [ 6.2540483 ,  5.16163673, 24.28191221,  9.10490207,  3.00312416],
       [ 7.85062558,  6.73473864, 20.10576774, 11.86263684,  3.00312416],
       [ 7.52942068,  6.11281463, 22.60284382, 11.03093905,  2.96391889],
       [ 8.5875074 ,  7.6227264 , 22.73200292,  9.93659986,  3.34028954],
       [ 7.20821578,  6.02634391, 21.82788917, 11.643769  ,  3.33244848],
       [ 6.90590529,  6.19595955, 20.32103292, 11.81886327,  2.838462  ],
       [ 8.04901684,  6.59505517, 21.35430578, 12.56301392,  3.05017049],
       [ 6.65083082,  5.8301219 , 22.04315435, 12.08150467,  3.15994527],
       [ 7.29324061,  6.08953405, 22.93004689, 11.29795781,  6.05329466],
       [ 8.13404166,  7.67261336, 22.29716726, 10.8033165 ,  2.78749514],
       [ 8.35132733,  6.50525866, 20.92377542, 13.21961743,  3.55199803],
       [ 6.46188676,  5.84009929, 22.08620739,  8.97358137,  6.10034099],
       [ 6.57525319,  6.07955666, 24.023594  ,  9.89282629,  3.55199803],
       [ 6.95314131,  5.84342508, 22.51673774, 10.76829764,  3.47358748],
       [ 8.43162855,  7.85553218, 22.43924228,  9.63018488,  3.20385518],
       [ 8.42973911,  8.62379126, 22.06898617,  9.19244921,  3.17641148],
       [ 9.26770601,  7.53958148, 23.07642721, 10.85584478,  6.0454536 ],
       [ 5.55401056,  5.9365474 , 20.58796174, 10.94339191,  3.27991341],
       [ 7.84117838,  5.55408076, 23.27016587, 11.75758027,  4.01383619],
       [ 5.66832172,  4.6561156 , 22.89990976, 10.9959202 ,  3.4343822 ],
       [ 7.67112872,  5.99308594, 23.39501968, 12.03773111,  4.21848773],
       [ 7.2554518 ,  6.3589236 , 23.26155526, 12.08150467,  4.47724255],
       [ 8.52137698,  6.23586911, 23.68821085, 11.18677295,  3.35597165],
       [ 8.09625285,  6.06957927, 23.3330233 , 11.33516535,  3.33244848],
       [ 9.91956301,  7.84888059, 23.40233869, 11.31327856,  3.34813059],
       [ 7.08540215,  5.60396771, 23.80832882, 11.31546724,  3.51279275],
       [ 7.09484935,  5.64387727, 23.87721368, 12.44482529,  3.5755212 ],
       [ 5.18651437,  7.81562262, 21.65567703, 10.72452408,  3.55199803],
       [ 8.5780602 ,  8.45084982, 22.73200292, 11.03093905,  3.86564024],
       [ 6.66972522,  4.99867268, 22.30147257, 10.02414699,  3.93620974],
       [ 7.36881823,  7.35001106, 23.24433405, 11.56497658,  6.42182426],
       [ 8.20017208,  7.32340469, 22.25841953, 11.55622186,  3.48142853],
       [ 5.88560738,  4.63383277, 22.38757864,  9.93659986,  3.08937577],
       [ 7.17042697,  5.23314136, 24.15705841,  9.81403387,  3.19130949],
```

```
       [ 7.04666862,  6.2524981 , 22.00010131, 11.10535411,  3.21483266],
       [ 7.40660704,  6.53519083, 22.55979078,  9.79652444,  3.16072937],
       [ 8.00178082,  7.57616525, 22.5813173 ,  9.6082981 ,  3.1638658 ]])
```

2）多点聚类函数

该函数（scipy.cluster.vq.kmeans(obs, k_or_guess, iter=20, thresh=1e-05, check_finite=True, *, seed=None)）进行 $k$ 个点空间聚类，形成 $k$ 个类，返回 $k$ 行 $N$ 列的坐标值数组，即各类中心点坐标（称为 codebook），同时返回各样品点到其对应类中心点的欧氏距离的平均值（称为失真值，distortion）。

$k$-means 算法调整样品的分类并更新类中心，直到类中心位置在连续迭代中稳定。在该算法的实现中，通过比较观测值与其对应类中心之间的平均欧氏距离绝对值与阈值来确定类中心的稳定性。

参数说明如下所示。

obs：为数组或可转换为数组的对象，由 $M$ 行和 $N$ 列组成，每一行均为一个样品向量，每一行的各列为样品性状观测值，需要先进行数组标准化。

k_or_guess：整数或 $k$ 行 $N$ 列的数组，用于设置类群数。

iter：迭代次数。

thresh：为浮点数，设置当失真值小于该指定值时终止迭代。

check_finite：是否检查观测值都是有限数。默认为 True。

seed：默认为 None。

继续在前面的交互式窗体使用数组标准化的 peanut_data_whitened 来演示该函数的功能，示例代码如下：

```
>>> from scipy.cluster.vq import kmeans #导入kmeans函数
>>> codebook, distortion = kmeans(peanut_array_whitened, 4) #把品种分成4类
>>> codebook #4个类中心坐标，5个性状相当于有5个轴，每个类中心为5维空间的一个点
array([[ 7.61916911,  6.81821614, 22.95157341, 10.63960335,  6.18188796],
       [ 6.94161572,  6.37122905, 21.28628198, 11.743135  ,  3.22134073],
       [ 7.08477233,  5.61190528, 23.32030831, 10.91511419,  3.54201375],
       [ 8.40989999,  7.72323938, 22.56347421, 10.31864583,  3.28087176]])
>>> distortion #查看失真值
1.3865086975755956
>>> codebook, distortion = kmeans(peanut_array_whitened, 10) #把品种分成10类
>>> codebook #查看类中心坐标数组
array([[ 6.46188676,  5.84009929, 22.08620739,  8.97358137,  6.10034099],
       [ 5.18651437,  7.81562262, 21.65567703, 10.72452408,  3.55199803],
       [ 6.51668053,  5.33344739, 22.5330979 , 10.30429783,  3.41885691],
       [ 5.55401056,  5.9365474 , 20.58796174, 10.94339191,  3.27991341],
       [ 7.65223432,  5.92276909, 23.51907392, 11.7370067 ,  3.78375722],
       [ 8.53531161,  7.87174544, 22.56393463, 10.383911  ,  3.29588956],
       [ 7.78921876,  6.50775301, 20.67622046, 12.36603286,  3.11093867],
       [ 7.00963558,  6.00838461, 22.1034286 , 11.46604831,  3.18033201],
```

```
       [ 7.9084897 ,  7.06274536, 23.16791491, 11.05610885,  6.20227471],
       [ 6.66657615,  5.49144492, 24.15418821,  9.60392074,  3.24881056]])
>>> distortion
0.860908529799554
```

3）多点聚类函数 2

与 kmeans 相比，多点聚类函数 2（scipy.cluster.vq.kmeans2(data, k, iter=10, thresh=1e-05, minit='random', missing='warn', check_finite=True, *, seed=None)）设置确定的类群数 $k$，迭代数默认为 10，新增了 minit 和 missing 两个参数。minit 参数设置初始化方法，可选择'random'、'points'、'++' 或'matrix'，其中，'random' 表示从根据参数 data 计算出均值和方差的高斯分布中生成 $k$ 个类中心；'points' 表示在 data 中随机选择 $k$ 个样品的坐标作为类中心。missing 参数有'warn' 和'raise' 两个选项，如果出现空类，那么'warn' 只给出警告提示，'raise' 产生错误，停止运行。

该函数返回类中心坐标（centroid）和样品所属类中心索引（label）。

继续在上面的交互式窗体使用数组标准化的 peanut_data_whitened 来演示该函数的功能，示例代码如下：

```
>>> from scipy.cluster.vq import kmeans2
>>> centroid, label = kmeans2(peanut_array_whitened, 6, minit='points')
>>> centroid #6个类中心在5个维度空间的坐标
array([[ 8.08365658,  6.61168416, 20.79461631, 12.54842273,  3.20176423],
       [ 8.36266397,  7.91955377, 22.45538717,  9.59188301,  3.2211055 ],
       [ 8.67064279,  7.50632351, 22.87562785, 11.17810578,  3.36773323],
       [ 5.88214341,  6.64937652, 20.85489056, 11.16225975,  3.22345782],
       [ 7.61916911,  6.81821614, 22.95157341, 10.63960335,  6.18188796],
       [ 6.98292486,  5.70563207, 22.97844756, 10.98082983,  3.46698448]])
>>> label #各花生品种所属类中心的索引(0~5共6个类中心)
array([4, 5, 5, 0, 5, 1, 5, 3, 0, 5, 4, 2, 0, 4, 5, 5, 1, 1, 4, 3, 5, 5,
       5, 5, 2, 5, 2, 5, 5, 3, 2, 5, 4, 2, 5, 5, 5, 5, 1])
>>> centroid, label = kmeans2(peanut_array_whitened,6, minit='random')
>>> centroid
array([[ 7.65223432,  5.92276909, 23.51907392, 11.7370067 ,  3.78375722],
       [ 8.53531161,  7.87174544, 22.56393463, 10.383911  ,  3.29588956],
       [ 7.61916911,  6.81821614, 22.95157341, 10.63960335,  6.18188796],
       [ 7.30020792,  6.12320774, 21.91399524, 11.73514632,  3.24717701],
       [ 6.37426395,  6.67071705, 20.66760985, 11.33735402,  3.1683744 ],
       [ 6.51856998,  5.32830666, 23.23018805,  9.93785053,  3.33816125]])
>>> label
array([2, 3, 5, 4, 3, 1, 3, 4, 3, 3, 2, 1, 3, 2, 5, 3, 1, 1, 2, 4, 0, 5,
       0, 0, 0, 0, 1, 0, 0, 4, 1, 5, 2, 1, 5, 5, 3, 5, 1])
>>> centroid, label = kmeans2(peanut_array_whitened,4, minit='++')
>>> centroid
array([[ 6.94161572,  6.37122905, 21.28628198, 11.743135  ,  3.22134073],
```

```
        [ 7.61916911,  6.81821614, 22.95157341, 10.63960335,  6.18188796],
        [ 7.104887  ,  5.66961062, 23.27277596, 10.84520233,  3.51818348],
        [ 8.53531161,  7.87174544, 22.56393463, 10.383911  ,  3.29588956]])
>>> label
array([1, 0, 2, 0, 2, 3, 0, 0, 0, 0, 1, 3, 0, 1, 2, 2, 3, 3, 1, 0, 2, 2,
       2, 2, 2, 2, 3, 2, 2, 0, 3, 2, 1, 3, 2, 2, 0, 2, 3])
```

4）样品归属函数

该函数（scipy.cluster.vq.vq(obs, code_book)）将在 $M$ 乘以 $N$ 的 obs 数组中的每个观测向量（如花生品种）与编码手册中的类中心进行比较，并分配给最近的类中心，返回每个观测向量所属的类中心索引和到类中心的距离（称为失真值）。

继续在上面的交互式窗体使用数组标准化的 peanut_data_whitened 和已经计算出的类中心坐标数组 centroid 来演示该函数的功能，示例代码如下：

```
from scipy.cluster.vq import vq
    #首先导入vq，可在刚运行该交互式窗体时一次性导入各函数
>>> vq(peanut_array_whitened,centroid)
(array([1, 0, 2, 0, 2, 3, 0, 0, 0, 0, 1, 3, 0, 1, 2, 2, 3, 3, 1, 0, 2, 2,
       2, 2, 2, 2, 3, 2, 2, 0, 3, 2, 1, 3, 2, 2, 0, 2, 3]),
 array([0.68011233, 1.02952574, 2.30092396, 1.55368954, 1.08035877,
        0.54317626, 0.71104025, 1.05642381, 1.40803527, 1.03366921,
        1.04289846, 0.84035816, 2.10380522, 2.41394957, 1.38580626,
        0.79544651, 0.77661742, 1.50184841, 1.82181366, 1.80140698,
        1.27811739, 1.80545277, 1.53387105, 1.71644569, 1.6256266 ,
        1.19204537, 1.86709649, 0.71601932, 1.71119523, 2.53968673,
        1.05294701, 1.5594331 , 1.15977378, 1.38386163, 2.08626158,
        1.46523423, 0.97029789, 1.6050267 , 0.99565584]))
```

2. 系统聚类

1）系统聚类函数

该函数(scipy.cluster.hierarchy.linkage(y, method='single', metric='euclidean', optimal_ordering=False)）返回一个聚类结果矩阵 $Z$，其中的每一行由 4 个字段组成，第一个字段和第二个字段为聚合前的类编号，第三个字段为空间距离，第四个字段为该新类包含的样品数。

参数 y 为一个由 pdist 函数返回的样品间两两空间距离数组，或是一个原始观测数据组成的二维矩阵或数组，如果是原始数据，那么首先根据参数 metric 提供的距离计算方法调用 pdist 函数返回样品间两两空间距离数组。

参数 method 设置聚类方法，默认为'single'，即最短距离法，还有'complete'、'average'、'weighted'、'centroid'、'median' 和'ward'，其中，'centroid'、'median' 和'ward' 三种方法只有当距离计算方法为'euclidean' 时才能使用，用户需要注意。

参数 optimal_ordering 决定是否对函数返回结果 $Z$ 进行重新排序，使连续基类间的距离最小，绘制的聚类图更美观，但当样品数量巨大时，花费的时间多。默认为 False。

2）聚类图函数

该函数（scipy.cluster.hierarchy.dendrogram(Z, p=30, truncate_mode=None, color_threshold=None, get_leaves=True, orientation='top', labels=None, count_sort=False, distance_sort=False, show_leaf_counts=True, no_plot=False, no_labels=False, leaf_font_size=None, leaf_rotation=None, leaf_label_func=None, show_contracted=False, link_color_func=None, ax=None, above_threshold_color='C0')）返回系统聚类信息的字典，默认以树状图的形式绘制层次聚类图。在完整的聚类图中，原始样品相当于树的叶子，距离近的两个样品或子类由一 U 形直线连接，相当于不同层次的树枝。树状图通过在非单例类及其子类之间绘制 U 形连接线来说明每个类是如何组成的。U 形线的顶部表示集群合并，相当于树干。U 形线的两条竖线表示哪些类被合并了。U 形线的两条竖线的顶端纵坐标表示子类之间的距离。

参数说明如下。

Z：由 linkage 函数返回的系统聚类信息数组。

p：设置一个整数，用于压缩一些类群，增强聚类图的可读性。由 p 和 truncate_mode 联动控制聚类图的分布。

truncate_mode：表示聚类图标签压缩模式，有如下几种。

（1）None：默认值，不压缩，所有样品都标注。

（2）'lastp'：只显示相当于 $Z[n-p-2:n-2]$ 各行的类群，其中，$n$ 为样品数，合并形成的叶子标注其包含的样品数。

（3）'level'：表示分类层次，1 显示 $Z$ 中最后一行的两个类及其下一级子类，以此类推，标注子类包含的所有样品数，该压缩模式更直观地显示类群分布情况，$p$ 为 0 或大于聚类图的层次数，均不压缩。

color_threshold：设置空间距离阈值，该距离包含的不同类群用不同颜色区别。如果 color_threshold 为 None 或'default'，那么将阈值设置为 0.7*max(Z[:,2])，color_threshold 越小，包含的类群越多。

get_leaves：默认为 True，在返回的字典中，键为 leaves 的值是样品编号在聚类图上的排列顺序列表。

orientation：设置聚类图的方向，只有'top'、'bottom'、'left' 和'right' 4 个选项。默认为'top'，表示先在画布的下部画聚类图的叶子，往上画树枝，顶部为树干。

labels：默认为 None，将样品在原始数组中的位置索引作为样品叶子的标注。可以提供按原始数组顺序由样品名称或样品编号组成的数组或列表。但在聚类图中只有由一个样品组成的叶子才显示样品名称，由几个样品聚合成的叶子只显示其包含的样品数。

count_sort：指定聚类图每个节点类的绘制顺序，如果设置为 True 或'ascending'，那么所有节点子类的顺序按索引值从小到大绘制；如果为'descending'，那么从大到小绘制；默认为 False，不指定绘制顺序。注意，count_sort 和 distance_sort 不能同时设置为 True。

distance_sort:指定是否按距离大小绘制每个节点所属子类的顺序,如果设置为 True 或'ascending'，那么所有节点子类的顺序按距离值从小到大绘制；如果为'descending'，那么从大到小绘制；默认为 False，不指定绘制顺序。

show_leaf_counts：设置聚合形成的叶子是否显示其包含原始样品的数量，默认为 True。

no_plot：如果只需要返回相关聚类结构信息或 matplotlib 不可用，那么可设置为 True，将不会绘制聚类图，默认为 False。

no_labels:指定是否为叶子添加文字标注,如果设置为 True,那么聚类图叶子无标注。

leaf_rotation：设置叶子文字标注的显示角度，单位为度，增加标注的可读性，默认为 0。

leaf_font_size：指定叶子标注的文字大小，整数，如果没有指定，那么软件根据节点数确定。

leaf_label_func：可以使用 lambda 函数或自定义函数，返回格式化的文字标注。

该参数的示例代码如下：

```
def leaf_label(id): #定义叶子标注显示的内容函数
    if id < n:
        return str(id)
    else:
        return '{}{}{}'.format(id, count, R[n-id,3])
dendrogram(Z, leaf_label_func=llf, leaf_rotation=90)
    # 叶子标签内容比较长，设置旋转角度
```

show_contracted：如果设置为 True，当出现聚合的叶子时，在其竖线上绘制椭圆形版块突出显示。

link_color_func: 返回颜色的函数,用于设置非单体 U 形连接线的颜色。如 dendrogram(Z, link_color_func=lambda k: colors[k])。

ax：指定 matplotlib 的绘图坐标。

above_threshold_color: 指定大于颜色阈值 color_threshold 的聚类图连接线（树枝）的颜色，默认为'C0'。

继续在前面的交互式窗体使用经过标准化数组的 peanut_data_whitened 演示该函数的功能，示例代码如下：

```
>>> from matplotlib import pyplot as plt #导入绘图函数
>>> from scipy.cluster.hierarchy import dendrogram, linkage
    #导入聚类图和空间聚类函数
>>> fig = plt.figure(figsize=(25, 10))
>>> Z = linkage(peanut_array_whitened, 'ward')
>>> Z
array([[ 5.        , 16.        ,  0.52603233,  2.        ],
       [24.        , 25.        ,  0.59759072,  2.        ],
```

```
       [20.        , 22.        ,  0.59799469,  2.        ],
       [ 1.        ,  9.        ,  0.61811661,  2.        ],
       [ 6.        , 36.        ,  0.64079973,  2.        ],
       [38.        , 39.        ,  0.66009118,  3.        ],
       [ 4.        , 15.        ,  0.86071219,  2.        ],
       [ 8.        , 12.        ,  0.98375327,  2.        ],
       [23.        , 41.        ,  1.0083329 ,  3.        ],
       [42.        , 43.        ,  1.02718635,  4.        ],
       [11.        , 33.        ,  1.084542  ,  2.        ],
       [14.        , 35.        ,  1.10669233,  2.        ],
       [ 3.        ,  7.        ,  1.12167205,  2.        ],
       [27.        , 28.        ,  1.13393633,  2.        ],
       [ 0.        , 32.        ,  1.13563708,  2.        ],
       [31.        , 34.        ,  1.2166164 ,  2.        ],
       [ 2.        , 50.        ,  1.34682687,  3.        ],
       [37.        , 45.        ,  1.44122341,  3.        ],
       [17.        , 44.        ,  1.4708729 ,  4.        ],
       [21.        , 54.        ,  1.52441453,  3.        ],
       [30.        , 49.        ,  1.56625532,  3.        ],
       [10.        , 53.        ,  1.58035817,  3.        ],
       [47.        , 52.        ,  1.65305466,  5.        ],
       [19.        , 29.        ,  2.2198933 ,  2.        ],
       [40.        , 61.        ,  2.24980653,  7.        ],
       [26.        , 59.        ,  2.32130242,  4.        ],
       [46.        , 51.        ,  2.36128877,  4.        ],
       [48.        , 56.        ,  2.3663958 ,  7.        ],
       [18.        , 60.        ,  2.39327404,  4.        ],
       [57.        , 64.        ,  3.2906568 ,  8.        ],
       [55.        , 58.        ,  3.50207304,  6.        ],
       [13.        , 67.        ,  3.8167894 ,  5.        ],
       [62.        , 66.        ,  3.88970916,  9.        ],
       [65.        , 71.        ,  5.11362295, 13.        ],
       [63.        , 69.        ,  6.03300664, 13.        ],
       [72.        , 73.        ,  7.63075116, 26.        ],
       [68.        , 70.        ,  8.03602283, 13.        ],
       [74.        , 75.        ,  9.47623436, 39.        ]])
>>> dn = dendrogram(Z) #采用默认值显示聚类图
>>> plt.show() #就能在计算机上看到聚类图，如图6-1所示。
>>> dn = dendrogram(Z,p=4,truncate_mode='level',color_threshold=4.5,
    orientation='left', count_sort=True,show_contracted=True,
    above_threshold_color='C8')
    #自定义绘图参数，如聚类图方向为‘向左’，通过设置p、truncate_mode，减少了显示的样品数
>>> plt.show() #显示聚类图，如图6-2所示。
```

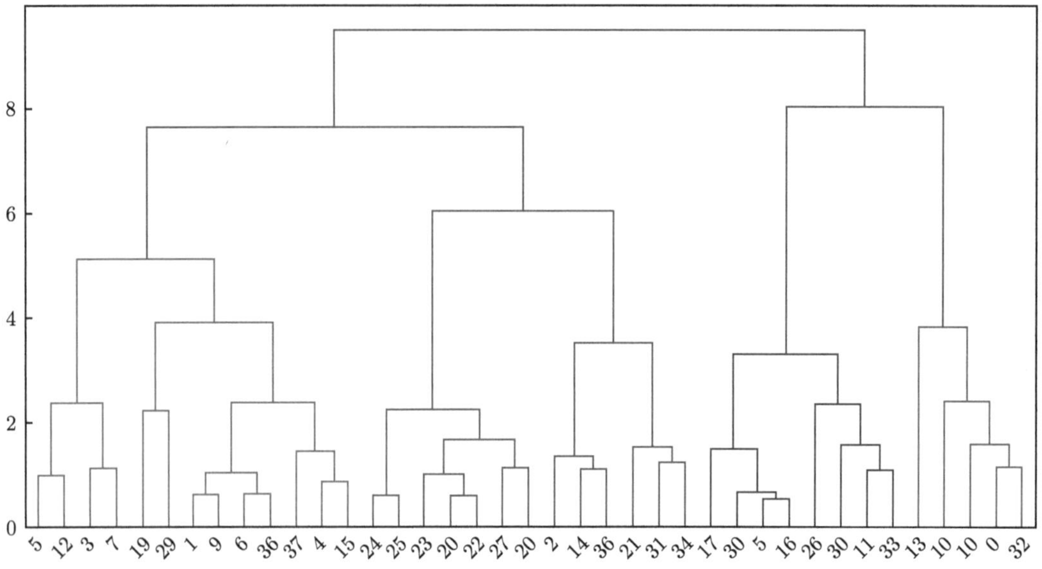


图 6-1　39 个花生品种的默认聚类图

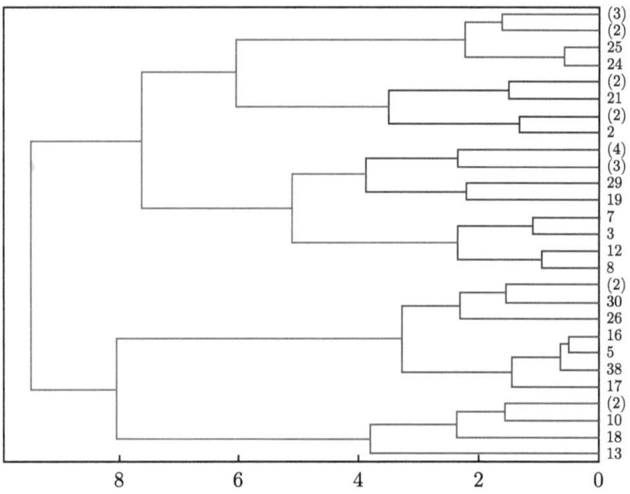


图 6-2　39 个花生品种的自定义聚类图

## 6.3　标签化数据分析模块——pandas

pandas 是一个开放源码、BSD 许可的 Python 扩展库，提供比 Python 的 list、dict 等内置数据容器和 Numpy 的 ndarray 性能更高、功能更完善的易于使用的数据容器对象 Series（一维数据）、DataFrame（二维数据）及对应的数据分析工具。pandas 可以从各种格式文件如 CSV、JSON、SQL、Microsoft Excel 导入数据，可用于科研数据的分析、绘图等目的。

### 6.3.1　标签列（Series）

Series 是对数据元素进行了高级索引的一维数据容器，其中，每个元素除了像 list、

ndarray 那样按位置顺序提供 0 开始的数字索引，还可以提供自定义的字符索引，可以是数字和字符串，不因位置的更改而更改，相当于每个元素都有一个指定的名称，类似于字典的键，故称为标签列（以示与列表 list 区别）。此处简要介绍 Series 对象的创建及属性。

Series 类似表格中的一列或一行，或一维数组或列表，可以保存任何数据类型的数据，属于 Python 的一个类对象。

创建语句为

pandas.Series(data=None, index=None, dtype: 'Dtype | None'=None, name=None, copy: 'bool | None' = None, fastpath: 'bool' = False)

参数说明如下所示。

data：一维数组或可以转换为一维数组的 Python 数据容器。

index：为 data 中每个元素添加的标签元组或列表，相当于样品名称或编号，如果不指定，那么默认为从 0 开始的数字标签。

dtype：指定数据类型，如果 data 中的元素数据类型一样，那么可以指定数据类型，默认由软件判断。

name：指定该标签列的名称，相当于表格中的列名称。

标签列的创建和属性参见下面的交互式窗体示例代码：

```
Python 3.8.10 (tags/v3.8.10:3d8993a, May  3 2021, 11:34:34) [MSC v.1928 32
    bit (Intel)] on win32
Type "help", "copyright", "credits" or "license()" for more information.
>>> import numpy as np   #导入NumPy模块, 简称为np
>>> import pandas as pd #导入pandas模块, 简称为pd
>>> 桂花22_dict = {'品种类型':'珍珠豆型','生育期 (天)':116,'生长习性':'直立',
    '粗脂肪含量(%)':55.25,'粗蛋白含量(%)':25.12,'青枯病':'中抗','叶斑病':'中抗',
    '荚果亩产':192.64} #创建花生品种桂花 22 的部分性状值字典'桂花22_dict'
>>> 桂花22_list = list(桂花22_dict.values()) #桂花22性状值列表
>>> 桂花22_array = np.array(桂花22_list)  #桂花22性状值数组
>>> 桂花22_series = pd.Series(桂花22_array) #创建桂花22性状值标签列
>>> 桂花22_series #查看桂花22性状值标签列
0      珍珠豆型
1        116
2         直立
3      55.25
4      25.12
5         中抗
6         中抗
7     192.64
dtype: object
>>> traits_list = list(桂花22_dict) #获取性状名列表
>>> 桂花22_series = pd.Series(桂花22_array,index=traits_list)
    #设置性状名为值标签
>>> 桂花22_series #查看自定义了值标签的标签列
```

```
品种类型          珍珠豆型
生育期(天)          116
生长习性             直立
粗脂肪含量(%)      55.25
粗蛋白含量(%)      25.12
青枯病               中抗
叶斑病               中抗
荚果亩产          192.64
dtype: object
traits_list_sorted = sorted(traits_list) #改变性状列表排列顺序
>>> pd.Series(桂花22_series,index=traits_list_sorted)
    #显示性状名与性状值的绑定关系
叶斑病               中抗
品种类型          珍珠豆型
生育期(天)          116
生长习性             直立
粗脂肪含量(%)      55.25
粗蛋白含量(%)      25.12
荚果亩产          192.64
青枯病               中抗
dtype: object
>>> pd.Series(桂花22_dict) #可以直接从字典创建，关键字自动作为值标签
品种类型          珍珠豆型
生育期(天)          116
生长习性             直立
粗脂肪含量(%)      55.25
粗蛋白含量(%)      25.12
青枯病               中抗
叶斑病               中抗
荚果亩产          192.64
dtype: object
>>> 桂花22_series['生育期(天)'] #Series实例可以像字典一样取值或赋值
'116'
>>> 桂花22_series['生育期(天)'] = 118
>>> 桂花22_series['生育期(天)']
118
```

### 6.3.2 标签表（DataFrame）

DataFrame 是一个由标签化的行和列组成的表格型数据容器，故称为标签表。不同列的值可以是不同的基本数据类型（数值、字符串、布尔型值），同一列的数据类型宜一样。标签表既有行标签也有列标签，相当于一个或多个具有相同标签的 Series 组成的字典，键为 Series 名字，每个标签列相当于二维表的一列数据（如作物品种性状值），标签列名相当于二维表的列名（如品种性状名）。

1. 标签表的创建

创建语句为

pandas.DataFrame(data, index, columns, dtype, copy)

参数说明如下所示。

data：数据集 (ndarray、series、lists、dict 等类型)。

index：行标签，相当于二维表每一行数据的名称，如品种名称或编号。

columns：列标签，相当于二维表每一列数据的名称，如性状名称或编号。

dtype：数据类型。

copy：复制数据，默认为 False。

1）从字典创建标签表

继续以表 6-1 中 39 个中国登记花生品种的 5 个性状值为例说明标签表的创建方法。首先需要创建一个以表 6-1 中列名称作为字典键名、值为 39 个中国登记花生品种的所有对应性状值列表的字典 peanut_data_dict，用于创建一个花生品种标签表（peanut_data_df）。具体创建过程及标签表的部分属性和方法演示如下：

```
>>> peanut_data_dict = {'品种名称': ['开农310', '爱花88', '安花3号', '安花5号',
    '安花6号', '安花8号', '白参果', '白小珍', '百花1号', '百花2号', '百花3号',
    '邦花11', '邦农1号', '邦农2号', '邦农3号', '邦农6号', '汴花6号', '汴花7号',
    '汴花8号', '汴花百日红', '彩花1号', '彩色珍珠', '昌花10', '昌花18', '成花10号',
    '成花6号', '成花8号', '川单丰油88', '川单丰油99', '春阳红', '大良1号',
    '大良黑珍', '德利昌花6号', '邓花6号', '地豪1号', '地豪2号', '地豪6号',
    '泛花3号', '泛花6号'], '百仁重': [81.55, 70.0, 66.2, 83.1, 79.7, 90.9,
    76.3, 73.1, 85.2, 70.4, 77.2, 86.1, 88.4, 68.4, 69.6, 73.6, 89.25,
    89.23, 98.1, 58.79, 83.0, 60.0, 81.2, 76.8, 90.2, 85.7, 105.0, 75.0,
    75.1, 54.9, 90.8, 70.6, 78.0, 86.8, 62.3, 75.9, 74.59, 78.4, 84.7],
    '百果重': [218.65, 175.0, 155.2, 202.5, 183.8, 229.2, 181.2, 186.3,
    198.3, 175.3, 183.1, 230.7, 195.6, 175.6, 182.8, 175.7, 236.2, 259.3,
    226.7, 178.5, 167.0, 140.0, 180.2, 191.2, 187.5, 182.5, 236.0, 168.5,
    169.7, 235.0, 254.1, 150.3, 221.0, 220.2, 139.33, 157.35, 188.0, 196.5,
    227.8], '粗脂肪': [54.4, 51.2, 56.4, 46.7, 52.5, 52.8, 50.7, 47.2, 49.6,
    51.2, 53.26, 51.79, 48.6, 51.3, 55.8, 52.3, 52.12, 51.26, 53.6, 47.82,
    54.05, 53.19, 54.34, 54.03, 55.021, 54.196, 54.357, 55.3, 55.46, 50.3,
    52.8, 51.8, 53.99, 51.7, 52.0, 56.11, 51.1, 52.4, 52.45], '粗蛋白':
    [24.0, 26.2, 20.8, 27.1, 25.2, 22.7, 26.6, 27.0, 28.7, 27.6, 25.81,
    24.68, 30.2, 20.5, 22.6, 24.6, 22.0, 21.0, 24.8, 25.0, 26.86, 25.12,
    27.5, 27.6, 25.556, 25.895, 25.845, 25.85, 28.43, 24.5, 25.2, 22.9,
    26.42, 26.4, 22.7, 22.42, 25.37, 22.38, 21.95], '油酸含量': [80.2, 41.2,
    38.3, 38.3, 37.8, 42.6, 42.5, 36.2, 38.9, 40.3, 77.2, 35.55, 45.3, 77.8,
    45.3, 44.3, 40.86, 40.51, 77.1, 41.83, 51.19, 43.8, 53.8, 57.1, 42.8,
    42.5, 42.7, 44.8, 45.6, 45.3, 49.3, 50.2, 81.9, 44.4, 39.4, 40.7, 41.0,
    40.31, 40.35]}
>>> peanut_data_df = pd.DataFrame(peanut_data_dict)
```

```
>>> peanut_data_df.head(5) #显示前5个记录
    品种名称    百仁重     百果重     粗脂肪     粗蛋白     油酸含量
0   开农310     81.55      218.65     54.4       24         80.2
1   爱花88      70         175        51.2       26.2       41.2
2   安花3号     66.2       155.2      56.4       20.8       38.3
3   安花5号     83.1       202.5      46.7       27.1       38.3
4   安花6号     79.7       183.8      52.5       25.2       37.8
>>> 品种名称 = peanut_data_df.pop('品种名称') #提取品种名称，删除该列
>>> peanut_data_df.index = 品种名称 #把品种名称作为标签表的行标签
>>> peanut_data_df.tail(5) #显示标签表的后5个记录
          百仁重     百果重     粗脂肪     粗蛋白     油酸含量
品种名称
地豪1号   62.3       139.33     52         22.7       39.4
地豪2号   75.9       157.35     56.11      22.42      40.7
地豪6号   74.59      188        51.1       25.37      41
泛花3号   78.4       196.5      52.4       22.38      40.31
泛花6号   84.7       227.8      52.45      21.95      40.35
```

2）从 DataFrame 对象创建 DataFrame，可以减少或重组列

如果需要改变一个现有标签表各列的排列顺序或删除某些列，可以从该标签表创建一个新标签表，通过 columns 参数指定新标签表中包含的列和排列顺序。继续在前面的交互式窗体以已经创建的 peanut_data_df 为例进行说明，示例代码如下：

```
>>> peanut_data_df_new = pd.DataFrame(peanut_data_df,columns=['油酸含量',
    '粗蛋白','粗脂肪'])
>>> peanut_data_df_new.head(3) #查看前面3行记录
          油酸含量     粗蛋白     粗脂肪
品种名称
开农310   80.2         24         54.4
爱花88    41.2         26.2       51.2
安花3号   38.3         20.8       56.4
```

2. 标签表属性

DataFrame 实例有 index、columns、dtypes、values、ndim、size、shape、empty 等属性，继续以上面生成的 peanut_data_df 为例，在下面代码中展示其相关属性。

```
>>> peanut_data_df.index #相当于行标签
Index(['开农310', '爱花88', '安花3号', '安花5号', '安花6号', '安花8号', '白参果',
    '白小珍', '百花1号', '百花2号', '百花3号', '邦花11', '邦农1号', '邦农2号',
    '邦农3号', '邦农6号', '汴花6号', '汴花7号', '汴花8号', '汴花百日红', '彩花1号',
    '彩色珍珠', '昌花10', '昌花18', '成花10号', '成花6号', '成花8号', '川单丰油88',
    '川单丰油99', '春阳红', '大良1号', '大良黑珍', '德利昌花6号', '邓花6号',
    '地豪1号', '地豪2号', '地豪6号', '泛花3号', '泛花6号'],
      dtype='object', name='品种名称')
>>>peanut_data_df.columns #相当于列标签
```

```
Index(['百仁重', '百果重', '粗脂肪', '粗蛋白', '油酸含量'], dtype='object')
>>> peanut_data_df.dtypes
百仁重       float64
百果重       float64
粗脂肪       float64
粗蛋白       float64
油酸含量     float64
dtype: object
>>> peanut_data.values[:3] #对标签表的值进行切片，查看前 3 行的值
array([[ 81.55, 218.65,  54.4 ,  24.  ,  80.2 ],
       [ 70.  , 175.  ,  51.2 ,  26.2 ,  41.2 ],
       [ 66.2 , 155.2 ,  56.4 ,  20.8 ,  38.3 ]])
>>> peanut_data_df.axes #查看标签表的行、列标签
[Index(['开农310', '爱花88', '安花3号', '安花5号', '安花6号', '安花8号', '白参果',
    '白小珍', '百花1号', '百花2号', '百花3号', '邦花11', '邦农1号', '邦农2号',
    '邦农3号', '邦农6号', '汴花6号', '汴花7号', '汴花8号', '汴花百日红', '彩花1号',
    '彩色珍珠', '昌花10', '昌花18', '成花10号', '成花6号', '成花8号', '川单丰油88',
    '川单丰油99', '春阳红', '大良1号', '大良黑珍', '德利昌花6号', '邓花6号',
    '地豪1号', '地豪2号', '地豪6号', '泛花3号', '泛花6号'],
    dtype='object', name='品种名称'),
    Index(['百仁重', '百果重', '粗脂肪', '粗蛋白', '油酸含量'], dtype='object')]
>>> print(peanut_data_df.ndim, peanut_data_df.size, peanut_data_df.shape,
   peanut_data_df.empty,sep='; ')
   #查看peanut_data_df的维数、数据个数、行列数是否为空值
2; 195; (39, 5); False
```

3. 标签表索引和赋值方法

针对 DataFrame 实例中的数据，本节介绍下列几种值索引和赋值方法。

1）DataFrame[*column_labels]

参数 column_labels 为列名称列表，返回一个标签表；也可像字典一样通过单个列标签的引用来获得该列的数据，返回一个标签列。继续在上面的交互式窗体演示该功能，示例代码如下：

```
>>> 百仁重_df = peanut_data_df[['百仁重']] #引用单列数据时，如果列标签为字符串，
    那么返回标签列；如果列标签为列表的一个元素，那么返回标签表
>>> 百仁重_df.head(3)
          百仁重
品种名称
开农310   81.55
爱花88    70.00
安花3号   66.20
>>> peanut_data_df_1 = peanut_data_df[['百仁重','百仁重','油酸含量']]
>>> peanut_data_df_1.head(3)
          百仁重    百仁重 油酸含量
```

```
品种名称
开农310    81.55   81.55   80.2
爱花88     70.00   70.00   41.2
安花3号    66.20   66.20   38.3
>>> 百仁重_df = peanut_data_df['百仁重']
>>> type(百仁重_df)
<class 'pandas.core.series.Series'>
```

2）Dataframe.iloc[row_index[,column]]

从 0 开始的位置索引提取指定位置的值，方括号里第一个元素为行位置索引，第二个元素为列位置索引，如果不提供列索引，那么就可以返回整行数据，行和列均可切片，提供的单个索引值均应在位置索引范围内，切片的索引值可以超出。以 peanut_data_df 为例，说明 iloc 索引方法，其交互式窗体示例代码如下：

```
#iloc只提供一个整数索引，返回该行数据的Series实例
>>> peanut_data_df.iloc[1]
百仁重         70.0
百果重        175.0
粗脂肪         51.2
粗蛋白         26.2
油酸含量       41.2
Name: 爱花88, dtype: float64
>>> peanut_data_df.iloc[1:3] #行切片返回标签表
        百仁重     百果重     粗脂肪     粗蛋白     油酸含量
品种名称
爱花88   70.0       175.0     51.2       26.2       41.2
安花3号  66.2       155.2     56.4       20.8       38.3
>>> peanut_data_df.iloc[1:3,2:5] #行和列切片返回对应的标签表
        粗脂肪     粗蛋白    油酸含量
品种名称
爱花88   51.2       26.2      41.2
安花3号  56.4       20.8      38.3
#返回单个数据，可更改单点的值
>>> peanut_data_df.iloc[1,2] #行和列点索引返回指定点的值
51.2
>>> peanut_data_df.iloc[1,2] = 51.19 #给行和列指定点赋值
>>> peanut_data_df.iloc[1,2]
51.19
```

3）DataFrame.loc[[row_label],[column_label]]

通过行、列标签列表获取指定位置的值，该方法返回由行和列标签索引指定的数据组成的子标签表。

```
>>> peanut_data_df.loc[('爱花88','安花3号'),('粗脂肪','粗蛋白','油酸含量')]
         粗脂肪     粗蛋白    油酸含量
```

```
品种名称
爱花88    51.19  26.2  41.2
安花3号   56.40  20.8  38.3
>>> peanut_data_df.loc['开农310':'安花3号','粗脂肪':'油酸含量'] #切片操作
          粗脂肪   粗蛋白  油酸含量
品种名称
开农310     54.40    24.0    80.2
爱花88      51.19    26.2    41.2
安花3号     56.40    20.8    38.3
```

4）DataFrame.filter(items=None, like=None, regex=None, axis=None)

该函数筛选出符合参数设置要求的子数据集，返回一个新的子 DataFrame。参数 items 指定需要提取的行或列的标签名元组或列表；参数 like 指定行或列标签名包含的字符；参数 regex 指定行或列标签名符合该正则表达式的行或列；参数 axis 的值为 0（'index'），1（'columns'）或 None，默认为 None。下面以广西壮族自治区登记的 24 个花生品种 8 个性状的数据为例来说明该函数的功能，8 个性状依次为主茎高(cm)、侧枝长(cm)、总分枝数、百果重(g)、百仁重(g)、粗脂肪({\%})、粗蛋白({\%})和荚果亩产(kg)，先用品种数据创建一个列表，见如下交互式窗体示例代码：

```
>>> #把24个品种数据保存到一个列表，列表的元素为品种名称及9个性状组成的元组
>>> peanut_data_list = [
('桂花1026',55.7,59,6,159,60.5,50.96,26.73,252.09),
('桂花202',45.9,50.1,7.9,207.2,77.7,50.64,27,300.07),
('桂花22',55,56,6,157.5,67.3,55.25,25.12,192.64),
('桂花26',45,50,7,185,73,51.08,24,267.76),
('桂花30',59,56,7,151,72,50.83,29.33,213.68),
('桂花32',65.5,68.1,6.6,186.3,71.3,53.11,25.48,277.83),
('桂花33',73.1,76.6,6.8,189.5,74.7,55.57,26.15,268.75),
('桂花36',55.6,63.3,6.9,181.5,63.5,53.53,24.81,255.27),
('桂花37',60.8,62.1,6.5,186.4,63.6,52.04,25.75,244.69),
('桂花39',52.2,54.0 ,6.2,195.2,64.1,50.62,26.98,283.87),
('桂花40',53.5,60.8,6.4,182,74.5,54.11,25.08,271.11),
('桂花41',53.9,59.9,8.4,202.8,78.5,51.2,25.2,296.9),
('桂花43',59.9,62.9,8.4,209.3,77.6,48.84,28.1,306.1),
('桂花56',43.38,47.37,7.4,212.17,83.92,48.93,32.5,306.58),
('桂花57',57.4,66,7.6,184.4,85.7,51.94,27.2,331.33),
('桂花58',61.74,80.05,7.11,192.4,77.19,51.04,27.8,302.7),
('桂花59',65,71,7.5,196.7,77.2,53.15,29.5,308.47),
('桂花62',61.2,62.9,6.6,169.6,61.2,54.8,22.2,207.69),
('桂花63',65,69.6,7.7,170.8,63.6,53.75,27.3,217.61),
('桂花871',59,64,7,198.2,78.5,51.9,29.2,272.93),
('桂花黑1号',47.3,50.9,8,165.8,63.7,50.76,26.33,300.17),
('桂花红132',50.36,57.58,7.03,210.2,82.39,59.28,22,169.16),
('桂花红168',51.3,56.7,7,190.9,72.5,53.11,25.68,289.17),
```

```
('桂花红198',66.2,71,8.4,171.8,68.6,51.97,25.9,308.17)]
>>> peanut_data_array = np.array(peanut_data_list,
    dtype=[('品种名称','<U8'),('主茎高','i4'),('侧枝长','f4'),('总分枝数','f4'),
    ('百果重','f4'),('百仁重','f4'),('粗脂肪','f4'),('粗蛋白','f4'),
    ('荚果亩产','f4')]) #创建结构化数组
>>> peanut_data_df = pd.DataFrame(peanut_data_array) #把结构化数组转换为标签表
>>> index_list = peanut_data_df.pop('品种名称')
    #提取'品种名称'数据，同时删除该列数据
>>> peanut_data_df.index = index_list #设置标签表的行标签为品种名称
>>> peanut_data_df.filter(items=['桂花1026','桂花58'],axis=0)
    #根据标签名称提取行数据
           主茎高  侧枝长      总分枝数...  粗脂肪      粗蛋白      荚果亩产
品种名称                                ...
桂花1026     55   59.000000  6.00  ...  50.959999  26.730000  252.089996
桂花58       61   80.050003  7.11  ...  51.040001  27.799999  302.700012

[2 rows x 8 columns]
>>> peanut_data_df_column = peanut_data_df.filter(items=['粗脂肪','粗蛋白'],
    axis=1) #根据标签名称提取列数据
>>> peanut_data_df_column.head(3)
           粗脂肪      粗蛋白
品种名称
桂花1026   50.959999  26.730000
桂花202    50.639999  27.000000
桂花22     55.250000  25.120001
>>> peanut_data_df.filter(like='红',axis=0) #筛选符合like参数的行数据
           主茎高   侧枝长      总分枝数...  粗脂肪      粗蛋白  荚果亩产
品种名称
桂花红132    50    57.580002  7.03  ...  59.279999  22.00  169.160004
桂花红168    51    56.700001  7.00  ...  53.110001  25.68  289.170013
桂花红198    66    71.000000  8.40  ...  51.970001  25.90  308.170013

[3 rows x 8 columns]
>>> peanut_data_df.filter(regex='2$',axis=0) #筛选符合regex参数的行数据
           主茎高  侧枝长      总分枝数...  粗脂肪      粗蛋白      荚果亩产
品种名称                               ...
桂花202     45    50.099998  7.90  ...  50.639999  27.000000  300.070007
桂花22      55    56.000000  6.00  ...  55.250000  25.120001  192.639999
桂花32      65    68.099998  6.60  ...  53.110001  25.480000  277.829987
桂花62      61    62.900002  6.60  ...  54.799999  22.200001  207.690002
桂花红132   50    57.580002  7.03  ...  59.279999  22.000000  169.160004

[5 rows x 8 columns]
```

5）DataFrame.iat[row_index,column_index]

该方法返回指定行和列位置索引点的值或给该点赋值。

| | |
|---|---|
| >>> peanut_data_df.iat[2,2]<br>6.0 | >>> peanut_data_df.iat[2,2] = 6.1<br>>>> peanut_data_df.iat[2,2]<br>6.1 |

6）DataFrame.at[row_label,column_label]

该方法返回由行和列标签索引指定点的值或修改该点的值。

| | |
|---|---|
| >>> peanut_data_df.at['桂花22','粗脂肪']<br>55.25 | peanut_data_df.at['桂花22','粗脂肪']=55.35<br>>>> peanut_data_df.at['桂花22','粗脂肪']<br>55.35 |

4. 标签表数据处理方法或函数

1）插入和删除列（DataFrame.insert(loc, column, value, allow_duplicates=_NoDefault.no_default）和 DataFrame.pop(column_label)）

insert 方法在 loc（列位置索引，整数）指定位置插入列，column 为指定插入的列标签，value 为插入列的值（可以是标量或 Series 或列表等）。

pop 方法返回 column_label 指定列的 Series 数据，并删除该列。

2）数据透视表（DataFrame.pivot_table）

标签表有生成数据透视表的方法 pivot_table，该方法调用语句和参数如下：

DataFrame.pivot_table(values=None, index=None, columns=None, aggfunc='mean', fill_ value=None, margins=False, dropna=True, margins_name='All', observed=False, sort=True)

该方法返回一个新的 DataFrame 数据集，反映 index 指定行和 columns 指定列对 values 指定列的双向透视表。包含的参数如下所示。

values：指定需要对值进行汇总的列名称，可以是一个列或多个列的列表。

index：指定作为行索引标签并进行分组的列名称，可以是一个列或多个列的列表。

columns：指定作为列索引标签并进行分组的列名称，可以是一个列或多个列的列表。

aggfunc：对 values 指定列进行汇总的函数名。

fill_value：指定当透视表无法计算汇总结果时进行替换的值。

margins：默认为 False。如果 margins =True，那么额外根据参数 aggfunc 指定的方法进行整体汇总，汇总结果保存在由 margins_name 指定的标签行中。

dropna：默认为 True，就是不统计值为 NaN 等空值的数字。

margins_name：当 margins 为 True 时，指定保存整体汇总结果的行标签名。

observed：默认为 False。

sort：默认为 True，对第一个行索引标签的值进行排序。

先以 5 个水稻品种 2 个年度 4 个地点的随机区间区域试验小区产量数据[①]为例，说明该方法的用法，继续在前面的交互式窗体演示，先把试验数据保存在 rice_test_dict 字典中，然后转换为 rice_df 标签表，示例代码如下：

```
>>> rice_test_dict = {'地点': ['甲', '甲', '甲', '甲', '甲', '乙', '乙', '乙',
    '乙', '乙', '丙', '丙', '丙', '丙', '丙', '丁', '丁', '丁', '丁', '丁',
    '甲', '甲', '甲', '甲', '甲', '乙', '乙', '乙', '乙', '乙', '丙', '丙',
    '丙', '丙', '丙', '丁', '丁', '丁', '丁', '丁'], '年度': ['2020', '2020',
    '2020', '2020', '2020', '2020', '2020', '2020', '2020', '2020', '2020',
    '2020', '2020', '2020', '2020', '2020', '2020', '2020', '2020', '2020',
    '2021', '2021', '2021', '2021', '2021', '2021', '2021', '2021', '2021',
    '2021', '2021', '2021', '2021', '2021', '2021', '2021', '2021', '2021',
    '2021', '2021'], '品种': ['A', 'B', 'C', 'D', 'E', 'A', 'B', 'C', 'D',
    'E', 'A', 'B', 'C', 'D', 'E', 'A', 'B', 'C', 'D', 'E', 'A', 'B', 'C',
    'D', 'E', 'A', 'B', 'C', 'D', 'E', 'A', 'B', 'C', 'D', 'E', 'A', 'B',
    'C', 'D', 'E'], '重复I': [19.7, 28.6, 20.3, 27.9, 22.3, 40.8, 44.4,
    44.6, 39.8, 71.5, 34.7, 28.8, 29.8, 27.7, 43.0, 20.2, 13.2, 24.5, 19.0,
    27.6, 45.5, 47.5, 54.2, 62.2, 47.4, 53.9, 63.7, 53.9, 74.2, 51.1, 42.1,
    38.8, 42.1, 44.3, 53.9, 26.6, 21.4, 20.7, 20.7, 32.6], '重复II': [31.4,
    38.3, 27.5, 40.0, 30.8, 29.4, 34.9, 41.4, 39.2, 47.6, 29.1, 28.7, 38.4,
    27.6, 32.7, 30.2, 20.5, 41.6, 18.4, 30.0, 50.3, 41.1, 52.3, 53.1, 57.8,
    58.8, 61.1, 59.1, 75.6, 47.3, 47.1, 29.4, 40.0, 43.5, 51.8, 26.5, 18.7,
    26.8, 23.6, 40.0], '重复III': [29.6, 43.5, 32.6, 46.1, 31.1, 30.2, 33.9,
    26.2, 29.1, 55.4, 35.1, 21.0, 28.0, 20.4, 32.0, 16.0, 9.6, 30.6, 24.6,
    22.7, 60.0, 49.4, 64.5, 74.7, 50.5, 47.7, 52.2, 56.4, 67.0, 45.0, 30.8,
    30.5, 39.8, 47.7, 50.3, 32.7, 24.1, 30.4, 30.9, 34.2]}
>>> rice_df = pd.DataFrame(rice_test_dict)
>>> rice_df.insert(6,'合计', rice_df['重复I']+rice_df['重复II']+
    rice_df['重复III']) #插入3个重复小区产量和的合计列，用于透视表计算
# 计算品种和地点对产量合计列的透视表，可用于计算品种和地点互作方差
>>> rice_df.pivot_table(values=['合计'], index='品种', columns='地点',
    aggfunc='sum')
        合计
地点    丁      丙      乙      甲
品种
A     152.2  218.9  260.8  236.5
B     107.5  177.2  290.2  248.4
C     174.6  218.1  281.6  251.4
D     137.2  211.2  324.9  304.0
E     187.1  263.7  317.9  239.9
```

3）分组方法（groupby）

标签表的分组方法调用语句如下：

① 盖钧镒. 试验统计方法. 北京：中国农业出版社，2000

DataFrame.groupby(by=None, axis=_NoDefault.no_default, level=None, as_index=True, sort=True, group_keys=True, observed=_NoDefault.no_default, dropna=True)

该方法返回一个根据 by 参数指定列进行分组产生的分组对象，该分组对象有相关的属性和方法。

参数说明如下所示。

by：指定 DataFrame 中进行分组的一个或多个列标签名列表。

level：如果有多级列索引，那么该参数指定分组索引的位置索引号或索引标签。

sort：是否对组名称进行排序，默认为 True。

处理分组对象数据的方法有：'agg'、'aggregate'、'all'、'any'、'apply'、'bfill'、'boxplot'、'corr'、'corrwith'、'count'、'cov'、'cumcount'、'cummax'、'cummin'、'cumprod'、'cumsum'、'describe'、'diff'、'dtypes'、'ewm'、'expanding'、'ffill'、'fillna'、'filter'、'first'、'get_group'、'groups'、'head'、'hist'、'idxmax'、'idxmin'、'indices'、'last'、'max'、'mean'、'median'、'min'、'ndim'、'ngroup'、'ngroups'、'nth'、'nunique'、'ohlc'、'pct_change'、'pipe'、'plot'、'prod'、'quantile'、'rank'、'resample'、'rolling'、'sample'、'sem'、'shift'、'size'、'skew'、'std'、'sum'、'tail'、'take' 和'transform'。

在前面的交互式窗体用标签表 rice_df 演示该分组功能，示例代码如下：

```
>>>rice_groupby = rice_df.groupby(['年度','地点'])
  #获得分组对象，除了分组列，利用分组对象的方法对各组的其他列数据进行合理的汇总运算，如果不能进行汇总运算，那么程序报错
>>> rice_groupby.sum()
   # 通过分组对象的 sum 函数对组内其他列数据求和，品种名也可以相加
         品种    重复I   重复II   重复III 合计
年度 地点
2020 丁    ABCDE   104.5   140.7   103.5   348.7
     丙    ABCDE   164.0   156.5   136.5   457.0
     乙    ABCDE   241.1   192.5   174.8   608.4
     甲    ABCDE   118.8   168.0   182.9   469.7
2021 丁    ABCDE   122.0   135.6   152.3   409.9
     丙    ABCDE   221.2   211.8   199.1   632.1
     乙    ABCDE   296.8   301.9   268.3   867.0
     甲    ABCDE   256.8   254.6   299.1   810.5
>>>rice_groupby.get_group(('2020','丁'))
  #通过分组对象的get_group方法获取指定组的所有记录
  地点  年度 品种 重复I  重复II重复III合计
15  丁  2020  A  20.2  30.2  16.0  66.4
16  丁  2020  B  13.2  20.5   9.6  43.3
17  丁  2020  C  24.5  41.6  30.6  96.7
18  丁  2020  D  19.0  18.4  24.6  62.0
19  丁  2020  E  27.6  30.0  22.7  80.3
```

```
>>> rice_groupby = rice_df.groupby(['年度','地点'])
>>> rice_groupby.agg('重复 I':['min','max'],'重复 III':['sum','count','mean'])
          重复I            重复III
          min    max    sum  count    mean
年度 地点
2020 丁    13.2   27.6   103.5   5     20.70
     丙    27.7   43.0   136.5   5     27.30
     乙    39.8   71.5   174.8   5     34.96
     甲    19.7   28.6   182.9   5     36.58
2021 丁    20.7   32.6   152.3   5     30.46
     丙    38.8   53.9   199.1   5     39.82
     乙    51.1   74.2   268.3   5     53.66
     甲    45.5   62.2   299.1   5     59.82
```

4）数据更新和汇总方法（apply、applymap（map）和 agg）

标签表有 apply、applymap（map）和 agg 三个方法用于对指定轴的数据进行汇总运算，其中，applymap 在旧版本中使用，下面分别说明 3 个方法的调用语句及参数。

（1）DataFrame.apply(func, axis=0, raw=False, result_type=None, args=(), by_row='compat', **kwargs)。

该方法对 DataFrame 的所有元素或指定的轴进行指定函数的运算，返回新的 DataFrame 或 Series。主要参数有下列 4 个。

func：对数据进行处理的函数。

axis：func 作用的轴。

raw：默认为 False，表示传递给 func 的列以 Series 形式传递，如果设置为 True，那么是 ndarray 格式。

result_type：包含 {'expand', 'reduce', 'broadcast', None} 4 个选项，默认为 None。

对于获取 DataFrame 数据集行或列的汇总信息或对其中每个元素进行由给定函数指定的运算，该方法非常方便。下面以 2010～2020 年中国 10 个花生主产省的面积为例说明，继续在前面的交互式窗体进行，先把面积数据保存在 peanut_area 字典中，然后转换为标签表 peanut_area_df，示例代码如下：

```
peanut_area = {'年份': ['2010', '2011', '2012', '2013', '2014', '2015',
    '2016', '2017', '2018', '2019', '2020'], '河北': [367.4, 360.2, 354.5,
    355.6, 352.5, 342.9, 342.3, 266.8, 258.1, 250.2, 246.0], '辽宁': [332.4,
    377.1, 359.6, 341.5, 305.6, 277.8, 281.3, 271.7, 286.1, 289.2, 306.2],
    '吉林': [135.4, 118.5, 141.5, 148.3, 150.4, 173.4, 206.7, 332.6, 244.9,
    234.4, 239.2], '安徽': [194.6, 188.9, 187.5, 187.3, 190.4, 191.1, 183.1,
    138.9, 144.2, 142.2, 145.8], '江西': [152.4, 157.9, 160.7, 163.7, 162.6,
    164.2, 163.8, 162.5, 167.3, 165.1, 171.4], '山东': [805.0, 797.1, 787.1,
    780.3, 755.3, 740.4, 739.7, 709.2, 695.3, 666.5, 650.9], '河南': [989.5,
    1010.6, 1007.1, 1037.3, 1058.3, 1074.6, 1128.2, 1151.9, 1203.2, 1223.1,
```

在前面的交互式窗体使用面积数据全部转换为浮点数的标签表 peanut_area_df_map 来演示该功能，示例代码如下：

```
>>> peanut_area_df_map.agg([sum,np.mean]) #默认对列汇总，对每个省面积求总和、平均值
         河北          辽宁       ...   广东          广西壮族自治区
sum    3496.500000  3428.500000  ...  3789.100000  2232.700000
mean    317.863636   311.681818  ...   344.463636   202.972727

[2 rows x 10 columns]
>>> peanut_area_df_map.agg([sum,np.mean],axis=1).head(3)#演示对行汇总功能
         sum    mean
2010  3664.8  366.48
2011  3716.4  371.64
2012  3769.8  376.98
```

5）值计数方法（value_counts）

标签表有给指定列数据进行次数或概率计算的方法，该方法名为 value_counts，调用该方法的语句及参数如下：

DataFrame.value_counts(subset=None, normalize=False, sort=True, ascending=False, dropna=True)

该方法返回由 subset 指定子数据集值次数（normalize=False）或概率（normalize=True）的 Series。参数 sort 指定是否按次数或概率排序（sort=True）。参数 ascending 指定排序为升序（True）或降序（False）。参数 dropna 指定是否跳过空值，默认为 True，如果设置为 False，那么空值也进行计数。

在前面的交互式窗体中重新构建一个标签表，保存来自中国登记花生品种的 5 个花生品种特征特性，用于演示该功能，示例代码如下：

```
>>> peanut_df = pd.DataFrame({'品种类型': pd.Series(['珍珠豆型', '珍珠豆型',
    '珍珠豆型', '珍珠豆型', '珍珠豆型'],index=['桂花22', '桂花33', '桂花36',
    '桂花871', '信花5号']), '生育期(天)': pd.Series([116, 121, 125, 124,
    112], index=['桂花22', '桂花33', '桂花36', '桂花871', '信花5号']),
    '生长习性': pd.Series(['直立', '直立', '直立', '直立', '直立'],
    index=['桂花22', '桂花33', '桂花36', '桂花871', '信花5号']),
    '粗脂肪含量(%)': pd.Series([55.25, 55.57, 53.53, 51.9, 53.2],index=
    ['桂花22', '桂花33', '桂花36', '桂花871', '信花5号']), '粗蛋白含量(%)':
    pd.Series([25.12, 26.15, 24.81, 29.2, 21.6],index=['桂花22', '桂花33',
    '桂花36', '桂花871', '信花5号']), '青枯病': pd.Series(['中抗', '感病',
    '感病', '中抗', '中抗'],index=['桂花22', '桂花33', '桂花36', '桂花871',
    '信花5号']), '叶斑病': pd.Series(['中抗', '中抗', '中抗', '中抗',
    '中感'],index=['桂花22', '桂花33', '桂花36', '桂花871', '信花5号']),
    '荚果亩产(kg)': pd.Series([192.64, 268.75, 255.27, 272.93, ''],index=
    ['桂花22', '桂花33', '桂花36', '桂花871', '信花5号'])}) #该字典的值为标签列，
    其标签为品种名称列表
>>> count = peanut_df.value_counts(['青枯病','叶斑病'])
```

```
    #同时对5个品种两个病害的抗性组合计数
>>> count
青枯病  叶斑病
中抗    中抗      2
感病    中抗      2
中抗    中感      1
Name: count, dtype: int64
```

6）排序

标签表包含对表中数据进行排序的方法，该方法名为 sort_values，其调用语句和参数如下：

DataFrame.sort_values(by, *, axis=0, ascending=True, inplace=False, kind='quicksort', na_position='last', ignore_index=False, key=None)

该方法根据列标签参数 by 指定列对整个 DataFrame 进行升序或降序排列。若将 ascending 设置为 False，则为降序；若将 inplace 设置为 True，则返回 DataFrame 本身，默认返回一个新的 DataFrame。

继续在前面的交互式窗体使用面积数据全部转换为浮点数的标签表 peanut_area_df_map 来演示该功能，示例代码如下：

```
>>> sort_result = peanut_area_df_map.sort_values(by=['河北'])
>>> sort_result #河北省各年的面积数据按升序排列，是对所有记录按指定列进行排序
     河北    辽宁    吉林    安徽    江西   山东    河南    湖北   广东   广西壮族自治区
2020 246.0  306.2  239.2  145.8  171.4 650.9 1261.8 248.7 347.6 223.3
2019 250.2  289.2  234.4  142.2  165.1 666.5 1223.1 243.6 340.5 218.5
2018 258.1  286.1  244.9  144.2  167.3 695.3 1203.2 232.6 332.5 211.5
2017 266.8  271.7  332.6  138.9  162.5 709.2 1151.9 230.5 319.1 206.0
2016 342.3  281.3  206.7  183.1  163.8 739.7 1128.2 206.1 369.0 221.3
2015 342.9  277.8  173.4  191.1  164.2 740.4 1074.6 199.1 365.9 214.3
2014 352.5  305.6  150.4  190.4  162.6 755.3 1058.3 198.5 357.4 204.3
2012 354.5  359.6  141.5  187.5  160.7 787.1 1007.1 239.8 343.2 188.8
2013 355.6  341.5  148.3  187.3  163.7 780.3 1037.3 200.4 351.0 194.9
2011 360.2  377.1  118.5  188.9  157.9 797.1 1010.6 192.2 334.4 179.5
2010 367.4  332.4  135.4  194.6  152.4 805.0  989.5 189.3 328.5 170.3
```

7）列运算方法（eval）

标签表可以对其中指定列的数据进行相关运算，增加新的运算结果列。该方法的调用语句为 DataFrame.eval(expr, *, inplace=False, **kwargs)。该方法根据参数 expr 指定的列操作表达式字符串对 DataFrame 进行数学运算等操作；参数 inplace 指定默认返回一个新的 DataFrame，如果设置为 True，那么更新原数据集。

经测试，DataFrame 中的列标签不能含有 Ⅰ、Ⅱ、Ⅲ 等田间试验常常用于表示区组的符号，如果有，那么解释器不能解释这个表达式而报错，引起程序崩溃。

在水稻多年多点区域试验中，原始数据中每个试验有 3 个重复的小区产量，而方差分

析需要计算每个品种 3 个重复小区产量的和，用 DataFrame 的这个方法就可以更快速地计算出 3 个重复的和，将 inplace 参数设置为 True，就可以让原数据集包含汇总结果。继续在前面的交互式窗体用创建的标签表 rice_df 来演示该功能，参见下面的示例代码：

```
>>> rice_df.eval('合计=重复1+重复2+重复3').head(3)
  地点  年度  品种   重复1    重复2    重复3    合计
0  甲  2020   A    19.7    31.4    29.6    80.7
1  甲  2020   B    28.6    38.3    43.5    110.4
2  甲  2020   C    20.3    27.5    32.6    80.4
```

8）相关系数（pandas.DataFrame.corr）

标签表包含计算数量性状间相关系数的方法，该方法的调用语句如下：

DataFrame.corr(method='pearson', min_periods=1, numeric_only=False)

该方法返回数量性状列两两之间的相关系数。参数 method 指定相关系数的计算方法，默认是 pearson 相关系数，还可以选择'spearman' 相关系数或'kendall' 秩相关系数。参数 min_periods 指定最少的变量个数，如果将参数 numeric_only 设置为 True，那么要求性状的所有值都是数值，而且不能为空值；当设置为 False 时，如果有 NaN，那么返回的相关系数也是 NaN。

下面选取 100 份广西壮族自治区保存的花生品种资源考种数据并利用该方法进行相关系数的计算，先在同面的交互式窗体构建字典 peanut_dict 并保存这 100 份花生品种资源的信息，然后将其转换为标签表，示例代码如下：

```
>>> peanut_dict = {'广西壮族自治区编号': ['34', '35', '36', '37', '38', '39',
    '40', '42', '43', '44', '46', '47', '48', '49', '50', '51', '52', '53',
    '54', '55', '56', '57', '58', '59', '60', '5001', '5002', '5003',
    '5004', '5005', '5006', '5007', '5008', '5009', '5010', '5011', '5012',
    '5013', '5014', '5015', '5016', '5017', '5018', '5019', '5020', '5021',
    '5022', '5024', '5025', '5026', '5027', '5041', '5042', '5043', '5044',
    '5045', '5046', '5047', '5048', '5049', '5050', '5051', '5052', '5053',
    '5054', '5055', '5056', '5058', '5059', '5060', '5061', '5062', '5063',
    '5064', '5065', '6021', '6022', '6023', '6024', '6025', '6026', '6027',
    '6028', '6029', '6030', '6031', '6032', '6033', '6034', '6035', '6036',
    '6037', '6038', '6039', '6040', '6041', '6042', '6043', '6044', '6045'],
    '主茎高': ['48.77', '54.0', '51.47', '50.8', '55.1', '52.8', '56.47',
    '48.79', '46.13', '36.97', '52.0', '49.1', '42.57', '46.57', '46.67',
    '42.9', '46.43', '42.22', '40.87', '46.67', '50.77', '45.87', '50.23',
    '43.23', '44.33', '47.2', '38.2', '39.6', '50.6', '38.2', '57.2',
    '35.8', '45.4', '42.4', '39.0', '50.0', '57.8', '61.4', '60.4', '76.0',
    '64.6', '57.0', '57.6', '64.0', '76.8', '61.2', '58.2', '62.4', '73.2',
    '48.6', '74.8', '67.3', '57.8', '57.4', '64.0', '83.4', '55.6', '50.8',
    '88.4', '69.2', '84.4', '91.2', '83.2', '51.3', '62.6', '65.5', '100.0',
    '70.2', '82.8', '59.0', '60.0', '65.8', '55.0', '71.8', '50.2', '35.0',
    '38.8', '75.4', '39.0', '44.0', '32.8', '26.4', '50.2', '40.6', '35.4',
```

```
'42.8', '43.6', '42.2', '71.2', '36.6', '39.6', '39.8', '37.0', '36.8',
'43.8', '53.0', '27.2', '40.4', '54.4', '50.3'], '侧枝长': ['53.27',
'40.43', '38.8', '54.37', '62.23', '60.56', '60.9', '52.53', '52.87',
'61.43', '54.13', '54.23', '51.9', '53.33', '49.0', '48.2', '49.43',
'46.57', '46.2', '47.2', '59.57', '46.0', '56.67', '62.53', '45.8',
'61.8', '50.0', '50.0', '65.8', '47.0', '65.6', '59.4', '54.8', '51.6',
'45.8', '60.4', '62.8', '66.4', '72.0', '81.3', '75.4', '57.7', '64.0',
'59.8', '72.4', '64.6', '65.0', '67.0', '97.8', '61.6', '84.5', '59.5',
'80.6', '60.4', '64.8', '87.2', '60.8', '55.8', '97.2', '74.8', '112.0',
'105.8', '98.2', '75.0', '90.2', '117.5', '106.0', '71.6', '99.3',
'67.8', '77.5', '76.2', '58.2', '80.8', '58.2', '62.4', '60.5', '85.6',
'73.0', '65.8', '62.4', '49.0', '35.4', '48.6', '55.8', '64.8', '69.8',
'68.0', '91.4', '81.6', '70.2', '61.3', '60.0', '51.0', '57.6', '63.6',
'75.2', '65.6', '58.4', '59.7'], '总分枝数': ['5.1', '6.97', '6.33',
'6.67', '5.9', '5.5', '5.1', '6.13', '10.67', '7.33', '4.53', '7.33',
'8.43', '5.2', '5.1', '5.77', '5.2', '5.1', '7.0', '5.47', '5.37',
'4.57', '5.2', '5.0', '4.8', '18.0', '20.2', '9.6', '11.8', '11.6',
'5.8', '19.6', '8.2', '11.0', '6.4', '11.0', '7.4', '6.6', '6.4', '6.6',
'13.6', '9.3', '11.8', '4.8', '5.6', '8.6', '6.6', '11.4', '7.0', '6.2',
'8.8', '13.0', '13.2', '10.6', '12.2', '8.6', '7.8', '9.8', '5.4',
'12.0', '6.2', '5.0', '7.0', '6.6', '8.6', '17.5', '10.0', '11.4',
'14.0', '9.6', '9.0', '7.8', '11.0', '14.3', '10.8', '17.2', '16.2',
'22.4', '24.0', '27.2', '34.2', '30.4', '23.6', '25.6', '24.0', '39.8',
'24.0', '28.2', '32.8', '30.0', '31.4', '17.5', '19.2', '24.0', '16.6',
'37.4', '23.4', '18.8', '18.2', '17.0'], '有效枝数': ['4.53', '4.1',
'6.67', '5.33', '5.33', '4.97', '4.57', '5.23', '5.33', '6.2', '4.0',
'5.1', '6.33', '5.1', '5.1', '4.9', '4.8', '4.73', '6.33', '5.0',
'4.67', '4.57', '4.33', '5.0', '4.7', '6.4', '7.0', '6.2', '9.8', '6.6',
'2.6', '4.6', '5.0', '5.0', '5.2', '5.2', '4.6', '3.0', '2.6', '2.8',
'3.2', '4.0', '6.0', '4.0', '5.2', '5.0', '6.4', '4.8', '3.0', '6.2',
'2.5', '5.3', '4.2', '7.2', '4.8', '6.0', '4.6', '6.0', '3.6', '3.6',
'3.8', '2.0', '3.2', '3.2', '3.8', '2.0', '3.3', '4.8', '5.5', '3.2',
'6.0', '6.4', '6.8', '7.3', '4.2', '16.6', '21.3', '5.6', '6.4', '7.6',
'8.0', '5.4', '7.8', '6.2', '6.4', '7.3', '7.0', '6.2', '5.8', '6.2',
'6.0', '5.2', '5.0', '7.6', '5.4', '7.4', '4.8', '5.8', '6.8', '7.0'],
'结实范围': ['3.44', '8.1', '11.33', '3.67', '7.33', '6.67', '4.21',
'4.33', '3.44', '5.89', '4.1', '4.22', '4.88', '6.78', '5.0', '4.22',
'5.44', '4.44', '5.0', '4.0', '4.33', '4.11', '3.0', '4.78', '5.56',
'6.0', '4.8', '11.3', '6.4', '5.2', '1.9', '8.8', '5.6', '7.2', '6.4',
'5.2', '4.4', '2.2', '2.4', '1.6', '6.4', '3.3', '3.2', '4.0', '3.4',
'2.4', '6.1', '4.8', '6.7', '10.6', '2.8', '2.0', '2.0', '0.8', '3.7',
'5.0', '2.5', '3.0', '6.1', '1.8', '6.0', '3.6', '2.8', '2.6', '3.0',
'5.5', '14.0', '4.2', '13.5', '8.6', '3.0', '3.8', '3.6', '4.5', '3.6',
'19.0', '2.8', '11.0', '12.6', '14.8', '13.2', '13.2', '16.4', '14.2',
'16.2', '5.5', '15.8', '14.0', '7.8', '15.4', '11.2', '13.2', '23.4',
```

```
'7.8', '9.0', '12.8', '5.8', '11.8', '13.2', '15.3'], '饱果数': ['9.67',
'13.23', '21.14', '10.2', '14.2', '9.53', '13.67', '14.1', '14.76',
'17.57', '8.9', '16.43', '17.13', '20.33', '13.4', '13.23', '12.9',
'11.17', '14.33', '9.0', '11.1', '10.33', '7.87', '16.97', '12.1',
'22.2', '27.4', '19.6', '23.2', '19.6', '20.6', '20.6', '21.8', '24.0',
'12.8', '16.2', '11.8', '7.6', '7.2', '5.8', '11.0', '12.3', '23.6',
'12.0', '19.8', '9.8', '23.0', '19.4', '20.0', '21.4', '7.5', '15.0',
'7.0', '16.6', '16.0', '18.0', '18.4', '10.8', '8.4', '7.0', '13.0',
'3.0', '7.2', '14.4', '15.0', '6.5', '7.0', '15.4', '19.0', '12.2',
'18.0', '16.0', '22.6', '15.8', '13.8', '12.2', '10.2', '9.2', '9.6',
'7.8', '10.6', '12.4', '21.6', '17.6', '15.2', '9.4', '17.6', '13.0',
'8.2', '7.8', '11.8', '9.8', '27.8', '16.4', '12.4', '13.0', '7.6',
'10.0', '14.6', '16.7'], '百果重': ['133.0', '138.5', '131.0', '135.5',
'156.0', '153.0', '148.0', '137.0', '131.0', '129.5', '99.0', '94.0',
'138.0', '117.5', '91.5', '124.0', '102.5', '118.0', '109.0', '122.5',
'131.0', '86.0', '112.0', '147.0', '155.0', '72.0', '109.5', '84.5',
'81.5', '136.0', '117.0', '124.0', '135.0', '135.5', '79.5', '107.0',
'82.5', '153.5', '142.0', '134.0', '150.5', '105.0', '148.5', '66.0',
'66.0', '139.0', '81.0', '98.0', '151.0', '99.5', '128.5', '124.0',
'115.0', '118.5', '127.0', '127.0', '140.0', '127.5', '151.0', '189.5',
'177.5', '172.0', '144.5', '138.5', '150.0', '112.0', '166.5', '147.0',
'131.0', '115.0', '128.0', '108.5', '60.0', '89.0', '92.0', '120.5',
'130.5', '234.0', '144.0', '127.5', '157.0', '121.5', '103.0', '186.0',
'118.5', '224.0', '123.0', '129.0', '113.0', '206.0', '206.0', '233.0',
'128.0', '213.0', '242.0', '239.0', '182.0', '144.0', '214.0', '221.0'],
'百仁重': ['48.0', '52.0', '49.0', '49.4', '52.0', '51.0', '51.0',
'48.0', '50.0', '47.0', '38.0', '44.0', '50.0', '47.0', '38.0', '48.0',
'44.0', '45.0', '43.0', '44.0', '50.0', '39.0', '47.0', '52.0', '57.5',
'32.0', '48.0', '38.0', '37.0', '30.5', '30.0', '53.0', '40.0', '61.0',
'32.5', '46.0', '37.5', '42.0', '40.0', '37.0', '51.0', '41.0', '46.0',
'30.0', '30.0', '48.0', '34.0', '42.0', '43.0', '32.0', '40.0', '50.0',
'47.0', '52.0', '49.0', '38.0', '42.0', '45.0', '39.0', '53.0', '49.0',
'47.0', '38.0', '37.0', '35.0', '40.0', '43.0', '34.0', '39.0', '44.0',
'33.0', '33.0', '25.0', '37.0', '35.0', '54.0', '58.0', '91.0', '67.0',
'56.4', '67.0', '47.0', '84.0', '96.3', '85.0', '85.0', '55.0', '60.0',
'52.0', '50.4', '91.0', '82.0', '57.0', '90.0', '103.7', '94.0', '78.0',
'62.0', '78.0', '85.0'], '出仁率': ['67.5', '68.0', '70.0', '68.8',
'66.3', '66.3', '68.8', '65.0', '66.3', '72.5', '73.8', '75.0', '67.5',
'75.0', '75.0', '67.5', '67.5', '72.5', '70.0', '66.3', '70.0', '75.0',
'70.0', '68.8', '68.8', 74.0, 77.0, 76.0, 68.0, 74.0, 70.0, 70.0, 74.0,
73.0, 76.0, 69.0, 69.0, 71.0, 68.0, 69.0, 73.0, 76.0, 80.0, 75.0, 78.0,
66.0, 72.0, 74.0, 73.0, 71.0, 70.0, 72.0, 72.0, 71.0, 67.0, 74.0, 69.0,
69.0, 70.0, 68.0, 75.0, 66.0, 75.0, 75.0, 72.0, 69.0, 71.0, 70.0, 68.0,
70.0, 75.0, 70.0, 79.0, 74.0, 63.0, 80.0, 82.0, 75.0, 74.0, 78.0, 78.0,
82.0, 72.0, 72.0, 71.0, 71.0, 71.0, 78.0, 74.0, 76.0, 77.0, 74.0, 81.0,
```

```
    74.0, 72.0, 74.0, 71.0, 80.0, 72.0, 72.0], '单株生产力': ['12.86',
    '16.5', '25.0', '12.89', '19.7', '11.89', '16.3', '16.59', '20.32',
    '20.17', '8.35', '14.56', '19.04', '18.3', '10.53', '15.95', '13.05',
    '13.97', '19.33', '10.1', '13.4', '8.1', '9.47', '20.66', '16.83',
    '7.5', '20.5', '8.5', '12.7', '5.9', '11.8', '2.63', '15.2', '16.2',
    '19.2', '11.0', '11.3', '5.3', '5.8', '4.4', '6.8', '12.2', '15.8',
    '8.6', '9.32', '8.0', '12.7', '14.7', '14.4', '10.9', '5.6', '12.3',
    '13.4', '15.5', '16.3', '15.0', '12.1', '16.5', '6.3', '6.9', '14.1',
    '6.3', '9.6', '11.6', '11.4', '4.4', '9.3', '11.7', '9.8', '11.3',
    '7.5', '7.9', '8.6', '5.6', '6.5', '21.3', '20.2', '23.4', '19.7',
    '14.0', '15.0', '16.6', '21.4', '19.6', '20.0', '30.8', '21.8', '18.1',
    '13.2', '17.0', '28.5', '30.0', '29.2', '24.6', '28.1', '31.5', '11.3',
    '22.1', '24.3', '16.6']}
>>> peanut_df = pd.DataFrame(peanut_dict).set_index('广西壮族自治区编号')
    #构建花生资源的标签表
>>> peanut_df = peanut_df.applymap(lambda x:float(x))
    #将其中的字符串数值转换为浮点数
>>> peanut_df
       主茎高 侧枝长  总分枝数 有效枝数  结实范围  饱果数 百果重 百仁重  出仁率  单株生产力
广西壮族自治区编号
34     48.77 53.27  5.10   4.53       3.44    9.67 133.0 48.0  67.50   12.86
35     54.00 40.43  6.97   4.10       8.10   13.23 138.5 52.0  68.00   16.50
36     51.47 38.80  6.33   6.67      11.33   21.14 131.0 49.0  70.00   25.00
37     50.80 54.37  6.67   5.33       3.67   10.20 135.5 49.4  68.80   12.89
38     55.10 62.23  5.90   5.33       7.33   14.20 156.0 52.0  66.30   19.70
...      ...   ...   ...    ...        ...     ...   ...  ...    ...     ...
6041   53.00 63.60 37.40   7.40      12.80   13.00 239.0 94.0   0.74   31.50
6042   27.20 75.20 23.40   4.80       5.80    7.60 182.0 78.0   0.71   11.30
6043   40.40 65.60 18.80   5.80      11.80   10.00 144.0 62.0   0.80   22.10
6044   54.40 58.40 18.20   6.80      13.20   14.60 214.0 78.0   0.72   24.30
6045   50.30 59.70 17.00   7.00      15.30   16.70 221.0 85.0   0.72   16.60

[100 rows x 10 columns]
>>> peanut_df.corr()
```

100 份花生种质资源性状相关系数如表 6-4 所示。

9）协方差（pandas.DataFrame.cov）

标签表计算数量性状间的协方差方法调用语句如下：

`DataFrame.cov(min_periods=None, ddof=1, numeric_only=False)`

该方法返回数量性状列两两之间的协方差。参数 min_periods 指定最少的变量个数，ddof 指定计算均积时样品总数 $N$ 需要减去的整数，如果是有限样品，那么 ddof 为 1，如果是有限总体，那么 ddof 为 0。如果将参数 numeric_only 设置为 True，那么要求性状的所有值都是数值，而且不能为空值；如果将参数 numeric_only 设置为 False 时，如果有

NaN，那么将自动去除 NaN。在前述的交互式窗体继续用已创建的花生标签表 peanut_df 来演示该功能，示例代码如下：

**表 6-4 100 份花生种质资源性状相关系数表**

| 性状名 | 主茎高 | 侧枝长 | 总分枝数 | 有效枝数 | 结实范围 | 饱果数 | 百果重 | 百仁重 | 出仁率 | 单株生产力 |
|---|---|---|---|---|---|---|---|---|---|---|
| 主茎高 | 1.00 | 0.72 | −0.34 | −0.39 | −0.14 | −0.22 | −0.01 | −0.34 | −0.23 | −0.45 |
| 侧枝长 | 0.72 | 1.00 | 0.06 | −0.26 | −0.05 | −0.33 | 0.20 | −0.15 | 0.00 | −0.32 |
| 总分枝数 | −0.34 | 0.06 | 1.00 | 0.35 | 0.30 | −0.05 | 0.43 | 0.65 | 0.40 | 0.48 |
| 有效枝数 | −0.39 | −0.26 | 0.35 | 1.00 | 0.23 | 0.19 | −0.01 | 0.25 | 0.41 | 0.39 |
| 结实范围 | −0.14 | −0.05 | 0.30 | 0.23 | 1.00 | 0.13 | 0.12 | 0.29 | 0.17 | 0.29 |
| 饱果数 | −0.22 | −0.33 | −0.05 | 0.19 | 0.13 | 1.00 | −0.31 | −0.13 | 0.20 | 0.18 |
| 百果重 | −0.01 | 0.20 | 0.43 | −0.01 | 0.12 | −0.31 | 1.00 | 0.75 | −0.04 | 0.50 |
| 百仁重 | −0.34 | −0.15 | 0.65 | 0.25 | 0.29 | −0.13 | 0.75 | 1.00 | 0.10 | 0.71 |
| 出仁率 | −0.23 | 0.00 | 0.40 | 0.41 | 0.17 | 0.20 | −0.04 | 0.10 | 1.00 | 0.26 |
| 单株生产力 | −0.45 | −0.32 | 0.48 | 0.39 | 0.29 | 0.18 | 0.50 | 0.71 | 0.26 | 1.00 |

```
>>> peanut_df.cov() #直接在交互式窗体查看协方差计算结果
          主茎高        侧枝长       总分枝数   ...   百仁重       出仁率      单株生产力
主茎高   214.336514 171.163423 -42.305140 ... -84.495570 -13.731111 -42.554621
侧枝长   171.163423 263.889914   8.208912 ... -41.357540  -0.098434 -33.246379
总分枝数 -42.305140   8.208912  71.270830 ...  93.465930  13.578066  26.321398
有效枝数 -13.999650 -10.372566   7.073518 ...  10.103268   3.936470   6.099865
结实范围 -18.083927  -7.537019  21.598394 ...  41.950031   5.787076  16.061735
饱果数   -16.468200 -28.147780  -2.243583 ... -11.366636   4.098809   6.180190
百果重    -4.035863 127.603144 142.491616 ... 497.624010  -6.444929 127.479670
百仁重   -84.495570 -41.357540  93.465930 ... 285.931996   6.770481  77.288073
出仁率   -13.731111  -0.098434  13.578066 ...   6.770481  15.999168   6.627754
单株生产力-42.554621 -33.246379  26.321398 ...  77.288073   6.627754  41.625268
[10 rows x 10 columns]
```

10）累加（pandas.DataFrame.cumsum）

标签表对累加方法的调用语句如下：

DataFrame.cumsum(axis=None, skipna=True, *args, **kwargs)

该方法返回指定轴数量性状观测值的累加序列，参数 axis 指定累加方向（默认为 None 或 0，对列数据进行累加），参数 skipna 指定是否跳过 NaN（空值）进行累加。

继续以上述的 100 份花生品种数据构建的标签表为例来演示该功能，示例代码如下：

```
>>> peanut_df.cumsum(0).head(3) #在此标签表中，只适合对性状数据累加，故axis设置为0
         主茎高    侧枝长     总分枝数 有效枝数 ...   百果重   百仁重   出仁率     单株生产力
广西壮族自治区编号                                  ...
34        48.77   53.27     5.10    4.53   ...   133.0   48.0    67.5     12.86
35       102.77   93.70    12.07    8.63   ...   271.5  100.0   135.5     29.36
36       154.24  132.50    18.40   15.30   ...   402.5  149.0   205.5     54.36
>>> peanut_df.cumsum(0).tail(3) #查看最后3行数据
```

```
        主茎高      侧枝长      总分枝数    有效枝数 ... 百果重      百仁重   出仁率   单株生产力
广西壮族自治区编号
6043  5247.83  6386.65  1232.97  535.62 ... 13041.5  4875.2 7069.2 1408.11
6044  5302.23  6445.05  1251.17  542.42 ... 13255.5  4953.2 7141.2 1432.41
6045  5352.53  6504.75  1268.17  549.42 ... 13476.5  5038.2 7213.2 1449.01
```

11）标准差（pandas.DataFrame.std）和标准误（pandas.DataFrame.sem）

标准差（standard deviation，SD 或 $\sigma$）能反映一个数据集的离散程度。标准差低则代表数据集当中的值接近均值。标准差高则有时表示数据中存在异常值。

要了解标准误，重要的是要了解总体和样本之间的差异。总体包括某个群体的所有成员，而样本仅代表总体中的少数成员。当进行实验时，一般从样本中收集数据并使用它来推断总体的统计数。而标准误就是用于阐明样本的平均值与总体平均值的接近程度。将标准差除以样本量（样本个体数）的平方根称为标准误。因此，随着样本量变大，标准误变小，样本的平均值越接近总体平均值。

调用标准差和标准误计算方法的语句如下：

```
DataFrame.std(axis=0, skipna=True, ddof=1, numeric_only=False, **kwargs)
DataFrame.sem(axis=0, skipna=True, ddof=1, numeric_only=False, **kwargs)
```

两个方法的参数完全一样，只是计算过程有差别，返回数据列的标准差或标准误 Series 或 DataFrame。

参数说明如下所示。

axis：0 表示对列进行统计，1 表示对行进行统计。

skipna：表示是否跳过空值，默认为 True，如果整个性状的值都是 NaN，那么计算结果也为 NaN。

ddof：计算标准差时分母的样品数 $n$ 减去的整数，样本默认为 1，总体为 0。

numeric_only：默认为 False。

继续以前面的 100 份花生品种数据构建的标签表为例来演示标准差和标准误计算功能，示例代码如下：

```
>>> peanut_df.std(axis=0)
    # 计算 100 份花生资源各性状的标准差
主茎高           14.640236
侧枝长           16.244689
总分枝数           8.442205
有效枝数           2.425528
结实范围           4.576620
饱果数             5.206404
百果重            39.397127
百仁重            16.909524
出仁率            30.050568
单株生产力          6.451765
dtype: float64
```

```
>>> peanut_df.sem(axis=0)
    # 计算 100 份花生资源各性状的标准误
主茎高           1.464024
侧枝长           1.624469
总分枝数          0.844221
有效枝数          0.242553
结实范围          0.457662
饱果数            0.520640
百果重            3.939713
百仁重            1.690952
出仁率            3.005057
单株生产力         0.645176
dtype: float64
```

12）最大值、最小值和平均值

标签表通过参数 axis 指定列数据集或行数据集的最大值、最小值和平均值方法的调用语句如下：

```
DataFrame.max(axis=0, skipna=True, numeric_only=False, **kwargs)
DataFrame.min(axis=0, skipna=True, numeric_only=False, **kwargs)
DataFrame.mean(axis=0, skipna=True, numeric_only=False, **kwargs)
```

分别返回由参数 axis 指定数据集的最大值、最小值和平均数，三个方法的参数完全一样。参数 skipna 指定是否跳过空值，默认为 True，不包括空值；参数 numeric_only 指定是否只对全是数值的列进行计算，默认为 False，如果数据集中同时有质量性状和数量性状，那么应设置为 True。

在前述的交互式窗体中，继续以前面的 100 份花生品种数据构建的标签表为例来演示最大值、最小值和平均值计算功能，示例代码如下：

```
>>> peanut_df.max()  #数据性状和质量性状均可比较大小，但含义不一样
主茎高        100.0
侧枝长        117.5
总分枝数        39.8
有效枝数        21.3
结实范围        23.4
饱果数         27.8
百果重        242.0
百仁重        103.7
出仁率         82.0
单株生产力       31.5
dtype: float64
>>> peanut_df.min()
主茎高        26.40
侧枝长        35.40
总分枝数        4.53
有效枝数        2.00
结实范围        0.80
饱果数         3.00
百果重        60.00
百仁重        25.00
出仁率        63.00
单株生产力       2.63
dtype: float64
>>> peanut_df.mean(numeric_only=True)
    #如果numeric_only设置为False，只能计算数量性状的平均值
主茎高         53.5253
侧枝长         65.0475
总分枝数        12.6817
有效枝数         5.4942
```

```
结实范围        6.8597
饱果数         14.1206
百果重        134.7650
百仁重         50.3820
出仁率         72.1320
单株生产力       14.4901dtype: float64
```

13）分位数（pandas.DataFrame.quantile）

该方法的调用语句如下：

DataFrame.quantile(q=0.5, axis=0, numeric_only=False, interpolation='linear', method= 'single')

该方法返回由参数 axis 指定数据集及由 q 指定的分位数或分位数概率列表的分位数，参数 q 为大于 0 小于 1 的浮点数。如果数据集中同时有质量性状和数量性状，那么参数 numeric_only 应设置为 True。参数 interpolation 指定插值计算方法，即当指定概率对应的值在两个变量（a，b，b>a）之间时这个值的计算方法，有'linear'、'lower'、'higher'、'midpoint'、'nearest' 共 5 种计算方法。参数 method 指定是逐列（行）还是对整个表所有数组进行计算分位数，method 可以有'single' 或'table' 两个选项。

interpolation 参数指定的 5 个计算方法的具体计算公式如下所示。

'linear'：a+（b-a）* f。

'lower'：a。

'higher'：b。

'midpoint'：（a+b）/2。

'nearest'：与'lower' 相似。

继续在同前的交互式窗体以前面的 100 份花生品种数据构建的标签表 peanut_df 为例来演示分位数计算功能，示例代码如下：

```
>>> peanut_df.quantile([0.5])
    主茎高 侧枝长 总分枝数 有效枝数 结实范围 饱果数 百果重 百仁重 出仁率(%)单株生产力(克)
0.5 50.685 61.515 9.6      5.2      5.2 13.315 130.0 47.0      72.0        13.685
>>> peanut_df.quantile([0.25,0.5,0.75])
       主茎高     侧枝长   总分枝数  有效枝数 ... 百果重     百仁重  出仁率(%)     单株生产力(克)
0.25   42.7425 54.205 6.3825  4.5600 ... 112.000 39.0  69.0        9.5675
0.50   50.6850 61.515 9.6000  5.2000 ... 130.000 47.0  72.0        13.6850
0.75   61.2500 72.100 17.2750 6.2325 ... 148.875 53.0  75.0        19.0800

[3 rows x 10 columns]
```

14）中位数（pandas.DataFrame.median）和众数（pandas.DataFrame.mode）

这两个方法的调用语句如下：

DataFrame.median(axis=0, skipna=True, numeric_only=False, **kwargs)

DataFrame.mode(axis=0, numeric_only=False, dropna=True)

分别返回数据集按参数 axis 指定数据集的中位数和众数。参数 skipna 设置为 True 表示跳过空值，参数 dropna 设置为 True 表示不考虑空值。

继续在前述的交互式窗体以前面的 100 份花生品种数据构建的标签表 peanut_df 为例来演示中位数和众数计算功能，示例代码如下：

```
>>> peanut_df.median()
主茎高          50.685
侧枝长          61.515
总分枝数         9.600
有效枝数         5.200
结实范围         5.320
饱果数          13.315
百果重         130.000
百仁重          47.000
出仁率(%)       72.000
单株生产力(克)     13.685
dtype: float64
>>> peanut_df.mode()
    #由于侧枝长的众数有9个，其他性状对应的众数如果没有，那么为NaN
    主茎高 侧枝长 总分枝数 有效枝数 结实范围 饱果数 百果重  百仁重 出仁率(%) 单株生产力(克)
0  38.20  45.8   5.1   5.0    3.0   7.0  131.0  47.0    70.0     11.3
1  39.00  49.0   6.6   6.2   13.2  13.0    NaN   NaN    74.0      NaN
2  39.60  50.0  24.0   NaN    NaN   NaN    NaN   NaN     NaN      NaN
3  46.67  55.8   NaN   NaN    NaN   NaN    NaN   NaN     NaN      NaN
4  50.20  58.2   NaN   NaN    NaN   NaN    NaN   NaN     NaN      NaN
5  50.80  60.4   NaN   NaN    NaN   NaN    NaN   NaN     NaN      NaN
6  57.80  62.4   NaN   NaN    NaN   NaN    NaN   NaN     NaN      NaN
7  64.00  64.8   NaN   NaN    NaN   NaN    NaN   NaN     NaN      NaN
8    NaN  65.6   NaN   NaN    NaN   NaN    NaN   NaN     NaN      NaN
9    NaN  65.8   NaN   NaN    NaN   NaN    NaN   NaN     NaN      NaN
```

15）算术运算（加、减、乘、除等）

标签表具有对其中每个数据进行统一的数学运算等处理的方法，调用加、减、乘、除、余数、指数运算方法的语句如下：

```
DataFrame.add(other, axis='columns', level=None, fill_value=None)
DataFrame.sub(other, axis='columns', level=None, fill_value=None)
DataFrame.mul(other, axis='columns', level=None, fill_value=None)
DataFrame.div(other, axis='columns', level=None, fill_value=None)
DataFrame.mod(other, axis='columns', level=None, fill_value=None)
DataFrame.pow(other, axis='columns', level=None, fill_value=None)
```

这些函数参数完全一样，根据参数 other 提供的值及对 DataFrame 数据结构的匹配对指定列或行的数据进行一一对应的算术运算可知，DataFrame 算术运算等同于对应的算术运算符：+, -, *, /, %, **，对原 DataFrame 中的元素进行逐个运算。对于除法，如果方法名前加字母'r'，如 rdiv，表示参数 other 为被除数。

参数说明如下所示。

other：可以是标量（单个数值）、列表（元组）、字典、标签表 DataFrame 等。如果是单个值，那么对标签表中的所有数据进行同样的运算；如果是列表（元组），那么需要与 axis 指定的数据集有对应个数的数值元素，否则报错；如果是字典，那么对与键名对应的标签表列标签的数据进行运算；如果是标签表，则对两个标签表对应列标签的数据进行成对计算。

axis：设置与参数 other 数值进行运算的方向。0 或'columns' 表示列方向运算，默认为'columns'；1 或'index' 表示行方向运算。

level：整数或索引名，有多级索引时使用。

fill_value：浮点数或 None。在运算前是否对原数据集中的缺失数据（空数据）用该值替代，如果 other 对应位置也是空值，那么计算结果返回空值。

下面重新打开一个 Python 交互式窗体，以利用桂花系列花生品种作亲本育成的部分花生品种的五个性状数据为例，构建一个 peanut_traits 字典，然后转换为标签表，演示标签表的除法和乘法功能，其他运算功能类似，示例代码如下：

```
Python 3.8.10 (tags/v3.8.10:3d8993a, May  3 2021, 11:34:34) [MSC v.1928 32
    bit (Intel)] on win32
Type "help", "copyright", "credits" or "license()" for more information.
>>> import numpy as np;import pandas as pd
>>> peanut_traits = {'品种名称': ['花育6302', '漓油886', '漓油995', '韶花二号',
    '韶花一号', '泰育103', '信花4号', '信花5号', '信花9号', '云花20号',
    '云花生13号', '云花生14号', '云花生17号', '云花生4号', '云花生5号',
    '云花生9号', '仲恺花12'], '生育期(天)': [125, 130, 130, 122, 123, 127, 115,
    112, 110, 127, 118, 115, 116, 120, 121, 123, 120], '主茎高(cm)': [41.5,
    62.9, 62.9, 44.6, 85.11, 45.3, 51.5, 39.5, 58.5, 52.68, 47.38, 47.83,
    49.48, 51.9, 31.28, 37, 48.2], '侧枝长(cm)': [47, 68, 65.8, None, 84.89,
    47.2, 66, 54.3, 62.2, 57.19, 45.25, 43.7, 48.18, 50.7, 29.63, 38.55,
    53.7], '百仁重(g)': [81.8, 73.6, 66.9, 87.84, None, None, 73.6, 71.2,
    75.6, 63.15, 65.67, 56.85, 58.75, 53.59, 80.18, 81.9, 82],
    '荚果亩产(kg)':[354.05, 190.97, 208.14, 262.2, 257.8, 357.8, 344.6, None,
    393.9, 308.84, 250.39, 265.3, 263.3, 217.3, 234.7, 235.4, 274.72]}
>>> peanut_df = pd.DataFrame(peanut_traits).set_index('品种名称')
>>> peanut_df_div = peanut_df.div({'生育期(天)':1,'主茎高(cm)':100,
    '侧枝长(cm)':100,'百仁重(g)':1000,'荚果亩产(kg)':1})
    #主茎高和侧枝长除以100转换为米，百仁重转换为公斤
>>> peanut_df_div.head(3)
        生育期(天)  主茎高(cm)  侧枝长(cm)  百仁重(g)  荚果亩产(kg)
品种名称
花育6302   125.0     0.415      0.470      0.0818     354.05
漓油886    130.0     0.629      0.680      0.0736     190.97
漓油995    130.0     0.629      0.658      0.0669     208.14
```

```
>>> peanut_df_mul = peanut_df_div.mul({'生育期(天)':1,'主茎高(cm)':100,
    '侧枝长(cm)':100,'百仁重(g)':1000,'荚果亩产(kg)':1}) #other参数为字典，默认处理
    对应列
>>> peanut_df_mul.tail(3)
           生育期(天)  主茎高(cm)  侧枝长(cm)  百仁重(g)  荚果亩产(kg)
品种名称
云花生5号    121.0      31.28      29.63      80.18     234.70
云花生9号    123.0      37.00      38.55      81.90     235.40
仲恺花12     120.0      48.20      53.70      82.00     274.72
>>> peanut_df_div = peanut_df.div([1,100,100,1000,1])
    #other参数为列表，列表元素个数需要与列数相等
>>> peanut_df_div.head(3)
          生育期(天)  主茎高(cm)  侧枝长(cm)  百仁重(g)  荚果亩产(kg)
品种名称
花育6302   125.0      0.415      0.470      0.0818     354.05
漓油886    130.0      0.629      0.680      0.0736     190.97
漓油995    130.0      0.629      0.658      0.0669     208.14
```

16）汇总信息（pandas.DataFrame.describe()）

标签表有一个自动生成各列统计数的方法 describe，调用该方法的语句如下：

describe(percentiles=None, include=None, exclude=None)

该函数的参数均为可选参数，返回一个标签表各列的相关统计数，与列的数据类型有关。参数 percentiles 指定在 $0 \sim 1$ 分位数列表，默认为 [0.25,0.5,0.75]；参数 include 包含指定数据类型的列，DataFrame 默认只包含数据列；参数 exclude 排除指定数据类型的列，默认不排除任何列。

5. 数据读取与保存

pandas 可以从电子表、csv、JSON 等多种格式文件中读取数据并将其转换为DataFrame，也可以把 DataFrame 数据保存为电子表、csv、JSON 等多种格式文件；csv、JSON 格式文件保存的数据量不受限制，电子表（.xlsx 或.xls）保存的记录数有一定限制，用户可以根据数据量的大小和用途选择保存数据的方式，下面只介绍电子表、JSON 和 csv 的读取与保存。

1）电子表读取与保存

（1）pandas 具有读取电子表格数据信息的方法，直接返回标签表，调用该方法的语句如下：

pandas.read_excel(io, sheet_name=0, *, header=0, names=None, index_col=None, usecols=None, dtype=None, engine=None, converters=None, true_values=None, false_values=None, skiprows=None, nrows=None, na_values=None, keep_default_na=True, na_filter=True, verbose=False, parse_dates=False, date_parser=_NoDefault.no_default, date_format=None, thousands=None, decimal='.', comment=None, skipfooter=0, storage_options=None, dtype_backend=_NoDefault.no_default, engine_kwargs=None)

该函数返回电子表中的数据，如果电子表中只有一个工作表，那么返回一个标签表；如果有多个工作表，那么返回关键字为表名、值为标签表的字典。

参数说明如下所示。

io：一般为一个需要读取数据的电子表格文件完整路径或由 open() 函数打开的文件对象。任何有效的字符串路径都可以接受。这个字符串可以是一个 URL。有效的 URL 包括 http、ftp、s3 和 file。对于文件 url，需要一个主机。本地文件可以是 file://localhost/path/to/table.xlsx。sheet_name：指定读取工作表的索引（整数）、表名（字符串）或元素为工作表索引或表名的列表。如果 sheet_name 设置的值为需要读取的一个工作表的索引或表名，则返回该工作表数据的标签表；如果是需要读取的一个或多个工作表索引或表名的列表，则返回一个字典，字典的键为指定工作表的索引或表名，值是对应的标签表；如果是 None，也返回一个字典，字典的键分别为电子表中所有工作表的索引，值为对应工作表数据的标签表。

header：用于作为列标签的行号（0 开始），如果指定多个行号，那么必须是列表形式，用于建立多级索引，默认为 0（第一行，即工作表的列名称）；如果设置为 None，那么表示没有列标题。

names：另行指定的列标签列表，如果电子表中没有列标题，那么 header 参数必须设置为 None。该参数的设置覆盖了 header 设置，names 包含的列名称数只能等于或少于电子表的列数，否则报错。如果提供的列名称数少于表的列数，默认未提供列名称的 0 等低索引列作为行标签。

index_col：指定作为 DataFrame 行标签的列索引（0 开始），如果指定了多列索引，那么生成多级行标签。如果通过参数 usecols 指定了从表中读取部分数据，那么 index_col 需设置为所选择列的索引。

usecols：字符串或索引的列表，指定需要读取的工作表中的列数据。默认值为 None，表示读取工作表中的所有列的数据。如果其值是表示列名的字符串，则需要用工作表的列字母表示需要读取的列，如'A:E' 或'A,C,E:F'；如果用列索引指定读取的列，则必须是列索引的列表，如 [0,1,3]。

dtype：用字典指定每列的数据类型，如 {'a': np.float64, 'b': np.int32}，默认为 None。

engine：默认为 None，自动选择读取电子表数据的模块，有"xlrd"、"openpyxl"、"odf"和"pyxlsb" 4 个。

converters：字典，字典关键字是需要对数据进行转换的列索引或列标签。值是对该列数据进行转换的函数，如把字符串数据转换为浮点数的 float 等。

true_values：默认为 None。

false_values：默认为 None。

skiprows：行索引或行索引组成的列表，用于设置不需要读取数据的行。如果其值只是单个行索引，则不读取该行的值；如果是列表，则列表中的元素代表的行的数据都不读取；或不读取由函数判断表达式为 True 的行的数据，如 lambda x:x in [0,2]。

nrows：指定需要读取的行数，整数，默认为 None，读取所有行。

na_values：指定作为空值的字符串或字符串列表，如'#N/A'、'#N/A N/A'、'#NA'、'-1.#IND'、'-1.#QNAN'、'-NaN'、'-nan'、'1.#IND'、'1.#QNAN'、'<NA>'、'N/A'、'NA'、'NULL'、'NaN'、'None'、'n/a'、'nan' 和'null'。

keet_default_na：默认设置为 True，如果指定了 na_values，那么把指定的字符串转换为 NaN；如果没有指定，那么只能把默认的字符串转换为 NaN。设置为 False，若指定了 na_values，则由 na_values 转换为 NaN；如果没有指定 na_values，那么没有数值会转换为 NaN。如果 na_filter 设置为 False，那么忽略 keep_default_na 和 na_values 两个参数的设置。

na_filter：默认为 True，检测空字符串和 na_values 指定的字符串。如果确认电子表中无空值，那么对于数据量大的电子表，该参数设置为 False，可提高运行效率。

verbose：默认为 False，不计算非数值型列中的空值数量。

parse_dates：指定转换为日期的列。如果设置为 True，那么尝试转换指定的列为日期；如果是列索引列表，如 [1,2,3]，那么尝试分别转换第二、三、四列为日期数据；如果是列表的列表，如 [[1,2,3]]，那么尝试转换第二、三、四列并合并为单一的日期数据；如果是字典，如 {'foo':[1,3]}，那么把第二、第四列合并转换为日期并保存到'foo' 列。

date_parser：转换日期的函数，从 2.0.0 开始已经弃用。

date_format：指定日期的格式，与 parse_dates 联用组成日期。

thousands：指定千位符，只有用字符串表示数值的列才需要，任何数值型列会自动转换为数值。

decimal：指定小数点符号，默认为'.'，用于判断字符串数值中代表小数点的符号。

comment：指定注释字符串，用于忽略每行的注释部分。向这个参数传递一个或多个字符，表示输入文件中的注释。注释字符串与当前行结束之间的任何数据都会被忽略。

skipfooter：指定作为脚注的行索引。

storage_options：对特定存储连接有意义的额外选项，如主机、端口、用户名、密码等。

dtype_backend：{'numpy_nullable', 'pyarrow'}，默认为'numpy_nullable'。

engine_kwargs：用于指定转换电子表数据的功能模块。

先以保存在作者桌面的花生品种.xlsx 文档为例，该文档第一个工作表保存了 17 个用桂花系列花生品种作亲本育成的花生品种及其 5 个性状的观测值，另一个工作表保存另外的花生品种信息。新打开一个 Python 交互式窗体，导入 pandas 模块，用 pandas 的 read_excel 方法读取这个文件的信息，查看、比较返回的标签表与原电子表文档的数据，示例代码如下：

```
>>> import pandas as pd
>>> pd_data = pd.read_excel(r"C:\Users\trong\Desktop\花生品种.xlsx",
    sheet_name=None, index_col=0) #转换所有工作表，指定列1数据为标签表的行标签
>>> pd_data['Sheet1'] #查看第一个工作表的内容
        生育期(天)  主茎高(cm)  侧枝长(cm)  百仁重(g)  荚果亩产(kg)
品种名称
```

| | | | | | |
|---|---|---|---|---|---|
| 花育6302 | 125 | 41.50 | 47.00 | 81.80 | 354.05 |
| 漓油886 | 130 | 62.90 | 68.00 | 73.60 | 190.97 |
| 漓油995 | 130 | 62.90 | 65.80 | 66.90 | 208.14 |
| 韶花二号 | 122 | 44.60 | NaN | 87.84 | 262.20 |
| 韶花一号 | 123 | 85.11 | 84.89 | NaN | 257.80 |
| 泰育103 | 127 | 45.30 | 47.20 | NaN | 357.80 |
| 信花4号 | 115 | 51.50 | 66.00 | 73.60 | 344.60 |
| 信花5号 | 112 | 39.50 | 54.30 | 71.20 | NaN |
| 信花9号 | 110 | 58.50 | 62.20 | 75.60 | 393.90 |
| 云花20号 | 127 | 52.68 | 57.19 | 63.15 | 308.84 |
| 云花生13号 | 118 | 47.38 | 45.25 | 65.67 | 250.39 |
| 云花生14号 | 115 | 47.83 | 43.70 | 56.85 | 265.30 |
| 云花生17号 | 116 | 49.48 | 48.18 | 58.75 | 263.30 |
| 云花生4号 | 120 | 51.90 | 50.70 | 53.59 | 217.30 |
| 云花生5号 | 121 | 31.28 | 29.63 | 80.18 | 234.70 |
| 云花生9号 | 123 | 37.00 | 38.55 | 81.90 | 235.40 |
| 仲恺花12 | 120 | 48.20 | 53.70 | 82.00 | 274.72 |

（2）导入的电子表数据，经过 pandas 加工或处理，又可以另存为电子表，调用标签表输出为电子表方法的语句如下：

DataFrame.to_excel(excel_writer, sheet_name='Sheet1', na_rep='', float_format=None, columns=None, header=True, index=True, index_label=None, startrow=0, startcol=0, engine= None, merge_cells=True, inf_rep='inf', freeze_panes=None, storage_options=None, engine _kwargs=None)

该方法把 DataFrame 数据输出到电子表查阅或存档。

参数说明如下所示。

excel_writer：保存或临时保存到计算机磁盘的文件完整路径或打开的文件对象或 ExcelWriter 对象。

sheet_name：指定工作表名，默认为'Sheet1'。

na_rep：指定表示空值的字符串，默认为''。

float_format：浮点数格式，如 float_format="%.2f" 将保留小数点后两位，如将 0.1234 转换为 0.12。

columns：写入电子表的列索引、列标签列表或元组。

header：默认设置为 True，表示将列标签作为电子表的列名称。如果提供一个列名称列表，那么用提供的列名称作为电子表的列名称。

index：设置是否写入行标签，默认为 True。

index_label：指定行标签的列表或元组。

startrow：int，默认为 0，从电子表的左上角第一行开始写入数据。

startcol：int，默认为 0，从电子表的左上角第一列开始写入数据。

engine：有'openpyxl' 或'xlsxwriter' 两个选项。

merge_cells：默认为 True，将多索引和层次结构的行写入合并的单元格。

inf_rep：默认用'inf'表示无穷大或无穷小。

freeze_panes：为指定冻结的行号和列号的元组，电子表的第一行行号和第一列列号均为 1，而不是表示索引的 0，为二元素整数元组。

storage_options：字典数据，对特定存储连接有意义的额外选项，如主机、端口、用户名、密码等。

engine_kwargs：传递给电子表写入函数的任意键值对参数。

继续在导入电子表的交互式窗体把导入生成的标签表在桌面另存为文件花生品种_2.xlsx，打开生成的花生品种_2.xlsx，可以看到其两个工作表的内容与原文件一样，示例代码如下：

```
>>>#继续使用包含两个DataFrame的字典pd_data并保存到电子表格文件
>>> with pd.ExcelWriter(r"C:\Users\trong\Desktop\花生品种_2.xlsx")
    as writer:
            for key in pd_data:
                    df = pd_data[key]
                    df.to_excel(writer,sheet_name=key)
```

2）JSON 读取与保存

（1）标签表有保存为 JSON 格式文件的方法 to_json，调用该方法的语句如下：

DataFrame.to_json(path_or_buf=None, orient=None, date_format=None, double_precision =10, force_ascii=True, date_unit='ms', default_handler=None, lines=False, compression= 'infer', index=None, indent=None, storage_options =None, mode='w')

该方法把单个 DataFrame 存储为 JSON 格式的文本文件或转换为 json 格式的字符串，原理就是把 DataFrame 数据转换为字典数据，再通过 json 模块将其转换为 JSON 格式。

参数说明如下所示。

path_or_buf：默认为 None，返回一个 JSON 格式的字符串；如果是一个文件的完整路径或一个通过 open 函数写模式打开的文件对象，那么把 DataFrame 保存为 JSON 格式的文件。

orient：指定预期的 JSON 字符串格式。默认为'columns'，共有如下 6 种保存格式。

① 'split'：以'columns'、'index'和'data'为关键字的字典、值为对应的列标签列表、行标签列表和数据的二维列表，即{'index' -> [index], 'columns' -> [columns], 'data' -> [values]}。

② 'columns'：字典格式，列标签为主关键字，其值为行标签为关键字、值为对应列数据的字典，即 {column -> {index -> value}}。

③ 'index'：字典格式，即 {index -> {column -> value}}。

④ 'records'：列表，元素是列标签为关键字，值为当前记录对应列的值组成的表示行数据的字典，即 [{column -> value}, ···, {column -> value}]。

⑤ 'values'：仅保存数据的二维列表，主列表的每个元素就是各行的值。

⑥ 'table'：字典格式，即 {'schema': {schema}, 'data': {data}}。

date_format：三个选项：({None, 'epoch', 'iso'})，如果 orient 为'table'，那么该参数选择'iso'，日期格式为'ISO8601'，其他均为秒时。

double_precision：整数，默认为 10。

force_ascii：默认为 True，强制用 ASCII 格式保存。如果有中文数据，那么建议设置为 False。

date_unit：默认为'ms'（毫秒，milliseconds），还可以选择's'（秒）、'us'（微秒）、'ns'（纳秒）。

default_handler：用于转换 DataFrame 为 JSON 格式数据的函数，默认为 None。

lines：默认为 False。

compression：用于实时压缩输出数据。如果设置为'infer'，path_or_buf 参数为文件路径，那么会从文件扩展名（'.gz'、'.bz2'、'.zip'、'.xz'、'.zst'、'.tar'、'.tar.gz'、'.tar.xz' 或'.tar.bz2'）选择压缩格式，否则不压缩。如果设置为 None，那么不压缩。也可设置为关键字为'method'，值为 {'zip', 'gzip', 'bz2', 'zstd', 'xz', 'tar'} 其中之一，进行压缩。

index：只有 orient 参数为'split'、'index'、'columns' 或'table' 时可以使用，这时'index' 和'columns' 不能设置为 False。默认为 None。

indent：缩进空格数，整数。

storage_options：字典，特别的保存参数，如用户名、密码等。

mode：保存模式，path_or_buf 为文件对象时的设置，默认为'w'（写模式），当 lines 参数为 True 和 orient 参数为'records' 时，还可以使用'a'（添加模式）。

（2）pandas 模块同样有读取 JSON 格式字符串或文件的方法，把用 JSON 格式保存的标签表数据转换为标签表，调用该方法的语句如下：

pandas.read_json(path_or_buf, *, orient=None, typ='frame', dtype=None, convert_axes =None, convert_dates=True, keep_default_dates=True, precise_float=False, date_unit=None, encoding=None, encoding_errors='strict', lines =False, chunksize=None, compression='infer', nrows=None, storage_options= None, dtype_backend=_NoDefault.no_default, engine='ujson')

参数说明如下所示。

path_or_buf：以 JSON 格式保存 DataFrame 数据文件的完整路径，或一个通过 open 函数写模式打开的文件对象，或者是一个已经存在的字符串。

orient：指定预期的 JSON 字符串格式，该参数值需与保存数据时的方法一致。默认为'columns'，有'split'、'records'、'index'、'columns'、'values' 和'table' 共 6 种格式。

① 'split'：以'columns'、'index' 和'data' 为关键字的字典、值为对应的列标签列表、行标签列表和数据的二维列表，即 {'index' -> [index], 'columns' -> [columns], 'data' -> [values]}。

② 'columns'：以列标签为主关键字的嵌套字典格式，值为二级字典，该二级字典的

键为行标签名，值为对应的数据，即 {column -> {index -> value}}。

③ 'index'：字典格式，即 {index -> {column -> value}}。

④ 'records'：列表，元素是列标签为关键字，值为当前记录对应列的值组成的表示行数据的字典，即 [{column -> value}, ···, {column -> value}]。

⑤ 'values'：仅为保存数据的二维列表，主列表的每个元素就是各行的值。

⑥ 'table'：字典格式，即 {'schema': {schema}, 'data': {data}}。

typ：{'frame', 'series'}，返回的对象类型，默认为 DataFrame。

dtype：bool 或 dict，默认为 None。如果设置为 True，那么推断数据类型；如果为字典，那么使用字典提供相关列的数据类型。除了 orient 为'table'，其他 orient 设置，该参数均默认为 True。

convert_axes：这个参数值为布尔类型，用于设置是否对数据类型进行适当转换。当 orient 参数值不是'table' 时，该参数默认设置为 True。

convert_dates：默认为 True，像日期的列都转换为日期；如果为 False，那么不转换；如果提供了一个列名称列表，那么指定列会进行日期转换，其他像日期的列也会转换。

keep_default_dates：默认为 True。

precise_float：默认为 False。

date_unit：默认为'ms'（毫秒，milliseconds），还可选择's'（秒）、'us'（微秒）、'ns'（纳秒）。

encoding：默认为'utf-8'。

encoding_errors：默认为'strict'。

lines：默认为 False。

chunksize：整数，可选，默认为 None 或 0。

compression：与 to_json 相同的含义。

nrows：整数，读取的行数。

storage_options：字典，特别的保存参数，如用户名、密码等。

dtype_backend：{'numpy_nullable', 'pyarrow'}，默认为'numpy_nullable'。

engine：{"ujson", "pyarrow"}，默认为"ujson"。

新打开一个 Python 交互式窗体，重新导入 pandas 和 json 模块，通过读取作者桌面的电子表格文件花生品种.xlsx 获取第一个工作表的花生品种信息标签表，演示如何保存和读取 JSON 格式标签表数据，示例代码如下：

```
Python 3.8.10 (tags/v3.8.10:3d8993a, May  3 2021, 11:34:34) [MSC v.1928 32
    bit (Intel)] on win32
Type "help", "copyright", "credits" or "license()" for more information.
>>> import pandas as pd;import json
>>> pd_data = pd.read_excel(r"C:\Users\trong\Desktop\花生品种.xlsx",
    sheet_name=None, index_col=0)
>>> peanut_df = pd_data['Sheet2']
>>> peanut_df.to_json("C:\\Users\\trong\\Desktop\\花生品种1.txt")
>>> peanut_df = pd.read_json("C:\\Users\\trong\\Desktop\\花生品种1.txt")
```

```
>>> peanut_df.head(3)
                       登记年份 作物名称      品种名称
登记编号
GPD花生(2019)450092   2019    花生          桂花1026
GPD花生(2020)450098   2020    花生          桂花202
GPD花生(2019)450093   2019    花生          桂花22
# 如果要同时保存多个DataFrame数据，那么需要把所有标签表转换为字典
>>> json_dict={} #储存标签表字典的字典，其键为工作表名称
>>> for key in pd_data:
        df = pd_data[key] #获得单个标签表
        dict_data = df.to_json(orient="split") #转换为json格式
        dict_data =json.loads(dict_data) #转换为字典
        json_dict[key] = dict_data #保存到json_dict
>>> with open(r'C:/Users/trong/Desktop/花生品种.txt','w',encoding='utf-8')
    as f:
        json.dump(json_dict,f) #保存json_dict到文件
>>> with open(r'C:/Users/trong/Desktop/花生品种.txt', encoding='utf-8') as f:
        json_dict = json.load(f) #读取上一步保存的文件
>>> df_dict = {} #新建一个保存DataFrame的字典
>>> for key in json_dict:
        d = json_dict[key]
        if isinstance(d,dict): #如果d为字典，说明json_dict包含多个表的数据
            columns = d.pop('columns')
            index = d.pop('index')
            value_list = d.pop('data')
            df = pd.DataFrame(value_list,index=index,columns=columns)
            df_dict[key] = df
        else:#json_dict只包含一个表的数据
            columns = json_dict.pop('columns')
            index = json_dict.pop('index')
            value_list = json_dict.pop('data')
            df_dict = pd.DataFrame(value_list,index=index,columns=columns)
>>> if isinstance(df_dict,dict):
        for key in df_dict:
                print(df_dict[key].head(3)) #只打印标签表前3行数据
else:
        print(df_dict.head(3))
                      登记年份 作物名称       品种名称
登记编号
GPD花生(2019)450092   2019    花生          桂花1026
GPD花生(2020)450098   2020    花生          桂花202
GPD花生(2019)450093   2019    花生          桂花22

       生育期(天)  主茎高(cm)  侧枝长(cm)  百仁重(g)  荚果亩产(kg)
花育6302      125       41.50       47.00      81.80        354.05
```

```
滴油886        130      62.90      68.00      73.60      190.97
滴油995        130      62.90      65.80      66.90      208.14
```

3）csv 读取与保存

（1）标签表有保存为 csv 格式的方法 to_csv，调用该方法的语句如下：

DataFrame.to_csv(path_or_buf=None, sep=',', na_rep='', float_format=None, columns= None, header=True, index=True, index_label=None, mode='w', encoding=None, compression= 'infer', quoting=None, quotechar='"', lineterminator=None, chunksize=None, date_format= None, doublequote=True, escapechar=None, decimal='.', errors='strict', storage_options= None)

该方法把 DataFrame 数据转换为 csv 格式字符串或以 csv 格式存储到一个.csv 文件中。

path_or_buf：默认为 None，函数返回一个 csv 格式字符串。如果是一个文件的完整路径或一个通过 open 函数写模式打开的文件对象，那么把 DataFrame 保存为 csv 格式的文件。文件扩展名为.csv。

sep：分隔符，可设置为长度为 1 的字符串，默认为英文逗号','。

na_rep：代表空值的字符串，默认为空字符串''。

float_format：格式化浮点数的字符串。如果给出了一个可调用函数，那么它的优先级高于其他数值格式参数，如 decimal。

columns：指定需要保存的列，可以是标签列表或元组，默认为 None，表示保存所有列。

header：是否写入列标题，默认为 True，也可以是一个列标题列表或元组，指定与 DataFrame 列标签不一样的列标题。

index：是否写入行索引标签（行名），默认为 True。

index_label：指定行标签列的列名，默认为 None，该列的标题为空白，可以指定一个列名。

mode：有 3 个选项：({'w', 'x', 'a'})，默认为'w'，只写模式。'x' 为新建文件写入模式（如果提供的文件路径已经存在，那么写入失败），'a' 为在原有文件末尾添加写入模式。

encoding：默认为'utf-8'。

compression：用于实时压缩输出数据。如果设置为'infer'，path_or_buf 参数为文件路径，那么会从文件扩展名（'.gz'、'.bz2'、'.zip'、'.xz'、'.zst'、'.tar'、'.tar.gz'、'.tar.xz' 或'.tar.bz2'）选择压缩格式，否则不压缩。如果设置为 None，那么不压缩。也可设置为关键字为'method'，值为 {'zip', 'gzip', 'bz2', 'zstd', 'xz', 'tar'} 其中之一，进行压缩。

quoting：内置 csv 模块的常数，默认为 csv.QUOTE_MINIMAL。

quotechar：用于区别字段的符号，可为长度为 1 的字符串，默认为英文双引号""。

lineterminator：行终止符号，Linux 系统用'\n'，Windows 系统用'\r\n'。

chunksize：整数或 None，一次写入的行数。

date_format：默认为 None，或为格式化日期的字符串。

doublequote：是否为左右都添加引号。

escapechar：转义符，当分隔符或引号为数据内容时在其前面添加的符号，必须是单个字符。

decimal：用作识别为十进制分隔符的字符，默认为'.'。

errors：默认为'strict'，对编码和解码出现错误时的处理方式。

storage_options：该参数为字典，指定保存文件需要的用户名、密码等额外信息。

继续在同上的交互式窗体利用从花生品种.xlsx 文件获取的标签表来演示标签表以 csv 格式保存和读取的方法，示例代码如下：

```
>>> pd_data = pd.read_excel("C:\\Users\\trong\\Desktop\花生品种.xlsx")
>>> peanut_df_1 = pd_data['Sheet1']
>>>peanut_df_1.to_csv(r"C:\Users\trong\Desktop\花生品种.csv")
   #其他参数全部使用默认值，用记事本打开桌面的花生品种.csv可以查看csv格式保存的品种数据信息，这里只保存单个标签表为csv文件。
```

（2）pandas 同样有读取 csv 格式标签表文件的方法 read_csv，调用该方法的语句如下：

pandas.read_csv(filepath_or_buffer, *, sep=_NoDefault.no_default, delimiter=None, header='infer', names=_NoDefault.no_default, index_col=None, usecols=None, dtype=None, engine=None, converters=None, true_values=None, false_values=None, skipinitialspace= False, skiprows=None, skipfooter=0, nrows=None, na_values=None, keep_default_na=True, na_filter=True, verbose= False, skip_blank_lines=True, parse_dates=None, infer_datetime _format=_NoDefault.no_default, keep_date_col=False, date_parser=_NoDefault.no_default, date_format=None, dayfirst=False, cache_dates=True, iterator=False, chunksize=None, compression='infer', thousands=None, decimal='.', lineterminator=None, quotechar='"', quoting=0, doublequote=True, escapechar=None, comment=None, encoding=None, encoding_ errors='strict', dialect=None, on_bad_lines='error', delim_whitespace=False, low_memory =True, memory_map=False, float_precision=None, storage_options=None, dtype_backend= _NoDefault.no_default)

该函数读取 csv 文件数据并转换为 DataFrame，必需的位置参数为 filepath_or_buffer，为 csv 文件路径，其他参数与 to_csv 差不多，此处不再赘述。

继续在同上的交互式窗体演示读取刚刚创建的 csv 文件"花生品种.csv"，示例代码如下：

```
>>> peanut_df = pd.read_csv(r"C:\Users\trong\Desktop\花生品种.csv")
   #读取csv文件数据
>>> peanut_df.head(3) #查看标签表前 3 行的数据
   品种名称  生育期(天)  主茎高(cm)  侧枝长(cm)  百仁重(g)  荚果亩产(kg)
0  花育6302     125       41.5        47.0       81.8       354.05
```

```
1   滴油886    130     62.9     68.0     73.6     190.97
2   滴油995    130     62.9     65.8     66.9     208.14
```

## 6.4 数据分析报告模块——python-docx

应用程序对试验数据的分析结果，用 docx 等文字文档做成分析报告，才能更好地分享和交流。python-docx 是用于创建和更新.docx 格式文件的 Python 包，这个程序包可以录入前面介绍的 Python 数据及 NumPy、SciPy、pandas 等第三方包对科学试验数据的分析结果，通过编写代码使分析结果自动地以 docx 文件格式形成美观的分析报告，节省了很多复制、粘贴、调整表格样式的时间，非常实用。python-docx 完全可以操控文字文档的内容、格式，可以定制多种标准格式的文档，用途广泛。

安装包的名称为 python-docx，安装完成后，在默认位置建立一个名称为 docx 的文件夹（程序包，在 Windows 中就是一个包含各种模块文件的文件夹），所以导入相关模块或对象需要从 docx 导入，如 from docx import Document，则导入 docx 包中用于新建文档或打开现有文档的 Document 函数。

### 6.4.1 创建新文档或打开一个现有文档

首先从 docx 包导入文档创建函数（Document），再利用该函数创建一个文档对象（doc）。

该函数只有一个 docx_path 参数，这个参数可以是一个.docx 文档路径（相对路径或绝对路径），或者是 None。如果 docx 是 None，那么软件会打开附带的 default.docx，即一个空文档，相当于在 WPS 文字程序的文件中 → 新建 → 从默认模板新建，创建了一个空白文档类。如果提供一个完整的.docx 文件路径，那么软件会创建一个来自这个路径的文件类（<class 'docx.document.Document'>）。

下面为重新打开的一个 Python 交互式窗体及示例代码，演示导入必要的函数或模块，创建打开本书现有内容的文档对象 doc。

```
Python 3.8.10 (tags/v3.8.10:3d8993a, May  3 2021, 11:34:34) [MSC v.1928 32
    bit (Intel)] on win32
Type "help", "copyright", "credits" or "license()" for more information.
>>> from docx import Document
>>> doc_path = r"D:\WPS\WPS云盘\其他业务\编书\Python编程在农业科技创新中的应用
    \Python编程在农业科技创新中的应用.docx"
>>> doc = Document(doc_path) #创建文档对象doc，为本书目前的全部内容
```

### 6.4.2 添加文字段落

在有效操控 docx 文档内容之前，需要先了解文档的结构。一个文字文档首先由段落和段落内文字组成，段落包括标题、正文、图、表，有整个段落的格式，也有段落内部文字的格式。文字段落（包括标题和正文）在左右页边距内存放其文字，如果超出右边距，那么就另起一行。文档中的表格也相当于段落对象，表格中的每个单元格也是一个段落，其范围受单元格限制。文档中的所有段落对象通过其 paragraph_format 对象设置相关格式。

在段落内，每次添加的文字称为字步（run）对象，每个字步对象可以具有不同的字体属性，如字号、颜色、上下标、加粗等。每一段的所有字步由段落对象的 runs 属性反映，该属性返回包含所属段落的所有字步对象列表。

如果需要统一整个文字段落（paragraph）的格式，那么使用样式对象（style）设置更方便。样式对象包括段落属性和字步字体属性。如果需要设置单个字步（一个或多个文字）的颜色、字体、字号、上下标等字体属性，那么再对选择的字步进行单独设置。

### 1. 文字段落（paragraph）和字步（run）的创建

文字段落包括标题和正文两类，分别由文档对象的 add_heading 和 add_paragraph 两个方法添加，都在文档末尾添加。

创建一个添加到文档末尾的标题对象语句：

```
doc.add_heading(text,level)
```

其中，参数 text 是标题文字，默认为空字符串；参数 level 为标题的层次，默认为 1（标题 1），可设置 0 ～ 9 的整数，对应 WPS 文字文档中标题样式，其中，0 表示文档标题样式，1 ～ 9 表示章、节标题样式。

创建一个添加到文档末尾的段落对象语句：

```
doc.add_paragraph(text: str = '', style=None)
```

其中，参数 text 为第一次添加的文字，默认为空字符串，text 还可以包含换行符或制表符；style 为文字样式名（后面有单独介绍），默认为 None。

文字段落的字步创建，可以在创建段落时通过其 text 参数添加第一个字步，也可以在创建段落对象后，通过其 add_run 方法创建一个或多个字步，创建语句为

```
paragraph.add_run (text,style=None)
```

段落的 iter_inner_content 方法返回段落里字步对象的迭代器，而属性 runs 返回段落字步对象的列表。

### 2. 文字段落（paragraph）和字步（run）的方法和属性

标题对象与段落对象具有相同的属性和方法，如有 paragraph_format、runs、text、style 等属性，有 add_run、clear、insert_paragraph_before 等方法。其中，runs 为段落的 run 对象列表，text 为整个段落的文字，style 为段落的样式。

创建的段落和字步对象，均具有 font 属性对象，可以对整个段落或特定字步设置字体格式。字体格式包含字体（name），字号（size），加粗（bold），倾斜（italic），下划线（underline），上、下标（superscript、subscript），删除线（strike）等属性。如果需要为特定文字设置格式，如文字颜色，上、下标等，可以把特定文字作为一个字步来设置字体格式，字步还有 add_text 和 clear 方法，用于添加或清除文字。段落和字步的格式均可以通过后面介绍的样式进行统一设置。

段落对象还具有段落格式对象（paragraph_format），通过 paragraph_format 对整个段落文字的格式进行设置，如对齐（justification）、缩进（indentation）、制表位（tab stop）、段落间距、行距、分页等。

1）文字对齐

文字对齐通过 paragraph_format 的 alignment 属性来设置，而对齐的具体方式由 docx.enum.text 模块的 WD_PARAGRAPH_ALIGNMENT 对象的属性值决定，段落对齐方式包括左对齐、居中对齐、右对齐、分散对齐和自动对齐（WD_PARAGRAPH_ALIGNMENT.LEFT、WD_PARAGRAPH_ALIGNMENT.CENTER、WD_PARAGRAPH_ALIGNMENT.RIGHT、WD_PARAGRAPH_ALIGNMENT.DISTRIBUTE 和 WD_PARAGRAPH_ALIGNMENT.JUSTIFY），需要预先导入 WD_PARAGRAPH_ALIGNMENT 对象。

2）缩进

缩进包含首行缩进、左缩进和右缩进，分别由 paragraph_format 对象的 first_line_indent、left_indent 和 right_indent 属性决定。缩进多少则由 docx.shared 模块的长度对象 Cm（厘米）、Mm（毫米）、Inches（英寸）、Pt（点）、Twips（缇）或 Emu（目）决定，也需要先从该模块导入。1 厘米 =360000 目，1 毫米 =36000 目，1 英寸 =914400 目，1 点 =12700 目，1 缇 =635 目。Cm(12) 表示 12 厘米，软件使用英语公制单位目作为长度单位，其他提供的长度数值在内部转换为目，如果只给出长度的整数值，默认为目，Pt(16) 表示 16 点，在软件内部都转换为 203200 目，如果只是 16，那么是 16 目，长度非常小。

3）制表位

制表位，在文字文档中，当按下 Tab 键时，光标停留在预先设置的位置等待输入文字。在 docx 文档中，每一个段落对象默认没有制表位，其每一行的制表位由段落对象的 paragraph_format 对象的 tab_stops 对象控制，该对象有一个 add_tab_stop 方法用于添加制表位。

创建制表位方法的语句为

```
tab_stops.add_tab_stop(distance,alignment,leader)
```

参数说明：

distance：该参数为必需的位置参数，指定制表位距离左边界的距离，如 2 厘米用 Cm(2)，25 毫米用 Mm(25) 表示，在页面范围内根据需要可以添加多个制表位。

alignment：该参数为可选的位置参数，默认值为左对齐（WD_TAB_ALIGNMENT.LEFT），还可以设置为居中对齐（WD_TAB_ALIGNMENT.CENTER）和右对齐（WD_TAB_ALIGNMENT.RIGHT），左对齐表示该制表位为文字的起始位置，右对齐表示该制表位为文字的终点位置，居中对齐表示该制表位为文字的中心位置。

leader：该参数为可选的位置参数，指定填充在该制表位输入文字后两侧多余位置的符号，默认为空格（WD_TAB_LEADER.SPACES），还可以设置点（WD_TAB_LEADER.DOTS）、中点（WD_TAB_LEADER.MIDDLE_DOT）、强调线（WD_TAB_LEADER.HEAVY）、虚线（WD_TAB_LEADER.DASHES）和实线（WD_TAB_LEADER.LINES，与 WD_TAB_LEADER.HEAVY 相似）。

下列脚本代码展示在文档中，输出 10 个花生品种 5 个性状值的列表，演示制表位的设置和效果，该段代码导入了 keyboard 模块，用于在打开的文档中自动按键盘的 Tab 键移动到一个制表位再输入列表中对应的值，实现按 Tab 键和输入文字的自动化。

```
from docx import Document;from docx.shared import Cm,Pt;import os
from docx.enum.text import WD_TAB_ALIGNMENT, WD_TAB_LEADER;import keyboard as kb
doc = Document();p = doc.add_paragraph();p_format = p.paragraph_format
tab_stops = p_format.tab_stops
tab1 = tab_stops.add_tab_stop(Cm(2),alignment=WD_TAB_ALIGNMENT.CENTER,
    leader=WD_TAB_LEADER.DOTS)
tab2 = tab_stops.add_tab_stop(Cm(4),alignment=WD_TAB_ALIGNMENT.CENTER,
    leader=WD_TAB_LEADER.HEAVY)
tab3 = tab_stops.add_tab_stop(Cm(6),alignment=WD_TAB_ALIGNMENT.CENTER,
    leader=WD_TAB_LEADER.DASHES)
tab4 = tab_stops.add_tab_stop(Cm(8),WD_TAB_ALIGNMENT.LEFT, leader=
    WD_TAB_LEADER.LINES)
tab5 = tab_stops.add_tab_stop(Cm(10),alignment=WD_TAB_ALIGNMENT.CENTER,
    leader=WD_TAB_LEADER.SPACES)
tab6 = tab_stops.add_tab_stop(Cm(12),WD_TAB_ALIGNMENT.RIGHT, leader=
    WD_TAB_LEADER.MIDDLE_DOT)
user_path =  os.path.expanduser('~');
file_path = os.path.join(user_path,'制表符.docx')
doc.save(file_path);os.startfile(file_path)
peanut_variety_traits_list =[('品种名称', '百仁重', '百果重', '粗脂肪', '粗蛋白',
    '油酸含量'), ('开农310', '81.55', '218.65', '54.4', '24','80.2'),
    ('爱花88', '70', '175', '51.2', '26.2','41.2'),
    ('安花3号', '66.2', '155.2', '56.4', '20.8','38.3'),
    ('安花5号', '83.1', '202.5', '46.7', '27.1','38.3'),
    ('安花6号', '79.7', '183.8', '52.5', '25.2','37.8'),
    ('安花8号', '90.9', '229.2', '52.8', '22.7','42.6'),
    ('白参果', '76.3', '181.2', '50.7', '26.6','42.5'),
    ('白小珍', '73.1', '186.3', '47.2', '27',36.2),
    ('百花 1 号', '85.2', '198.3', '49.6', '28.7',38.9),
    ('百花 2 号', '70.4', '175.3', '51.2', '27.6',40.3)]
for line in peanut_variety_traits_list:
    for trait in line:
        kb.press_and_release('Tab');kb.write(trait)
    kb.press_and_release('Enter')
```

这段代码保存在作者桌面的制表符示例代码.py 文件中，在 IDLE 中运行，在桌面创建了一个 docx 格式的文档并自动打开，效果如下：

```
............品种名称__百仁重......百果重____粗脂肪     粗蛋白油酸含量
............开农310___81.55......218.65__54.4      24.....80.2
............爱花88____70.........175_____51.2      26.2...41.2
............安花3号___66.2.......155.2___56.4      20.8...38.3
............安花5号___83.1.......202.5___46.7      27.1...38.3
............安花6号___79.7.......183.8___52.5      25.2...37.8
............安花8号___90.9.......229.2___52.8      22.7...42.6
............白参果____76.3.......181.2___50.7      26.6...42.5
```

```
............白小珍____73.1.......186.3___47.2        27.....36.2
............百花1号___85.2.......198.3___49.6        28.7...38.9
............百花2号___70.4.......175.3___51.2        27.6...40.3
```

4）段落间距

段落间距由 paragraph_format 对象的 space_before、space_after 属性控制段前和段后间距。具体两个段落之间的距离由前一个段落的段后间距和后一个段落的段前间距的较大值决定。段落间距用 Cm、Mm 等长度对象指定，如 paragraph_format.space_before = Cm(0.5)。

5）行距

行距是段落中行基线之间的距离，可以指定为绝对距离（由 Pt 等长度对象设置），也可以指定为相对于行高 (基本上是所使用字体高度) 的相对距离。一个典型的绝对值行距如 18 点。典型的相对行距为两倍行距 (2.0 行高)。默认的行距是单倍行距 (1.0 行高)。

行距由 paragraph_format 对象的 line_spacing 来设置。line_spacing 可以是一个长度对象（Pt、Cm 等)、数值或者 None。由长度对象指定的数值表示绝对距离，只是一个数值表示相对行距（不宜大于 5)，None 表示继承前面的行距。

在脚本编辑窗体编写了一个行距设置示例代码：

```
from docx import Document;from docx.shared import Cm,Pt;import os
from docx.enum.text import WD_TAB_ALIGNMENT, WD_TAB_LEADER
doc = Document();p1 = doc.add_paragraph()
p1.add_run('行距是段落中行基线之间的距离，可以指定为绝对距离(由Pt等长度对象设置)，\
   也可以指定为相对于行高(基本上是所使用字体高度)的相对距离。一个典型的绝对值行距如18\
   点。典型的相对行距为两倍行距(2.0行高)。默认的行距是单倍行距(1.0行高)。')
p1_format = p1.paragraph_format;p1_format.line_spacing = Pt(18)
p2 = doc.add_paragraph('行距由paragraph_format对象的line_spacing。\
   line_spacing可以是一个长度对象(Pt、Cm等)、数组或者None。长度对象指定的数组表示\
   绝对距离，数组表示相对行距(不宜大于5)，None表示继承前面的行距。')
p2_format = p2.paragraph_format;p2_format.line_spacing = 2.25
doc.save(r"C:\Users\trong\Desktop\行距示例.docx")
os.startfile(r"C:\Users\trong\Desktop\行距示例.docx")
```

在 Python 脚本编辑窗体保存上述代码到文件“行距示例.py”，运行上述代码，从自动打开的文档中查看行距设置效果。

6）分页属性

分页属性控制段落在页面边界附近的行为。有下列 4 个属性，其值为 True 或 False。

keep_together：使整个段落出现在同一页上。

keep_with_next：将一个段落与后续段落保持在同一页上。例如，这可以用来在同一页上保持一个章节标题与章节的第一段在一起。

page_break_before：将一个段落放置在新页的顶部。这可以用于章节标题，以确保章节在新页开始。

widow_control：进行分页，以避免将段落的第一行或最后一行与段落的其余部分放在不同的页面上。

3. 样式（style）

在 WPS 文字程序中，打开开始菜单，输入的文章默认显示为正文，也可以手动选择标题 1 ~ 9、目录 1 ~ 3、要点和强调等使选中的文字呈现统一格式的样式（style）。

样式是由专业的文档应用程序编写人员预先设计好的格式，有文字段落样式、字步样式、表格样式和编号样式等，分别用于文字段落、字步、表格、列表等。

样式的好处就是定义一个样式，可反复为不同的对象设置同样的样式。如文字段落样式对象同时包括 paragraph_format 和 font 两个属性对象，可以在一个样式里设置段落和文字的格式。

文字文档（Word）的每个 Style 具有样式名称、样式编号和类型 3 个身份属性，样式名称是唯一的用于识别样式、调用样式的字符串。

样式可以分为段落样式（WD_STYLE_TYPE.PARAGRAPH）、字体样式（WD_STYLE_TYPE.CHARACTER、列表样式（WD_STYLE_TYPE.CHAR-ACTER）和表格样式（WD_STYLE_TYPE.TABLE），在添加新样式时，需要指定样式类型。

除了可以对内置样式的段落和文字属性进行自定义，还可以为文档对象创建新的样式对象，完全按用户的设想设置段落和文字的格式。通过样式设置，可以制作风格统一的自定义文档。样式的设置参见下面 Python 交互式窗体的示例代码。

```
>>> from docx import Document;from docx.enum.style import WD_STYLE_TYPE
>>> doc_path = r"D:\WPS\WPS云盘\其他业务\编书\Python编程在农业科技创新中的应用
    \Python编程在农业科技创新中的应用.docx"
>>> doc = Document(doc_path) #创建文档对象doc，为本书目前的全部内容
>>> doc_styles = doc.styles #获取文档对象中的所有样式
>>> doc_style_names_list = []
>>> for style in doc_styles:
        style_name = style.name
        doc_style_names_list.append(style_name)
>>> doc_style_names_list #文档中所有样式名列表
['Normal', 'Heading 1', 'Heading 2', 'Heading 3', 'Heading 4', 'Heading 5',
    'Heading 6', 'Heading 7', 'Heading 8', 'Default Paragraph Font',
    'Normal Table', 'toc 3', 'Footer', 'Header', 'toc 1', 'toc 2',
    'HTML Preformatted', 'Normal (Web)', 'Title', 'Table Grid', 'Strong',
    'FollowedHyperlink', 'Emphasis', 'HTML Typewriter', 'HTML Acronym',
    'Hyperlink', 'HTML Code', 'HTML Cite', '标题 2 Char', 'caption-number',
    'caption-number1', 'caption-number2', 'linkdescr', 'linenos',
    'highlighted', 'kn1', 'nn1', 'o1', 'Other|1', 'Table Normal',
    'sig-paren1', 's22', 'mi1', 'optional1', '标题 5 Char', 'ne1',
    '标题 6 Char', 'WPSOffice手动目录 1', 'WPSOffice手动目录 2',
    '标题 1 Char', '标题 4 Char', '标题 3 Char', 'WPSOffice手动目录 3']
# 下面更改标题1(Heading 1)的段落和字体设置，通过样式名获取样式对象
>>> style_1 = doc_styles['Heading 1'] #获取标题1的样式对象，用变量style_1表示
```

```
>>> font = style_1.font #获取style_1的字体对象
>>> font.name = u'黑体' #设置章标题样式的字体
>>> style_1._element.rPr.rFonts.set(qn('w:eastAsia'), u'黑体')
    #加上这一语句，才能识别中文
>>> font.size = Pt(28) #从默认字号22改为28
>>> font.size #查看字体大小时，就自动转换为目(英语公制长度单位)
355600
>>> para_format = style_1.paragraph_format #获取标题1样式的段落格式对象
#查看或自定义标题1样式的段落格式
>>> para_format.space_before #默认的段前间距
215900
>>> para_format.space_after  #默认的段后间距
209550
>>> para_format.space_before=0  #更改段前间距为0
>>> para_format.space_after=0 #更改段后间距为0
>>> para_format.keep_with_next
True
>>> para_format.keep_together
True
>>> para_format.alignment #没有设置的属性，不显示值
>>> para_format.first_line_indent
>>> para_format.left_indent
# 下面创建一个名为“新标题”的新样式，进行字体和段落格式的定义或查阅
my_style = doc_styles.add_style('新标题',WD_STYLE_TYPE.PARAGRAPH)
>>> my_font = my_style.font
>>> font.name
'黑体'
>>> font.size = Pt(26)
>>> my_para_format = my_style.paragraph_format
>>> my_para_format.space_before
>>> my_para_format.space_before=Cm(0.5)
>>> my_para_format.space_after =Cm(0.5)
>>> list(doc_styles)[-1] #可以看到该文档的最后一个样式为新增的'新标题'
_ParagraphStyle('新标题') id: 13101952
```

4. 文档节（section）及页眉页脚

文档的节是把一个长文档分割成几个部分，每个节可以拥有独立的页面布局设置（页边距、方向、页眉、页脚、页码、分栏等），是实现复杂文档格式（如混合页面方向、不同页码格式、章节独立页眉）的关键。

创建一个文档对象 doc 后，通过 doc.sections 可以查阅该文档节的数量和属性，通过 doc.add_section(start_type=<WD_SECTION_START.NEW_PAGE: 2>) 添加新的节。节属性有 start_type、页面尺寸和方向（page_width、page_height、orientation）、页边距（left_margin、right_margin、top_margin、bottom_margin）。start_type 的具

体设置由 docx.enum.section 模块的 WD_SECTION_START（别名：WD_SECTION）对象的属性决定，包括 CONTINUOUS（连续分节）、NEW_PAGE（在新页分节）、EVEN_PAGE（在偶数页分节）、ODD_PAGE（在奇数页分节）等。orientation 由该模块的 WD_ORIENT 对象的属性决定，有 PORTRAIT（纵向）和 LANDSCAPE（横向）。页边距参数由 shared 的长度单位类（Cm、Mm 等）输入。

每个节有一个 header 和 footer 属性，用于处理该节的页眉页脚对象。即使没有给予定义，每个节默认包括一个非活动的页眉页脚。通过设置其 is_linked_to_previous 属性为 True，才能让该默认的页眉页脚处于活动状态。True 表示该页眉页脚对象与前一节一样。新建的文档，由于没有前一节的页眉页脚，故其页眉页脚为空白，首先设置其 is_linked_to_previous 属性为 False，再为该页眉页脚添加内容，就创建了一个有内容的新页眉页脚。

可以通过使用制表位来让页眉页脚的内容分区域排列，可以在页眉页脚的文字内容插入制表符'\t'来使其后的文字处于左边、中间或右边。

通过设置其 is_linked_to_previous 属性为 True 来实现删除一个节的页眉页脚，该节的页眉页脚就与前面节一样了。可以在后面的示例脚本文件中查看添加页眉、横向页面、纵向页面等函数结构来了解节和页面属性的关系。

### 6.4.3 插入表格和修改表格

应用程序完成数据处理和分析后产生的计算结果一般保存在列表（list）、数组（np.array）或 pandas.DataFrame 等数据容器中，需要以表格的形式传递到文字文档中才能更好地展示，所以利用软件在 Word 或 WPS 文档中自动插入表格是非常有必要的。

python-docx 包的文档对象有一个添加表格的函数（add_table），该函数有行数（rows）、列数（columns）和样式（style）三个参数，style 默认为 None。add_table 生成一个 table 对象，该对象有 cell 方法，可以根据单元格的位置索引（0 开始）获取对应的 cell 对象，利用 cell 对象的 text 属性可以给单元格填充数据和提取单元格的数据，利用 cell 对象的 paragraph_format 对象对段落文字进行对齐。

table 还具有 rows 和 columns 属性，表格对象的 rows 属性允许通过位置索引提取其中的一行，每一行又具有 cells 属性，通过位置索引提取指定位置的单元格 cell 来进行单元格数据的处理。rows 和 columns 属性对象都是迭代对象，可以通过 for 遍历其中的行或列，cells 属性也是迭代对象。通过 table 的 add_row 方法可以在表格的末尾添加一个行对象，利用其 cells 属性添加数据。表格的样式（style）参数可以使用内置的不同样式，如 table.style='Light Shading Accent 1'。

可以在后面的示例脚本文件中查看插入表格函数结构来了解 add_table 的使用方法。

### 6.4.4 插入图片

文档对象有一个 add_picture 函数，其功能为将一幅图片插入文档中，其调用语句为

```
doc.add_picture(image_path_or_stream,width=None,height=None)
```

第一个参数为图片的绝对路径或相对路径，或者一个图片对象。由于原始图片一般比较大，直接插入文档会占用较大的空间，可以通过 width 或 height 参数指定图片在文

档中的宽度或高度，软件会根据图片的长宽比自动设置高度或宽度，使插入的图片不变形。将下面的 Python 脚本文件示例代码保存为文档对象.py，可以查看代码中创建的功能函数（如添加页眉、横向页面、插入表格等）来学习 python-docx 模块的功能，在脚本编辑窗体运行该文件，查看代码运行效果，注意：需要读者输入自己计算机上的图片路径才会显示相应的图片。

```
from docx import Document;import os
from docx.enum.section import WD_SECTION,WD_ORIENT
from docx.enum.text import WD_ALIGN_PARAGRAPH
from docx.shared import Pt,Cm,RGBColor
from docx.enum.style import WD_STYLE_TYPE
from docx.oxml.ns import qn
def 添加页眉(节名,其他页眉='',首页页眉='',对齐=WD_ALIGN_PARAGRAPH.CENTER):
    '''
    添加页眉
    '''
    if 首页页眉!=其他页眉:
        节名.different_first_page_header_footer = True
        #设置节的首页的页眉页脚与其他页不一样
        first_page_header = section1.first_page_header
        first_page_para = first_page_header.paragraphs[0]
        first_page_para.text = 首页页眉
    header = 节名.header #获取节的页眉对象
    paragraph = header.paragraphs[0] #获取该页眉对象的第一个段落对象
    paragraph.text = 其他页眉; paragraph.alignment = 对齐
    paragraph.style = doc.styles["Header"]
def 横向页面(节名,左边距=2.5,右边距=2.5,上边距=2.5,下边距=2.5):
    '''
    如果该节的页眉为纵向，则改为横向
    '''
    page_width, page_height = 节名.page_width,节名.page_height
    if page_width < page_height:
        节名.page_width = page_height;节名.page_height = page_width
        节名.orientation=WD_ORIENT.LANDSCAPE #设置节页面的方向为横向
        new_header = 节名.header;new_header.is_linked_to_previous = False
    节名.left_margin=Cm(左边距) #调整新节的页边距
    节名.right_margin=Cm(右边距);节名.top_margin=Cm(上边距)
    节名.bottom_margin=Cm(下边距)
def 纵向页面(节名,左边距=2.5,右边距=2.5,上边距=2.5,下边距=2.5):
    '''
    如果该节的页眉为横向，则改为纵向
    '''
    page_width, page_height = 节名.page_width,节名.page_height
    if page_width > page_height:
        节名.page_width = page_height;节名.page_height = page_width
```

```
        节名.orientation=WD_ORIENT.PORTRAIT #设置节页面的方向为横向
        new_header = 节名.header; new_header.is_linked_to_previous = False
    节名.left_margin=Cm(左边距) #调整新节的页边距
    节名.right_margin=Cm(右边距);节名.top_margin=Cm(上边距)
    节名.bottom_margin=Cm(下边距)
def 插入表格(文档对象,表名,data,风格= 'Table Grid'):
    if isinstance(data,dict):
        data_list = [list(data)]; values_list = list(data.values())
        n = len(values_list[0])
        for i in range(n):
            line_list = []
            for trait in values_list:
                line_list.append(trait[i])
            data_list.append(line_list)
        data = data_list
    p = 文档对象.add_paragraph(表名) #添加表标题
    p.alignment = WD_ALIGN_PARAGRAPH.CENTER #表标题居中对齐
    m = len(data);n = len(data[0])
    table = 文档对象.add_table(m,n) #新建一个m行、n列的表
    table.style = 风格
    for i in range(m):
        for j in range(n):
            cell=table.cell(i,j); value = data[i][j]
            cell.text = str(value)
            #利用表格的cell方法把数据填充到表格的对应单元格
            cell_paragraph = cell.paragraphs[0]
            cell_paragraph.alignment = WD_ALIGN_PARAGRAPH.CENTER
            #单元格文字居中对齐
user_path = os.environ['USERPROFILE']  # 获取用户文件夹路径
doc_path = os.path.join(user_path,'快乐学Python.docx')
doc = Document() #新建一个文档对象
styles = doc.styles #获取文档对象中的所有样式
def 创建风格(风格名,字体,段落,字色=RGBColor(0x0, 0x0, 0x0)):
    风格 = styles.add_style(风格名, WD_STYLE_TYPE.PARAGRAPH)
    paragraph_format = 风格.paragraph_format #获取风格的段落格式对象
    font_normal = 风格.font #获取风格样式的字体对象
    if '正文' in 风格名:
        风格.base_style = styles['Normal'] #风格为'Normal'样式的拷贝
        paragraph_format.alignment = WD_ALIGN_PARAGRAPH.JUSTIFY
        paragraph_format.widow_control = True
    elif '章' in 风格名:
        风格.base_style = styles['Header']; font_normal.bold = True
        paragraph_format.page_break_before = True
        paragraph_format.keep_with_next = True
        paragraph_format.alignment = WD_ALIGN_PARAGRAPH.CENTER
```

```
    elif '节' in 风格名:
        风格.base_style = styles['Header']; font_normal.bold = True
        paragraph_format.alignment = WD_ALIGN_PARAGRAPH.CENTER
    else:
        风格.base_style = styles['Title']; font_normal.bold = True
        paragraph_format.alignment = WD_ALIGN_PARAGRAPH.CENTER
    paragraph_format.first_line_indent = Cm(段落['第一行缩进'])
        #设置段落第一行缩进为1厘米
    paragraph_format.space_before=Cm(段 落['段 前 间 距'])
        #设置段落前空白距离为0.5厘米
    paragraph_format.space_after=Cm(段落['段后间距'])
        #设置段落后空白距离为0.5厘米
    paragraph_format.line_spacing = 段落['行距'] #设置风格行距为单倍行距
    font_normal.name = 字体['字体名'] #设置风格字体为 '宋体'
    font_normal.size = Pt(字体['字号'])
        #设置风格字号; font_normal.color.rgb = 字色
    风格._element.rPr.rFonts.set(qn('w:eastAsia'), 字体['字体名'])
        #让软件识别中文字体
正文风格 = '正文trh'
字体 = {'字体名':'宋体','字号':12,'bold':False,'italic':False,'strike':False,
    'subscript':False, superscript':False,'underline':False}
段落 = {'第一行缩进':0.7,'段前间距':0.5,'段后间距':0.5,'行距':1}
创建风格(正文风格,字体,段落) #运行创建风格函数, 创建一段正文
#在原有样式中添加一个新的标题样式, 取名'标题'
字体 = {'字体名':'黑体','字号':28}
段落 = {'第一行缩进':0,'段前间距':0.8,'段后间距':0.8,'行距':1}
文档_标题 = '文档标题'
创建风格(文档_标题,字体,段落) #运行创建风格函数, 创建一个文档标题
#在原有样式中添加一个新的样式
字体 = {'字体名':'黑体','字号':24}
段落 = {'第一行缩进':0,'段前间距':0.5,'段后间距':0.5,'行距':1}
章标题 = '章标题'
创建风格(章标题,字体,段落) #运行创建风格函数, 创建一个章标题
#在原有样式中添加一个新的节标题样式
字体 = {'字体名':'黑体','字号':20}
段落 = {'第一行缩进':0,'段前间距':0.5,'段后间距':0.5,'行距':1}
节标题1 = '节标题1'
创建风格(节标题1,字体,段落) #运行创建风格函数, 创建一个文档节标题
字体 = {'字体名':'黑体','字号':18}
段落 = {'第一行缩进':0,'段前间距':0.5,'段后间距':0.5,'行距':1}
节标题2 = '节标题2'
创建风格(节标题2,字体,段落)
字体 = {'字体名':'黑体','字号':16}
段落 = {'第一行缩进':0,'段前间距':0.5,'段后间距':0.5,'行距':1}
节标题3 = '节标题3'
```

```
创建风格(节标题3,字体,段落)
doc.add_paragraph('Python 编程在农业科研中的应用',style=文档_标题)
#添加文档标题
doc.add_paragraph('第七章　第三方模块',style=章标题) #添加章标题
第一段= doc.add_paragraph('Python是一个开源开放、功能强大的语言，世界各地、众多的\
    Python爱好者(个人或机构)共享了各种各样能实现不同功能的模块，',style=正文风格)
第一段.add_run('使用已经共享的程序模块可大幅度地减轻编程的工作量和提高编程效率，')
第一段.add_run('通过观摩别人的源代码也可尽快地熟悉Python编程的能力。')
第一段.add_run('前面几章介绍了随着Python安装程序默认安装的Python标准库包含的部分模块，\
    包括文本处理、系统管理、数据处理等功能。')
第一段.add_run('没有包含在Python标准库中的由相关机构和个人开发并共享的模块，需要从共享\
    网站下载或其他途径获得，并安装到指定位置才能导入使用。')
iter_para = 第一段.iter_inner_content()
doc.add_paragraph('世界范围内共享第三方开发模块的网站为https://pypi.org。该网站汇聚\
    了共享的第三方模块，通过该网站可以查找和下载第三方模块，也可以通过国内同步\
    https://pypi.org所有模块的网站快速下载和安装需要的第三方模块。',style=正文风格)
doc.add_paragraph('下面介绍第三方模块的安装方法和部分第三方模块的功能。',
    style=正文风格)
doc.add_paragraph('第一节第三方模块的安装',style=节标题1) #添加节标题
para_pip = doc.add_paragraph('一、第三方模块的安装工具——pip',style=节标题2)
    #添加小节标题
doc.add_paragraph('Windows系统上，第三方模块的安装一般在命令提示符界面通过pip程序\
    安装，pip是Python包或模块管理工具，该工具提供了对Python包或模块的查找、下载、安装、\
    卸载的功能。Python 3.4+以上版本自带pip工具，如果在python.org下载最新版本的安装\
    包，则已经自带了该工具。使用命令pip --version检查是否已经安装了 pip和安装的版本及\
    位置。',style=正文风格) #添加段落文字
sections = doc.sections #获取文档对象doc_old的所有节对象
section1 = sections[0] #提取第一个节
其他页眉 = "唐荣华\tPython 编程在农业科技创新中的应用\t科技创新"
添加页眉(section1,其他页眉)
#设置页面为横向
new_section = doc.add_section(start_type=WD_SECTION.NEW_PAGE) #创建一个新节
横向页面(new_section,左边距=2.5,右边距=2.5,上边距=2.5,下边距=2.5)
其他页眉 = '快乐学Python，创新无限' #更新新页眉的文字
添加页眉(new_section,其他页眉)
data_dict = {'品种名称': ['花育6302', '漓油886', '漓油995', '韶花二号',
    '韶花一号', '泰育103', '信花4号', '信花5号', '信花9号', '云花20号',
    '云花生13号', '云花生14号', '云花生17号', '云花生4号', '云花生5号',
    '云花生9号', '仲恺花12'], '生育期(天)': [125, 130, 130, 122, 123, 127, 115,
    112, 110, 127, 118, 115, 116, 120, 121, 123, 120], '主茎高(cm)': [41.5,
    62.9, 62.9, 44.6, 85.11, 45.3, 51.5, 39.5, 58.5, 52.68, 47.38, 47.83,
    49.48, 51.9, 31.28, 37, 48.2], '侧枝长(cm)': [47, 68, 65.8, '', 84.89,
    47.2, 66, 54.3, 62.2, 57.19, 45.25, 43.7, 48.18, 50.7, 29.63, 38.55,
    53.7], '百仁重(g)': [81.8, 73.6, 66.9, 87.84, '', '', 73.6, 71.2, 75.6,
    63.15, 65.67, 56.85, 58.75, 53.59, 80.18, 81.9, 82], '荚果亩产(kg)':
```

```
    [354.05, 190.97, 208.14, 262.2, 257.8, 357.8, 344.6, '', 393.9, 308.84,
    250.39, 265.3, 263.3, 217.3, 234.7, 235.4, 274.72]}
风格 = 'Table Grid' # 'Table Grid'
插入表格(doc,'花生品种选择',data_dict,风格) #运行插入表格函数
new_section = doc.add_section(start_type=WD_SECTION.NEW_PAGE) #创建一个新节
纵向页面(new_section,左边距=2.5,右边距=2.5,上边距=2.5,下边距=2.5)
try: #读者需要在此输入自己计算机上的3张图片的路径才能在文档中显示图片, 此处演示添加图片的\
    语句
    doc.add_picture(r"C:\Users\trong\Desktop\IMG_20230704_130302.jpg",
        width=Cm(9))
    doc.add_picture(r"C:\Users\trong\Desktop\IMG_20230826_113017.jpg",
        width=Cm(9))
    doc.add_picture(r"C:\Users\trong\Desktop\IMG_20230711_173951.jpg",
        width=Cm(10))
except:
    pass
doc.save(doc_path) #保存文档;os.startfile(doc_path)
```

# 第 7 章 数据分析应用软件界面构建

## 7.1 Tkinter 包概况

图形用户界面（graphical user interface，GUI）是计算机与用户交流的一种方式。它一般是由带有菜单、文本和图像输入、选择或显示、按钮等组件构成的窗体。用户通过在文本框输入内容、单击菜单栏或按钮实现数据的导入、计算和导出，实现与机器的交互。GUI 的存在拉近了人与计算机的距离，让人机交互的过程变得更自然、更简洁生动。

目前在个人计算机（personal computer，PC）上运行的 Windows、macOS、Linux，以及国产操作系统，在手机等设备上运行的安卓系统、鸿蒙系统及打开的应用程序，还有车载系统产品、智能家居产品、电子数码产品，如汽车中控台的显示屏窗体，或者行车记录仪窗体都属于图形用户界面。

目前供程序开发者选择的 GUI 开发软件包有很多，不同的编程语言有其相应的软件包。其中，适合 Python 语言的 GUI 软件包有 `tkinter`、`wxPython`、`PyQt`、`PyGTK`、`Pywin32` 等，只有 `tkinter` 是随 Python 安装包一并安装的软件包，其他 GUI 软件包需要程序开发者自己安装。

`tkinter`（即 tk interface，Tk）本质上是对 `Tcl/Tk` 软件包的 Python 接口封装，它是 Python 官方推荐的 GUI 工具包，属于 Python 自带的标准库模块。当安装好 Python 后，就可以直接使用它，而无须另行安装。

作为一款 Python GUI 工具，`tkinter` 拥有良好的跨平台性，支持 Windows、Linux、Mac 平台，它传承了 Python 语法简洁、代码易读的基本特点。

与其他编程语言的 GUI 工具包相比，`tkinter` 编码效率高，能够快速实现开发目的，非常适合初学者学习。`tkinter` 使用纯 Python 语言开发，与 C/C++ 开发的 `Qt` 框架相比，虽然 `tkinter` 有自身的局限性，如性能、功能丰富程度等都不及 `Qt`，但基本能满足一般农业科研需求的应用程序开发。

`tkinter` 模块包含程序窗体组件（`__init__.py`、`ttk.py` 和 `scrolledtext.py`）、常量（`constants.py`）、简单对话框（`simpledialog.py`）、通用对话框（`commondialog.py`）、弹出消息框（`messagebox.py`）、字体选择（`font.py`）和颜色选择（`colorchooser.py`）等子模块。

`tkinter` 模块提供了多个图形组件，用于信息显示与输入、组件的定位和控制。程序界面窗体包括 `Tk` 和 `Toplevel`，窗体组件包括容器类组件（`Frame`、`PanedWindow` 等）和一些人机交互的功能组件，如标签 `Label`、单行文本框 `Entry`、多行文本框 `Text`、画布 `Canvas`、按钮 `Button`、单选按钮 `Radiobutton`、多选按钮 `Checkbutton`、刻度尺 `Scale`、列表框 `Listbox`、滚动条 `Scrollbar`、属性菜单 `OptionMenu`、微调框 `Spinbox` 等。

`tkinter` 模块的子模块 `ttk.py` 另行设计了组件外观更美观的 20 个图形组件:`Button`、

Checkbutton、Combobox、Entry、Frame、Label、LabeledScale、Labelframe、Menubutton、Notebook、OptionMenu、Panedwindow、Progressbar、Radiobutton、Scale、Scrollbar、Separator、Sizegrip、Spinbox 和 Treeview，其中，包括 tkinter 模块原有的 13 个图形组件类（Label、Entry、Button、Checkbutton、Radiobutton、Menubutton、Scale、Scrollbar、OptionMenu、Spinbox、Frame、LabelFrame 和 PanedWindow），新增了 7 个组件类（Combobox、LabeledScale、Notebook、Progressbar、Separator、Sizegrip 和 Treeview），ttk 中的 LabelFrame 是 Labelframe 的别名，PanedWindow 是 Panedwindow 的别名，是同一个组件。ttk 模块图形组件的属性设置和图形构建分开进行，需要先利用其 Style 类设置需要使用的图形组件外观属性，在组件构建时，通过 style 属性引用。但 ttk 组件的外观更漂亮，推荐使用。

tkinter 组件和 tkinter.ttk 组件的导入和创建（实例化）有一定的顺序要求，说明如下所示。

1）先从 tkinter 导入所有组件，再全部导入 ttk 的所有组件，ttk 组件会覆盖 tkinter 名称相同的组件

'*' 表示直接导入全部组件，在代码中直接引用相关组件名称就行，如 from tkinter import * 表示导入了 tkinter 中的所有组件，而 from tkinter.ttk import * 则导入了 tkinter.ttk 模块中的所有组件，如果语句 from tkinter.ttk import * 在语句 from tkinter import * 之后执行，那么 tkinter.ttk 的组件就会替换 tkinter 中同名的组件。

这些组件都是类对象，英文名的第一个字母约定为大写，需要创建实例才能使用，创建一个组件的实例通用格式为组件名（主组件名,** 属性），主组件（master）为该组件安放的组件名，只有主窗体组件（Tk）无 master 参数，其他组件如 Frame 的主组件为主窗体实例或其他 Frame，按钮组件的主组件可能是主窗体或其他 Frame 等容器组件。

2）显式声明导入 ttk

通过引用模块名导入整个子模块：

```
from tkinter import ttk
```

在代码中引用相关组件需要 ttk.+ 组件名称，这样创建一个组件的实例通用格式为

```
ttk.组件名(主组件名,**属性)
```

3）显式声明导入应用程序界面用到的组件名称

通过引用模块名和组件名直接导入相关组件，但要注意不同模块中相同名称的组件功能是否兼容，功能不兼容名称相同的组件不能通过该方式导入。

```
from tkinter.ttk import Button, ...
```

显式声明导入组件和通过“from 模块名 import*”导入所有模块中组件后，在创建组件实例时都是直接引用组件名。

模块 scrolledtext.py 构建了一个自带垂直滚动条的文本框组件,可以直接导入使用。

模块 constants.py 内置了多个字符型常数，常数名称全部由大写字母组成，在相关属性设置中可以替代由小写字母组成的字符串（表 7-1）。

**表 7-1　Tkinter 字符型常量**

| 类型 | 常量含义 |
|---|---|
| 布尔 | NO=FALSE=OFF=0, YES=TRUE=ON=1 |
| 位置（anchor 或 sticky） | N='n', S='s', W='w', E='e', NW='nw', SW='sw', NE='ne', SE='se', NS='ns', EW='ew', NSEW='nsew', CENTER='center' |
| 填充（fill） | NONE='none',X='x',Y='y',BOTH='both' |
| 定向 (side) | LEFT='left',TOP='top',RIGHT='right',BOTTOM='bottom' |
| 外观（relief） | RAISED='raised', SUNKEN='sunken', FLAT='flat', RIDGE='ridge', GROOVE='groove', SOLID = 'solid' |
| 布局方向 | HORIZONTAL='horizontal', VERTICAL='vertical' |
| 标签（tabs） | NUMERIC='numeric' |
| 换行（wrap） | CHAR='char', WORD='word' |
| 对齐（align） | BASELINE='baseline' |
| 边框取舍 | INSIDE='inside', OUTSIDE='outside' |
| 特定的标签、标记和插入位置 | SEL='sel', SEL_FIRST='sel.first', SEL_LAST='sel.last', END='end', INSERT='insert', CURRENT='current', ANCHOR='anchor', ALL='all' |
| 文本框和按钮状态（state） | NORMAL='normal', DISABLED='disabled', ACTIVE='active', HIDDEN='hidden' |
| 菜单组件类型 | CASCADE='cascade', CHECKBUTTON='checkbutton', COMMAND='command', RADIOBUTTON='radiobutton', SEPARATOR='separator' |
| 列表框选择模式 | SINGLE='single', BROWSE='browse', MULTIPLE='multiple', EXTENDED= 'extended' |
| 列表框活跃风格 | DOTBOX='dotbox', UNDERLINE='underline' |
| 画布风格 | PIESLICE='pieslice', CHORD='chord', ARC='arc', FIRST='first', LAST='last', BUTT='butt', PROJECTING='projecting', ROUND='round', BEVEL='bevel', MITER='miter' |
| 滚动条 | MOVETO='moveto', SCROLL='scroll', UNITS='units', PAGES='pages' |

# 7.2　Tkinter 组件的共有属性

tkinter 组件可以在创建的同时设置其对应的属性，但 ttk 组件需要利用其 Style 对象预先设置其外观及行为属性。各组件除了有各自的特有属性，都有 4 个相同的属性（表 7-2）。

**表 7-2　Tkinter 组件的共有属性**

| 属性 | 含义 |
|---|---|
| class | 指定该组件所属父组件。该属性是只读的，只能在创建实例时指定 |
| cursor | 指定鼠标在组件上时的样式。默认为空字符串，鼠标样式与父组件一样，可设置的鼠标样式有：arrow、circle、clock、cross、dotbox、exchange、fleur、heart、man、mouse、pirate、plus、shuttle、sizing、spider、spraycan、star、target、tcross、trek、watch 等 |
| takefocus | 指定该组件是否在键盘进行组件移动时停留获得焦点。若设置为 0，则会跳过该组件；若设置为 1，则表示能获得焦点；空字符串则由程序代码决定是否能获得焦点 |
| style | 指定该组件采用一个设置好的样式，包括字体、前景色、背景色等，ttk 组件利用其 style 对象设置组件属性 |

内容可滚动查看的组件如 Text、Entry、Listbox、Treeview 等在搭配滚动条组件时，可以根据其方向分别或同时设置如表 7-3 所示的两个属性。

表 7-3 Tkinter 内容可滚动组件的共有属性

| 属性 | 含义 |
| --- | --- |
| xscrollcommand | 只能用于与水平滚动条组件的联动 |
| yscrollcommand | 只能用于与垂直滚动条组件的联动 |

下面的脚本编辑窗口部分示例代码为 Text 配置了水平和垂直滚动条，xscrollcommand 和 yscrollcommand 分别为对应滚动条的设置，滚动条组件通过其 configure 方法设置其 command 为 Text 组件的 xview 和 yview，实现滚动条移动和 Text 组件内容移动的同步。

```
sb_task = Scrollbar(data_show_window, orient = 'horizontal') #添加水平滚动条
sb_task.pack(fill='x') #在父组件data_show_window中水平填充（拉伸）
sb_vert = Scrollbar(data_show_window, orient = 'vertical')#添加垂直滚动条
sb_vert.pack(fill='y',side='right')#在父组件data_show_window中垂直填充（拉伸）
信息框 = Text(data_show_window, xscrollcommand = sb_task.set,
    height=text_height,yscrollcommand = sb_vert.set,font=('宋体',18),
    wrap = 'none',bg='wheat',state='normal', undo = True, maxundo = 50,
    autoseparators = False)
信息框.pack(fill='both',expand=True,side='left')
sb_task.config(command = 信息框.xview) #将水平滚动条设置为信息框的水平视野
sb_vert.config(command = 信息框.yview) #将垂直滚动条设置为信息框的垂直视野
```

如 Label、Button 等可以添加文字和图形标注的组件有表 7-4 所示的共有属性。

表 7-4 Tkinter 带文字和图形组件的共有属性

| 属性 | 含义 |
| --- | --- |
| text | 在组件内显示的文字信息 |
| textvariable | 设置一个变量，其值与组件的 text 信息同步 |
| underline | 指定 text 信息某个位置的字符是否有下划线，输入正整数才起作用，也意味着只能给其中的一个字符设置下划线 |
| image | 在标签中嵌入的图片，只接受 tkinter.PhoteImage 读取的 gif 格式图片 |
| compound | 在同时给定了 text 和 image 属性时，设置文字和图形的显示方式。<br>text：只显示 text 给定的文字信息。<br>image：只显示 image 给定的图标。<br>top、bottom、left、right 和 center：分别在文字的上方、下方、左边、右边和文字中心显示图标。<br>none：默认设置，若有图标，则显示图标；若没有，则显示文字 |
| width | 以英文字符个数的方式设置组件的宽度，一个中文字符占 2 个字符。如果给定值大于 0，那么组件的宽度为给定值；如果给定值已经大于父组件宽度，那么宽度等于父组件；如果给定值小于 0，那么指定一个最小宽度；如果给定值为 0 或不设置，那么根据内容自动适配宽度 |

## 7.3 主窗体 Tk 的创建、属性和方法

tkinter 中的主窗体类为 Tk，每个新建的窗体都是 Tk 的实例，通常作为应用程序的主界面。

### 7.3.1 创建

可以通过导入 tkinter 整个模块或只导入 Tk 来完成窗体类的导入。

（1）通过语句"import tkinter as tk" 导入 tkinter 整个模块，再通过"mainWindow = tk.Tk()" 创建 Tk 实例并赋值给变量 mainWindow。

（2）通过"from tkinter import Tk" 只导入 Tk，再通过"mainWindow = tk.Tk()" 创建 Tk 实例并赋值给变量 mainWindow。如果创建其他组件实例，那么需要再次导入其他组件类。

把上述两种方式的两句代码输入 Python 交互式窗体或脚本编辑窗体，会生成一个空的窗体。

### 7.3.2 属性

主窗体外观属性不能在创建 Tk 时同步设置，需要在创建后设置。常用属性包括宽度（width）、高度（height）、边框宽度（bd）、背景色（background）等。焦点边框是指当一个对象获得焦点时，在对象四周增加的四方形边框，可以设置该边框的厚度（highlightthickness），获得焦点时的颜色（highlightcolor），失去焦点的颜色（highlightbackground），用于突出显示一个对象，主窗体等 tkinter 大部分图形对象都有这 3 个属性。属性格式为字典类型，可以通过窗体对象名称加关键字查看或设置属性值，也可以通过其 configure 方法设置或查询所有属性。

### 7.3.3 方法

窗体实例常用的方法如下所示。

（1）设置窗体标题（title）。mainWindow.title('新标题名称')。

（2）属性设置或返回方法（configure）。该方法无参数时返回窗体对象的属性，如 mainWindow.configure()，则返回窗体多个属性已经设置的值；如果给定字典类型的属性值，那么重新设置该对象的属性。

（3）窗体大小和位置设置或返回方法（geometry）。无参数时，返回当前窗体的宽度、高度和在屏幕上的坐标（原点为屏幕左上角），如语句 mainWindow.geometry() 会返回所创建主窗体的几何信息：'600x400+78+78'。按字符串格式'widthxheight+x+y' 输入窗体宽度、高度和坐标，设置窗体的大小和位置，如 mainWindow.geometry('300x200+500+500')，要求字符串内元素间不能有空格。

（4）更新窗体图标（iconbitmap、iconphoto）。iconbitmap 方法可以自定义窗体的图标，代码为 mainWindow.iconbitmap("C:\\Users\\trong\\tb.ico")；iconphoto 方法可以把 gif、png 格式的图片转换为窗体的图标，但转换之前需要采用 tkinter 的 PhotoImage 方法把图片转换为 PhotoImage 格式图片，代码为 photo = tk.PhotoImage(file ="C:\\Users\\trong\\Desktop\\peanut.gif") 和 mainWindow.iconphoto(False,photo)，False 表示该图标不是默认图标，只是当前窗体的图标。

（5）查看窗体的最大化窗体大小和最小化窗体大小。mainWindow.maxsize() 方法其实就是查看计算机屏幕的大小，mainWindow.minsize() 则查看所创建窗体最小化时的大小。

（6）关闭窗体。关闭窗体的语句为 mainWindow.destroy()。

（7）最小化和复原窗体（iconify 和 deiconify）。最小化窗体的语句为 mainWindow.iconify()，实现窗体的最小化；mainWindow.deiconify() 则让窗体从最小化状态恢复在屏幕中显示。

（8）窗体关闭绑定函数方法（protocol）。窗体关闭前，通过 protocol 方法先执行一个函数，再关闭窗体。这个函数可以用于保存程序数据、其他提醒等功能，如：mainWindow.protocol('WM_DELETE_WINDOW', func)，参数 func 为窗体关闭前执行的函数。

（9）窗体大小是否可调整方法（resizable）。调用 resizable 的方法可设置窗体的行为，如 mainWindow.resizable(width=True,height=False) 设置窗体宽度可以改变，高度不能改变。

（10）隐藏窗体方法（withdraw）。该方法可以让窗体不在屏幕中出现（不是最小化），通过 deiconify 方法复原。如 mainWindow.withdraw() 可让主窗体在屏幕上看不见，但没有关闭，只是不在显示区域出现。

（11）获得或失去焦点方法。focus 或 focus_force 都能让窗体获得焦点，如 mainWindow.focus() 或 mainWindow.focus_force()。

（12）定时执行函数方法（after）。如 mainWindow.after(ms,func=None, *args)，其中，ms 为毫秒，func 为指定时间过去后执行的函数，*args 为函数的参数，与 time.sleep() 功能相似。

（13）获取窗体的宽度和高度。如 mainWindow.winfo_height()，会返回窗体的高度为 192，单位为像素；窗体.winfo_width() 则返回窗体的宽度为 509。

（14）获取计算机屏幕大小。如 mainWindow.winfo_screenheight() 返回屏幕的高度，单位为像素；mainWindow.winfo_screenwidth() 则返回屏幕的宽度。

（15）更新窗体（update）。重新执行窗体所有事件。

（16）绑定或返回绑定事件（bind）。绑定窗体事件执行指定函数，如 mainWindow.bind(事件，函数)。

（17）返回窗体属性名。如 mainWindow.keys()，则会返回当前窗体的所有属性名列表，为 ['bd', 'borderwidth','class','menu', 'relief', 'screen', 'use', 'background', 'bg', 'colormap','container','cursor', 'height', 'highlightbackground', 'highlightcolor', 'highlightthickness','padx','pady','takefocus', 'visual', 'width']。

下面在 Python 脚本编辑窗体创建了一个构建应用程序主窗体的函数——主窗体，包括设置相关属性、调用相关方法的示例代码，单击“运行”按钮，就可以查看效果。

```
from tkinter import Tk
from os import getcwd,path
def 主窗体():
    global mainWindow #设置mainWindow为全局对象，才能在创建界面类中调用
    mainWindow = Tk() #创建主窗体实例mainWindow
    mainWindow.title('花科软件') #给主窗体设置自定义名称
    mainWindow['bg']= 'lightgreen' #'bg'='background'窗体背景色
    mainWindow['relief'] = 'raised'#设置窗体外观为凸起
    mainWindow['borderwidth'] = 6 #设置窗体边框宽度为6个像素
    screenwidth,screenheight = mainWindow.maxsize()
    #主窗体最大化后的宽度和高度就是屏幕的宽度和高度
```

```
    mainWindow.protocol('WM_DELETE_WINDOW', 关闭_mainwindow) #protocol方法
    #设置窗体宽度(单位:像素),可设置屏幕宽度和高度的百分比, 必须为整数
    window_width = 300;window_height = 150 #英文分号可以在一行放置多个语句
    # 设置mainWindow起始坐标 (整数) , 使其在电脑屏幕上居中, 坐标单位:像素
    x=int((screenwidth-window_width)/2);
    y=int((screenheight-window_height)/2)
    mainWindow.geometry('{}x{}+{}+{}'.format(window_width, window_height,x,
      y)) # geometry方法定义或返回主窗体的大小、位置
    tb_path = '{}\\tb.ico'.format(getcwd()) #指定窗体图标路径, 如果不存在,
            用默认图标
    if path.exists(tb_path):
        mainWindow.iconbitmap(tb_path) #把主窗体的默认图标改成自定义图标
def 关闭_mainwindow():#窗体关闭前执行的函数, 可增加保存数据的语句
    mainWindow.destroy()
主窗体() # 运行函数, 就会生成一个无任何组件的自定义主窗体
```

## 7.4　弹出窗体 Toplevel 的创建、属性和方法

Toplevel 是一个顶级窗体（也称为“弹出窗体”组件），类似于 Tk 组件，不过该组件会脱离主窗体另行创建一个独立窗体，因此它的存在形式不同于其他窗体组件。

Toplevel 是隶属于主窗体的子组件，为主窗体之外的窗体（通过事件显示），在这个窗体内也可以包含接下来介绍的文本框、按钮等其他组件。但需要注意，顶级窗体并不是必须位于窗体的顶部位置，之所以称其为顶级窗体，是因为相对于主窗体而言，Toplevel 位于主窗体的上一层。

Toplevel 组件拥有主窗体组件的所有方法和属性，同时它还拥有一些独有的方法，如表 7-5 所示。

**表 7-5　弹出窗体的方法**

| 方法 | 说明 |
|---|---|
| deiconify() | 在使用 iconify() 或 withdraw() 方法后，即窗体最小化和移出屏幕后（只是看不见，并没销毁），使用该方法来显示该窗体 |
| frame() | 返回一个系统特定的窗体识别码 |
| group(window) | 将顶级窗体加入 window 窗体群组中，如果忽略该参数，将返回当前窗体群的主窗体 |
| iconify() | 将窗体图标化（最小化），需要重新显示窗体，使用 deiconify() 方法 |
| protocol(name, function) | 将回调函数 function 与相应的规则 name 绑定；<br>① name 参数可以是"WM_DELETE_WINDOW"：窗体被关闭时；<br>② name 参数可以是"WM_SAVE_YOURSELF"：窗体被保存时；<br>③ name 参数可以是"WM_TAKE_FOCUS"：窗体获得焦点时 |
| state() | 设置和获得当前窗体的状态，参数值"normal"（正常状态）、"withdrawn"（移除窗体）、"icon"（最小化）和"zoomed"（放大） |
| transient(master) | 指定为 master 的临时窗体 |
| withdraw() | 将窗体从屏幕上移除，只是不在电脑屏幕显示，若需要重新显示窗体，则使用 deiconify() 方法 |

下面为在 Python 脚本编辑窗体构建顶级窗体的示例代码，保存后运行可以查看效果。

```
import tkinter as tk;root=tk.Tk();root.config(bg='#87CEEB')
root.title("花科软件"); root.geometry('400x350+300+300');path=''
try:#此处图标文件路径为作者计算机桌面的文件，需要更换为用户计算机上的路径才能显示
    root.iconbitmap("C:\\Users\\trong\\tb.ico")
except:
    pass #如果没有给出正确的图标文件路径，就使用软件自带的默认图标
def change_path():
    print(path) #此处只演示按钮的功能，没有添加更改路径的功能
def show_root():
    top.destroy();root.deiconify()
def create_toplevel():
    global path,top; top = tk.Toplevel(); root.withdraw()
    #创建弹出窗体后即让主窗体root消失
    top.title("设置窗体");top.geometry('300x200+100+100')
    top.protocol('WM_DELETE_WINDOW',show_root)#关闭设置窗体后显示主窗体
    #添加路径标签，路径显示文本框和更改路径按钮
    msg = tk.Label(top, text="数据保存路径",font=('宋体',15));msg.pack()
    path_entry=tk.Entry(top,bg='white',font=('宋体',16),width=25);
    path_entry.pack()
    path_button = tk.Button(top,text='更改路径',command=change_path);
    path_button.pack()
    path = path_entry.get()
    if not path:
        path="C:\\Users\\trong\\tb.ico"; path_entry.insert('insert',path)
    try:
        top.iconbitmap("C:\\Users\\trong\\tb.ico")
    except:
        pass
tk.Button(root,text="打开设置窗体", width=20,height=3,\
   command=create_toplevel).pack()
root.mainloop()
```

## 7.5 Tkinter 模块组件的创建、属性和方法

### 7.5.1 Tkinter 窗体组件布局方法

在创建上面的主窗体后，可以直接在主窗体上添加其他应用程序组件如按钮、文本框等，但添加的这些组件在窗体上怎么布局，提高用户的体验非常重要，在主窗体或其他容器组件添加其他功能组件之前先介绍 tkinter 提供的布局方法。

tkinter 为每个组件提供了 3 种布局方法，分别是 pack()、grid() 及 place()，如表 7-6 所示，但在同一个根组件架中，pack() 和 grid() 不能同时使用。

**表 7-6　tkinter 的 3 种组件布局方法**

| 方法 | 说明 |
|---|---|
| pack() | 按照组件的添加顺序对其进行左右或上下排列，遗憾的是此方法灵活性较差 |
| grid() | 以行和列（网格）形式对组件进行排列，此种方法使用起来较为灵活 |
| place() | 可以指定组件大小及摆放位置，三个方法中最为灵活的布局方法 |

1. pack()

pack() 是一种较为简单的布局方法，在不使用任何参数的情况下，它会将组件按照 side 属性的设置方向以添加时的先后顺序在组件架中摆放，并且默认居中显示，可以想象 pack 就是在多层组件架上置放组件，每个组件占一层。pack() 布局方法的常用参数如表 7-7 所示。

**表 7-7　pack 布局方法的常用参数**

| 参数 | 含义 |
|---|---|
| side | 决定组件安置的方向，参数值有'top'、'bottom'、'left'、'right' 共 4 个。注意，单词小写时需要使用字符串格式，也可用全部大写的字符型常量表示。设置 side = 'top' 表示从上到下排列或'bottom' 表示从下往上排列；side ='left' 表示从左往右排列或'right' 表示从右到左排列。默认为'top' |
| anchor | 决定组件安置的位置，作为四方形的组件架，位置有四方形的四个角、四条边的中点、四方形的中心共 9 个方位参数值，分别用'n'、'w'、's'、'e'、'ne'、'nw'、'se'、'sw' 及'center' 等（这里的 e、w、s、n 分别代表东西南北四边中点，而两个字母则代表左右上下四个角） |
| fill | 当组件按照 side 的设置，安放在父组件架上后，其左右或上下或许还有空白区域，fill 决定组件是否填充已经占用区域的空白区域，以及填充的方向（当 side='top' 或'bottom' 时，其左右可能有空白区域，则 fill='x'；当 side='left' 或'right' 时，其上下可能有空白区域，则 fill='y'；当 side='center' 时，其上下左右都可能有空白区域，则 fill='both'）。参数值为'X'、'Y'、'BOTH'、'none'，表示允许组件在水平、垂直或同时在两个方向上进行拉伸，当 fill='none' 时，表示组件保持原来大小不拉伸 |
| expand | fill 属性只是设置在组件已经占用的父组件架区域，如果还有空白区域是否拉伸填充，expand 则决定组件是否拉伸填充到父组件架其他的空白区域。参数值为 True（扩展）或者 False（不扩展），默认为 False，若设置为 True，则根据 fill 的设置是否把软件窗体的多余位置填满 |
| ipadx,ipady | 表示组件内容与组件边框的距离（内边距），如文本内容和组件边框的距离，单位为像素 (p) 或者厘米 (c)、英寸 (i) |
| padx,pady | 用于控制组件之间的上下、左右的距离（外边距），单位为像素 (p)，或者厘米 (c)、英寸 (i) |
| after/before | after= 组件名，表示在指定组件后面放置；before= 组件名，表示在指定组件前面放置，默认按添加时间顺序放置 |

下面为 Python 脚本编辑窗体中 pack 布局方法部分参数综合演示示例代码，可更改相关设置，保存后运行可以查看效果。

```
from tkinter import Tk,ttk;from os import getcwd
mainWindow = Tk();mainWindow.title('花科软件');mainWindow['bg'] = 'white'
screenwidth,screenheight = mainWindow.maxsize()
height1 = 200;width1 = 400#设置窗体宽度 (单位: 像素)
# 设置mainWindow起始坐标 (整数), 使其在计算机屏幕上居中, 坐标单位: 像素
x=int((screenwidth-width1)/2);y=int((screenheight-height1)/2)
mainWindow.geometry('{}x{}+{}+{}'.format(width1,height1,x,y))
run_path = getcwd()
try:#假设图标文件保存在当前文件所在文件, 图标文件名为tb.ico
    mainWindow.iconbitmap("{}\\tb.ico".format(run_path))
except:
```

```
    pass # 如果图标文件不存在，则使用默认图标
文本框 = ttk.Entry(mainWindow,font=('黑体',18,'bold'),foreground='red',
    background='green')
文本框.pack(side='top',expand=True,fill='both',anchor='n',padx=20,pady=20,
    ipadx=5,ipady=5)
def print_welcome():
    文本 = 文本框.get()
    if 文本:
        文本框.delete(0,'end')
    else:
        文本框.insert('insert','您好！欢迎使用Python!')
按钮 = ttk.Button(mainWindow,text='欢迎',command=print_welcome)
按钮.pack(side='bottom') #设置该按钮安置在窗体底部
mainWindow.mainloop()
```

2. grid()

grid() 方法是一种基于网格式的布局管理方法，相当于把窗体或其他容器组件看成一张由行和列组成的表格，也可看成一个多层多格的组件架。当使用该 grid 函数进行布局，表格（组件架）内的每个单元格都可以放置一个组件，各单元格的高度和宽度由软件自动根据组件大小确定，从而实现对窗体的布局管理。

grid() 布局方法的常用参数如表 7-8 所示。

**表 7-8　grid 布局方法的常用参数**

| 参数 | 说明 |
|---|---|
| row | 组件位于表格中的第几行，窗体最上面的第一行为起始行，默认为第 0 行 |
| column | 组件位于表格中的第几列，窗体最左边的第一列为起始列，默认为第 0 列 |
| columnsapn | 组件实例所跨的列数，默认为 1 列，通过该参数可以合并一行中多个邻近单元格 |
| rowspan | 组件实例所跨的行数，默认为 1 行，通过该参数可以合并一列中多个邻近单元格 |
| ipadx,ipady | 用于控制内边距，在单元格内部，左右、上下方向上填充指定大小的空间 |
| padx,pady | 用于控制外边距，在单元格外部，左右、上下方向上填充指定大小的空间 |
| sticky | 该属性用来设置组件位于单元格哪个方位上，参数值和 anchor 相同，若不设置，则默认组件在单元格内居中 |

grid() 方法相比 pack() 方法来说要更加灵活，以网格的方式对组件进行布局管理，让整个布局显得非常简洁、优雅。使用 grid 函数布局，其实就是为各个组件指定行号、列号的过程，我们不需要为每个单元格指定大小，因为 grid 会为每个单元格自动设置一个适合的尺寸。

grid 方法的示例代码如下 Python 脚本编辑窗体所示：

```
from tkinter import *;main_window = Tk()
main_window.title('place布局实例')#给主窗体一个新名称
main_window.geometry('300x200+200+100')#设置主窗体的大小和在屏幕上起始标签
try:#自定义主窗体的图标
    main_window.iconbitmap("C:\\Users\\trong\\tb.ico")
except:#如果图标文件不存在，则使用默认图标
```

```
    pass
#创建一个frame窗体对象，用来放置标签等组件
frame = Frame (main_window,relief=SUNKEN,borderwidth=2,width=450,height=250)
frame.pack (side=TOP, fill=BOTH, expand=1) #在水平、垂直方向上填充窗体
Label1 = Label (frame, text="标签1",bg='blue',fg='white') #创建"标签1"
#设置标签1在第一行第一列
Label1.grid (row=0,column=0, padx=10, pady=10,ipadx=2,ipady=2)
Label2 = Label (frame, text="标签2",bg='purple',fg='white')
#设置标签2在第一行第二列
Label2.grid (row=0,column=1, padx=10, pady=10,ipadx=2,ipady=2)
Label3 = Label (frame, text="标签3",bg='green',fg='white')
#设置标签3在第二行第一列
Label3.grid (row=1,column=0, padx=10, pady=10,ipadx=2,ipady=2)
Label4 = Label (frame, text="标签4",bg='gray',fg='white')
#设置标签4在第三行第二列
Label4.grid(row=2,column=0,padx=10,pady=10,ipadx=2,ipady=2,columnspan=2)
#开始事件循环
main_window.mainloop()
```

3. place()

与前两种布局方法相比,采用 place() 方法进行布局管理要更加精细化,通过 place() 布局管理器可以直接指定组件在窗体内的绝对位置，或者相对于其他组件的相对位置。

place 布局方法的常用参数如表 7-9 所示。

**表 7-9　place 布局方法的常用参数**

| 参数 | 说明 |
|---|---|
| anchor | 定义组件在窗体或组件架内的安放方向，参数值 N、NE、E、SE、S、SW、W、NW 或 CENTER，默认值是 NW。如果设置为 N，则表示组件从正南向正北方向放置，x、y 等设置的坐标点为组件的最北中点，整个组件在该坐标点的南边 |
| bordermode | 定义组件的坐标是否要考虑边界的宽度，参数值为 OUTSIDE（排除边界）或 INSIDE（包含边界），默认值 INSIDE |
| x、y | 定义组件在根组件架中水平和垂直方向上的起始绝对位置 |
| relx、rely | 定义组件相对于根组件架在水平和垂直方向上的相对位置（即位移比例），取值为 0.0～1.0<br>可设置 in_ 参数项，相对于某个其他组件的位置 |
| height、width | 组件自身的高度和宽度（单位为像素） |
| relheight、relwidth | 组件高度与宽度相对于根窗体高度和宽度的比例，取值为 0.0～1.0 之间 |

place 方法的示例代码如下 Python 脚本编辑窗体所示，保存后运行可查看效果。

```
from tkinter import * #导入tkinter所有组件
main_window = Tk() #创建主窗体;main_window.title('place布局实例')
main_window.geometry('800x600+200+100')#设置主窗体的大小和在屏幕上起始标签
try:#自定义主窗体的图标
    main_window.iconbitmap(("C:\\Users\\trong\\tb.ico"))
except:
```

```
    pass #无自定义图标则用默认图标
#创建一个frame窗体对象，用来放置标签对象
frame = Frame(main_window,relief=SUNKEN,borderwidth=2,width=400,height=200)
frame.pack (side=TOP)
#下面设置4种作物名称的标签，起始坐标一样，显示不同锚定方法的效果
Label1 = Label (frame, text="水稻",bg='blue',fg='white')
#锚点为正东（右），组件从西（左）往东安放，组件的右边框中点为x、y决定的点
Label1.place (x=200,y=100, width=60, height=60, anchor=E)
Label2 = Label (frame, text="花生",bg='purple',fg='white')
#锚点为正西（左），组件从东（右）往西安放，组件的左边框中点为x、y决定的点
Label2.place(x=200,y=100,width=60,height=60,anchor=W)
Label3 = Label(frame, text="甘蔗",bg='green',fg='white',anchor=N)
Label3.place(x=200,y=100,width=60,height=60,anchor=N)
Label4 = Label (frame, text="大豆",bg='lightgreen',fg='red')
#锚点为东南，组件从西北往东南安放，组件的东南角为x、y决定的点
Label4.place(x=200,y=100,height=60,width=60, anchor=SE)
main_window.mainloop()
```

### 7.5.2 组件架的构建、属性和方法

组件架是窗体图形组件如标签、按钮、文本框等的容器。主窗体和弹出窗体也是组件架，可以直接放置各种组件。但在实际开发过程中，如果需要进行较复杂的布局，可以在窗体上添加多个组件架，组件架内再添加其他组件架或功能组件，成为主组件架的“组件”。tkinter 有专门的组件架组件，如 Frame、LabelFrame、PanedWindow 等。

1. 无标签组件架 Frame

Frame 本质上也是一个矩形组件容器，同其他组件一样需要位于主窗体内。我们可以在主窗体内放置多个 Frame 组件，并且每个 Frame 中还可以嵌套一个或者多个 Frame，从而将主窗体划分成多个区域。

Frame 的属性及含义如表 7-10 所示。

**表 7-10 Frame 的属性及含义**

| 属性 | 含义 |
|---|---|
| background（简写为 bg） | 设置 Frame 的背景颜色 |
| borderwidth（简写为 bd） | 指定 Frame 的边框宽度 |
| colormap | 指定 Frame 组件及其子组件的颜色映射，一般用不上 |
| container | 默认值是 False，该属性如果为 True，可嵌入其他应用程序，不能作为组件架 |
| cursor | 指定鼠标在 Frame 上滑过的鼠标样式，默认由系统指定 |
| height/width | 设置 Frame 的高度和宽度 |
| highlightbackground | 没有获得焦点时高亮边框的颜色 |
| highlightcolor | 获得焦点时边框的颜色 |
| highlightthickness | 获得焦点时高亮边框的宽度，默认值是 0，不显示高亮边框 |
| padx/pady | 距离主窗体在水平/垂直方向上的外边距 |
| relief | 指定边框的立体感，参数值"sunken"、"raised"、"groove" 或"ridge"、"flat"，默认为"flat" |
| takefocus | 布尔值参数，默认为 False，指定该组件是否接受输入焦点（即用户通过 Tab 键将焦点移动到该组件） |

Frame 对象常用的方法有 columnconfigure 和 rowconfigure 两个，都包含 index（列号或行号）、minsize（最小值，像素）和 weight（大小调整的权重，如 1,2,3 等整数）。Frame 组件的属性设置和方法调用参考下列 Python 脚本编辑窗体代码，更改相关设置，保存运行可以查看效果。

```
from tkinter import *;root = Tk();root.config(bg='#87CEEB')
root.title("花科软件");
root.geometry('600x350+300+300')
def print_text():
    print("我爱编程！")
try:
    root.iconbitmap("C:\\Users\\trong\\tb.ico")
    #如果读者计算机的个人文件夹有图标文件，就显示该图标
except:
    pass
frame = Frame(root,borderwidth=6,container=False,bg='lightgreen',
   highlightbackground='green', relief='raise',takefocus=True,
   highlightthickness=10,highlightcolor='red')
frame.pack(side='top',anchor='n',padx=10,pady=10)
frame.columnconfigure(0,minsize=20,weight=1)
frame.columnconfigure(1,cnf = {'minsize':20,'weight':1})
frame.rowconfigure(0,{'minsize':10,'weight':1})
frame.rowconfigure(1,minsize=10,weight=1)
Label_1 = Label(frame,text='编程让您更聪明！',font=('宋体',16,'bold'))
Label_1.grid(row=0,column=0,padx=10,pady=10,ipadx=5,ipady=5)
Label_2 = Label(frame,text='编程让我更快乐！',font=('宋体',16,'bold'))
Label_2.grid(row=0,column=1,padx=10,pady=10,ipadx=5,ipady=5)
def print_text1():
    if Label_1['text'] == "您爱编程！":
        Label_1['text'] = "编程让您更聪明！"
    else:
        Label_1['text'] = "您爱编程！"
def print_text2():
    if Label_2['text'] == "我也爱编程！":
        Label_2['text'] = "编程让我更快乐！"
    else:
        Label_2['text'] = "我也爱编程！"
button_1 = Button(frame, text="点点您", font=('宋体',16,'bold'),command=
    print_text1)
button_1.grid(row=1,column=0,padx=10,pady=10,ipadx=5,ipady=5)
button_2 = Button(frame, text="点点我", font=('宋体',16,'bold'), command=
    print_text2)
button_2.grid(row=1,column=1,padx=10,pady=10,ipadx=5,ipady=5)
frame2 = Frame(root,borderwidth=6,container=False,bg='lightgreen',
   highlightbackground='purple', relief='flat',takefocus=True,
```

```
    highlightthickness=10,highlightcolor='gold')
frame2.pack(side='top',anchor='n',padx=10,pady=10)
frame2.columnconfigure(0,minsize=20,weight=1)
frame2.columnconfigure(1,cnf = {'minsize':20,'weight':1})
frame2.rowconfigure(0,{'minsize':10,'weight':1})
frame2.rowconfigure(1,minsize=10,weight=1)
Label_3 = Label(frame2,text='科研让您更聪明！',font=('宋体',16,'bold'))
Label_3.grid(row=0,column=0,padx=10,pady=10,ipadx=5,ipady=5)
Label_4 = Label(frame2,text='科研让我更快乐！',font=('宋体',16,'bold'))
Label_4.grid(row=0,column=1,padx=10,pady=10,ipadx=5,ipady=5)
def print_text3():
    if Label_3['text'] == "您爱科研！":
        Label_3['text'] = "科研让您更聪明！"
    else:
        Label_3['text'] = "您爱科研！"
def print_text4():
    if Label_4['text'] == "我也爱科研！":
        Label_4['text'] = "科研让我更快乐！"
    else:
        Label_4['text'] = "我也爱科研！"
button_3 = Button(frame2, text="点点您", font=('宋体',16,'bold'),command=
   print_text3)
button_3.grid(row=1,column=0,padx=10,pady=10,ipadx=5,ipady=5)
button_4 = Button(frame2, text="点点我", font=('宋体',16,'bold'), command=
   print_text4)
button_4.grid(row=1,column=1,padx=10,pady=10,ipadx=5,ipady=5)
frame.focus();root.mainloop()
```

2. 标签组件架 LabelFrame

LabelFrame 组件是 Frame 组件的变体，因此，它们的属性大体相同。在默认情况下，LabelFrame 会在其包裹的子组件周围绘制一个边框和一个标题。当我们想要将一些相关的组件分为一组时，就可以使用 LabelFrame 组件架，如把一系列 Radiobutton（单选按钮）放在一起来供用户选择。

同 Frame 组件一样，LabelFrame 的主要作用也是对组件进行分组处理，不同的是 LabelFrame 具有 text、font、foreground、labelanchor 等特定的属性。

把下列代码复制到 Python 脚本编辑窗体，保存为一个文件后运行可以查看效果。

```
import tkinter as tk;main_window = tk.Tk()
main_window.title('带标签组件架实例')
main_window.geometry('400x200+200+100') #设置主窗体的大小和在屏幕上起始位置
#创建4个函数，由窗体的4个按钮调用
def button1():
    print('花生育种')
```

```
def button2():
    print('花生栽培')
def button3():
    print('基因组')
def button4():
    print('生物信息')
try:
    main_window.iconbitmap(("C:\\Users\\trong\\tb.ico")) #自定义主窗体的图标
except:
    pass
#创建一个标签组件架，x，y方向填充，可扩展
frame1 = tk.LabelFrame(main_window,text="第一区",labelanchor="w",
     bg='#5CACEE', font=('黑体',16,'bold'),foreground='red');frame1.pack()
#在第一个组件架创建第一个按钮
button1 =tk.Button(frame1,text='花生育种',bg='#7CCD7C',width=10,
     font=('微软雅黑',15),command = button1,relief='raised')
button1.grid(row=0,column=0) # 把第一个按钮添加到组合架第一排第一列上
button2 =tk.Button(frame1,text='花生栽培',bg='#9AC0CD',width=10,
     font=('微软雅黑',15),command = button2,relief='raised');
     button2.grid(row=0,column=1)
#创建第二个组件架，并添加到主窗体。
frame2 = tk.LabelFrame(main_window,text="第二区", labelanchor="n",
     bg='lightgreen')
frame2.pack(pady=30)
#在第二个组件架中创建两个按钮
button3 =tk.Button(frame2,text='基因组',bg='#7CCD7C',width=10,
     font=('微软雅黑',15),command = button3,relief='raised');button3.pack()
button4 =tk.Button(frame2,text='生物信息',bg='#9AC0CD',width=10,
     font=('微软雅黑',15),command = button4,relief='raised');button4.pack()
main_window.mainloop()
```

3. 叠放架（PanedWindow）

叠放架 PanedWindow 是一个按水平或垂直方向叠放组件的单层组件架，而且用户可以通过分割线或手柄调整每个组件空间的大小。它是 tkinter 8.4 版本后新增的空间管理组件，其主要目的是为其他组件提供一个对组件显示区域可调的容器，增强用户体验。

与 Frame 组件等组件架不同，PanedWindow 不需要使用 pack、grid 和 place 三种布局方法，而是使用 add 方法置放组件，并且允许用户自主地调整每块区域的大小。因此，当您需要让用户自己调节每块区域的大小时，就可以采用 PanedWindow 作为组件容器来进行窗体的布局。其常用属性及含义如表 7-11 所示，常用方法及含义如表 7-12 所示。

下面的脚本代码示例设计了一个简单的窗体布局应用程序，然后将图形窗体分割成四部分：创建一个水平方向的 PanedWindow，并向其中添加两个 Button 组件，之后创建一个垂直方向的 PanedWindow，并向其中添加另两个 Button 组件。可以保存到一个 Python

脚本文件中，保存后在 IDLE 运行并查看效果。

**表 7-11 PanedWindow 的常用属性及含义**

| 属性 | 含义 |
| --- | --- |
| handlepad | 设置“手柄”的位置，如当 orient ='vertical' 即设置垂直方向布局时，handlepad 表示“分割线”上的手柄与左端的距离，默认为 8 像素 |
| handlesize | 设置“手柄”的尺寸（由于“手柄”必须是一个正方形，所以设置正方形的边长）默认为 8 像素 |
| opaqueresize | 该属性定义了用户调整窗格尺寸的操作。如果该属性的值为 True（默认），那么窗格的尺寸随用户鼠标的拖拽而改变；如果为 False，那么窗格的尺寸，在用户释放鼠标时才会更新到新的位置上 |
| orient | 指定窗格的分布方式,默认为垂直纵向分布("vertical"),也可以设置为水平方向分布("horizontal") |
| relief | 指定边框的立体感，默认为"flat"，还可以设置为"sunken"、"raised"、"groove" 或"ridge" |
| sashpad | 设置每一条分割线到窗格间的间距 |
| sashrelief | 设置分割线的立体感，默认值是"flat"，还可以设置"sunken"、"raised"、"groove" 或"ridge" |
| sashwidth | 设置分割线的宽度 |
| showhandle | 设置是否显示调节窗格的手柄，默认为 False |
| height/width | 设置 PanedWindow 的高度、宽度，若不设置，则其大小由其子组件的尺寸决定 |

**表 7-12 PanedWindow 的常用方法及含义**

| 方法 | 含义 |
| --- | --- |
| add(child, **options) | 添加一个新的子组件（child）到窗格中，child 为新组件的名称。可选参数包括在指定原有组件的前还是后（before、after）添加；如果窗格比较大，那么指定新组件在窗格中的位置（如 sticky='e', 'n, s, e, w'）；minisize 设置子组件最小宽度或高度（垂直方向）；width 设置子组件的初始宽度，height 设置子组件的初始高度；padx 和 pady 分别设置组件的水平和垂直间距 |
| forget(child) | 删除一个子组件，child 为组件名称，与 remove（一样） |
| panecget(child, option) | 获得子组件指定属性的值 |
| paneconfigure(child, **options) | 设置子组件的各种属性，与 paneconfig() 一样 |
| panes() | 将父组件中包含的子组件以列表的形式返回 |
| sash_coord(index) | 返回一个二元组表示指定分割线的起点坐标，第一个组件的 index 为 0 |
| sash_place(index, x, y) | 将指定的分割线移动到一个新的位置 |

```
import tkinter as tk
#创建4个函数，由窗体的4个按钮调用
def button1():
    print('花生育种')
def button2():
    print('花生栽培')
def button3():
    print('基因组')
def button4():
    print('生物信息')
main_window=tk.Tk() #创建主窗体;main_window.title('组合容器实例') #给主窗体命名
main_window.geometry('600x600+200+100') #设置主窗体的大小和在屏幕上的起始位置
try:
    main_window.iconbitmap("C:\\Users\\trong\\tb.ico") #自定义主窗体的图标
except:
```

```
    pass
pane_window1 = tk.PanedWindow(main_window) #创建组合容器，x，y方向填充，可扩展
pane_window1.pack(fill=tk.BOTH,expand = tk.TRUE)
button1 =tk.Button(pane_window1, text='花生育种', bg='#7CCD7C', width=10,
    font=('微软雅黑',15),command=button1,relief='raised') #创建第一个按钮
pane_window1.add(button1) #把第一个按钮添加到组合容器上
button2 =tk.Button(pane_window1, text='花生栽培', bg='#9AC0CD', width=10,
    font=('微软雅黑',15),command=button2,relief='raised')#创建第二个按钮
pane_window1.add(button2)
#创建第二个组合容器，并添加到第一个组合容器中。
pane_window2 = tk.PanedWindow(orient=tk.VERTICAL,showhandle=True,sashrelief
    ='sunken')
pane_window1.add(pane_window2,before=button2,sticky='we')
#在第二个组合容器中创建两个按钮
button3 =tk.Button(pane_window2, text='基因组', bg='#7CCD7C', width=10,
    font=('微软雅黑',15),command=button3,relief='raised')
pane_window2.add(button3,sticky='ew')
button4 =tk.Button(pane_window2, text='生物信息', bg='#9AC0CD', width=10,
    font=('微软雅黑',15),command=button4,relief='raised')
pane_window2.add(button4,sticky='we')
print(pane_window1.panes()) #实例组合容器的panes方法，列出第一个容器所有添加的组件
pane_window1['sashwidth']=10 #设置第一个组合容器分割线的宽度和立体显示
pane_window1['sashrelief']='sunken'
print(pane_window1.sash_coord(0)) #打印第一个组合容器第一个分割线的坐标
pane_window1.sash_place(1,450,1) #设置第一个组合容器第二个分割线的坐标
main_window.mainloop()
```

### 7.5.3 Tkinter 模块常用图形组件的创建、属性和方法

1. 标签 Label

Label（标签）组件是 tkinter 中最常使用的一类组件，主要在窗体中用来显示用户一般不用编辑的说明文字或者图像，并且不同的 Label（标签）允许设置各自不同的背景图片，标签组件不能通过窗体输入或更改其内容，但可在代码中动态更改。Label（标签）的常用属性及含义如表 7-13 所示。

**表 7-13　Label（标签）的常用属性及含义**

| 属性名称 | 含义 |
|---|---|
| bitmap | 指定显示在 Label 组件上的位图，若指定了 image 参数，则该参数会被忽略 |
| compound | 控制 Label 中文本和图像的显示模式，若属性设置为 CENTER，则文本显示在图像上，如果将属性设置为 BOTTOM、LEFT、RIGHT、TOP，那么图像显示在文本旁边相应的位置 |
| cursor | 指定当鼠标在 Label 上经过时，鼠标的显示样式，参数值为 arrow、circle、cross、plus |
| disableforeground | 指定当 Label 设置为不可用状态时的文字颜色 |
| font | 指定 Label 文本的字体（字体样式、字号、字重），一个 Label 只能设置一种字体 |
| foreground（简写为 fg） | 设置 Label 的文字颜色 |

续表

| 属性名称 | 含义 |
|---|---|
| height/width | 设置 Label 的高度/宽度，如果 Label 显示的是文本，那么单位是文本单位；如果 Label 显示的是图像，那么单位就是像素；如果不设置，那么 Label 会自动根据内容来计算出标签的高度和宽度 |
| image | 指定 Label 显示的图片，一般是 PhotoImage、BitmapImage 对象 |
| justify | 表示多行文本的对齐方式，参数值为 left、right、center，注意文本的位置取决于 anchor 属性 |
| relief | 指定边框样式，默认值是"flat"，其他参数值有"groove"、"raised"、"ridge"、"solid" 或者"sunken" |
| text | 用来指定 Label 显示的文本，注意文本内可以包含换行符 |
| underline | 值为标签文字的索引，给指定的字符添加下划线，默认值为-1（表示不添加），当设置为 1 时，表示给第二个文本字符添加下划线 |
| wraplength | 将 Label 显示的文本分行，该参数指定了分行后每一行的长度，默认值为 0 |

下面的脚本代码示例设计了一个简单的标签属性演示应用程序，可以保存到一个 Python 脚本文件中，保存后在 IDLE 运行并查看效果。

```
from tkinter import  *;main_window = Tk();main_window.title("花科软件")
try:
    #可在此输入自定义应用程序窗体图标路径
    main_window.iconbitmap("C:\\Users\\trong\\tb.ico")
except:
    pass #显示默认图标
text = '''花生营养丰富，吃花生有利于健康！''' #显示文字，设置文本格式
try:#显示图片（注意这里默认支持的图片格式为GIF、png。),这里需要用户输入自己的图片地址，
图片大小适宜
    photo=PhotoImage(file = r"C:\Users\trong\Desktop\多彩花生(1).png")
    label_1=Label(main_window,image=photo,anchor = 'center',fg='red',
         width=180,borderwidth=6,relief='sunken',height=50,
         text='红皮花生',compound='center',
         font=('微软雅黑',32)).pack(side=LEFT) #图片和文字重叠
    label_2 =Label(main_window,text=text,fg ='red',image=photo,
         font=('微软雅黑',16,'bold'), justify=RIGHT,padx=10,compound=TOP,
         borderwidth=12,relief = 'raised') #图片在文字的上面
    label_2.pack(side=RIGHT)
except: #没有图片时只显示标签文本
    label_1=Label(main_window,anchor = 'center',fg='red',width=15,
          borderwidth=6, relief='sunken', height=5,text='红皮花生',
          font = ('微软雅黑',32)).pack(side=LEFT)
    label_2 = Label (main_window,text=text,fg='red',font=('微软雅黑',16,
        'bold'),justify=RIGHT,padx=10,borderwidth=12,relief = 'raised')
    label_2.pack(side=RIGHT)
main_window.mainloop()
```

### 2. 单行文本框 Entry

Entry 组件是 tkinter GUI 窗体的基础组件之一，它的作用就是允许用户输入或显示数据，从而实现人机交互。如当用户需要输入或显示数据库作物品种的农艺性状等品种信息时，就可以使用 Entry 组件。Entry 组件除了具备一些共有属性，还有一些自身的特殊属性，其含义如表 7-14 所示。单行文本框的常用方法及含义如表 7-15 所示。

**表 7-14　单行文本框的特殊属性及含义**

| 属性名称 | 含义 |
|---|---|
| exportselection | 默认情况下，如果在文本框中选中文本，那么可复制到粘贴板；如果要忽略这个功能，那么可以设置为 exportselection=0 |
| selectbackground | 选中文字的背景颜色 |
| selectforeground | 选中文字的颜色 |
| show | 指定文本框内容以何种样式的字符显示，如密码可以将值设为 show="*"，如果不设置，那么直接显示输入内容 |
| textvariable | 设置一个自动跟踪 Entry 内容的变量，使用 StringVar()、DoubleVar()、IntVar()、BooleanVar() 等对象来设置 |
| xscrollcommand | 设置文本框内容滚动条，当输入的内容大于文本框的宽度时使用 |
| highlightbackground | 设置失去焦点时高亮边框的颜色 |
| highlightcolor | 获得焦点时高亮边框的颜色 |
| highlightthickness | 高亮边框的宽度，默认值为 1 像素或 2 像素 |
| invalidcommand（简写为 invcmd） | 设置当输入的内容“不符合预定格式”时调用的函数 |
| validcommand（简写为 vcmd） | 设置当输入的内容“符合预定格式”时调用的函数 |
| validate | 设置进行内容验证的事件，包括'all'、'key'、'focus'、'focusin'、'focusout'或'none' |

**表 7-15　单行文本框的常用方法及含义**

| 方法 | 含义 |
|---|---|
| delete(self,first,last=None) | 根据索引值删除文本框内指定范围的值，last 可以设置为 END |
| get() | 获取文本框内的值 |
| set() | 设置文本框内的值 |
| insert(index,str) | 在指定的位置插入字符串 |
| index(str) | 返回指定单字符的索引值 |
| select_clear() | 取消选中状态 |
| select_adujst(index) | 确保文本框中选中的范围包含 index 参数所指定的字符，如果选中的范围不含 index 指定的字符，那么会从光标的位置将选择范围扩展到该字符 |
| select_from (index) | 设置一个新的选中范围，通过索引值 index 来设置 |
| select_present() | 返回文本框是否有处于选中状态的文本，若有，则返回 true；否则，返回 false |
| select_to(index) | 选中指定索引 index 字符到末尾的所有字符 |
| select_range (start= index1, end=index2) | 选中两个指定索引之间的所有字符，参数值为 start,end，要求 start 必须小于 end |
| xview(index) | 用于确保参数 index 所指定的字符可见 |
| xview_moveto (fraction) | 根据 fraction 参数给定的比率调整输入框内容的可见范围 |
| xview_scroll (number,what) | 根据给定的数值滚动输入框的可见范围，如果 number 是负数，那么表示反向滚动，what 指定滚动的单位，可以是 UNITS 或 PAGES（UNITS 表示一个字符单元，PAGES 表示一页） |

注意：在 Entry 组件中，我们可以通过以下方式来指定字符的所在位置。

字符索引：从 0 开始，第一个字符的索引值为 0。

ANCHOR：在存在字符的情况下，它对应第一个被选中的字符。

END：对应已存在文本中的最后一个位置。

下面为 Entry 属性和方法演示代码,可在脚本编辑窗体将代码复制到一个新的 Python 脚本文件中，保存后运行并查看效果。

```
from tkinter import  *;from os import path;main_window = Tk();
main_window.title("花科软件")
text='要加强关键核心技术攻关，牵住自主创新这个“牛鼻子”'
if path.exists("C:\\Users\\trong\\tb.ico"):#如果有自定义图标，窗体采用自定义图标
    main_window.iconbitmap("C:\\Users\\trong\\tb.ico")
def text_ok(): #对单行文本框内容进行验证的函数
    try:
        text = float(entry_var.get());print('内容不正确');return False
    except:
        print('内容正确');return True
def number_ok():
    print('输入的是数字，应该输入文字！')
entry_var = StringVar() #设置一个文本变量跟踪e1单行文本框的文字变量textvariable
#构建两个单行文本框e1和e2
e1 = Entry(main_window,width=60,borderwidth=6,relief='sunken',
    exportselection=True, selectbackground='yellow',selectforeground='red',
    textvariable = entry_var, highlightbackground='green',
    highlightcolor='red',highlightthickness=6,font=('微软雅黑',12),
    validate='focusout',validatecommand=text_ok, invalidcommand=number_ok)
e2 = Entry(main_window,width=60,borderwidth=6,relief='raised',
    exportselection=True,selectbackground='lightgreen',
    selectforeground='white',highlightthickness=3,
    highlightbackground='blue',highlightcolor='pink',font=('微软雅黑',12))
e1.pack(side=TOP);e2.pack();e1.insert('insert',text);insert_width = 2
def text_transfer():
#让text轮流在两个文本框中显示，同时变换焦点，展示其highlight属性
    e2_text = e2.get()
    if not e2_text:
        e1.delete(0,END);e2.focus();e2.insert('insert',text)
    else:
        e2.delete(0,END);e1.delete(0,END);e1.focus()
        e1.insert('insert',text)
def print_text():
    print(entry_var.get());print(e1.select_present())

def select_to():
    e1.focus();e1.select_range(start=1,end = 6);e1.select_to(END) #全选
```

```
    e1.select_from(2);e1.xview_moveto(0.9)
def cursor_wider():
    global insert_width;e1_text = entry_var.get()
    insert_width = insert_width + 2
    if e1_text:
        e1.focus();e1['insertbackground'] = 'red'
        e1['insertborderwidth'] = 6
        e1['insertwidth'] = insert_width;e1.icursor(2)
    else:
        e2.focus();e2['insertbackground'] = 'red';
        e2['insertborderwidth'] = 6
        e2['insertwidth'] = insert_width;e2.icursor(END) #指定光标的位置
def clear_select():
    e1.select_clear()
Button(main_window,text='确认',font=('微软雅黑',16,'bold'),
    command=print_text).pack(side='left')
Button(main_window,text='选择',font=('微软雅黑',16,'bold'),
    command=select_to).pack(side='left')
Button(main_window,text='清除',font=('微软雅黑',16,'bold'),
    command=clear_select).pack(side='left')
Button(main_window,text='光标',font=('微软雅黑',16,'bold'),
    command=cursor_wider).pack(side='left')
button = Button(main_window,text='转移',font=('微软雅黑',16,'bold'),
    command=text_transfer).pack(side='left')
main_window.mainloop()
```

3. 多行文本框 Text

Text 组件为 tkinter 模块中的一个类，其中，tkinter.scrolledtext 模块构建了一个已经带有垂直滚动条的 Text 类，称为 ScrolledText，ttk 中不包含这两个类。这两个类文本编辑功能强大，能显示各种格式的文本，可以作为简单的文本编辑器和网页浏览器使用。标准属性与 Entry 相似，多行文本框特有属性及含义如表 7-16 所示，多行文本框的常用方法及含义如表 7-17 所示。

文本框中的每个字符或其他对象均有一个位置索引 index，index 用于对文本框中的字符、嵌入的对象进行定位。Text 的内容由多行组成，每一行的认定以换行符为准，如果一段超出其宽度的文字中间没有换行符，虽然 Text 自动换行显示为多行，但 Text 认为其为一行。由于 Text 内容由多行组成，index 的基本格式是'行号.行字符索引'，Text 的第一行行号是 1，而不是 0，但行中字符索引的起始值为 0。'行号.行字符索引' 可以是字符串格式，如'1.10'、'3.20' 等，也可以是 float 数字格式，如 1.10、3.20，末尾的 0 不能去掉。

Text 还自带了一些特别的 index，如'end' 表示总内容最后一个字符的下一个位置，'1.end' 表示一行的末尾。'insert' 表示当前光标后一个字符的位置，'current' 表示当前最接近鼠标的位置，均为内置的 mark 名。用户可以利用 mark_set 方法对一些特殊位置进行自定义。如果用户选择了部分文本，那么就有'SEL_FIRST' 和'SEL_LAST' 两个索引。利用 index 方法就可以显示其用 index 基本格式表示的具体位置。

**表 7-16 多行文本框特有属性及含义**

| 属性名 | 含义 |
|---|---|
| autoseparators | 默认为 True，表示执行撤销操作时是否自动插入分隔符（其作用是用于分隔操作记录） |
| setgrid | 默认值是 False，指定一个布尔类型的值，确定是否启用网格控制 |
| spacing1 | 设置文本块中每一行与上方的空白间隔，注意忽略自动换行，且默认值为 0 |
| spacing2 | 设置文本块中自动换行的各行间的空白间隔，忽略换行符，默认值为 0 |
| spacing3 | 设置文本块中每一行与下方的空白间隔，注意忽略自动换行，且默认值为 0 |
| undo | True 表示开启撤销功能，FALSE 表示关闭撤销功能（默认） |
| maxundo | 设置允许撤销操作的最大次数，默认值为 0，-1 表示不受限制 |
| width | 设置 Text 组件的宽度，单位为字符数，实际宽度还取决于字体设置 |
| height | 设置 Text 组件的高度，单位为行数 |
| wrap | 设置当一行文本的宽度超过 text 设置的宽度时，是否换行和换行的方式，'none' 表示不换行，'char' 表示按字符换行，'word' 表示按单词换行 |
| tabs | 定制 Tag 所描述的文本块中 Tab 按键的功能，默认被定义为 8 个字符宽度，如 tabs=('8c', '12c', '16c') 表示前 3 个 Tab 宽度分别为 8cm、12cm 和 16cm。紧接着的 tab 宽度按最后两个值的差值增加 |
| state | 默认情况下（state='normal'）Text 响应键盘和鼠标事件，如果 state='disable'，那么无法修改其内容 |

**表 7-17 多行文本框的常用方法及含义**

| 方法 | 含义 |
|---|---|
| bbox(index) | 返回给定索引字符边界框的坐标和大小（x,y,width,height） |
| compare(index1,op,index2) | 返回给定的两个索引值所在的字符对操作符的比较结果（True、FALSE），op 可取 <，<=，==，>=，>，或!= |
| count(index1,index2) | 返回给定的两个索引值之间有意义的字符数，如果 index1 大于 index2，那么返回负数 |
| debug(boolean) | 参数 boolean 可取值 True 或 False，是否启动 B 树的内部一致性检查 |
| delete(index1,index2) | 删除指定范围的字符，不包含 index2 所在的字符 |
| dlineinfo(index) | 返回给定索引的字符所在行边界框的坐标、大小和基线位置（x,y,width,height,baseline） |
| dump(index1, index2,all=True) | 返回两个索引值间的内容，返回值是一个由 3 元组（关键词，值，索引）组成的列表，关键词的顺序：all，image，mark，tag，text，window。默认为 all=True |
| edit_modified(arg=None) | 是否追踪内容的变动，默认为 True |
| edit_redo() | 恢复到最后一次撤销时的内容 |
| edit_undo() | 撤销上一次的输入内容 |
| edit_reset() | 清除保存的撤销或恢复保存的更改记录 |
| edit_separator() | 当 undo=True 时，每撤销一次都插入一个分隔符 |
| get(index1,index2) | 获取指定范围的字符，不包含 index2 所在的字符 |
| insert(index,str,**args) | 在指定的位置字符前插入字符串，**args 可以是一个或多个关键字参数，通过 Tag 设置插入文字的格式 |
| index(index) | 以 line.char 形式返回'insert'、'end' 等索引 |
| image_create(self, index,cnf={}, **kw) | 在 index 指定的位置嵌入一个 tkinter 的 PhotoImage 或 BitmapImage 对象，方法的参数还有 align = 'top', 'bottom', 'center', 'baseline'; image=PhoteImage, BitmapImage; Name= 自定义或自动命名; padx, pady |

续表

| 方法 | 含义 |
|---|---|
| image_cget(self,index,option) | 返回 index 指定图像的属性值 |
| image_configure(self, index, cnf=None, **kw) | 设置 index 指定图像的属性值 |
| image_names(self) | 返回该组件中所有嵌入图像的名字 |
| mark_set(self, markName,index) | 在 index 指定字符前面创建一个 mark |
| mark_names(self) | 返回该组件中所有 mark 的名字 |
| mark_unset(self, *markNames) | 删除 markNames 列表中的所有 mark |
| mark_next(self, index) | 返回 index 指定位置后面的一个 mark |
| mark_previous(self, index) | 返回 index 指定位置前面的一个 mark |
| replace(self, index1,index2, chars, *args) | 用 chars 代表的字符串把 index1 和 index2 之间的内容替换，可设置相应的 tag |
| scan_mark(self, x, y) | 记住当前坐标 |
| scan_dragto(self, x, y) | 使组件内容滚动到 x, y 指定的位置 |
| search(self, pattern, index,stopindex =None, forwards=None, backwards=None,exact=None, regexp=None,nocase=None, count=None, elide=None) | 在 index 和 stopindex 之间搜索 pattern，不指定 stopindex 就表示搜索到结尾，forwards=True 表示向前搜索，backwards=True 表示向后搜索，regexp=True 表示把 pattern 理解为正则表达式，nocase=True 表示忽略大小写 |
| see(self, index) | 滚动内容使 index 指定的字符可见 |
| tag_add(self, tagName, index1, *args) | 在指定索引 index1、index2 之间的字符添加标签（tagNsme），可以包括多对，如（index1，index2），如果不指定 index2，那么单独为 index1 的字符添加标签 |
| tag_bind(self, tagName, sequence, func, add=None) | 为标签（tagName）绑定事件（sequence），调用函数（func），详见实例代码 |
| tag_unbind(self, tagName, sequence, funcid=None) | 解除标签（tagName）绑定的事件 |
| tag_cget(self, tagName, option) | 获得标签（tagName）的属性值 |
| tag_configure(self, tagName, cnf=None, **kw) | 设置标签（tagName）的属性值 |

把下列示例代码复制到 Python IDLE 的一个新建脚本文件中，保存后运行并查看效果。

```
from tkinter import  *;import webbrowser;from os import path
main_window = Tk();main_window.title("花科软件")
if path.exists("C:\\Users\\trong\\tb.ico"):
    main_window.iconbitmap("C:\\Users\\trong\\tb.ico")
def 打开网页(event):
    webbrowser.open('http://www.gxaas.net/')
def mouse_cursor_arrow(event):
    t2.config(cursor='arrow')
def mouse_cursor_xterm(event):
    t2.config(cursor='xterm')
entry_var = StringVar()
t1 = Text(main_window, width=60,borderwidth=6, relief='sunken',
    exportselection=True, height=15, selectbackground='yellow',
    selectforeground='red',highlightthickness=6,wrap='word',
    highlightbackground='green',highlightcolor='red',font=('微软雅黑',12))
#validatecommand调用的函数必须返回True 或False, 返回False才能触发invalidcommand
```

```
   调用的函数
t1.pack(side=TOP)
t2 = Text(main_window,width=60,borderwidth=6,relief='raised',
   exportselection=True,height=3,selectbackground='lightgreen',
   selectforeground='white',highlightcolor='pink',
   highlightbackground='blue',font=('微软雅黑',12))
t2.pack();t2.insert('insert','广西壮族自治区农业科学院')
text_领导='''要推动数字经济和实体经济融合发展，\n把握数字化、网络化、智能化方向，推动制\
造业、服务业、农业等产业数字化，利用互联网新技术对传统产业进行全方位、全链条的改造，提高全\
要素生产率，发挥数字技术对经济发展的放大、叠加、倍增作用。要推动互联网、大数据、人工智能同\
产业深度融合，加快培育一批"专精特新"企业和制造业单项冠军企业。要推进重点领域数字产业发\
展，聚焦战略前沿和制高点领域，立足重大技术突破和重大发展需求，增强产业链关键环节竞争力，完\
善重点产业供应链体系，加速产品和服务迭代。'''
t2.tag_add('打开网页',1.0,END)
t2.tag_configure('打开网页',foreground='blue',underline=True,
   font=('宋体',16,'bold'))
t2.tag_bind('打开网页','<Enter>',mouse_cursor_arrow)
t2.tag_bind('打开网页','<Leave>', mouse_cursor_xterm)
t2.tag_bind('打开网页','<Button-1>',打开网页);t2.mark_set('打开网页',1.2)
t1.insert('insert',text_领导);insert_width = 2
try:
    #此处的图片需要由用户指定，展示文本框插入图片的方法
    photo = PhotoImage(file = "C:\\Users\\trong\\Desktop\\peanut_seed.png")
    t1.image_create('2.0',image=photo,name='peanut_seed')
except:
    pass
def print_bbox():
    text = t1.get(1.0,END)
    if 'Python' in text:
        t1.delete(1.0,END);t1.insert('insert',text_领导)
    text = '行打印'; print(text); n = 0
    while text:
        n=n+1; text=t1.get('{0}.0'.format(n),'{0}.end'.format(n))
        print('第{}行'.format(n),text)

    print(t1.bbox(1.2));word1 = t1.get(1.5);word2=t1.get(2.5)
    print(word1,word2)
    if word2:
        print(ord(word1), ord(word2)); print (t1.compare (1.2,'<',2.2))
    print(t1.get(1.0,2.1));print(t1.count(1.0,2.1));t1.debug(boolean=True)
    print(t1.index('insert'));print(t1.dlineinfo(1.2));
    print(t1.dump(1.0,3.0,all=True))
    print(t1.edit_modified()); print(t1['undo'])
    print(t2.tag_cget('打开网页','foreground'))
    try:
```

```
        print(t1.index(SEL_LAST))
    except:
        print('没有选择文本')
    print(t2.index('打开网页'));print(t1.image_names())
def insert_new_text():
    t1.tag_configure('16红字',foreground='red',underline=False,
       font=('宋体',16,'bold'))
    t1.tag_configure('18绿字',foreground='green',font=('宋体',18,'bold'))
    t1.delete('1.0',END)
    t1.insert('insert','Python编程',*['16红字',"在农业科技创新中有重要的利用价\
       值",'18绿字']) #该函数可以插入不同格式的文字
button = Button (main_window, text='功能演示', font=('黑体',36,'bold'),
    command= print_bbox,foreground='red',background='lightgreen',
    default="normal");button.pack(side=LEFT)
Button(main_window,text='插入文字',font=('黑体',36,'bold'),
    command=insert_new_text,foreground='red',background='lightgreen',
    default="normal").pack(side=RIGHT)
main_window.mainloop()
```

4. 按钮 Button

按钮为应用程序界面上通过单击直接调用函数或启动其他窗体等功能的虚拟按键，按钮常用的属性和含义如表 7-18 所示，常用方法有 3 个布局方法，相关章节会详述。

**表 7-18 按钮常用的常用属性和含义**

| 属性名称 | 含义 |
| --- | --- |
| activebackground | 设置当 Button 处于活动状态（通过 state 属性设置状态）的背景色，默认值由系统指定 |
| activeforeground | 设置当 Button 处于活动状态（通过 state 属性设置状态）的前景色，默认值由系统指定 |
| anchor | 控制文本（或图像）在 Button 中显示的位置，属性值："n"、"ne"、"e"、"se"、"s"、"sw"、"w"、"nw" 或者"center"，默认值是"center" |
| bitmap | 设置显示在 Button 上的位图，如果指定了 image 属性，那么该属性被忽略 |
| compound | ①默认情况下，如果有指定位图或图片，那么不显示文本<br>②如果该属性设置为"center"，那么文本显示在图像上（文本重叠图像）<br>③如果该属性设置为"bottom"、"left"、"right" 或"top"，那么图像显示在文本的旁边（如"bottom"，则图像在文本的下方） |
| default | 如果设置该属性为"normal"，那么该按钮会被绘制成默认按钮，tkinter 会根据平台的具体指标来绘制（通常就是绘制一个额外的边框），默认值是"disable" |
| disabledforeground | 指定当 Button 不可用时前景色的颜色，默认值由系统指定 |
| font | 指定 Button 中文本的字体，只能设置一种字体，默认值由系统指定 |
| foreground（简写为 fg） | 设置 Button 的文本和位图的颜色，默认值由系统指定 |
| height | 设置 Button 的高度，如果 Button 显示的是文本，那么单位是字符数；如果 Button 显示的是图像，那么单位是像素，设置为 0 或不设置，软件自动计算出高度 |
| image | 指定 Button 显示的图片，该值应该是 PhotoImage、Bitmapimage，或者能兼容的对象，该属性优先于 text 和 bitmap 属性 |
| justify | 定义如何对齐多行文本，使用"left"、"right" 或"center"，注意，文本的位置取决于 anchor 属性，默认值是"center" |
| state | "normal"、"active" 或"disabled"，默认为"normal" |

续表

| 属性名称 | 含义 |
| --- | --- |
| takefocus | 表示使用 Tab 键可以将焦点移到该 Button 组件上（这样按下空格键也相当于触发按钮事件），默认是开启的，可以将该属性设置为 False，避免焦点在该 Button 组件上 |
| text | 设置 Button 显示的文本，文本可以包含换行符，如果设置了 bitmap 或 image 属性，那么该属性被忽略 |
| textvariable | 设置 Button 的文字与 tkinter 变量（通常是一个 StringVar 变量）联动，如果该变量的值被修改，那么 Button 的文本会自动更新 |
| underline | 跟 text 属性一起使用，用于指定哪一个字符画下划线（例如，用于表示键盘快捷键） |
| width | 设置 Button 的宽度，如果 Button 显示的是文本，那么单位是字符数；如果 Button 显示的是图像，那么单位是像素（或屏幕单元） |
| wraplength | 决定 Button 的文本应该被分成多少行，该属性指定每行的长度，单位是屏幕单元，默认值是 0 |

### 5. 复选按钮 Checkbutton

复选按钮用于多选事件的问题，每个 Checkbutton 组件有选中和不选两种状态，多个 Checkbutton 组件可以让用户在多个选项中选择一个或多个，Checkbutton 组件前面带一个四方形选择指示框。Checkbutton 组件可以包含文本或图像，多个 Checkbutton 组件可关联一个或多个 Python 的函数或方法，对不同的选择执行不同的功能。该组件与 Button 一样仅能显示单一字体的文本，但文本可以跨越多行，还可以为其中的个别字增加下划线（如用于表示键盘快捷键）。在默认情况下，Tab 按键被用于在按钮间切换。复选按钮的常用属性及含义见表 7-19。

**表 7-19　复选按钮的常用属性及含义**

| 属性名称 | 含义 |
| --- | --- |
| activebackground | 设置当 Checkbutton 处于活动状态时（通过 state 属性设置状态）的背景色，默认值由系统指定 |
| activeforeground | 设置当 Checkbutton 处于活动状态时（通过 state 属性设置状态）的前景色，默认值由系统指定 |
| anchor | 控制文本（或图像）在 Checkbutton 中显示的位置，属性值："n"、"ne"、"e"、"se"、"s"、"sw"、"w"、"nw" 或者"center"，默认值是"center" |
| bitmap | 设置显示在 Checkbutton 上的位图，如果指定了 image 属性，那么该属性被忽略 |
| command | 设置按钮关联的函数或方法，不设置的话，单击不会有任何反应 |
| compound | 控制文本和图像的混合模式，在默认情况下，如果有指定位图或图片，那么不显示文本；如果该属性设置为"center"，那么文本显示在图像上（文本重叠图像）；如果该属性设置为"bottom"、"left"、"right" 或"top"，那么图像显示在文本的对应位置（如"bottom"，则图像在文本的下方） |
| disabledforeground | 指定当 Checkbutton 不可用时前景色的颜色，默认值由系统指定 |
| font | 指定 Checkbutton 中文本的字体，只能设置一种字体，默认值由系统指定 |
| foreground（简写为 fg） | 设置 Checkbutton 中文本的颜色，默认值由系统指定 |
| height | 设置 Checkbutton 的高度，如果 Checkbutton 显示的是文本，那么单位是字符数；如果 Checkbutton 显示的是图像，那么单位是像素，设置为 0 或不设置，软件自动计算出高度 |
| image | 指定 Checkbutton 显示的图片，该值应该是 PhotoImage、Bitmapimage，或者能兼容的其他对象，该属性优先于 text 和 bitmap 属性 |
| indicatoron | 设置是否绘制按钮前作为选择标记的小四方形，如果设置为 False，那么按钮凹陷表示被选择，按钮凸起表示未选择 |
| overrelief | 可以设置当鼠标滑过时 Checkbutton 与 relief 不一样的立体样式 |

续表

| 属性名称 | 含义 |
|---|---|
| selectcolor | 选择框的背景颜色，默认值由系统指定 |
| selectimage | 设置当 Checkbutton 为选中状态时显示的图片，如果没有指定 image 属性，那么该属性被忽略 |
| state | 设置 Checkbutton 的状态为"normal"、"active" 或"disabled" |
| takefocus | 表示使用 Tab 键可以将焦点移到该 Checkbutton 组件上（这样按下空格键也相当于触发按钮事件），默认是开启的，可以将该属性设置为 False，避免焦点在该 Checkbutton 组件上 |
| text | 设置 Checkbutton 每个按钮显示的文本，文本可以包含换行符，如果设置了 bitmap 或 image 属性，那么该属性被忽略；如果设置了与按钮联动的变量，那么该属性设置被忽略 |
| textvariable | 每个 Checkbutton 需要各自设置一个 tkinter 变量（通常是一个 StringVar 变量），通过 set 方法设置变量的值，其 text 属性值由该变量决定，如果变量被修改，那么其 text 的文本会自动更新 |
| variable | 与 Checkbutton 组件关联的变量，同一组中的所有 Checkbutton 应关联不同变量，依据该变量的值判断其处于被选择状态还是未选择状态 |
| onvalue | 设置 Checkbutton 组件被选择的值，与 variable 关联 |
| offvalue | 设置 Checkbutton 组件未选择的值，与 variable 关联 |
| width | 设置组件的宽度，如果该组件显示的是文本，那么单位是字符数；如果显示的是图像，那么单位是像素（或屏幕单元） |
| wraplength | 决定组件的文本应该被分成多少行，该属性指定每行的长度，单位是屏幕单元，默认值是 0 |

该组件只有 5 个方法，select() 将组件设置为选中状态；deselect() 取消该组件的选中状态；invoke() 调用组件 command 设置的函数或方法，并返回函数的值；flash() 刷新 Checkbutton 组件并将重绘 Checkbutton 组件若干次 (在"active" 和"normal" 状态间切换)；toggle() 表示对 Checkbutton 的状态（选中、未选中）进行切换。

把下列示例代码复制到 Python IDLE 的一个新建脚本文件中，保存后运行并查看效果。

```
from tkinter import *
main_window = Tk();value_v_1 = IntVar();value_v_2 = IntVar()
value_v_3 = IntVar()
value_v_4 = IntVar();text_v_1 = StringVar();text_v_2 = StringVar();
text_v_3 = StringVar()
text_v_4 = StringVar()
def print_value():
    v1 = value_v_1.get();v2 = value_v_2.get();v3 = value_v_3.get()
    v4 = value_v_4.get()
    if v1==1:
        print(text_v_1.get())
    if v2==1:
        print(text_v_2.get())
    if v3==1:
        print(text_v_3.get())
    if v4==1:
        print(text_v_4.get())
button1 = Checkbutton(main_window,variable=value_v_1,onvalue=1,offvalue=0,
    command=print_value,relief='raised',overrelief='groove',
    font = ('黑体',16,'bold'),activebackground = 'lightgreen', pady=5,
```

```
    padx=5,textvariable=text_v_1,state="normal",activeforeground='red',
    anchor='center',background='skyblue',foreground='red',
    selectcolor='lightgreen',borderwidth=6,indicatoron=False,
    highlightthickness=6,highlightcolor = 'pink',highlightbackground='red')
button2 = Checkbutton(main_window, variable=value_v_2,onvalue=1,offvalue=0,
    command=print_value,relief='raised',overrelief='groove',
    font=('黑体',16,'bold'),activebackground='lightgreen',pady=10,padx=10,
    state="active",activeforeground='red',anchor='center',
    background='skyblue',foreground='red',textvariable=text_v_2,
    borderwidth=6,indicatoron=True,highlightthickness=6,
    highlightcolor='pink',highlightbackground='red')
button3 = Checkbutton(main_window,variable=value_v_3,onvalue=1,offvalue=0,
    command=print_value,relief='raised',overrelief='groove',
    font=('黑体',16,'bold'),activebackground='lightgreen',pady=10,padx=10,
    textvariable=text_v_3, activeforeground = 'red', anchor = 'center',
    background='skyblue',foreground='red',borderwidth=6,indicatoron=True,
    highlightthickness=6,highlightcolor='pink',highlightbackground='red')
button4 = Checkbutton(main_window,variable=value_v_4,onvalue=1,offvalue=0,
    command=print_value,relief='raised',overrelief='groove',
    font=('黑体',16,'bold'), activebackground='lightgreen',pady=10,padx=10,
    textvariable=text_v_4,activeforeground='red',anchor='center',
    background='skyblue',foreground='red',borderwidth=6,indicatoron=True,
    highlightthickness=6,highlightcolor='pink',highlightbackground='red')
button1.pack(pady=10,padx=10);button2.pack(pady=10,padx=10)
button3.pack(pady=10,padx=10)
button4.pack(pady=10,padx=10);text_v_1.set('花生');text_v_2.set('油菜');
text_v_3.set('芝麻');text_v_4.set('油茶')
mainloop()
```

### 6. 单选按钮 Radiobutton

单选按钮用于解决多选一事件的问题。Radiobutton 组件可以包含文本或图像，每一按钮都关联一个 Python 的函数或方法，不同的按钮执行不同的功能。该组件与 Button 一样仅能显示单一字体的文本，但文本可以跨越多行，还可以为其中的个别字增加下划线（如用于表示键盘快捷键）。在默认情况下，Tab 按键被用于在按钮间进行切换。各种类型的按钮，其属性除了特别的几个，其他都一样，表 7-20 列举了单选按钮的部分属性及含义。

该组件只有 4 个方法：select() 将组件设置为选中状态；deselect() 取消该组件的选中状态；invoke() 调用组件 command 设置的函数或方法，并返回函数的值；flash() 刷新 Radiobutton 组件并将重绘 Radiobutton 组件若干次（在"active" 和"normal" 状态间切换）。

把下列示例代码复制到 Python IDLE 的一个新建脚本文件中，保存后运行并查看效果。

**表 7-20　单选按钮的部分属性及含义**

| 属性名称 | 含义 |
|---|---|
| bitmap | 设置显示在 Radiobutton 上的位图，如果指定了 image 属性，那么该属性被忽略 |
| command | 设置该按钮关联的函数或方法，不设置的话，单击不会有任何反应 |
| compound | 控制文本和图像的混合模式，在默认情况下，如果有指定位图或图片，那么不显示文本；如果该属性设置为"center"，那么文本显示在图像上（文本重叠图像）；如果该属性设置为"bottom"、"left"、"right"或"top"，那么图像显示在文本的对应位置（如"bottom"，则图像在文本的下方） |
| font | 指定 Radiobutton 文本的字体，只能设置一种字体，默认值由系统指定 |
| height | 设置 Radiobutton 的高度，如果 Radiobutton 显示的是文本，那么单位是字符数；如果 Radiobutton 显示的是图像，那么单位是像素，设置为 0 或不设置，软件自动计算出高度 |
| image | 指定 Radiobutton 显示的图片，该值应该是 PhotoImage、Bitmapimage，该属性优先于 text 和 bitmap 属性 |
| indicatoron | 设置是否绘制按钮前作为选择标记的小圆圈，如果设置为 False，那么按钮凹陷表示被选择，按钮凸起表示未选择 |
| justify | 定义如何对齐多行文本，使用"left"、"right" 或"center"，注意，文本的位置取决于 anchor 属性，默认值是"center" |
| selectcolor | 选择框的背景颜色，默认值由系统指定 |
| selectimage | 设置当 Radiobutton 为选中状态时显示的图片，如果没有指定 image 属性，那么该属性被忽略，圆形选择框中心为一个颜色与文字颜色一样的圆点 |
| state | 设置 Radiobutton 的状态为"normal"、"active" 或"disabled" |
| takefocus | 表示使用 Tab 键可以将焦点移到该 Button 组件上（这样按下空格键也相当于触发按钮事件），默认是开启的，可以将该属性设置为 False，避免焦点在该 Button 组件上 |
| text | 设置 Radiobutton 每个按钮显示的文本，文本可以包含换行符，如果设置了 bitmap 或 image 属性，那么该属性被忽略；如果设置了与按钮联动的变量，那么该属性设置被忽略 |
| textvariable | 每个 Radiobutton 需要各自设置一个 tkinter 变量（通常是一个 StringVar 变量），通过 set 方法设置变量的值，其 text 属性值由该变量决定，如果变量被修改，其 text 的文本会自动更新 |
| variable | 与 Radiobutton 组件关联的变量，同一组中的所有 Radiobutton 应关联同一个变量，该变量的值与 value 对比，就可以判断选择了哪个按钮 |
| value | 同一组 Radiobutton 组件的 value 应设置互不一样的值 |
| width | 设置组件的宽度，如果该组件显示的是文本，那么单位是字符数；如果显示的是图像，那么单位是像素（或屏幕单元） |
| wraplength | 决定组件的文本应该被分成多少行，该属性指定每行的长度，单位是屏幕单元，默认值是 0 |

```
from tkinter import *;main_window = Tk();value_v = IntVar()
text_v = StringVar()
def print_value():
    num = value_v.get()
    if num == 0:
        print(button1['text'])
    elif num==1:
        print('农艺防控')
    elif num==2:
        print('生物防控')
    elif num==3:
        print('化学防控')
button1=Radiobutton(main_window,text='抗病品种',variable=value_v,value=0,
    command=print_value,relief ='raised',overrelief='groove',
    font=('黑体',16,'bold'),activebackground='lightgreen',pady=5,padx=5,
    state="active",activeforeground='red',anchor='center',
```

```
    background='skyblue',foreground='red',selectcolor='lightgreen',
    borderwidth=6,indicatoron=True,highlightthickness = 6,
    highlightcolor = 'pink',highlightbackground = 'red')
button2=Radiobutton(main_window,text='农艺防控',variable=value_v,value=1,
    command=print_value,relief='raised', overrelief='groove',
    font= ('黑体',16,'bold'),activebackground='lightgreen',
    pady=10,padx=10,state="active",activeforeground='red',
    anchor='center',background='skyblue',foreground='red',borderwidth=6,
    indicatoron=True,highlightthickness=6,highlightcolor='pink',
    highlightbackground='red')
button3=Radiobutton(main_window,text='生物防控',variable=value_v,value=2,
    pady=10,padx=10,command=print_value,relief='raised',
    overrelief='groove', font=('黑体',16,'bold'),
    activebackground='lightgreen',activeforeground='red',
    anchor='center',background='skyblue',
    foreground='red',borderwidth=6,indicatoron=True,
    highlightthickness=6,highlightcolor='pink',highlightbackground='red')
button4=Radiobutton(main_window,text='化学防控',variable=value_v,value=3,
    command=print_value,relief='raised',overrelief='groove',
    font=('黑体',16,'bold'), activebackground='lightgreen',
    activeforeground='red',anchor='center',background='skyblue',
    foreground='red', borderwidth=6,indicatoron=True,highlightthickness=6,
    highlightcolor='pink',highlightbackground='red',pady=10,padx=10)
button1.pack(pady=10,padx=10);button2.pack(pady=10,padx=10)
button3.pack(pady=10,padx=10)
button4.pack(pady=10,padx=10);mainloop()
```

7. 菜单 Menu

菜单组件可用于创建常规功能菜单、下拉式功能菜单和弹出式功能菜单，在菜单上可添加不同类型的调用对应函数或方法的按钮，并实现对不同功能的分类，提升用户体验和工作效率。

当其 master 为 Tk 或 Toplevel 的实例时，创建的菜单为主菜单，其属性不可修改；当 master 为主菜单时，添加的菜单称为次级菜单，其可设置的常用属性及含义如表 7-21 所示。

Menu 的常用方法及含义如表 7-22 所示。

**表 7-21 次级菜单常用属性及含义**

| 属性 | 含义 |
|---|---|
| activebackground | 设置当次级菜单处于"active" 状态时（鼠标在其上面）的背景色 |
| activeborderwidth | 设置当次级菜单处于"active" 状态时的边框宽度 |
| activeforeground | 设置当次级菜单处于"active" 状态时的前景色 |
| background（简写为 bg） | 设置次级菜单背景颜色 |
| borderwidth（简写为 bd） | 设置次级菜单边框宽度 |
| cursor | 设置当鼠标在次级菜单上滑过时的鼠标样式 |
| disabledforeground | 设置当次级菜单处于"disabled" 状态时的前景色 |

续表

| 属性 | 含义 |
|---|---|
| font | 设置次级菜单文本的字体 |
| foreground（简写为 fg） | 设置次级菜单文本的颜色 |
| postcommand | 将此选项与一个方法相关联，当次级菜单被打开时该方法将自动被调用，只要一个次级菜单设置了该属性，其他次级菜单的打开都调用同一方法 |
| relief | ①设置边框样式；<br>②默认值是"flat"；<br>③另外，还可以设置为"sunken"、"raised"、"groove" 或"ridge" |
| selectcolor | 设置当次级菜单为单选按钮或多选按钮时选中标志的颜色 |
| tearoff | ①默认情况下次级菜单可以被“撕下”，脱离主窗体成为弹出菜单，通过鼠标右键显示；<br>②将该选项设置为 Flase，表示关闭这一特性 |
| tearoffcommand | 表示可以将用户“撕下”次级菜单事件与一个函数相关联，tkinter 会带着两个参数去调用指定的函数（一个参数是当前窗体的 ID，另一个参数是承载被“撕下”菜单的窗体 ID，这个指定的函数必须有两个形参） |
| title | 默认情况下，被“撕下”的次级菜单标题是其主菜单的名字，不过你也可以通过修改此项的值来修改标题 |
| state | 设置次级菜单上按钮的状态 |

**表 7-22　Menu 的常用方法及含义**

| 方法名称 | 含义 |
|---|---|
| add_command(label='',command=None) | 在菜单上添加一个按钮，单击该按钮调用一个函数 |
| add_cascade(label='',menu=None) | 添加一条单击能展开的包含多个按钮的菜单 |
| add_checkbutton(label='',command=None) | 在菜单上添加复选按钮 |
| add_radiobutton(label='',command=None) | 在菜单上添加单选按钮 |
| add_separator() | 在菜单按钮间或子菜单间添加分割线 |
| post(x,y) | 在指定位置弹出菜单 |

把下列示例代码复制到 Python IDLE 的一个新建脚本文件中，保存后运行并查看效果。

```
from tkinter import *;main_window = Tk()
def yingda():
    print('你调用了我')
def menu_open():
    print('打开了菜单')
menu_bar = Menu(main_window);main_window.config(menu=menu_bar)
file_menu = Menu (menu_bar, tearoff=False, background='white',
    foreground='black', activebackground='lightgreen',
    activeforeground='red',font=('宋体',16,'bold'), postcommand=menu_open)
file_menu.add_command(label='打开',command=yingda)
file_menu.add_command(label='保存',command=yingda)
file_menu.add_radiobutton(label='创建1',command=yingda,value=0)
file_menu.add_radiobutton(label='创建2',command=yingda,value=1)
file_menu.add_checkbutton(label='另存为',command=yingda)
menu_bar.add_cascade(label='文件',menu=file_menu)
edit_menu = Menu(menu_bar,background='white',foreground='black',
    activebackground='lightgreen',activeforeground='red')
edit_menu.add_command(label='撤销',command=yingda,state='disabled')
```

```
edit_menu.add_separator()
edit_menu.add_command(label='重做',command=yingda,state='normal')
menu_bar.add_cascade(label='编辑',menu=edit_menu)
def 弹出菜单(event):
    edit_menu.post(event.x_root,event.y_root)
main_window.bind('<Button-3>',弹出菜单);mainloop()
```

8. 列表框 Listbox

列表框（Listbox）组件用于显示包含多个文字元素的列表，供用户选择其中的一个或多个元素。列表中的所有元素需要使用相同的字体和颜色。列表框的常用属性及含义如表 7-23 所示，列表框常用的方法及用途如表 7-24 所示。

**表 7-23　列表框的常用属性及含义**

| 属性 | 含义 |
|---|---|
| background（简写为 bg） | 设置背景颜色，默认值由系统设置 |
| borderwidth（简写为 bd） | 设置 Listbox 的边框宽度，默认值由系统设置，通常是 2 像素 |
| exportselection | 设置选中的项目文本是否可以被复制到剪贴板，默认值是 True，可以修改为 False，表示不允许复制项目文本 |
| font | 设置 Listbox 文本字体，默认值由系统设置 |
| foreground（简写为 fg） | 设置 Listbox 文本颜色，默认值由系统设置 |
| height | 设置 Listbox 显示的行数（不是像素），默认值是 10 |
| highlightbackground | 设置当 Listbox 没有获得焦点时高亮边框的颜色，默认值由系统设置，通常是标准背景颜色 |
| highlightcolor | 设置当 Listbox 获得焦点时高亮边框的颜色，默认值由系统设置 |
| highlightthickness | 设置高亮边框的宽度，默认值是 1 |
| listvariable | 指向一个 StringVar 类型的变量，该变量以元组形式存放 Listbox 中所有的元素，可以通过该变量的 set 方法进行赋值，所赋值应为一列表或元组，同样可以在列表框添加所有元素 |
| relief | 设置边框样式，默认值是"sunken" |
| selectbackground | 设置当某个项目被选中时背景颜色，默认值由系统设置 |
| selectborderwidth | 设置当某个项目被选中时边框的宽度，默认是由 selectbackground 设置的颜色填充，没有边框；如果设置了该选项，那么 Listbox 的每一项会相应地变大，被选中项为"raised"样式 |
| selectforeground | 设置当某个项目被选中时的文本颜色，默认值由系统设置 |
| selectmode | 设置选择的模式，包括四种不同的选择模式："single"（单选）、"browse"（也是单选，但拖动鼠标或通过方向键可以直接改变选项）、"multiple"（多选）和"extended"（也是多选，但需要同时按住 Shift 键或 Ctr 键或拖拽鼠标来实现）。默认是"browse" |
| setgrid | 设置一个布尔类型的值，决定是否启用网格控制，默认值是 False |
| takefocus | 设置该组件是否接受输入焦点（用户可以通过 Tab 键将焦点转移上来），默认值是 True |
| width | 设置 Listbox 的宽度（单位是字符宽度），字符宽度是英文字母的平均宽度，默认值是 20 |
| xscrolicommand | 设置水平滚动条，与水平方向的 Scrollbar 组件相关联即可 |
| yscrolicommand | 设置垂直滚动条，与垂直方向的 Scrollbar 组件相关联即可 |

**表 7-24　列表框常用的方法及用途**

| 方法 | 用途 |
|---|---|
| activate(index) | 将给定索引号对应的选项激活（在其文本下方画一条下划线） |
| bbox(index) | 返回被选择元素的边框位置和大小，返回值是一个以像素为单位的 4 元组表示边框：(xoffset, yoffset, width, height)，xoffset 和 yoffset 表示距离左上角的偏移位置，返回的 width 是文本的实际宽度（像素为单位） |
| curselection() | 返回一个元组，包含被选中的选项的序号（从 0 开始） |

续表

| 方法 | 用途 |
| --- | --- |
| delete(first, last=None) | 删除参数 first 到 last 范围内（包含 first 和 last）的所有选项，如果没有 last 参数，那么表示删除 first 参数指定的选项 |
| get(first, last=None) | 返回一个元组，包含参数 first 到 last 范围内（包含 first 和 last）的所有选项的文本，如果没有 last 参数，那么表示返回 first 参数指定选项的文本 |
| index(index) | 返回与标签索引相应的选项的序号（如 Ib.index("end")） |
| insert(index,*elements) | 添加一个或多个项目到 Listbox 中，使用 Ib.insert("end") 添加新选项到末尾 |
| itemcget(index, option) | 获得 index 参数指定项目对应的属性（由 option 参数指定） |
| itemconfig(index,**options) | 设置 index 参数指定的项目对应的属性（由可变参数 **option 指定） |
| nearest(y) | 返回与给定参数 y 在垂直坐标上最接近项目的序号 |
| scan_mark(x,y) | 实现 Listbox 内容的滚动，需要将鼠标按钮事件及当前鼠标位置绑定到 scan_mark(x,y) 方法，然后再绑定 <motion> 事件方法，就可以实现 Listbox 在当前位置和 sacn_mack(x,y) 指定的位置 (x,y) 之间的滚动 |
| see(index) | 滚动列表框，使得 index 参数指定的选项可见 |
| selection_anchor(index) | 为 index 指定的元素设置一个命名索引，以后通过命名索引"anchor" 处理该元素 |
| selection_clear(first,last=None) | 使 first 到 last 指定的元素处于未选中状态 |
| selection_includes(index) | 返回 index 指定的元素的选中状态，如果被选择，那么返回 True |
| selection_set(first,last=None) | 在不改变列表框现有选择状态情况下，选择 first 到 last 的元素（包含 last） |
| size | 返回列表框中元素的个数 |
| itemconfigure(index,cnf=None,**kw) | 设置 index 指定元素的各属性值 |

把下列列表框部分属性和方法操作示例代码复制到 Python IDLE 的一个新建脚本文件中，保存后运行并查看效果。

```
from tkinter import *;main_window = Tk();list_v = StringVar()
item_list = ['元素1','元素2','元素3','元素4','元素5','元素6','元素7',
             '元素8','元素9','元素10','元素11','元素12','元素13',
             '元素14','元素15','元素16','元素17','元素18']
list_v.set(item_list) #通过lis_box的'listvariable'为列表框赋值
kw={'background':'lightgreen',"borderwidth": 2, 'cursor':'xterm',
    'exportselection':False,'font':('宋体',16,'bold'),'foreground':'black',
    'height':10,'highlightbackground':'skyblue','highlightcolor':'gold',
    'highlightthickness':6,'relief':'raised','selectbackground':'yellow',
    'selectborderwidth':6,'selectforeground':'red','selectmode':'extended',
    'setgrid':False,'takefocus':True,'width':10,'listvariable': list_v,
    'xscrollcommand':None,'yscrollcommand':None}
list_box = Listbox(main_window,**kw)
list_box.pack()
def show_items_select(event):
    current_select_items_index = list_box.curselection()
    select_items=list(map(lambda x:item_list[x],current_select_items_index))
    print('目前选择的元素',', '.join(select_items))
list_box.bind('<<ListboxSelect>>', show_items_select) #绑定元素选择事件
list_box.see(15) #可看到第16个元素
list_box.activate(15) #焦点元素
```

```
list_box.selection_set(15,18) #初始选择第16、17、18三个元素
print('第十六个元素大小：',list_box.bbox(15))
print('列表框的元素个数：',list_box.size())
print('目前选择的元素索引：',list_box.curselection())
print('1至5索引值的元素：',list_box.get(1,5))
print('目前的选择是否包含元素7',list_box.selection_includes(6))
kw1 = {'background':'white','foreground':'blue'}
list_box.itemconfigure(16,**kw1)
print('第十七个元素字体颜色：',list_box.itemcget(16,'foreground'))
mainloop()
```

9. 菜单式按钮 Menubutton

菜单式按钮 Menubutton 在界面任何位置作为一个按钮来显示一个下拉式按钮菜单，该按钮有一个属性为 menu，其值为一个 Menu 组件。如果需要在程序菜单以外的地方显示一列按钮，那么可以添加该组件。菜单式按钮的常用属性及含义如表 7-25 所示。

表 7-25 菜单式按钮的常用属性及含义

| 属性名称 | 含义 |
| --- | --- |
| anchor | 控制文本（或图像）在 Button 中显示的位置，属性值："n"、"ne"、"e"、"se"、"s"、"sw"、"w"、"nw"，或者"center"，默认值是"center" |
| background（简写为 bg） | 设置组件的背景颜色 |
| bitmap | 设置显示在 Button 上的位图，如果指定了 image 属性，那么该属性被忽略 |
| borderwidth（简写为 bd） | 指定 Button 的边框宽度，默认值由系统指定，通常是 1 像素或 2 像素 |
| compound | 控制 Button 中文本和图像的混合模式。默认情况下，如果有指定位图或图片，那么不显示文本。如果该属性设置为"center"，那么文本显示在图像上（文本重叠图像）；如果该属性设置为"bottom"、"left"、"right" 或"top"，那么图像显示在文本的旁边（如"bottom"，则图像在文本的下方） |
| direction | 设置菜单展示的位置，默认在该组件的下方，也可以设置为"left"、"right"、"above" |
| font | 指定 Button 中文本的字体，只能设置一种字体，默认值由系统指定 |
| foreground（简写为 fg） | 设置 Button 的文本和位图的颜色，默认值由系统指定 |
| height | 设置 Button 的高度，如果 Button 显示的是文本，那么单位是字符数；如果 Button 显示的是图像，那么单位是像素，设置为 0 或不设置，软件自动计算出高度 |
| highlightbackground | 设置当 Listbox 没有获得焦点时高亮边框的颜色，默认值由系统设置，通常是标准背景颜色 |
| highlightcolor | 设置当 Listbox 获得焦点时高亮边框的颜色，默认值由系统设置 |
| highlightthickness | 设置高亮边框的宽度，默认值是 1 |
| image | 指定 Button 显示的图片，该值应该是 PhotoImage、Bitmapimage，或者能兼容的其他对象，该属性优先于 text 和 bitmap 属性 |
| justify | 定义如何对齐多行文本，使用"left"、"right" 或"center"，注意，文本的位置取决于 anchor 属性，默认值是"center" |
| menu | 设置与该组件关联的 Menu 组件，其 Menu 组件的 master 应为该菜单式按钮的实例 |
| relief | 指定边框样式，通常当按钮被按下时是"sunken"，其他时候是"raised"，另外，还可以设置"groove"、"ridge" 或"flat" |
| takefocus | 表示使用 Tab 键可以将焦点移到该 Button 组件上（这样按下空格键也相当于触发按钮事件），默认是开启的，可以将该属性设置为 False，避免焦点在该 Button 组件上 |
| text | 设置 Button 显示的文本，文本可以包含换行符，如果设置了 bitmap 或 image 属性，那么该属性被忽略 |

续表

| 属性名称 | 含义 |
| --- | --- |
| textvariable | Button 显示 tkinter 变量（通常是一个 StringVar 变量）的内容，如果变量被修改，那么 Button 的文本会自动更新 |
| underline | 跟 text 属性一起使用，用于指定哪一个字符画下划线（例如，用于表示键盘快捷键） |
| width | 设置 Button 的宽度，如果 Button 显示的是文本，那么单位是字符数；如果 Button 显示的是图像，那么单位是像素（或屏幕单元） |
| wraplength | 决定 Button 的文本应该被分成多少行，该属性指定每行的长度，单位是屏幕单元，默认值是 0 |

把下列菜单式按钮创建及部分属性设置示例代码复制到 Python IDLE 的一个新建脚本文件中，保存后运行并查看效果。

```
from tkinter import *
def yingda():
    print('单击一个按钮')
main_window = Tk()
kw={'background':'lightgreen',"borderwidth":2, 'cursor':'xterm',
    'font':('宋体',16,'bold'),'foreground':'black','text':'文件','pady':5,
    'height':2,'highlightbackground':'skyblue','highlightcolor':'gold',
    'highlightthickness':6,'relief':'raised','takefocus':True,'width':10}
menu_button = Menubutton(main_window,**kw);menu_button.pack()
file_menu = Menu(menu_button,tearoff=False,foreground='red',
    font=('宋体',16,'bold'))
file_menu.add_command(label='打开',command=yingda)
file_menu.add_command(label='保存',command=yingda)
file_menu.add_command(label='另存为',command=yingda)
menu_button['menu'] = file_menu;mainloop()
```

10. OptionMenu 选项菜单

OptionMenu（选项菜单）允许用户从一个下拉菜单中选择一个元素，与 tkinter.ttk 中的组合框功能相似，但 tkinter.ttk.Combobox 更美观，功能更齐全，建议最好使用 Combobox。

把下列选项菜单创建及部分属性设置示例代码复制到 Python IDLE 的一个新建脚本文件中，保存后运行并查看效果。

```
from tkinter import *
def yingda(event):
    print('你选择的元素是: {}'.format(str_v.get()))
main_window = Tk();str_v = StringVar()
kw={'background':'lightgreen',"borderwidth": 2, 'cursor':'xterm',
    'font':('宋体',16,'bold'),'foreground':'black','text':'文件','pady':5,
    'height':2,'highlightbackground':'skyblue','highlightcolor':'gold',
    'highlightthickness':6,'relief':'raised','takefocus':True,'width':10}
kwargs={'command':yingda};values = ['花生','油茶','油菜','大豆','芝麻']
```

```
value = values[0];str_v.set(value)
menu_option = OptionMenu(main_window,str_v,value,*values[1:],**kwargs)
menu_option.pack();mainloop()
```

### 11. 刻度尺 Scale

刻度尺（Scale）组件允许用户选择一定范围内的某个数值，如果需要把数值限定在指定范围的任意值，则使用刻度尺组件比 Entry 更直观。刻度尺的常用属性及含义如表 7-26 所示。

**表 7-26 刻度尺的常用属性及含义**

| 属性名称 | 含义 |
|---|---|
| background（简写为 bg） | 设置组件的背景颜色 |
| bigincrement | 设置刻度尺的最大增量值，默认值为 0 |
| borderwidth（简写为 bd） | 指定组件的边框宽度，默认值由系统指定，通常是 1 像素或 2 像素 |
| command | 设置随滑块位置改变调用的函数 |
| digits | 设置显示的数值位数，默认值为 0（不开启） |
| foreground（简写为 fg） | 设置滑块左侧 label 和刻度的文字颜色，默认值由系统指定 |
| from | 设置滑块最左（顶）端位置的数值，默认值为 0 |
| highlightbackground | 设置当 Scale 没有获得焦点时高亮边框的颜色，默认值由系统设置，通常是标准背景颜色 |
| highlightcolor | 设置当 Scale 获得焦点时高亮边框的颜色，默认值由系统设置 |
| highlightthickness | 设置高亮边框的宽度，默认值是 1 |
| label | 设置一个文字标签，垂直式 Scale 在其顶端右边，水平式在左侧上部 |
| length | 设置 Scale 的长度，默认为 100 像素 |
| orient | 设置 Scale 的方向（'horizontal' 或者'vertical'），默认为'vertical' |
| repeatdelay | 设置鼠标单击滚动条凹槽的响应时间，默认值为 300ms |
| repeatinterval | 设置鼠标左键紧按滚动条凹槽时的响应间隔，默认为 100ms |
| resolution | 设置 Scale 组件的最小移动步长，默认值为 1 |
| showvalue | 设置是否显示滑块移动的数值 |
| slidelength | 设置滑块的长度，默认为 30 像素 |
| sliderrelief | 设置滑块的样式，即与 relief 一样的选项 |
| state | 有'disabled' 和'normal' 两个选项 |
| takefocus | 设置 Tab 键是否可以将焦点移动到该组件上 |
| tickinterval | 显示的刻度值，默认不显示刻度值 |
| to | 设置滑块最大值，默认值为 100 |
| troughcolor | 设置凹槽的颜色 |
| variable | 设置一个与 Scale 组件关联的 tkinter 变量，该变量存放滑块最新值 |
| width | 设置组件的宽度，默认值为 15 像素 |

刻度尺的常用方法如下：get() 获得滑块最新位置的数值；set(value) 设置滑块的位置；coords(value=None) 获得当前滑块的位置对应 Scale 组件左上角的相对坐标，如果设置了 value，那么返回滑块在该位置时的坐标；identify(x,y) 返回指定坐标位置的 Scale 部件。

把下列刻度尺创建及部分属性设置、方法示例代码复制到 Python IDLE 的一个新建脚本文件中，保存后运行并查看效果。

```
from tkinter import Tk,Scale,StringVar,mainloop
def yingda(event):
```

```
    print('现在滑块值是: {}'.format(str_v.get()))
main_window = Tk()
str_v = StringVar()
kw={'background': 'lightgreen', 'activebackground': 'yellow',
    'orient':'horizontal',"borderwidth": 2, 'cursor':'xterm',
    'bigincrement':10,'command':yingda,'from':50,'to':150,
    'font':('宋体',16,'bold'),'foreground':'black','variable':str_v,
    'length':300,'highlightbackground':'skyblue','highlightcolor':'gold',
    'highlightthickness' :6, 'relief':'raised','takefocus':True,
    'width':20,'resolution':0.5, 'showvalue':True,
    'sliderlength':25,'tickinterval':50,'troughcolor':'white'}
scale = Scale(main_window,**kw);scale.pack();scale.set(100)
mainloop()
```

12. 滚动条 Scrollbar

滚动条 Scrollbar 组件可以通过其滑块位置与一些组件的可见内容联动，实现内容翻页或滚动，需要使用滚动条的组件有 Text、Listbox、Entry 等。滚动条的常用属性及含义如表 7-27 所示，其他属性宜采用默认设置。

**表 7-27　滚动条的常用属性及含义**

| 属性名称 | 含义 |
|---|---|
| command | 设置滚动条更新时调用的函数，通常为联动组件的 xview() 或 yview() 方法 |
| orient | 设置滚动条的方向（'horizontal' 或者'vertical'），默认为'vertical' |
| width | 设置组件的宽度 |

滚动条有下列方法。

activate(element)：使 element 参数指定的元素处于活跃状态，并显示背景颜色和样式。element 参数包括：'arrow1'、'arrow2' 和'slider'，如果没有设置 element，那么返回正处于活跃状态的滚动条元件的名称或空值。

delta(deltax,deltay)：给定一个鼠标移动的范围 deltax 和 deltay（单位为像素），然后该方法返回在-1.0~1.0 的浮点数值，通常与鼠标事件绑定，用于确定当用户拖拽鼠标时滑块的关联移动。

fraction(x,y)：给定一个像素坐标（x, y），返回最接近给定坐标的滚动条位置（0.0~1.0）。

get()：返回当前滑块的位置（a,b），a 表示当前滑块顶端或左端的位置，b 表示当前滑块的底端或右端的位置（0.0~1.0）。

identify(x,y)：返回指定坐标位置的滚动条元件（arrow1、arrow2、slider 或''）。

set(x,y)：设置当前滚动条的位置，x 表示当前滑块顶端或左端的位置，y 表示当前滑块的底端或右端的位置（0.0~1.0）。

把下列滚动条创建及部分属性设置、方法示例代码复制到 Python IDLE 的一个新建脚本文件中，保存后运行并查看效果。

```
from tkinter import *;main_window = Tk()
def yingda():
    scroll_v.activate('slider'); print(scroll_v.activate())
    print(scroll_v.get())
list_box=Listbox(main_window);list_box.pack(side='left')
for i in range(200):
    list_box.insert('end',i)
str_v=StringVar();kw_v = {"borderwidth": 16,'elementborderwidth':2,
    'cursor':'arrow','command':list_box.yview,'jump':False,'width':20,
    'activerelief':'sunken'}
scroll_v= Scrollbar(main_window,**kw_v);
scroll_v.pack(side='left',fill='y')
list_box['yscrollcommand'] = scroll_v.set
button_print = Button(main_window,text='查看',command=yingda)
button_print.pack(side='left');mainloop()
```

### 13. 选值框 Spinbox

选值框 Spinbox 允许用户从数个固定值中选择需要的值，与 Entry 相似，占用程序界面的空间少，缺点是不能直观地看见其他值，采用 tkinter.ttk 的组合框 Combobox 组件体验更好。选值框的常用属性及含义如表 7-28 所示。

**表 7-28 选值框的常用属性及含义**

| 属性名称 | 含义 |
|---|---|
| background（简写为 bg） | 设置组件的背景颜色 |
| borderwidth（简写为 bd） | 指定组件的边框宽度，默认值由系统指定，通常是 1 像素或 2 像素 |
| buttonbackground | 设置箭头的背景色 |
| buttoncursor | 设置鼠标在箭头上时的样式 |
| buttondownrelief | 设置下箭头的样式，样式种类与 relief 一样 |
| buttonup | 设置上箭头的样式 |
| command | 当用户单击调节箭头时调用的函数 |
| cursor | 指定当鼠标在组件上滑过时的鼠标样式，默认值由系统指定 |
| disabledbackground | 设置当组件处于"disabled" 状态时的背景色 |
| disabledforeground | 设置当组件处于"disabled" 状态时的文字色 |
| format | 设置所选数值的格式，如 format='%12.2f' 表示保留 4 位小数，总位数为 12 的浮点数 |
| font | 设置文字字体 |
| foreground（简写为 fg） | 设置文字颜色，默认值由系统指定 |
| from_ | 设置最小值 |
| to | 设置最大值 |
| increment | 设置每次单击调节箭头递增或递减的数量 |
| highlightbackground | 设置当组件没有获得焦点时高亮边框的颜色，默认值由系统设置，通常是标准背景颜色 |
| highlightcolor | 设置当组件获得焦点时高亮边框的颜色，默认值由系统设置 |
| highlightthickness | 设置高亮边框的宽度，默认值是 1 |
| insertbackground | 设置输入光标的颜色 |
| insertborderwidth | 设置输入光标的边框宽度 |
| insertofftime | 光标闪烁灭的时间，单位为 ms |
| insertontime | 光标闪烁亮的时间 |
| invalidcommand | 当 validatecommand 关联函数返回 False 调用的函数 |

续表

| 属性名称 | 含义 |
|---|---|
| justify | 文本对齐方式（'left'、'right' 和 'center'） |
| readonlybackground | 设置组件处于 'readonly' 时的背景色 |
| selectbackground | 选中文本的背景色 |
| selectborderwidth | 文本选中边框的宽度 |
| selectforeground | 选中文本的颜色 |
| state | 有 'disabled'、'normal'、'readonly' 三个选项 |
| takefocus | 设置 Tab 键是否可以将焦点移动到该组件上 |
| textvariable | 设置一个 tkinter 变量与组件的值关联 |
| validate | 设置是否启用验证功能 |
| validatecommand | 用于验证输入值是否符合预期的函数 |
| values | 该属性也可以输入 Spinbox 组件的所有待选值，与 from_ 和 to 具有相似的功能 |
| width | 设置组件的宽度，默认值为 20 字符 |
| wrap | 设置单击调节箭头时的循环选择待选元素 |
| xscrollcommand | 与 Entry 一样，可以设置一个水平滚动条 |

Spinbox 组件的方法如下所示。

bbox(index)：返回由 index 指定的字符所占范围的长方形边框的 4 元素元组（x1，y1，x2，y2），x1 和 y1 表示距屏幕左上角的坐标，x2 与 y2 表示右下角坐标，单位均为像素。

delete(first,last=None)：删除 first 指定的字符到 last 指定的字符的前一个字符，如果 last=None，那么 last 等于 first+1。

get()：返回 Spinbox 的文字。

icursor(index)：在 index 指定的字符前面插入光标。

identify(x, y):返回给定坐标处的 Spinbox 元件,如 Entry、buttondown、buttonup 或 None。

index(index)：返回命名索引的数字索引。

insert(index, s)：在 index 指定位置插入字符串 s。

invoke(element)：触发与 element 元件绑定的函数，element 只能是 buttondown、buttonup。

scan_mark(x)：记下坐标值 x 和当前的视图，一般通过组件鼠标的单击事件获取 x 值，并与 scan_dragto 方法联动，实现可见内容的滚动。

scan_dragto(x)：计算当前的 x 坐标与前面记录的 x 坐标的差异，并以 10 倍差异值向左或右调整组件的可见内容，一般通过绑定鼠标的 <Motion> 事件获取当前的 x 坐标值并调用该方法，通过鼠标在组件上的移动实现内容的滚动。

selection_adjust(index)：确定最靠近 index 指定字符的已经选择文字的那一端，将另一端作为选择的锚点，然后将选择内容调整为锚点到 index 指定的字符，实现选择内容的调整。

selection_clear()：取消对所有文字的选择。

selection_element(element=None)：返回或设置上下调节箭头的选择状态，element 只能是 buttondown、buttonup 或 None。个人感觉这个功能用途不大。

selection_from(index)：从 index 指定的字符开始选择字符。

selection_present()：判断是否有字符处于选择状态，返回 True 或 False。

selection_range(start, end)：选择 start 到 end 之间的字符，不包括 end 位置的字符。

selection_to(index)：使字符选择的可变端调整到 index 指定位置的字符。

把下列 Spinbox 创建及部分属性设置、方法示例代码复制到 Python IDLE 的一个新建脚本文件中，保存后运行并查看效果。

```
from tkinter import *;main_window = Tk()
values = ['广西壮族自治区农业科学院经济作物研究所',
        '河南省农业科学院经济作物研究所',
        '山东省农业科学院农作物种质资源研究所',
        '广东省农业科学院作物研究所',
        '河北省农林科学院粮油作物研究所',
        '云南省农业科学院经济作物研究所']
def button_press(event):
    spin_box.scan_mark(event.x);print(event.x)
def button_motion(event):
    spin_box.scan_dragto(event.x)
def test_way():
    print(spin_box.get());spin_box.insert(0,'中华人民共和国')
    select_true = spin_box.selection_present();print(select_true)
    if not select_true:
        return
    print(spin_box.selection_get());spin_box.selection_adjust(10)
    print(spin_box.selection_get());spin_box.selection_range(2,12)
    print(spin_box.selection_get());spin_box.selection_to(0)
    print(spin_box.selection_get());spin_box.selection_from(10)
    print(spin_box.selection_get());spin_box.selection_adjust(16)
    print(spin_box.selection_get());print(spin_box.get())
spin_box = Spinbox(main_window,values=values,font=('宋体',16))
spin_box.pack(pady=20,ipady=5)
spin_box.bind('<ButtonPress-1>',button_press)#单击左键事件, 打印鼠标的x坐标值
spin_box.bind('<Motion>',button_motion) #鼠标在选值框左右移动实现对文字内容的滚动
test_button_1=Button(main_window,text='测试',font=('宋体',16,'bold'),
    command=test_way)
test_button_1.pack(pady=20);mainloop()
```

### 14. 画布组件 Canvas

画布组件 Canvas 用于绘制直线、矩形、椭圆等各种几何图形，也可以绘制图片、文字、UI 组件（如 Button）等。Canvas 控件具有两个功能，首先，它可以用来绘制各种图形，如弧形、线条、椭圆形、多边形和矩形等；其次，Canvas 控件还可以用来展示图片（包括位图），我们将这些绘制在画布控件上的图形称为“画布对象”。画布组件的常用属性及

含义如表 7-29 所示，画布组件的常用方法及含义如表 7-30 所示。

**表 7-29　画布组件的常用属性及含义**

| 属性名称 | 含义 |
| --- | --- |
| closeenough | 设置一个浮点数，当鼠标与画布对象的距离少于该值时，鼠标被认为在画布对象上 |
| confine | 设置 canvas 组件是否允许滚动超出 scrollregion 属性指定的范围 |
| cursor | 指定当鼠标在组件上滑过时的鼠标样式，默认值由系统指定 |
| scrollregion | 设置该组件可以被滚动的范围，值是一个 4 元素元组表示的矩形（x1,y1,x2,y2） |
| selectborderwidth | 画布组件被选择时的边框宽度 |
| selectbackground | 画布组件被选择时的背景色 |
| selectforeground | 画布组件被选择时的文字色 |
| state | 有'disabled' 和'normal' 两个值 |
| takefocus | 设置 Tab 键是否可以将焦点移动到该组件上 |
| width | 设置组件的宽度，单位为像素 |
| xscrollcommand | 与水平滚动条关联 |
| xscrollincrement | 水平滚动的最少步长，单位有'c'（厘米），'i'（英寸），'m'（毫米），'p'（DPI，大约是 1i=72p） |
| yscrollcommand | 与垂直滚动条关联 |
| yscrollincrement | 垂直滚动的最少步长，单位有'c'（厘米），'i'（英寸），'m'（毫米），'p'（DPI，大约是 1i=72p） |

**表 7-30　画布组件的常用方法及含义**

| 方法 | 含义 |
| --- | --- |
| create_line(x0, y0, x1, y1, ... , xn, yn, options) | ① 根据给定的坐标创建一条或者多条线段；<br>② 参数 x0,y0,x1,y1,···,xn,yn 定义线条的坐标点；<br>③ 参数 options 表示其他可选参数 |
| create_oval(x0, y0, x1, y1, options) | ① 绘制一个圆形或椭圆形；<br>② 参数 x0 与 y0 定义绘图区域的左上角坐标，参数 x1 与 y1 定义绘图区域的右下角坐标；<br>③ 参数 options 表示其他可选参数 |
| create_polygon(x0, y0, x1, y1, ... , xn, yn, options) | ① 绘制一个至少三个点的多边形；<br>② 参数 x0,y0,x1,y1,···,xn,yn 定义多边形的坐标；<br>③ 参数 options 表示其他可选参数 |
| create_rectangle(x0, y0, x1, y1, options) | ① 绘制一个矩形；<br>② 参数 x0 与 y0 定义矩形的左上角坐标，参数 x1 与 y1 定义矩形的右下角坐标；<br>③ 参数 options 表示其他可选参数 |
| create_text(x0, y0, text, options) | ① 绘制一个文字字符串；<br>② 参数 x0 与 y0 定义文字字符串的左上角坐标，参数 text 定义文字字符串的文字；<br>③参数 options 表示其他可选参数 |
| create_image(x, y, image) | ① 创建一张图片；<br>② 参数 x 与 y 定义图片的左上角坐标；<br>③ 参数 image 定义图片的来源，必须是 tkinter 模块的 BitmapImage 类或 PhotoImage 类的实例变量 |
| create_bitmap(x, y, bitmap) | ① 创建一个位图；<br>② 参数 x 与 y 定义位图的左上角坐标；<br>③ 参数 bitmap 定义位图的来源，参数值可以是 gray12、gray25、gray50、gray75、hourglass、error、questhead、info、warning 或 question，或者也可以直接使用 XBM（X Bitmap）类型的文件，此时，需要在 XBM 文件名称前添加一个 @ 符号，如 bitmap=@hello.xbm |

续表

| 方法 | 含义 |
| --- | --- |
| create_arc(coord, start, extent, fill) | ① 绘制一个弧形；<br>② 参数 coord 定义画弧形区块的左上角与右下角坐标；<br>③ 参数 start 定义画弧形区块的起始角度（逆时针方向）；<br>④ 参数 extent 定义画弧形区块的结束角度（逆时针方向）；<br>⑤ 参数 fill 定义填充弧形区块的颜色 |

注意：上述方法都会返回一个画布对象的唯一 ID。关于 options 参数，下面会通过一个示例对经常使用的参数做相关介绍。但由于可选参数较多，并且每个方法中的参数作用大同小异，因此，对它们不再逐一列举。线条组件的属性及含义如表 7-31 所示，扇形等画布对象的属性及含义如表 7-32 所示。

**表 7-31　线条组件的属性及含义**

| 属性 | 含义 |
| --- | --- |
| activedash | 当鼠标在线条上使其处于"active"时的虚线小线段长度（1～255） |
| activefill | 当鼠标在线条上使其处于"active"时的填充颜色 |
| activestipple | 当鼠标在线条上使其处于"active"时填充的位图 |
| activewidth | 当鼠标在线条上使其处于"active"时边框的宽度 |
| arrow | ① 默认线段是不带箭头的，通过设置该选项添加箭头到线段中；<br>② "first" 表示添加箭头到线段开始的位置；<br>③ "last" 表示添加箭头到线段结束的位置；<br>④ "both" 表示两端均添加箭头 |
| arrowshape | 用一个三元组来设置箭头的形状，默认值是 (8, 10, 3)，元组中的数值分别代表箭头中三条边的长度 |
| capstyle | 设置线段两端的样式，默认值是"butt"。该选项的值可以是"butt"（线段的两端平切于起点和终点）；"projecting"（线段的两端在起点和终点的位置将 width 选项设置的长度分别延长一半）；"round"（线段的两端在起点和终点的位置将 width 设置的长度分别延长一半，并以圆角进行绘制） |
| dash | 绘制虚线，该选项值是一个整数元组，元组中的元素分别代表短线的长度和间隔，如 (3, 5) 代表 3 个像素的短线和 5 个像素的间隔 |
| dashoffset | 设置虚线开始的偏移位置，如 dash=(5, 1, 2, 1)，dashoffset=3，则从 2 开始画虚线 |
| disableddash | 当线条状态为"disabled"时短虚线长度 |
| disabledfill | 当线条状态为"disabled"时填充颜色 |
| disabledstipple | 当线条状态为"disabled"时填充的位图 |
| disabledwidth | 当线条状态为"disabled"时边框的宽度 |
| fill | 设置填充的颜色，空字符串表示透明 |
| joinstyle | 设置绘制两个相邻线段之间时接口的样式，默认为"round"。该选项的值可以是"round"（以连接点为圆心，以 1/2 width 选项设置的长度为半径来绘制圆角）；"bevel"（在连接点处将两线段的夹角做平切操作）；"miter"（沿着两线段的夹角延伸至一个点） |
| offset | 设置点画模式时填充位图的偏移 |
| smooth | 默认值为 False，若设置为 True，则表示将以曲线的样式代替所绘线段 |
| splinesteps | 当绘制曲线时，该选项设置由多少条折线来构成曲线，默认值是 12，这里需要注意，只有当 smooth 选项为 True 时该选项才会生效 |
| state | 设置该画布对象的状态，默认值为"normal"，参数值有"normal"、"disabled"（不可用）和"hidden"（隐藏）三种状态 |
| stipple | 设置一个位图进行填充，默认值为空字符串，表示实心 |
| tags | 为创建的画布对象添加标签 |
| width | 设置边框的宽度 |

表 7-32　扇形等画布对象的属性及含义

| 属性 | 含义 |
|---|---|
| activedash | 当画布对象状态为"active" 时，设置短虚线长度 |
| activefill | 当画布对象状态为"active" 时，设置填充的颜色 |
| activeoutline | 当画布对象状态为"active" 时，设置轮廓线颜色 |
| activeoutlinestipple | 当画布对象状态为"active" 时，设置填充轮廓的位图 |
| activestipple | 当画布对象状态为"active" 时，设置填充的位图 |
| activewidth | 当画布对象状态为"active" 时，设置边框的宽度 |
| dash | 设置绘制虚线轮廓，与绘制线段的含义相同 |
| dashoffset | 设置虚线轮廓开始的偏移位置 |
| disableddash | 当画布对象状态为"disabled" 时，设置短虚线长度 |
| disabledfill | 当画布对象状态为"disabled" 时，设置填充的颜色 |
| disabledoutline | 当画布对象状态为"disabled" 时，绘制轮廓线 |
| disabledoutlinestipple | 当画布对象状态为"disabled" 时，设置填充轮廓的位图 |
| disabledstipple | 当画布对象状态为"disabled" 时，设置填充的位图 |
| disabledwidth | 当画布对象状态为"disabled" 时，设置边框的宽度 |
| extent | 设置跨度（从 start 选项设置的位置开始到结束位置的角度），默认值是 90.0 |
| fill | 表示图形内部的填充颜色，若为空字符串，则为透明色 |
| offset | 设置点画模式时填充位置的偏移，包括坐标偏移和位置偏移两种方式，参数值为"x,y" |
| outline | 设置轮廓的颜色 |
| outlineoffset | 设置采用点画模式绘制轮廓时位图的偏移 |
| outlinestipple | 当 outline 选项被设置时，该选项用于设置一个位图来填充边框，默认值是空字符串，表示黑色 |
| start | 设置起始位置的角度（0～360°） |
| style | 默认创建的是扇形，设置该方法创建的是扇形（"pieslice"）、弓形（"chord"）还是弧形（"arc"） |
| tags | 为创建的画布对象添加标签 |
| width | 设置边框的宽度 |

从上述表格不难看出，Canvas 控件采用了坐标系的方式来确定画布中的每一点。在一般情况下，默认主窗体的左上角为坐标原点，这种坐标系被称为“窗体坐标系”，但也会存在另外一种情况，即画布的大小可能大于主窗体，当发生这种情况时，可以采用带滚动条的 Canvas 控件，此时会以画布的左上角为坐标原点，我们将这种坐标系称为“画布坐标系”。每个画布对象都有相关的属性设置，画布对象的属性大同小异，下面的示例代码介绍线条和扇形的属性设置效果。

把下列画布属性和绘图演示示例代码复制到 Python IDLE 的一个新建脚本文件中，保存后运行并查看效果。

```
from tkinter import *;main_window=Tk()
line_kw = {'activedash': 30,'activefill': 'pink', 'activestipple':None,
           'activewidth': 6, 'fill':'red','capstyle':'round',
           'dash': (1,1), 'dashoffset': 1, 'disableddash':1,
           'offset': 2, 'width': 3,'disabledfill': 'blue',
           'smooth': True, 'splinesteps': 12, 'joinstyle':'round',
           'state':'normal' , 'tags': True,'stipple':''}
point_coor_list = []
def getcoor(event):
    point = (event.x,event.y);point_coor_list.append(point)
```

```
    if len(point_coor_list)==2:
        canvas_cur.create_line(point_coor_list,**line_kw)
        point_coor_list.pop(0)
kwargs = {'background': 'white','borderwidth': 2, 'closeenough':1.0,
          'confine': 1,'cursor': 'arrow', 'height': 400,
          'highlightbackground':'lightgreen' ,'highlightcolor':'gold',
          'highlightthickness': 6, 'insertbackground':'red',
          'insertborderwidth': 1,'insertofftime': 300,
          'insertontime': 600, 'insertwidth': 2,'offset':'',
          'relief': 'sunken','scrollregion': '',
          'selectbackground':'lightyellow','selectborderwidth':1,
          'selectforeground':'darkred', 'state': 'normal',
          'takefocus': True,'width': 500,'xscrollcommand': None,
          'xscrollincrement': 0,'yscrollcommand':None,
          'yscrollincrement': 0}
canvas_cur = Canvas(main_window,**kwargs);canvas_cur.pack()
canvas_cur.bind('<B1-Motion>',getcoor)
width = 500;height = 400;pad = 50;point_num = 5;缢缩 = 3
peanut_list = [(91, 253), (106, 263),(119, 275), (132, 284),
              (151, 290), (170, 296),(188, 300), (205, 303),
              (220, 308), (238, 308),(255, 303), (268, 294),
              (282, 280), (296, 269),(313, 267), (331, 275),
              (349, 278), (369, 279),(388, 280), (405, 279),
              (423, 275), (439, 267),(452, 259), (466, 242),
              (474, 226), (482, 209),(482, 191), (479, 174),
              (472, 161), (467, 144),(457, 134), (445, 125),
              (429, 121), (413, 128),(396, 134), (383, 130),
              (366, 123), (348, 113),(329, 109), (310, 109),
              (293, 106), (275, 105),(256, 107), (239, 109),
              (215, 111), (199, 111),(181, 114), (160, 114),
              (143, 112), (126, 109),(102, 109), (81, 121),
              (64, 135),(50, 153),(50, 171),(53, 186),(59,
              199),(65, 217),(72, 229),(76, 244),(90, 251),
              (102, 261), (115, 269), (126, 276), (137, 286),
              (151, 290), (167, 295), (183, 300), (200, 303)]
def line(b,point):
    global items
    items = canvas_cur.find_all();canvas_cur.delete(*items)
    a = (height-b)/width
    incre = int(width/point);point_list = []
    for x in range(0,width+incre,incre):
        y=a * x + b;print(x,y);point_list.append((x,y))
    line = canvas_cur.create_line(point_list,arrow=both,
        arrowshape=(25,50,30),**line_kw)
def peanut_line_draw():
```

```
    global items;items = canvas_cur.find_all();canvas_cur.delete(*items)
    line_peanut = canvas_cur.create_line(peanut_list,fill='gold',width=3,
       smooth=True)
    text_id = canvas_cur.create_text(260,200,text='花科软件',
        font=('黑体',60,'bold'),fill='red')
def arc():
    global items;items = canvas_cur.find_all();canvas_cur.delete(*items)
    peanut_point_list = [(50,130),(250,310)]
    arc1=canvas_cur.create_arc(peanut_point_list,fill="gold",width=5,
        outline='gold',start=33,extent=287,style='arc')
    acr2=canvas_cur.create_arc([(200,150),(400,300)],fill="gold",width=5,
        outline='gold',start=222,extent=270,style='arc')
    rect=canvas_cur.create_rectangle([(200,150),(400,300)],width=1,
        outline='red',dash=(1,1))
    text_id = canvas_cur.create_text(220,220,text='花科软件',
        font=('黑体',60,'bold'),fill='gold')
    items = canvas_cur.find_all()
def oval():
    global items;items = canvas_cur.find_all();canvas_cur.delete(*items)
    oval_id = canvas_cur.create_oval(50,50,460,380,fill='red', width=6,
       outline='green',activefill='blue',activeoutline='red')
    text_id = canvas_cur.create_text(260,200,text='花科软件',
        font=('黑体',60,'bold'),fill='gold')
    rectangle = canvas_cur.create_rectangle(50,50,460,380,width=1,
        outline='red',dash=(2,2))
    items = canvas_cur.find_all(); print(items)
def move_right():
    for item in items:
        canvas_cur.move(item,5,0)
def move_left():
    for item in items:
        canvas_cur.move(item,-5,0)
def move_up():
    for item in items:
        canvas_cur.move(item,0,-5)
def move_down():
    for item in items:
        canvas_cur.move(item,0,5)
Button(main_window,text='扇形图',command=arc,
    font=('黑体',18,'bold')).pack(side='left')
Button(main_window,text='椭圆',command=oval,
    font=('黑体',18,'bold')).pack(side='right')
Button(main_window,text='线条',command=peanut_line_draw,
    font=('黑体',18,'bold')).pack(side='right')
Button(main_window,text='右移',command=move_right,
```

```
    font=('黑体',18,'bold')).pack(side='left')
Button(main_window,text='左移',command=move_left,
    font=('黑体',18,'bold')).pack(side='left')
Button(main_window,text='上移',command=move_up,
    font=('黑体',18,'bold')).pack(side='left')
Button(main_window,text='下移',command=move_down,
    font=('黑体',18,'bold')).pack(side='left'); mainloop()
```

### 7.5.4 Tkinter.ttk 模块常用图形组件的属性设置、创建和方法

tkinter.ttk 的图形组件看起来更美观，其基本思路是尽可能地将创建图形组件的代码与设置其外观属性的代码分开，并通过一个独立的样式类 Style 来设置各图形组件的外观属性。

tkinter.ttk 的每个图形组件都自动分配了一个样式类，其默认名称一般为在组件类名称前面加上一个大写的 T，但也有特殊情况，具体各组件默认的样式类名称见表 7-33。

表 7-33 tkinter.ttk 组件默认的样式类名称

| 组件名 | 关联的样式名 |
|---|---|
| Button | TButton |
| Checkbutton | TCheckbutton |
| Combobox | TCombobox |
| Entry | TEntry |
| Frame | TFrame |
| Label | TLabel |
| LabelFrame | TLabelFrame |
| Menubutton | TMenubutton |
| Notebook | TNotebook |
| PanedWindow | TPanedwindow（注意不是 TPanedWindow!） |
| Progressbar | Horizontal.TProgressbar 或 Vertical.TProgressbar，由滚动条方向定 |
| Radiobutton | TRadiobutton |
| Scale | Horizontal.TScale 或 Vertical.TScale，由其方向定 |
| Scrollbar | Horizontal.TScrollbar 或 Vertical.TScrollbar，由其方向确定 |
| Separator | TSeparator |
| Sizegrip | TSizegrip |
| Treeview | Treeview（注意不是 TTreview!） |

用户可以自定义 Style 的名称，在默认名称前面加上自定义字符，并用'.'与默认名称组合成一个新名，注意默认名称部分不能更改。

1. 样式类 Style 方法

1）configure(style, query_opt=None, **kw)

该方法用于修改或查询图形组件样式的默认设置，如果要更改或查询默认的属性设置，那么可参考下列代码，把下列示例代码复制到 Python IDLE 的一个新建脚本文件中，可更改设置参数，保存后运行并查看效果。

```
from tkinter import *;from tkinter.ttk import *
```

```
main_window = Tk();main_window['bg']='lightgreen'
#修改按钮组件的一些默认设置，此处的"TButton"是默认的Style名称
Style().configure("TButton", padding=6, relief="sunken",
    font=('黑体',16,'bold'),foreground='red',background='blue')
def print_text():
    print('tkinter.ttk按钮样式测试')
btn = Button(text="测试",command=print_text);btn.pack(pady=10)
#打印查看按钮组件的所有默认设置，此处的"TButton"是默认的Style名称
print(Style().configure("TButton"));main_window.mainloop()
```

2）map(style, query_opt=None, **kw)

在指定组件样式中查询或设置其不同状态的属性，使组件的外观动态变化。kw 的键名称是属性名称，值是列表，列表的元素是元组，每个元组包括 1 至多个状态名和这些状态下的属性值。

具体操作参见下列代码，可把下列示例代码复制到 Python IDLE 的一个新建脚本文件中，可更改设置参数，保存后运行并查看效果。

```
import tkinter;from tkinter import ttk
root = tkinter.Tk();style = ttk.Style()
style.map("C.TButton",
    foreground=[('pressed', 'red'), ('active', 'blue')],
    background=[('pressed', '!disabled', 'gold'), ('active', 'green')])
colored_btn = ttk.Button(text="测试", style="C.TButton").pack()
root.mainloop()
```

3）lookup(style, option, state=None, default=None)

返回指定 Style 选项的值。

4）layout(style, layoutspec=None)

该方法用于设置或返回指定组件样式类的元素布局设置，如果没有指定 layoutspec 参数，那么就返回该组件样式的布局设置。

layoutspec 参数的格式是列表，列表的每个元素是一个元组，每个元组的第一个元素是组件属性的布局名，第二个元素是布局格式字典（可嵌套）或单个字符串。参考代码如下：

```
import tkinter;from tkinter import ttk
root = tkinter.Tk()
root.geometry('{}x{}+{}+{}'.format(300, 200, 100, 100))
style = ttk.Style()
style.configure("TButton",background='red',width=20,
    font=('黑体',16,'bold'))
style.map("TButton",
    foreground=[('pressed','red'),('active','blue')],
    background=[('pressed','!disabled','gold'),('active','green')])
```

```
style.layout("TButton",[('Button.button', {'sticky': 'w',
                       'children':[('Button.focus',{'sticky':'e',
                       'children':[('Button.padding',{'sticky':'e',
                       'children':[('Button.label',{'sticky':'e'})]})]})]})])
def show_layout():
    print(style.layout("TButton"))
colored_btn = ttk.Button(text="布局测试",style="TButton",
command=show_layout).pack(side='top',fill='both',expand=True)
root.mainloop()
```

5）element_create(elementname, etype, *args, **kw)

在样式类中创建一个新元素,etype 可以是'image' 或'from',如果 etype 是'image',那么 kw 可参考下列字典设置:

```
    {'border':(1,1,1,1),'height':50,'width':100,'padding':(1,1,1,1),
        'sticky':'nswe'}
```

其中,关键字'border' 的值是一个四元素元组,分别代表左、上、右、下四个方向的外间距; 'padding' 的值可以为空字符串,或'n,s,w,e' 中的一个或多个; 'height' 和'width' 用来设置最小的高度和宽度。

若 etype 是'from', 则是从一个已经存在的属性主题中复制相关组件的设置。

6）element_names()

返回一个来自当前主题的元件列表。

7）element_options(elementname)

返回指定元件的设置。

8）theme_create(themename, parent=None, settings=None) 和 theme_use(themename)

创建一个新的外观属性设置主题并应用 themename 不能与已经存在的主题同名的原则, 在 ttk 中内置了'winnative'、'clam'、'alt'、'default'、'classic'、'vista' 和'xpnative' 共 7 个主题, 如果设置了 parent 主题, 那么该新主题就继承了其设置, 再通过 settings 重新设置主题内容, 示例代码如下:

```
mystyle = Style()
mystyle.theme_create('mystyle',  parent='alt',
       settings={'TEntry':{'configure':{'foreground':'black', #前景色
                            'state':'normal',
                            'selectbackground':'yellow',   #选择后的背景颜色
                            'selectforeground':'red', #选择后的文字颜色
                            'fieldbackground': 'cornsilk'}}
                'TButton':{'configure':{'foreground': 'red',
                           'font':('黑体', 24),
```

```
                                'relief':'raised',
                                'background': 'lightgreen'}},
                  'TFrame':{'configure':{'background':'cornsilk',}}})
mystyle.theme_use('mystyle')
```

9) theme_settings(themename, settings)

对默认主题进行临时更改和应用，然后又恢复保存原有主题。示例代码如下：

```
from tkinter import ttk;import tkinter
root = tkinter.Tk();style = ttk.Style()
style.theme_settings("default",{
   "TCombobox":{
       "map":{
           "background":[("active", "red"), ("!disabled", "green")],
           "fieldbackground":[("!disabled", "wheat")],
           "foreground":[("focus", "red"), ("!disabled", "blue")]}}})
style.theme_use("default")
combo = ttk.Combobox(font=('黑体', 24));combo.pack()
combo['values'] = ['花生','油菜','芝麻'];combo.current(0)
root.mainloop()
```

2. ttk 组件的共有属性

所有组件均可设置表 7-34 中的 4 个属性。内容可滚动组件可设置 xscrollcommand、yscrollcommand 属性，用于与滚动条联动。标签、按钮及其他按钮类的共有属性如表 7-35 所示。组件的状态类型如表 7-36 所示。

表 7-34 ttk 组件的共有属性

| 属性 | 含义 |
|---|---|
| class | 设置父组件类，只能在组件创建时设置，后期不能更改 |
| cursor | 设置鼠标在组件上时的样式 |
| takefocus | 设置是否能获得焦点 |
| style | 设置该组件使用自定义的样式 |

3. ttk 组件的属性和方法

在 ttk 组件中，只有 7 个组件是 tkinter 没有的，其他组件的属性和方法与 tkinter 模块中相同名称的组件的属性和方法相同，但属性名称不像 tkinter 基本组件那样使用缩写，如在 ttk 组件中，'background' 不能写为'bg' 等。ttk 组件属性设置方法也不相同，外观属性主要通过 Style 类更改主题（theme）来实现，不能在创建时作为参数输入。所有 ttk 组件均具有 cget()、configure()、identify()、instate()、state() 共 5 种方法。下面介绍 ttk 模块独有的 7 个组件（Spinbox 的名称相同，但绑定事件等设置不一样），并说明其属性和方法，给出相应的示例代码，可复制到 IDLE 运行并查看效果。

表 7-35 标签、按钮及其他按钮类的共有属性

| 属性 | 含义 |
| --- | --- |
| text | 在组件内显示的文字信息 |
| textvariable | 设置一个变量，其值与组件的 text 信息同步 |
| underline | 指定 text 信息某个位置的字符是否有下划线，输入正整数才起作用，也意味着只能给其中的一个字符设置下划线 |
| image | 在标签中嵌入的图片，只接受 tkinter.PhoteImage 读取的 gif 格式图片 |
| compound | 当同时给定了 text 和 image 属性时，设置文字和图形的显示方式。<br>'text'：只显示 text 给定的文字信息。<br>'image'：只显示 image 给定的图标。<br>'top'、'bottom'、'left'、'right' 和'center'：分别在文字的上方、下方、左边、右边和中心显示图标。<br>none：默认设置，若有图标，则显示图标；若没有，则显示文字 |
| width | 以英文字符个数的方式设置组件的宽度，一个中文字符占 2 个字符。如果给定值大于 0，则组件的宽度为给定值；如果给定值已经大于父组件宽度，宽度等于父组件；如果给定值小于 0，则指定一个最小宽度；如果给定值为 0 或不设置，则根据内容自动适配宽度 |

表 7-36 组件的状态类型

| 组件状态 | 含义 |
| --- | --- |
| active | 鼠标在组件上，按钮按下 |
| disabled | 组件处于失效 |
| focus | 组件通过键盘获得焦点 |
| pressed | 按下组件 |
| selected | 单选按钮、复选按钮等处于被选择状态 |
| background | Windows 和 Mac 有“活动”或前景窗体的概念，background 指非活动状态 |
| readonly | 用户不能更改 |
| alternate | 指定部件的替代显示格式 |
| invalid | 组件值不符合预期 |

1）组合框 Combobox

组合框 Combobox 是 Entry 的一个子类，带一个下拉列表框。该组件除了继承 Entry 的 delete()、index()、insert() 等方法，还有特有的 current() 方法。

Combobox 有一个关联事件'<<ComboboxSelected>>'，在进行下拉列表选择时可以绑定一个函数。

在创建组合框实例时，可以设置包含表 7-37 所示的个性属性和 font 等属性，这些属性在 Style 中设置失效。

表 7-37 组合框个性属性

| 选项 | 含义 |
| --- | --- |
| exportselection | 布尔值。若选择 True，则该组件被选择的内容能导出到窗体管理器 |
| justify | 设置文本对齐方式，有"left"、"center" 或"right"3 种 |
| height | 设置下拉列表显示的文字行数，组件的 values 元素个数超出这个函数，自动配置滚动条 |
| postcommand | 设置在显示 values 之前调用的函数，可以用于核实 values 值是否符合预期 |
| state | 设置 Combobox 的状态，有"normal"、"readonly" 或"disabled"3 种状态。"readonly" 表示组件的值不允许用户编辑，只能从下拉列表中选择。"normal" 表示用户可以编辑组件显示的文字内容。"disabled" 表示用户不能操作组件 |
| textvariable | 设置一个 tkinter 变量，其值与 Combobox 的值关联，互为联动 |
| values | 在下拉列表中显示包含多个元素的列表（list）对象 |
| width | 组件输入框显示的字符数（整数）为组件字体的平均宽度数 |

把下列组合框创建及部分属性设置、方法示例代码复制到 Python IDLE 的一个新建脚本文件中，保存后运行并查看效果。

```
from tkinter import ttk;import tkinter;root = tkinter.Tk()
style = ttk.Style()
style.theme_settings("default", {
   "TCombobox":{
       'configure':{
            'background':'red','fieldbackground':'wheat',
            'foreground':'red','arrowsize':32,
            'arrowcolor':'gold','borderwidth':6,
            'selectbackground': 'yellow','selectforeground': 'blue'}},
   "TButton":{'configure':{'background':'wheat','foreground':'red',
       'font':('宋体',32)}}})
style.theme_use("default")
def ok_button():
    combo.delete(0);combo.insert('end','花');print(combo.get())
    combo.current(1);print(combo.get());combo.set('作物');
        print(combo.get())
def print_crop(event):
    print(combo.get())
def verify_value():
    values = combo['values']
    for value in values:
        if not isinstance(value,str):
            print('所有值应该为字符串'); break
    print('组合框的值正常')
combo = ttk.Combobox(root,font=('黑体',32),justify='center',height=5,
        postcommand=verify_value)
combo.pack(pady=10)
combo['values'] = ['花生','油菜','芝麻','水稻','玉米','甘蔗'];combo.current(0)
combo.bind('<<ComboboxSelected>>',print_crop)
test_btn = ttk.Button(root,text='确定',command=ok_button)
test_btn.pack(pady=10)
combo.focus();combo.icursor(1);combo.selection_range(0,2)
root.mainloop()
```

2）选值框 Spinbox

选值框 Spinbox 也是 Entry 的一个子类，通过添加上、下箭头扩展了其输入功能，可以从一列数据或文本中进行选择，指定了其取值范围。

在创建选值框实例时，可以设置表 7-38 所示的个性属性和 font 等属性，不能在 Style 中设置。

**表 7-38 选值框个性属性**

| 属性 | 含义 |
|---|---|
| from | 浮点数，若设置了该属性，则表示该组件的最小值，在代码中用 from_ 代替，因为 from 是 Python 的内置关键字 |
| to | 浮点数，若设置了该属性，则表示该组件的最大值 |
| increment | 浮点数，单击一次上下箭头数值变化的步长 |
| values | 指定组件取值范围的数值或文本数据列表，通过单击上下箭头依次显示列表的值以供用户选择。若设置了该属性，则 to 和 from 无效 |
| wrap | True 或 False，如果设置为 True，那么单击上下箭头组件值会在最大值、最小值之间循环，到了最大值，重新从最小值开始 |
| format | 设置组件数值由 to 和 from 决定时的数值格式为"%W.Pf"，其中，W 表示数值所占位数，P 表示小数点后位数，'f' 为数值的类型 |
| command | 单击上下箭头调用的函数 |

Spinbox 继承了 Entry 的所有方法，还具有 get 和 set 两个方法。Spinbox 有两个事件（<<Increment>> 和 <<Decrement>>）分别与上下箭头的单击关联。

把下列脚本编辑窗口的选值框创建及部分属性、方法示例代码复制到 Python IDLE 的一个新建脚本文件中，保存后运行并查看效果。

```
from tkinter import *;from tkinter.ttk import *
main_window = Tk()
Style().theme_settings("default", {
   "TSpinbox": {
       'configure':{ 'background':'green', 'fieldbackground':'wheat',
             'foreground':'red', 'selectbackground':'yellow',
             'selectforeground': 'blue','arrowsize':32,
             'borderwidth':2,'relief':'sunkey','arrowcolor':'red'}},
   "TButton":{
       'configure':{'background':'wheat', 'foreground':'red',
           'font':('宋体',16)}}})
Style().theme_use("default")
def print_value():
    print(spin_box.get())
def up_v(event):
    print(spin_box.get())
def down_v(event):
    print(spin_box.get())
spin_box = Spinbox(main_window,from_=1,to=100,justify='center',width=12,
           font=('宋体',32),increment=10,wrap=True,format='%10.5f',
           command=print_value,values=[10,25,39,89.9,'text'],)
spin_box.pack(pady=50,fill='both',ipady=2,expand=1)
#选值框通过绑定上下箭头单击事件，执行对应的函数
spin_box.bind('<<Increment>>',up_v);spin_box.bind('<<Decrement>>',down_v)
def set_value():
    spin_box.set(1000);print(spin_box.identify(150,20))
spin_box.set('测试')
```

```
ttk_btn = Button(main_window,text='测试',command=set_value)
ttk_btn.pack(pady=10)
print(Style().element_options('textarea'))
#Spinbox有'textarea'、'downarrow'和'uparrow'三个部件
mainloop()
```

3）笔记本 Notebook

笔记本组件像纸质笔记本一样，管理多个页面，每次只显示一个页面的内容。每个页面都有一个书签（tab），用于选择要显示的页面。

把下列笔记本创建及部分属性、方法示例代码复制到 Python IDLE 的一个新建脚本文件中，保存后运行并查看效果。

```
#本模块说明notebook的使用方法
from tkinter import ttk;import tkinter as tk
main_window = tk.Tk();main_window['bg'] = 'green'
style = ttk.Style()
style.theme_settings("default", {
   "TNotebook":{
       'configure':{
           'background':'wheat','borderwidth':6}},
   "TButton":{
       'configure':{
           'background':'wheat','foreground':'red','font':('宋体',32)}}})
style.theme_use("default")
def print_tab_id(event):
#index 方法返回内置字符串tab_id('end','current') 的tab位置索引，或窗体名的位置索引
    print(notebook.index('end'),notebook.index('current'),
        notebook.index(window_4))
notebook = ttk.Notebook(main_window,height=200,padding=10,width=300)
notebook.pack(expand=1,fill='both')
notebook.bind('<<NotebookTabChanged>>',print_tab_id) #绑定事件
peanut_list = ['桂花1','桂花2','桂花3','桂花4','桂花5','桂花6','桂花7',
    '桂花8','桂花9','桂花10','桂花11','桂花12','桂花13','桂花14', '桂花15',
    '桂花16','桂花17','桂花18']
soybean_list = ['桂豆8','桂豆9','桂豆10','桂豆11', '桂豆15','桂豆16',
    '桂豆17','桂豆18']
rice_list = ['桂稻1','桂稻2','桂稻3','桂稻4','桂稻5','桂稻6',]
corn_list = ['桂玉米6','桂玉米7', '桂玉米12','桂玉米13','桂玉米14',
    '桂玉米15','桂玉米16']
def test_option(): #展示notebook相关方法的作用
    print('notebook.cget',notebook.cget('height'))
    print(notebook.configure())
    print(notebook.identify(100,30))
    print(notebook.instate(["focus","active","!disabled"]))
```

```
    print(notebook.state(["focus","active","!disabled"]))
    print(notebook.index('end'))
    print('notebook.tab(0)',notebook.tab(0))
    print('notebook.tabs()',list(notebook.tabs()))
    print('notebook.select()',notebook.select());notebook.select(window_4)
window_1 = ttk.Frame(notebook) #在下一语句把该框架添加到notebook
notebook.add(window_1,text='花生',sticky='w',padding=10)
listbox=tk.Listbox(window_1,height=6) #在window_1上添加一个列表框
listbox.insert('end',*peanut_list);listbox.pack()
window_2 = ttk.Frame(notebook);notebook.add(window_2,text='大豆',sticky='e')
listbox1=tk.Listbox(window_2,height=8);listbox1.pack();
listbox1.insert('end',*soybean_list)
window_3 = ttk.Frame(notebook);listbox2=tk.Listbox(window_3,height=5)
listbox2.pack()
listbox2.insert('end',*rice_list)
notebook.add(window_3,text='水稻',sticky='n')
window_4 = ttk.Frame(notebook);listbox4=tk.Listbox(window_4,height=3)
listbox4.pack();listbox4.insert('end',*corn_list)
notebook.add(window_4,text='玉米',sticky='s')
button_ok = ttk.Button (main_window, text='测试', command=test_option)
button_ok.pack(pady=10)
notebook.select(window_2) #启动后显示第二个窗体
main_window.mainloop()
```

4）进度条 Progressbar

进度条（Progressbar）组件用于展示需要长时间完成任务的进度，有两种表现方式，一是 determinate，动态显示具体完成量与总量，进度条的滑块从起点运动到终点；二是 indeterminate，当不知道具体完成时间时，滑块在起点和终点间往返动画显示正在完成。进度条的个性属性及含义如表 7-39 所示。

**表 7-39 进度条的个性属性及含义**

| 属性名 | 含义 |
|---|---|
| orient | 设置进度条的方向（"horizontal" 或"vertical"） |
| length | 设置进度条的长度（水平为宽度，垂直为高度） |
| mode | 设置显示模式（"determinate" 或"indeterminate"） |
| maximum | 设置进度条的最大值，默认为 100 |
| value | 进度条当前的值 |
| variable | 设置跟踪进度条值的变量 |
| phase | 只读选项。每当该选项的值大于 0 并且在确定模式下小于最大值时，组件就会周期性地增加该选项的值。当前主题可以使用该选项来提供额外的动画效果 |

进度条方法由 start() 启动进度条，周期性地调用定时器事件，以调用 step 方法，默认间隔时间为 50ms；step() 表示每一时间间隔增加量；stop() 表示停止进度条的活动。

把下列进度条创建及部分属性设置、方法示例代码复制到 Python IDLE 的一个新建

脚本文件中，保存后运行查看效果。

```
import tkinter as tk;import tkinter.ttk as ttk
main_window = tk.Tk();main_window.geometry('300x200+100+100')
style = ttk.Style()
style.theme_settings("default", {
   "TProgressbar":{
       'configure':{
             'background':'wheat','borderwidth':6}},
   "TButton":{
       'configure':{'font':'宋体24','foreground':'red','relief':'raised',
                   'padding':[2, 2],'anchor':'center','background':'wheat',
                   'width':4,'shiftrelief': 1}}})
style.theme_use("default")

value_v = tk.DoubleVar()
kw={'orient':'horizontal','length':200,'mode':'determinate','maximum':100,
    'variable':value_v,'phase':30} #其中phase的设置看不出效果
prog = ttk.Progressbar(main_window,**kw);prog.pack(pady=30);prog.step(50)
prog.start()
def start_prog():
    prog.start();print(value_v.get())
def stop_prog():
    prog.stop();print(prog['value'])
btn_start=ttk.Button(main_window,text='启动',command=start_prog);
btn_start.pack()
btn_stop = ttk.Button(main_window,text='停止',command=stop_prog)
btn_stop.pack()
main_window.mainloop()
```

5）伸缩器 Sizegrip

伸缩器（Sizegrip）组件可用来在右下方向调整窗体的大小。该组件无个性化属性和方法。一般在窗体右下角放置该组件。

6）树状展示器 Treeview

树状展示器（Treeview）组件功能强大，既能采用分级汇总来展示信息，又能采用表格来展示信息。可以分级展示多个记录的数据，每个记录包含一个文字标签，可以带一个图标、一个数据列表，数据在标签后按列显示。树状展示器常用属性及含义见表 7-40，记录属性及含义如表 7-41 所示，标记属性及含义见表 7-42，树状展示器常用方法及含义如表 7-43 所示。

**表 7-40 树状展示器常用属性及含义**

| 属性 | 含义 |
| --- | --- |
| columns | 设置列名称，表示列表数据 |
| displaycolumns | 设置显示的列名称，表示列表数据，全部为"#all" |
| height | 表格行数 |
| padding | 设置内部间距，表示最多为 4 个数的元组 |
| selectmode | 表格行选择模式有"extended"、"browse" 和"none"。其中，"extended" （默认）表示可选择多行，"browse" 表示一次只能选择一行，而 "none" 表示表中的选择状态不能改变。在代码中可以更改选择模式，不受此属性限制 |
| show | 设置显示内容的方式，有"tree headings"、"heading" 和"tree" 三种选择。第一列（"#0"）总是存在 |

**表 7-41 记录属性及含义**

| 属性 | 含义 |
| --- | --- |
| text | 每个记录的文字标签 |
| image | 在标签左边显示的图片 |
| values | 表中显示每个记录的值列表 |
| open | True/False，表示导航栏标签是否可以展开 |
| tags | 设置指定记录文字显示的格式，主要为字体 |

**表 7-42 标记属性及含义**

| 属性 | 含义 |
| --- | --- |
| foreground | 设置文字色 |
| background | 设置背景色 |
| font | 设置字体 |
| image | 设置记录的图像 |

**表 7-43 树状展示器常用方法及含义**

| 方法名 | 含义 |
| --- | --- |
| bbox(item, column=None) | item 为记录编号，返回一个记录的范围（x,y,width,height），如果 column 指定了一个列，那么返回一个字段范围；如果 item 隐藏，那么返回空字符 |
| get_children(item=None) | 返回一个 item 的所有子 item,这个子 item 是一个列表形式,如果 item 没指定，那么返回根目录的 item |
| set_children(item, *newchildren) | 设置一个 item 的新子 item。这里设置之后实际是全部替换 |
| column(column,option=None, **kw) | 给各列设置属性，或返回属性值。第一个 column 是列标识符，第二个 option，如果不设置，那么返回该列所有属性的字典；如果设置，那么返回那个属性的值。option 有 5 个：id 为只读属性，返回列名；anchor 为文字在 cell 里的对齐方式；minwidth 单位是像素，为列的最小宽度；stretch，布尔值，表示列的宽度是否随整个部件的改动而变化；width 为列宽，单位是像素 |
| delete(*items) | 删除 item 及其子 item |
| detach(*items) | 断开 item 及其子 item，这里的断开只是不显示，以后还可以链接起来 |
| exists(item) | 返回 True 或 False，如果 item 在树里，那么返回 True |
| focus(item=None) | 如果不指定 item，那么返回当前获得焦点的 item；如果指定 item，那么让该 item 获得焦点。若无，则返回空值 |
| heading(column, option=None, **kw) | 查询或修改指定列的标题选项。option 有 4 个，text 为列头名，image 为列头名右边的图像，anchor 为文字在 heading 的对齐方式，command 为单击列头的回调函数 |

续表

| 方法名 | 含义 |
|---|---|
| insert(parent, index, iid=None, **kw) | 在指定节点（parent）的指定位置（index，'end' 表示最后记录后面）插入一个子节点（无 values，有 open 参数）或一个记录（有 values，无 open 参数），可以自定义 iid（item ID），也可以根据软件自动分配，iid 为唯一值 |
| item(item, option=None, **kw) | 查询和修改指定记录的属性 |
| move(item, parent,index) | 把指定记录 item 移动到节点（parent）的指定索引位置（index） |
| next(item) | 返回参数 item 指定记录的下一个记录 |
| see(item) | 让参数 item 指定的记录可见 |
| selection(self) | 以元组形式返回当前已经选择的记录 ID |
| selection_add(*items) | 增加处于选择状态的记录 |
| set(item, column=None, value=None) | 返回指定记录的值或给该记录赋值，如果只有 item 参数，那么以字典形式返回该记录的值；如果有 item、column 参数，那么返回该记录指定列的值；如果 item、column、value 参数都存在，那么更新该记录指定列的值 |

把下列 Treeview 创建及部分属性设置、方法示例代码复制到 Python IDLE 的一个新建脚本文件中，保存后运行并查看效果。

```
import tkinter as tk;import tkinter.ttk as ttk;from tkinter import N,S,E,W
main_window = tk.Tk() #创建主窗体;main_window.geometry('600x480+100+100')
try:#导入一个png格式的图片，这是一个红色的花生仁
    img=tk.PhotoImage(file="C:\\Users\\trong\\Desktop\\peanut_seed12.png")
except:
    img = None
#以地块土壤营养成分化验数据说明Treeview数据的分级和展示
columns_list = ['乡', '村', '屯', '地块', '氮', '磷', '钾', '钙']
data_list = [['广西', '柳州', '三江侗族自治县', '八江镇', '石南山', '石南山',
    '03基地', 52.6, 5.8, 22, 0.1], ['广西', '柳州', '三江侗族自治县', '八江镇',
    '平善', '平善', '01基地', 48.4, 0.1, 30, 0.3],['广西', '柳州', '三江侗族自
    治县', '八江镇', '平善', '平善', '02基地', 73.2, 1.9, 62, 0.1],['广西',
    '柳州', '三江侗族自治县', '八江镇', '高迈', '高迈', '01基地', 66, 0.4, 36,
    0.1],['广西', '来宾', '武宣', '禄新', '地有村', '21组', '--', 60, 10, 50,
    2],['广西', '南宁', '东盟经济开发区', '里建', '推广站基地', '推广站基地',
    '甘蔗间作花生展示', 109, 31.9, 219, 10.2],['广西', '来宾', '兴宾区',
    '凤凰镇', '牛角村', '牛角屯', '甘蔗间作花生地', 67.6, 49, 109, 4.9],
    ['广西', '柳州', '融水苗族自治县', '和睦镇', '红星村', '红星屯', '甘蔗间作花生',
    93.8, 78, 312, 4.46],['广西', '北海', '银海区', '福成镇', '卖兆村',
    '卖兆基地', '甘蔗间作花生', 83.1, 140.9, 88.4, 3.01],['广西', '贺州',
    '昭平', '黄姚镇', '北莱村', '北莱屯', '甜竹间作花生',145,30.8,208,6.12],
    ['广西', '柳州', '融水苗族自治县', '永乐镇', '贝江河林场', '木王分场',
    '油茶间作花生1',126,4.7,47.1,1.47],['广东', '湛江', '麻章区', '湛江农科院',
    '湛江农科院', '湛江农科院', '空果试验', 70, 112.2, 64.8, 1.31],['广东',
    '广州', '黄埔区', '花生科技园', '花生科技园', '花生科技园', '花生品种展示地',
    29.6, 1.0, 27.7, 3.2]]
data_dict = {}
```

```
for line in data_list:#把列表数据转换为字典数据
    if line[0] not in data_dict:
        value_list = line[3:];country_dict = {line[2]:[value_list]}
        city_dict = {line[1]:country_dict};data_dict[line[0]] = city_dict
    else:
        city_dict = data_dict[line[0]]
        if line[1] not in city_dict:
            value_list = line[3:];country_dict = {line[2]:[value_list]}
            city_dict[line[1]] = country_dict
        else:
            value_list = line[3:];country_dict = city_dict[line[1]]
            if line[2] not in country_dict:
                country_dict[line[2]] = [value_list]
            else:
                item_list = country_dict[line[2]]
                if value_list not in item_list:
                    item_list.append(value_list)
sb_h = ttk.Scrollbar(main_window,orient = 'horizontal')  #创建水平和垂直滚动条
sb_h.grid(row=0,column=0,columnspan=2,sticky=W+E)
sb_v = ttk.Scrollbar(main_window, orient = 'vertical')
kw={'columns':columns_list,'displaycolumns':'#all','selectmode':'extended',
    'takefocus':False,'show':['tree','headings'],'height':35,
    'xscrollcommand':sb_h.set,'yscrollcommand':sb_v.set} #构建Teeview属性字典
tree = ttk.Treeview(main_window,**kw) #创建树状展示器
tree.grid(row=1,column=0,sticky=W+E+N+S);
sb_v.grid(row=1,column=1,sticky=N+S)
if img:
    tree.tag_configure('tag_select',foreground='red',
                  background='lightgreen',font=('宋体',16,'bold'),
                      image=img)
if img:
    tree.tag_configure('tag_unselect',foreground='black',
                  background='white',font=('宋体',12),image=img)
def select_font_change(event):
    select_item_iid = list(tree.selection())
    unselect_item_iid = []
    for item in item_iid_list:
        if item not in select_item_iid:
            unselect_item_iid.append(item)
    if select_item_iid:
        for item_id in select_item_iid:
            tree.item(item_id,tags='tag_select')
    for item_id in unselect_item_iid:
        tree.item(item_id,tags='tag_unselect')
tree.bind('<<TreeviewSelect>>',select_font_change)
```

```
#关联滚动条到树状展示器的不同视图
sb_h.config(command=tree.xview);sb_v.config(command=tree.yview)
#在树状展示器中添加列，第一列（'#0'）默认存在，添加的是其他列
for column in columns_list:
    tree.column(column,anchor='center',stretch=True)
    #这行column是列的自定义名称，同时有默认名称（#1，#2等）
tree.column('#0',anchor='center') #设置第一列的宽度和文字定位
print(tree.column('#0'))#打印第一列的属性
#建立一个单击列标题关联的函数
def callback():
    print('单击了列标题')
#为上面添加的列添加文字和图片标签、关联函数等
for column in columns_list:
    if img:
      tree.heading(column,text=column,image=img,anchor='n',
          command=callback)
#给第一列添加文字、图片标签和关联函数
if img:
    tree.heading('#0',text='导航',image=img,anchor='n',command=callback)
item_iid_list = []
省_list = list(data_dict.keys()) #在导航栏（第一列）添加省、市、县节点
item_n = 1
for item in 省_list:
    if img:
        tree.insert('','end',iid=item,text=item,open=True,image=img)
    else:
        tree.insert('','end',iid=item,text=item,open=True)
    市_dict = data_dict[item];市_list = list(市_dict.keys())
    for city in 市_list:
        if img:
            tree.insert(item,'end',iid=city,text=city,open=True,image=img)
        else:
            tree.insert(item,'end',iid=city,text=city,open=True)
        country_dict = 市_dict[city]
        country_list = list(country_dict.keys())
        for country in country_list:
            if img:
                tree.insert(city,'end',iid=country,text=country,open=True,
                    image=img)
            else:
                tree.insert(city,'end',iid=country,text=country,open=True)
            field_list = country_dict[country]
            for i,field in enumerate(field_list):
                field_num = '地块{}'.format(i+1)
                item_iid = 'item{}'.format(item_n)
```

```
                item_iid_list.append(item_iid)
                if img:
                    tree.insert(country,'end',iid = item_iid,text=field_num,
                    values=field,image=img)
                else:
                    tree.insert(country,'end',iid = item_iid,text=field_num,
                    values=field)
                item_n = item_n + 1
tree.selection_set(item_iid_list[0])
tree.selection_add(item_iid_list[2:6])
tree.selection_remove(item_iid_list[4])
tree.selection_toggle(item_iid_list[3])
print(tree.get_children('广西'));print(tree.set(item_iid_list[3]))
print(tree.set(item_iid_list[3],column=columns_list[6]))
tree.set(item_iid_list[3],column=columns_list[6],value=36)
main_window.mainloop()
```

7）标签刻度尺 LabeledScale

标签刻度尺（LabeledScale）带有一个显示刻度尺当前值的标签。只能构建水平方向的刻度尺，必须有一个 tkinter 变量与该组件关联，如果没有自定义变量，那么默认创建一个整数变量（IntVar()）。该组件的特有属性为 compound，可设置为'top' 或'bottom'，'top' 表示标签在刻度尺上方。有一个 destroy() 方法，用于删除该组件。

把下列标签刻度尺创建及部分属性设置、方法示例代码复制到 Python IDLE 的一个新建脚本文件中，保存后运行并查看效果。

```
import tkinter as tk;import tkinter.ttk as ttk
main_window = tk.Tk();main_window.geometry('600x480+100+100')
str_v = tk.IntVar()#设置保存刻度尺值的变量;style = ttk.Style()
style.theme_settings("default",{
    "TScale":{
    'configure':{"borderwidth":10,'sliderlength':25,'troughcolor':'white'}},
    "TButton":{
    'configure':{
          'background':'wheat','foreground':'red','font':('宋体',32)}},
  "TLabel":{
      'configure':{'background':'wheat','foreground':'red',
          'font':('宋体',18)}}})
style.theme_use("default")
kw = {'compound':'bottom','variable':str_v,'from_':1,'to':100}
     #绑定str_v到刻度尺的值变量variable
labelscale = ttk.LabeledScale(main_window,**kw);labelscale.pack()
def slider_value():#打印刻度尺值的函数
    print(str_v.get())
button_ok = ttk.Button(main_window,text='查看',command=slider_value)
```

```
button_ok.pack(pady=10);main_window.mainloop()
```

# 7.6　Tkinter 对话框模块

## 7.6.1　颜色选择模块（colorchooser）

该模块可以打开本地颜色选择对话框，并返回选择的颜色。该模块由一个 chooser 类和一个 askcolor 函数组成，askcolor 调用 chooser 类并返回选择的颜色值，返回值为一个二元素元组，第一个元素为 RGB 颜色值，因此，第一个元素也是一个三元素元组（如 (0, 255, 0)），第二个元素是六进制颜色值（如'#00ff00'），用户根据需要选择其中一个。

Python 脚本示例代码如下：

```
from tkinter.colorchooser import askcolor;from tkinter import *
main_window = Tk();color1,color2 = None,None
def color_select():
    global color1,color2
    color1,color2 = askcolor(); print(color1,color2)
b1 = Button(main_window,text='选择颜色',command=color_select)
b1.pack();mainloop()
```

## 7.6.2　文件对话框（filedialog）

文件对话框模块提供链接本地文件和目录管理器的对话框，用于文件选择、打开、保存和目录选择等。

filedialog 模块包含 6 个函数，用于完成文件相关功能，其名称和功能见表 7-44。

**表 7-44　filedialog 模块的名称和功能**

| 函数 | 功能 |
|---|---|
| asksaveasfilename() | 选择保存的文件名，判断该文件是否存在并给出提醒，返回文件路径 |
| asksaveasfile() | 选择保存的文件名，并把相关数据写入文件 |
| askopenfilename() | 选择打开的文件名，返回文件路径 |
| askopenfile() | 选择打开的文件，返回读取的文件数据 |
| askopenfiles() | 选择打开多个文件，以列表形式返回读取的文件数据 |
| askdirectory() | 选择并返回文件夹路径 |

程序员用得比较多的有 asksaveasfilename()、askopenfilename() 和 askdirectory()，用于获取文件或文件夹路径。这几个函数均有下列的一些参数。

defaultextension：指定文件扩展名，如果文件名已经有扩展名，那么该选项不发生作用。

filetypes：指定文件对话框筛选的文件类型，元素为元组的列表，每个元素为二元组，元组的第一个元素为文件类型说明，第二个元素为文件扩展名，文件对话框只会展示指定的文件类型，'*' 代表所有文件类型。

initialdir：设置文件对话框启动时打开的路径，默认为当前文件夹。

parent：如果不指定该选项，那么对话框默认显示在根窗体上；如果想要将对话框显示在子窗体 w1 上，那么可以设置 parent=w1。

title：指定文件对话框的标题栏文本。

askdirectory 函数除了有 initialdir、parent、title 参数，还有 mustexist 参数，如果 mustexist=True，那么必须选择实际存在的文件夹路径。

使用这三个函数的脚本示例代码如下：

```
import tkinter as tk;import tkinter.ttk as ttk
import tkinter.filedialog as fd
main_window = tk.Tk();main_window.geometry('600x200+100+100')
main_window['bg'] = 'lightgreen';style = ttk.Style()
file_name_v = tk.StringVar()
style.theme_settings("default",{
   "TCombobox":{
       'configure':{ 'background':'red','fieldbackground':'wheat',
           'foreground':'red','arrowsize':16,'arrowcolor':'gold',
           'borderwidth':6,'selectbackground':'yellow',
           'selectforeground':'blue'}},
   "TButton":{
       'configure':{
           'background':'wheat','foreground':'red','font':('宋体',32)}}})
style.theme_use("default")
file_combo = ttk.Combobox(main_window,font=('宋体',16),textvariable=
    file_name_v)
file_combo.pack(fill='x',pady=20,padx=10,ipady=6)
def file_open():
    #multiple设置为Tue，允许选择多个文件
    file_name = fd.askopenfilename(initialdir=None,multiple=True,
        defaultextension=None,filetypes=[('所有','*')])
    #组合框显示选择的第一个文件路径，组合框的值显示所有文件路径列表
    if file_name:
        file_name_v.set(file_name[0]); file_combo['values'] = file_name
def file_save():
    file_name = fd.asksaveasfilename(initialdir=None,defaultextension=None,
        filetypes=[('脚本','.py')])
    file_name_v.set(file_name) if file_name else file_name_v.set('')
def file_dir():
    fold_name = fd.askdirectory(initialdir=None)
    file_name_v.set(fold_name) if fold_name else file_name_v.set('')
btn_fileopen = ttk.Button(main_window,text='打开文件',command=file_open)
btn_filesave = ttk.Button(main_window,text='保存文件',command=file_save)
btn_fileopen.pack(side='left',anchor='n');
btn_filesave.pack(side='right',anchor='n')
btn_dir = ttk.Button(main_window,text='文件夹',command=file_dir)
```

```
btn_dir.pack(side='right',anchor='n');main_window.mainloop()
```

### 7.6.3 字体模块（font）

字体模块(tkinter.font)包含一个字体组件(Font 类)，以及 families、names 两个常用函数。Font 类的实例就是一个属于主窗体的自定义字体组件。通过语句 Font (root=None, font=None, name=None, exists=False,**options) 创建 Font 类实例，其中，root 为关联的窗体；font 是字体的具体参数，为元组，如 ('宋体',16,'bold', 'italic', 0)；options 为字体参数字典（options={'family':'宋体','size':16, 'weight':'bold','slant':'italic','underline':0, 'overstrike':0}），font 设置优先于 options 的设置。

字体组件的 Python 脚本示例代码如下：

```
import tkinter as tk;import tkinter.ttk as ttk
from tkinter.font import Font,families
main_window = tk.Tk();main_window.geometry('600x600+100+100')
main_window['bg'] = 'lightgreen'
label_font = Font(main_window,font=('宋体',32,'bold','roman'),name=None,
    exists=None)
options={'family':'宋体','size':16,'weight':'normal','slant':'roman',
    'underline':0,'overstrike':0}
combo_font = Font(main_window,name=None,exists=None,**options)
button_font = Font(main_window,name=None,exists=None,family='黑体',
    size=18,weight='bold',slant='italic',underline=True,overstrike=False)
style = ttk.Style()
font_family_v = tk.StringVar();font_size_v = tk.StringVar()
font_bold_v = tk.StringVar(); font_underline_v = tk.StringVar()
font_slant_v = tk.StringVar();font_strike_v = tk.StringVar()
font_family_v.set('宋体');font_size_v.set(16);font_bold_v.set('normal')
font_underline_v.set(False);font_slant_v.set('roman')
font_strike_v.set(False)
style.theme_settings("default",{
   "TCombobox":{
      'configure':{'background':'red','fieldbackground':'wheat',
          'foreground':'red','arrowsize':16, 'arrowcolor':'gold',
          'borderwidth':6,'selectbackground': 'yellow',
          'selectforeground': 'blue'}},
   "TLabel":{
      'configure':{'background':'wheat','foreground':'red',
          'font':label_font}},
   "TButton":{
      'configure':{'background':'wheat','foreground':'red',
          'font':button_font}}})
style.theme_use("default")
```

```
family_list = families();中文字体_list = []
for item in family_list:
    if not str(item).isascii():
        中文字体_list.append(item)
combo_label = ttk.Label(main_window,text='设置字体示例')
combo_label.grid(row=0,column=0,columnspan=2)
font_family_label = ttk.Label(main_window,font=combo_font , text = '字体')
font_size_label = ttk.Label(main_window,font=combo_font , text = '字号')
font_family_label.grid(row = 1,column=0,pady=20,padx=10,ipady=6)
font_size_label.grid(row = 1,column=1,pady=20,padx=10,ipady=6)
font_family_combo = ttk.Combobox(main_window,font=combo_font,
   textvariable=font_family_v)
font_family_combo.grid(row = 2,column=0,pady=20,padx=10,ipady=6)
font_family_combo['values'] = 中文字体_list;font_family_combo.current(4)
font_size_combo = ttk.Combobox(main_window,font=combo_font,
   textvariable=font_size_v)
font_size_combo.grid(row = 2,column=1,pady=20,padx=10,ipady=6)
font_size_combo['values'] = list(range(1,300));font_size_combo.current(15)
font_bold_label = ttk.Label (main_window,font=combo_font,text='加粗')
font_underline_label = ttk.Label(main_window,font=combo_font,
   text='下划线')
font_bold_label.grid(row = 3,column=0,pady=20,padx=10,ipady=6)
font_underline_label.grid(row = 3,column=1,pady=20,padx=10,ipady=6)
font_bold_combo = ttk.Combobox(main_window,font=combo_font,
   textvariable=font_bold_v)
font_bold_combo.grid(row = 4,column=0,pady=20,padx=10,ipady=6)
font_bold_combo['values'] = ['normal','bold'] #正常、加粗
font_bold_combo.current(0)
font_underline_combo = ttk.Combobox(main_window,font=combo_font,
    textvariable=font_underline_v)
font_underline_combo.grid(row =4,column=1,pady=20,padx=10,ipady=6)
font_underline_combo['values'] = [True,False] #下划线有无;
font_underline_combo.current(1)
font_slant_label = ttk.Label(main_window,font=combo_font,text='字形')
font_strike_label = ttk.Label(main_window,font=combo_font,text='删除线')
font_slant_label.grid(row = 5,column=0,pady=20,padx=10,ipady=6)
font_strike_label.grid(row = 5,column=1,pady=20,padx=10,ipady=6)
font_slant_combo = ttk.Combobox(main_window,font=combo_font,
   textvariable=font_slant_v)
font_slant_combo.grid(row = 6,column=0,pady=20,padx=10,ipady=6)
font_slant_combo['values'] = ['roman','italic'] #有正体、斜体两选择;
font_slant_combo.current(0)
font_strike_combo = ttk.Combobox(main_window,font=combo_font,
   textvariable=font_strike_v)
font_strike_combo.grid(row =6,column=1,pady=20,padx=10,ipady=6)
```

```
font_strike_combo['values'] = [True,False] #删除线有无;
font_strike_combo.current(1)
def select_ok():
    label_font.configure(family=font_family_v.get(),
                         size=font_size_v.get(),weight=font_bold_v.get(),
                         underline=font_underline_v.get(),
                         slant=font_slant_v.get(),
                         overstrike=font_strike_v.get())
btn_ok = ttk.Button(main_window,text='确定',command=select_ok)
btn_ok.grid(row = 7,column=0,columnspan=2);main_window.mainloop()
```

### 7.6.4 消息框（messagebox）

消息框模块包括显示普通消息、显示错误消息、显示警告消息 3 个信息型弹出窗体函数，返回'ok'；还包括请示提问、普通提问、要求重试提问、两选项选择性提问、三选项选择性提问等方面 5 个问题型弹出窗体函数，根据用户选择返回 True、False 或 None。消息框模块包含的 8 个函数及参数说明如表 7-45 所示。

表 7-45 消息框模块包含的 8 个弹出信息框函数及参数说明

| 函数名 | 功能 | 参数说明 |
|---|---|---|
| messagebox.showifo | 显示普通消息 | 所有函数均有标题（title）、消息（message）两个位置参数，默认为 None，其他可选参数有决定默认选项的 default、消息细节的 detail、显示相应图标的 icon、消息框类型的 type、显示信息框父窗体的 parent。detail 可以对消息进一步说明；icon 只能有 error、info、question 和 warning 共 4 个选项；type 可选 abortretryignore、ok、okcancel、retrycancel、yesno 或 yesnocancel，决定了选项按钮的类型和数量，也决定了信息框的功能 |
| messagebox.showerror | 显示错误消息 | |
| messagebox.showwarning | 显示警告消息 | |
| messagebox.askokcancel | 请示提问 | |
| messagebox.askquestion | 普通提问 | |
| messagebox.askretrycancel | 要求重试提问 | |
| messagebox.askyesno | 选择性提问 | |
| messagebox.askyesnocancel | 选择性提问 | |

上述 8 个函数如果位置参数 title 和 message 采用默认值，所有参数均可以通过双星号（**）的字典设置，如 **{'default':'ok','detail':'消息细节','message':'好消息','title':'报告','icon':'info','type':'okcancel'}，注意 default 要与 type 对应，也要根据 type 选择合适的图标。或通过关键字参数设置，如 type= 'abortretryignore'，则 default='abort'，表示默认为“中止”。

消息框模块包含的函数功能见下面的 Python 脚本编辑窗口示例代码，将其复制到一个新的脚本文件中，保存运行并查看效果。

```
import tkinter as tk;import tkinter.ttk as ttk
import tkinter.messagebox as messagebox
main_window = tk.Tk();main_window['background'] = 'lightgreen'
style = ttk.Style()
style.theme_settings("default",{
   "TButton":{
       'configure':{ 'background':'wheat','foreground':'red',
           'font':('黑体',16,'bold')}}})
```

```
style.theme_use("default")
def show_info():
    reply = messagebox.showinfo('信息提醒','上班了')
    print(reply)
def show_err():
    reply = messagebox.showerror('信息提醒','算错了')
    print(reply)
def show_warn():
    reply = messagebox.showwarning('信息提醒','你已经工作了4小时')
    print(reply)
#信息弹出窗体
message_btn_inf = ttk.Button(text="信息",command=show_info)
message_btn_inf.grid(row=0,column=0,pady=10,padx=5)
message_btn_err = ttk.Button(text="错误",command=show_err)
message_btn_err.grid(row=0,column=1,pady=10,padx=5)
message_btn_warn = ttk.Button(text="提醒",command=show_warn)
message_btn_warn.grid(row=0,column=2,pady=10,padx=5)
def ask_question():
    reply = messagebox.askretrycancel('询问','是否终止训练？',
        type='abortretryignore'); print(reply)
def ask_yesno():
    reply = messagebox.askyesno('问题','是否开空调？'); print(reply)
def ask_okcancel():
    reply = messagebox.askokcancel('决定','继续加班？'); print(reply)
def ask_yesnocancel():
    reply = messagebox.askyesnocancel('决定','是否打开文件？');print(reply)
def ask_retrycancel():
    reply = messagebox.askretrycancel('行动','再试一次？'); print(reply)
#询问确认窗体
message_btn_question = ttk.Button(text="终止行动",command=ask_question)
message_btn_question.grid(row=0,column=3,pady=10,padx=5)
message_btn_yesno = ttk.Button(text="动作问题",command=ask_yesno)
message_btn_yesno.grid(row=1,column=0,pady=10,padx=5)
message_btn_okcancel = ttk.Button(text="动作继续",command=ask_okcancel)
message_btn_okcancel.grid(row=1,column=1,pady=10,padx=5)
message_btn_yesnocancel = ttk.Button(text="动作选择",command=ask_yesnocancel)
message_btn_yesnocancel.grid(row=1,column=2,pady=10,padx=5)
message_btn_retrycancel = ttk.Button(text="动作重试",command=ask_retrycancel)
message_btn_retrycancel.grid(row=1,column=3,pady=10,padx=5)
main_window.mainloop()
```

# 7.7　tkinter 事件及响应

### 7.7.1　定义

tkinter 事件是指用户通过键盘、鼠标进行操作或组件状态、外观等发生改变的动作，将图形组件的这些事件发生时通过绑定函数完成特定功能的过程称为事件响应，如关闭窗体可以先让程序保存好数据再关闭，释放按键保存输入数据，文本框获得焦点或失去焦点时验证其内容等。

### 7.7.2　事件绑定及格式

tkinter 使用方法"bind" 把发生事件的对象通过一定的格式绑定响应函数。通用格式为对象.bind('<[修饰符-] 事件类型 [-细节]>', 响应函数)。

修饰符为可选内容，一般在组合事件中用于多功能按键组合的描述。常用修饰符有 Shift、Control、Alt、Double（被修饰的事件类型连续两次触发）、Lock（大写字母锁定键）、Triple（被修饰的事件类型连续三次触发）。

细节部分也为可选内容，一般用于描述事件具体单元对象，例如，KeyPress-A，表示按键盘 A 键；<Button-1> 表示鼠标左键按下事件。

一般事件格式用英文单尖括号，但组合框、列表框和树形展示器等组件的选择事件需要用英文双尖括号，连接符'-' 为英文短横线（与计算符减号一样）。

绑定语句示例（参考其他示例查看运行效果，此处只给出示例语句，不能运行）：

```
text_entry.bind('<Key-Return>', text_entry_return);
text_entry.bind('<KeyRelease>', text_entry_release);
sugar_combobox.bind("<<ComboboxSelected>>", combo_select);
tree_table.bind('<<TreeviewSelect>>', selectTree);
all_table_list.bind('<<ListboxSelect>>', all_table_select);
mainWindow.protocol('WM_DELETE_WINDOW', 关闭_mainwindow)。
```

### 7.7.3　事件类型

每个组件的事件可由鼠标、键盘、组件本身激发，不同事件对象有各自的事件类型，如鼠标有单击、双击和滚动等，键盘有键按下、键释放等，组件有单击、双击、获得焦点、失去焦点等事件，每个具体事件都可以调用对应的响应函数。表 7-46 是 tkinter 定义的常用事件类型。

**表 7-46　tkinter 定义的常用事件类型**

| 对象 | 类型 | 含义 |
|---|---|---|
| 鼠标 | ButtonPress（简写为 Button） | 当用户单击鼠标按键时触发该事件，detail 部分指定是具体用哪个键：<Button-1> 鼠标左键，<Button-2> 鼠标中键（滚轮单击），<Button-3> 鼠标右键，<Button-4> 滚轮上滚（Linux），<Button-5> 滚轮下滚（Linux） |
| | ButtonRelease | 当用户释放鼠标按键时触发该事件。在大多数情况下，比 Button 要更好使用，如果用户不小心按下鼠标键，用户可以将鼠标移出组件再释放鼠标，从而避免不小心触发事件 |
| | Motion | 当鼠标在组件内移动时触发该事件 |

续表

| 对象 | 类型 | 含义 |
|---|---|---|
| 鼠标 | Enter | 当鼠标指针进入组件时触发该事件，注意：不是用户按下回车键（回车键是 Return，事件是 <Key-Return>） |
| | Leave | 当鼠标指针离开组件时触发该事件 |
| | MouseWheel | 当鼠标滚轮滚动时触发该事件，目前该事件仅支持 Windows 和 Mac 系统 |
| | Selection（简写为 Select） | 当用鼠标选择组合框、列表框、树状展示器等组件元素时触发该事件，如 '<<ListboxSelect>>'、'<<TreeviewSelect>>'、"<<ComboboxSelected>>" |
| 组件 | Configure | 当组件的尺寸改变时触发该事件（窗体管理器触发的重绘事件，当用户调整组件的尺寸或者移动应用程序时，组件会和窗体一样被重绘） |
| | Deactivate | 当组件的状态从“激活”变为“未激活”时触发该事件 |
| | Activate | 当组件的状态从“未激活”变为“激活”时触发该事件 |
| | Expose | 当窗体或组件的某部分不再被覆盖时触发该事件 |
| | FocusIn | 当组件获得焦点时触发该事件，用户可以用 Tab 键将焦点转移到该组件上（需要该组件的 takefocus 选项为 True），用户也可以调用 focus_set() 方法使该组件获得焦点 |
| | FocusOut | 当组件失去焦点时触发该事件 |
| | Map | 当组件被映射时触发该事件 |
| | Unmap | 当组件被取消映射时触发该事件 |
| | Visibility | 当应用程序至少有一部分在屏幕中可见时触发该事件 |
| 键盘 | KeyPress（简写为 Key） | 当用户按下键盘按键时触发该事件，detail 可以指定具体的按键，如 <KeyPress-H> 表示当大写字母 H 被按下时触发该事件 |
| | KeyRelease | 当用户释放键盘按键时触发该事件 |

### 7.7.4 事件对象属性

当 tkinter 事件发生时，不仅调用响应函数，同时还生成一个事件对象（event），作为响应函数的一个必选参数，提供事件对象的一些属性，供编程者参考使用。事件对象属性及含义如表 7-47 所示。

**表 7-47 事件对象属性及含义**

| 属性 | 含义 |
|---|---|
| widget | 产生事件的组件 |
| x,y | 以窗体左上角为原点，鼠标指针的坐标，以像素为单位 |
| x_root,y_root | 以屏幕左上角为原点，鼠标指针的坐标，以像素为单位 |
| char | 键盘按键字符 |
| keysym | 键盘按键名 |
| keycode | 键盘按键码 |
| num | 鼠标按钮数字 |
| width,height | 组件尺寸改变后的宽和高，configure 事件对象的属性 |
| type | 事件类型 |

### 7.7.5 事件级别

在实例上使用 bind 方法，意味着事件及响应函数只与该实例组件有关，如果再创建一个新的组件，那么该组件不会继承这些绑定关系。

不过 tkinter 也提供了类级别和应用级别的 bind，实际上，可以使用以下级别的 bind 方法：

（1）组件实例；

（2）组件的顶层窗体（Toplevel 或者 root）;

（3）组件类采用 bind_class 方法;

（4）整个应用采用 bind_all 方法。

例如，可以用 bind_all 来绑定 F1 按键的单击，这样在这个应用的任何地方单击都可以显示帮助信息。

但如果同一个事件你在多处绑定了怎么办？首先，在以上 4 个层次之内，tkinter 选择最接近匹配的方式。如为 <Key> 和 <Return> 事件创建实例绑定，那么只有按下 Enter 键之后才会调用 <Return> 的响应函数，但如果同时向 toplevel 组件添加 <Return> 绑定，那么将调用 2 个绑定。tkinter 首先调用实例级别的最佳绑定，其次在应用程序级别调用最佳可用绑定，因此，在极端情况下，单个事件可以调用 4 个事件处理程序。

### 7.7.6　协议绑定函数

除了事件绑定，tkinter 还提供了协议处理的机制，这里的协议是指应用程序和 window manager 之间的互动。最常见的是 WM_DELETE_WINDOW，用于定义当用户使用窗体管理器显式关闭窗体时的事件。用对象的 protocol 方法来绑定这个协议的响应函数（这个组件必须是 Tk 或者 Toplevel 组件）：widget.protocol("WM_DELETE_WINDOW", 响应函数)。

# 第 8 章　作物栽培学应用软件开发实例

作物栽培是一门综合性学科和技术，是气候、土壤、品种、种子、栽培模式、播种、密度、水分供应、施肥、病虫草害防控、收获和产后处理等多种技术的集成与应用，只有这些技术环节的最优化组合，才能实现绿色高质高效栽培。利用现代数字化技术有助于栽培技术的最优化组合，如利用本书介绍的编程技术编写针对不同作物生长发育特点和营养需求特点的栽培管理应用程序，将有助于提高作物栽培管理的科学性和高效性。因此，实现栽培技术数字化和管理数字化是作物栽培现代化的重要特征。

## 8.1　在作物栽培学上的应用前景

Python 语言编程可以实现作物栽培的智能化管理。如果各领域的农业专家读者学会了 Python 语言等编程语言，可以把最新的相关新品种新技术、先进的栽培技术规程和专业经验及逻辑判断融入代码中。因此，编写的栽培技术应用程序比一般的栽培技术规程或标准更智能，能根据不同的栽培参数给出更科学的技术指导。如本书作者编写的“宽行甘蔗 + 复合栽培技术指导软件”“宽行丛式甘蔗花生复合栽培技术指导软件”，不仅能指导作者在甘蔗花生间套种上的科学研究，还为农业生产服务提供了科学的技术指导工具，相关软件已经提供给广西壮族自治区等地的农业技术推广部门、种植大户安装使用。

根据土壤理化性质、作物营养需求和特点，本书编写不同的函数来完成施肥品种判断和施肥量计算等功能，并快速地把施肥配方和施肥方法输送到 docx 文档供种植户参考使用，可以大幅度地提高作物产量，同时大幅度地减少化肥用量，避免肥料的多施滥施或少施。Python 语言简洁，读取数据和处理数据的能力强大，并可以实现与常用的文字或数据处理应用程序如 WPS 文字、WPS 表格等.docx、.xlsx 格式文件的无缝对接，实现数据共享。如果水稻、玉米、小麦等大田作物都有读者开发出对应的配方施肥软件，广泛地在农技人员和种植户中推广应用，将对我国发展绿色高质高效农业有重要的促进作用。下面采用“花生结荚区平衡集中精准施肥软件”的开发实例来说明 Python 编程语言在作物栽培中的应用价值。

## 8.2　花生科学施肥软件

花生与其他植物一样，其必需营养元素有碳、氢、氧、氮、磷、钾、钙、镁、硫、硼、钼、铁、锌、锰、铜、氯、镍，另一种必需元素为钴，共有 18 种必需营养元素。其中，碳、氢、氧、氮、磷、钾、钙、镁、硫 9 种元素需要量大，占花生植株干物质重的 0.1% 以上，被称为大量元素；其余 9 种含量在 0.1% 以下，最低的只有 0.1mg/kg，被称为微量元素。

花生所需的碳、氢、氧主要来自空气和水，花生所需的氮素部分来自与其共生的根瘤菌固定的游离分子态氮（$N_2$），另一部分从土壤中吸取。其余的元素绝大部分从土壤中吸收。所以土壤不仅是花生生长的介质，而且是其所需营养元素的主要供给者。不同目标产量的花生，需要的营养元素数量高于土壤供给量的部分只能通过施肥解决，土壤养分的丰缺直接关系到花生产量的高低。花生的另一个营养特点是花生荚果正常生长发育所需要的钙营养，主要是由幼果本身从土壤中吸收的，根部吸收的钙营养转移到荚果的部分不能满足荚果的正常生长发育需要，所以在缺钙的土壤，如果施用的钙肥远离花生结荚区，仍然会出现空果现象，花生产量和品质均大幅度地下降。因此，作者研发出花生结荚区平衡集中精准施肥技术，编写出“花生结荚区平衡集中精准施肥软件”并使该技术得到广泛的应用，解决了长期困扰花生栽培的肥料多施滥施、花生荚果不饱满甚至大量空果的难题，在土壤养分充足的地块可以显著地减少化肥的用量，实现了精准施肥。

### 8.2.1　开发目标

软件能根据花生目标产量、营养需求特点和土壤供肥能力，精确地计算出施用肥料的品种和用量，为花生科学施肥提供技术指导，能提高肥料利用率，减少化肥用量，提高花生产量和品质。

### 8.2.2　技术方案

1. 功能模块

如图 8-1 所示，该软件的功能模块包括界面输入和显示（土壤和肥料数据读取或导入）、数据计算（目标花生产量营养需求、肥料品种选择）、计算结果输出（输出到 docx 文档）等功能模块。

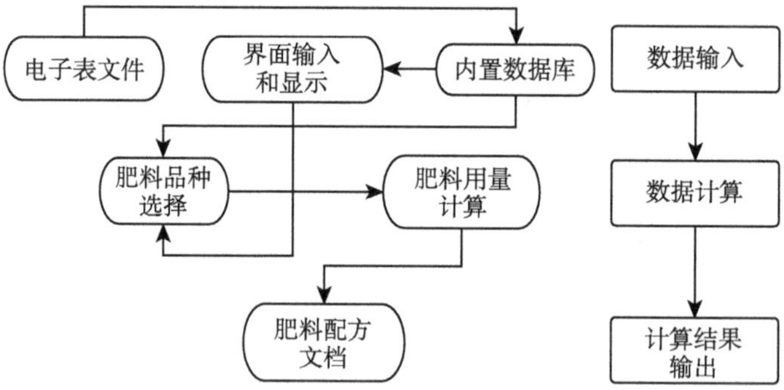


图 8-1　软件的功能模块

2. 功能实现

（1）软件界面构建：利用 `tkinter` 模块的框架、菜单、按钮、输入和显示信息用文本框、组合文本框等界面图形控件类构建与布局软件界面相应的图形元素实例，分别用于输入和显示目标产量、速效氮等土壤肥力参数值、地点信息等。菜单和界面的按钮用于调用相关函数，执行相关功能。

（2）数据导入：从保存在指定位置的文本文件（txt）、逗号分隔文件（csv）读取已构建的土壤养分等信息数据库，该数据库为一个全局的元素为字典的列表（`para_dict_list`），每一地块的数据构成一个字典。从电子表（xlsx）导入土壤信息，需先导入土壤信息数据库中；肥料名称、有效成分含量等信息用字典内置在程序代码中。利用界面菜单的“导入数据”按钮调用“导入数据”函数，完成数据文件导入并合并到现有数据库（para_dict_list）中。

（3）全局函数编写：编写出完成中文日期显示、数据转换（csv_to_list、csv_to_list1 和 data_list_to_line_dict）、数据导入（input_data）、磁盘信息查询（disk_info）、创建文件夹路径、导出数据、结果输出（list_to_table）、复制文件、主窗体和设置窗体设置、关闭窗体、路径更改（path_select_button）等功能函数，由相关按钮或函数调用，或独立运行，实现相关功能。

（4）数据计算：构建计算花生目标产量所需氮、磷、钾、钙数量，根据土壤酸碱度和土壤营养元素含量来设置花生固氮能力和肥料利用率等参数，计算出需要的肥料品种和数量。该软件设置了精准配方和快捷配方两个功能按钮及对应的函数，分别为完全根据花生营养需要计算出准确的肥料配方和以复合肥为主的快捷配方。微量元素肥料根据土壤微量元素含量是否达到临界值给出施肥建议。

（5）结果输出：把计算出的肥料配方转换为列表，利用全局函数 list_to_table 输出到 docx 文档中，在该文档中生成一个肥料配方表，同时在该文档中输出建议的施肥方法，供种植户参考使用。

3. 软件界面所属函数

Python 的精髓就是通过编写具有不同功能的函数协同完成目标任务，函数分为全局函数、界面事件关联函数和内部调用函数等，如图 8-2 所示。

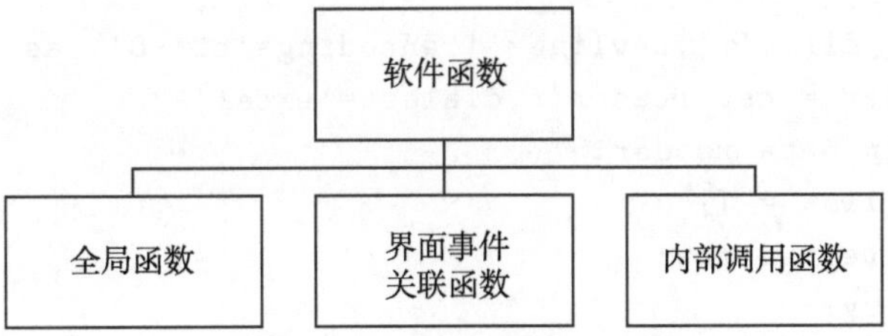


图 8-2 软件所属函数分类

（1）启动函数（__init__）：用于启动主界面，调用创建界面函数。

（2）6 个菜单按钮绑定函数：“导入数据”按钮调用“导入数据”函数，完成数据文件导入和合并到现有数据库中；“清空数据”按钮调用“清空数据”函数，用于清空数据库；“设置”按钮调用 configure_button，实现主窗体的关闭，设置窗体的打开等；帮助函数（helptext）由“帮助”按钮调用，打开该软件的说明文档；关于函数（abouttext）由“关于”按钮调用，打开该软件的基本信息文本文档；退出函数由“退出”按钮调用，关闭该软件。

（3）其他界面部件关联函数：包括启动设置窗体函数，按钮状态控制函数，记录切换函数，字体大小自动调整函数，焦点移动函数，窗体大小变化事件绑定函数，记录添加、删除和插入函数，自动保存函数等。

4. “设置窗体”界面所属函数

（1）启动函数（__init__）：用于启动设置窗体主界面，调用其创建界面函数。

（2）创建界面部件函数：利用 tkinter 模块的框架、按钮、输入和显示信息用文本框等界面图形控件类构建与布局软件界面相应的图形元素实例，分别用于输入和显示数据存储路径、更改数据存储路径等。

（3）只有一个内置的 path_select_button 函数，由数据存储路径选择按钮调用，再调用公用的 path_select_button 函数，完成数据库文件的保存路径选择，并把现有数据库与目标路径的数据库合并。

### 8.2.3 软件源代码

下面脚本编辑窗体的代码为该施肥软件的全部源代码，读者可以复制或输入到一个新的 Python 脚本文件中，保存后就可运行，供读者学习交流或进一步完善代码。

```
from tkinter import *;from tkinter.ttk import *;import json;
from tkinter import messagebox,filedialog
from os import startfile,makedirs,path,getcwd;from datetime import datetime
from openpyxl import load_workbook,Workbook
from docx import Document;from docx.shared import Cm,Pt;
from docx.enum.text import WD_ALIGN_PARAGRAPH
from docx.enum.table import WD_TABLE_ALIGNMENT,WD_ALIGN_VERTICAL
from docx.oxml.ns import qn;import csv;import shutil;import xlrd
def csv_to_list(csv_file):
    #读取csv文件时在open语句中必须加上encoding='utf-8'，否则不能解码csv文件
    data_list = []
    with open(csv_file,'r',newline='',encoding='utf-8') as f:
        data_reader = csv.reader(f,dialect='excel')
        for row in data_reader:
            line_list = []
            for item in row:
                try:
                    v = float(item)
                except:
                    v = item
                line_list.append(v)
            data_list.append(line_list)
    return data_list
def csv_to_list1(csv_file):
    #导入csv文件时在open语句中不能加上encoding='utf-8'，否则不能解码csv文件
    data_list = []
    with open(csv_file,'r',newline='') as f:
        data_reader = csv.reader(f,dialect='excel')
        for row in data_reader:
            line_list = []
            for item in row:
```

```
            try:
                v = float(item)
            except:
                v = item
            line_list.append(v)
        data_list.append(line_list)
    return data_list

def 中文时间():
    date_time = datetime.now();year = date_time.year;month = date_time.month
    day = date_time.day;hour = date_time.hour;minute = date_time.minute
    second = date_time.second
    chinese_datetime = '{}年{}月{}日{}时{}分{}秒'.format(year,month,day,hour,
        minute,second)
    return chinese_datetime

def list_to_table(data_list,目标产量, 配方类型,cols_name=[]):
    table_doc = Document();section = table_doc.sections[0]
    header = section.header
    paragraph = header.paragraphs[0]
    paragraph.style = table_doc.styles["Header"]
    paragraph.text = "\t{}({}){}".format(app_name,app_abbr,version_number)
    table_title = '{}及施肥方法'.format(配方类型)
    title = table_doc.add_heading(level=0)
    title.alignment = WD_ALIGN_PARAGRAPH.CENTER
    run = title.add_run(table_title);run.font.bold = True
    p = table_doc.add_heading(level=2)
    p.alignment = WD_ALIGN_PARAGRAPH.LEFT
    table_title = '一、肥料配方表';run = p.add_run(table_title)
    run.font.name = u'宋体';run.font.size = Pt(16);run.font.bold = True
    run._element.rPr.rFonts.set(qn('w:eastAsia'), u'宋体')
    p = table_doc.add_paragraph();p.alignment = WD_ALIGN_PARAGRAPH.RIGHT
    table_title = '目标产量:{}公斤/公顷'.format(目标产量)
    run = p.add_run(table_title);run.font.name = u'宋体'
    run.font.size = Pt(12)
    run.font.bold = False
    run._element.rPr.rFonts.set(qn('w:eastAsia'), u'宋体')
    if cols_name:
        col_num = len(cols_name);table_data = data_list
    else:
        cols_name = data_list[0];col_num = len(cols_name)
        table_data = data_list[1:]
    table_fertilizer = table_doc.add_table(rows=1,cols=col_num,
        style='Table Grid')
    table_fertilizer.alignment = WD_TABLE_ALIGNMENT.CENTER
```

```
table_fertilizer.rows[0].height=Cm(1.0)
table_fertilizer.columns[1].width=Cm(16.5)
table_fertilizer.autofit = True
heading_cells = table_fertilizer.rows[0].cells
for i in range(col_num):
    heading_cells[i].paragraphs[0].paragraph_format.alignment =\
        WD_ALIGN_PARAGRAPH.CENTER
    heading_cells[i].vertical_alignment = WD_ALIGN_VERTICAL.CENTER
    run = heading_cells[i].paragraphs[0].add_run(cols_name[i])
    run.font.bold = False;run.font.name = u'宋体'
for rowL in table_data:
    for i,v in enumerate(rowL):
        rowL[i] = '--' if v == 0 else str(v) #if和else简便用法
    row = table_fertilizer.add_row();row.height = Cm(0.6)
    row_cells = row.cells
    for c,value in enumerate(rowL):
        row_cells[c].paragraphs[0].paragraph_format.alignment =\
            WD_ALIGN_PARAGRAPH.CENTER
        row_cells[c].vertical_alignment = WD_ALIGN_VERTICAL.CENTER
        if 'O'+chr(8325) in value:
            value_list = value.split('O'+chr(8325))
            run = row_cells[c].paragraphs[0].add_run(value_list[0]+'O')
            run.font.name = u'宋体';run.font.size = Pt(12);
            run._element.rPr.rFonts.set(qn('w:eastAsia'), u'宋体')
            run = row_cells[c].paragraphs[0].add_run('5')
            run.font.name = u'宋体';run.font.subscript = True
            run.font.bold = True
            run._element.rPr.rFonts.set(qn('w:eastAsia'), u'宋体')
            run.font.size = Pt(12);run.font.name = u'宋体'
            run = row_cells[c].paragraphs[0].add_run(value_list[1])
        else:
            run = row_cells[c].paragraphs[0].add_run(value)
            run.font.name = u'宋体';run.font.size = Pt(12)
table_title = '二、施肥方法';title = table_doc.add_heading(level=2)
run = title.add_run(table_title);run.font.name = u'宋体'
run.font.size = Pt(16);run.font.bold = True
run._element.rPr.rFonts.set(qn('w:eastAsia'), u'宋体')
p = table_doc.add_paragraph();run = p.add_run(施肥方法)
run.font.name = u'宋体';run.font.size = Pt(12);run.font.bold = False
run._element.rPr.rFonts.set(qn('w:eastAsia'), u'宋体')
footer = section.footer;paragraph = footer.paragraphs[0]
时间 = 中文时间();paragraph.text = "\t输出时间: {}".format(时间)
paragraph.style = table_doc.styles["Footer"]
save_path = '{}\\{}.docx'.format(back_path,配方类型)
try:
```

```
        table_doc.save(save_path);startfile(save_path)
    except:
        messagebox.showerror('错误','施肥指导文档已经打开。')

def 创建文件夹路径():
    data_fold = '{}_data'.format(app_abbr);user_path = path.expanduser('~')
    back_path = "{}\\HK_fold\\{}".format(user_path, data_fold)
    return back_path

def data_list_to_line_dict(data_list):
    first_line = data_list[0]
    if isinstance(first_line,list):
        row_dict_list = [];cols_name = first_line
        for line in data_list[1:]:
            row_dict = {}
            for item in para_name:
                row_dict[item] = ''
                for i,col in enumerate(cols_name):
                    if item in col:
                        row_dict[item] =  line[i]
                        break
            row_dict_list.append(row_dict)
    elif isinstance(first_line,dict):
        row_dict_list = data_list
    else:
        row_dict_list = []
    return row_dict_list

def input_data(file_path):
    row_dict_list = []
    if '.xlsx' in file_path:
        #打开电子表格文件
        try:
            wb = load_workbook(filename = file_path);ws = wb.active
            row_values = []
            for row in ws.iter_rows(values_only=True):
                row_values.append(list(row))
            for i,row in enumerate(row_values):
                if all(row):
                    col_row_index = i
                    break
            row_values_1 = []
            for row in row_values[col_row_index:]:
                if any(row):
                    row_list = []
```

```
                for v in row:
                    if v:
                        row_list.append(v)
                    else:
                        row_list.append('--')
                row_values_1.append(row_list)
            row_dict_list = data_list_to_line_dict(row_values_1)
        except:
            pass
    elif '.xls' in file_path:
        row_values = []
        #打开旧版电子表格文件
        try:
            wb = xlrd.open_workbook(filename = file_path)
            ws = wb.sheets()[0];row_num = ws.nrows
            for row in range(row_num):
                line_list = ws.row_values(rowx=row, start_colx=0,
                    end_colx=None)
                row_values.append(line_list)
            for i,row in enumerate(row_values):
                if all(row):
                    col_row_index = i
                    break
            row_values_1 = []
            for row in row_values[col_row_index:]:
                if any(row):
                    row_list = []
                    for v in row:
                        if v:
                            row_list.append(v)
                        else:
                            row_list.append('--')
                    row_values_1.append(row_list)
            row_dict_list = data_list_to_line_dict(row_values_1)
        except:
            pass
    elif '.csv' in file_path:
        try:
            row_values = csv_to_list1(file_path)
            for i,row in enumerate(row_values):
                if all(row):
                    col_row_index = i
                    break
            row_values_1 = []
            for row in row_values[col_row_index:]:
```

```
                if any(row):
                    row_list = []
                    for v in row:
                        if v:
                            row_list.append(v)
                        else:
                            row_list.append('--')
                    row_values_1.append(row_list)
            row_dict_list = data_list_to_line_dict(row_values_1)
        except:
            row_values = csv_to_list(file_path)
            row_dict_list = data_list_to_line_dict(row_values)
        else:
            pass
    elif '.txt' in file_path:
        with open(file_path) as f:
            row_values = json.load(f)
        for i,row in enumerate(row_values):
            if all(row):
                col_row_index = i
                break
        row_values_1 = []
        for row in row_values[col_row_index:]:
            if any(row):
                row_list = []
                for v in row:
                    if v:
                        row_list.append(v)
                    else:
                        row_list.append('--')
                row_values_1.append(row_list)
        row_dict_list = data_list_to_line_dict(row_values_1)
    return row_dict_list

def 导出数据():
    if path.exists(data_path):
        with open(data_path) as f:
            para_dict_list = json.load(f)
    else:
        para_dict_list = []
    if para_dict_list:
        line1 = para_dict_list[0];cols_name = list(line1.keys())
        para_list = [cols_name]
        for line in para_dict_list:
            line_value = list(line.values());para_list.append(line_value)
```

```
    else:
        para_list = [para_name]
    wb = Workbook()
    ws = wb.active
    for line in para_list:
        ws.append(line)
    select_path = filedialog.askdirectory(initialdir = back_path)
    if not select_path:
        return
    save_path = '{}\\耕地参数表.xlsx'.format(select_path)
    try:
        wb.save(save_path);startfile(save_path)
    except Exception as err:
        messagebox.showerror('打开文件错误',err)

def 关闭_mainwindow():
    with open(data_path,'w') as f:
        json.dump(para_dict_list,f)
    record_path = '{}\\当前记录位置备份.txt'.format(back_path)
    with open(record_path,'w') as f:
        json.dump(current_record_index,f)
    mainWindow.destroy()
def combo_value(para_dict_list):
    省_list = []
    for line in para_dict_list:
        value = line['省']
        if value not in 省_list:
            省_list.append(value)
    return 省_list
def 复制文件(dest_fold):
    if not path.exists(dest_fold):
        makedirs(dest_fold)
    dstname = '{}\\para_dict_list.txt'.format(dest_fold)
    if path.exists(dstname):
        with open(dstname) as f:
            data_row = json.load(f)
        for line in data_row:
            if line not in para_dict_list:
                para_dict_list.append(line)
    with open(dstname,'w') as f:
        json.dump(para_dict_list,f)
def 移动文件(fold1,fold2):
    if not path.exists(fold2):
        makedirs(fold2)
    srcname = '{}\\para_dict_list.txt'.format(fold1)
```

```
    dstname = '{}\\para_dict_list.txt'.format(fold2)
    if path.exists(dstname):
        with open(dstname) as f:
            data_row = json.load(f)
        for line in data_row:
            if line not in para_dict_list:
                para_dict_list.append(line)
        with open(dstname,'w') as f:
            json.dump(para_dict_list,f)
    else:
        shutil.move(srcname,fold2)
def 主窗体():
    global mainWindow,screenwidth,screenheight,text_height,pic_width
    mainWindow = Tk();mainWindow.focus_force();mainWindow.title('花科软件')
    mainWindow['bg']=背景色[0];
    screenwidth,screenheight=mainWindow.maxsize()
    mainWindow.protocol('WM_DELETE_WINDOW', 关闭_mainwindow)
    #设置窗体宽度 (单位: 像素)
    height1 = int(screenheight * 0.8);width1 = int(screenwidth * 0.95)
    pic_width = int(60 * (screenheight/960))
    # 设置mainWindow起始坐标（整数），使其在计算机屏幕上居中，坐标单位: 像素
    x=int((screenwidth-width1)/2);y=int((screenheight-height1)/2)
    mainWindow.geometry('{}x{}+{}+{}'.format(width1,height1,x,y))
    tb_path = '{}\\tb.ico'.format(getcwd())
    if path.exists(tb_path):
        mainWindow.iconbitmap(tb_path)
def 设置窗体():
    global configure_mainWindow,screenwidth,screenheight
    configure_mainWindow = Toplevel()
    configure_mainWindow.title("数据路径设置")
    configure_mainWindow.protocol('WM_DELETE_WINDOW', 关闭_设置)
    width1=860;height1=80 #设置窗体长宽度 (单位: 像素)
    #设置mainWindow起始坐标（整数），使其在计算机屏幕上居中，坐标单位: 像素
    x=int((screenwidth-width1)/2);y=int((screenheight-height1)/2)
    configure_mainWindow.geometry('{}x{}+{}+{}'.format(width1,height1,x,y))
    tb_path = '{}\\tb.ico'.format(getcwd())
    if path.exists(tb_path):
        configure_mainWindow.iconbitmap(tb_path)
def 关闭_设置():
    configure_mainWindow.destroy();mainWindow.deiconify()
def path_select_button():
    '''
    更改程序运行数据保存路径。
    '''
    yesno = messagebox.askyesno('提醒', '是否更改路径？')
```

```
    if not yesno:
        return
    dirname = path.dirname(back_path)
    data_path = filedialog.askdirectory(initialdir = dirname)
    if not data_path:
        data_path = dirname
    return data_path
class 设置界面(Frame):
    def __init__(self,master=None):
        super().__init__(master);self.master = master;self.pack()
        self.创建界面()
    def 创建界面(self):
        self.Frame_path=Frame(configure_mainWindow)
        self.Frame_path.pack(side='top',fill='x')
        sb_task=Scrollbar(self.Frame_path,orient='horizontal')
        sb_task.grid(row=1,column=0,sticky=E+W,padx=10)
        self.data_path_entry = Entry(self.Frame_path,width = 62,
            justify='center', xscrollcommand = sb_task.set,state='normal',
            font=('宋体',16))
        self.data_path_entry.grid(row=0,column=0,ipadx = 1,ipady = 1,
            padx = 10,pady = 2)
        self.data_path_entryV = StringVar()
        self.data_path_entry["textvariable"] = self.data_path_entryV
        self.data_path_entryV.set(back_path)
        self.path_select = Button(self.Frame_path,text='新路径',
            style='TButton',command = self.path_change_button)
        self.path_select.grid(row=0,column=1,padx=5)
        sb_task.config(command = self.data_path_entry.xview)
    def path_change_button(self):
        global back_path
        back_path_new = path_select_button()
        if back_path_new and back_path_new != back_path:
            self.data_path_entryV.set(back_path_new)
            移动文件(back_path, back_path_new);back_path = back_path_new
            with open('{}//back_path.txt'.format(back_path_\
            default),'w') as f: f.write(back_path_new)
class 主界面(Frame):
    def __init__(self, master=None):
        super().__init__(master);self.master = master;self.pack()
        self.创建界面元素()
    def 创建界面元素(self):
        养分key = list(临界养分_dict.keys())
        #设置窗体部件格式
        mystyle = Style()
        mystyle.theme_create('mystyle', parent='alt',
```

```
        settings={'TCombobox':
{'configure':{'foreground': 'black','selectbackground': 'yellow',
    'selectforeground':'red','fieldbackground':背景色[0],}},
'TEntry':{'configure':{'foreground': 'black','state':'normal',
    'selectbackground':'yellow','selectforeground':'red',#选择后的
    文字颜色'fieldbackground':背景色[0]}},
'TLabel':{'configure':{'foreground': 'black','font':('黑体', 18),
        'background': 背景色[0]}},
'TButton':{'configure':{'foreground': 'red','font':('黑体', 28),
        'relief':'raised','background':'lightgreen'}},
'TFrame':{'configure':{'background': 背景色[0],}},
'TSeparator':{'configure':{'background':'red',}}})
 mystyle.theme_use('mystyle')
 mystyle.map("TButton",
            foreground=[('pressed','red'),('active','blue')],
background=[('pressed','!disabled','black'),('active','white')])
self.mainmenubar=Menu(mainWindow)
mainWindow.config(menu=self.mainmenubar)
self.mainmenubar.add_command(label='导入数据',command=self.导入数据)
self.mainmenubar.add_command(label='导出数据',command=导出数据)
self.mainmenubar.add_command(label='备份数据',command= self.备份数据)
self.mainmenubar.add_command(label='清空数据',command=self.清空数据)
self.mainmenubar.add_command(label='临界值',
    command=self.threshold_button)
self.mainmenubar.add_command(label='设置',
    command=self.configure_button)
self.mainmenubar.add_command(label='帮助',command=self.helptext)
self.mainmenubar.add_command(label='关于',command=self.about)
self.mainmenubar.add_command(label='退出',command=关闭_mainwindow)
self.title_soft = Label(mainWindow,background=背景色[0],
     takefocus=False)
self.title_soft.bind('<Configure>', self.label_resize)
self.copyright_owner = Label(mainWindow,background=背景色[0],
    takefocus=False)
self.title_soft.pack(fill='x');self.copyright_owner.pack(fill='x')
sep=Separator(mainWindow,orient='horizontal',style='red.TSeparator',
    takefocus=False)
sep.pack(fill='x', side='top', pady=10)
yield_frame = Frame(mainWindow, style="Y.TFrame")
yield_frame.pack(fill='x')
yield_frame.columnconfigure(3, minsize=10, weight= 1)
yield_frame.columnconfigure(4, minsize=10, weight= 1)
yield_frame.columnconfigure(5, minsize=10, weight= 1)
yield_frame.columnconfigure(6, minsize=10, weight= 1)
self.目标产量Label=Label(yield_frame,style = "18.TLabel",
```

```
    text='亩产(kg)')
self.目标产量Label.grid(row=0, column=0)
self.目标产量= Combobox(yield_frame,width=12,state='normal',
    justify='center')
self.目标产量.grid(row=0, column=1,ipady=10)
self.目标产量V = DoubleVar()
self.目标产量["textvariable"] = self.目标产量V
self.目标产量['values'] = [50, 100, 150, 200, 250,300,
                          350, 400, 450, 500, 550, 600,
                          650, 700, 750,800, 850, 900]
self.目标产量.current(5)
self.目标产量.bind('<Key-Return>', self.tab_yield)
self.目标产量.bind('<FocusIn>', self.yield_focusin)
self.行穴距 = Combobox(yield_frame,style='TCombobox',
                    state='normal',justify='center')
self.行穴距.grid(row=0,column=2,ipady=10)
self.行穴距V = StringVar()
self.行穴距["textvariable"] = self.行穴距V
self.行穴距V.set('行穴距(m): 0.4,0.12')
self.行穴距['values'] = ['0.4,0.12','0.4,0.12','0.45,0.10',
    '0.45,0.12']
self.行穴距.bind('<FocusIn>', self.row_focusin)
self.行穴距.bind("<<ComboboxSelected>>",self.space_select)
#创建施肥功能按钮框架
施肥按钮=['精准配方','快捷配方','施肥方法','施肥原理']
self.Button1=Button(yield_frame,text=施肥按钮[0],style='TButton',
   command=self.精准配方,takefocus=False)
self.Button1.grid(row=0,column=3,pady=5,padx=5)
self.Button2=Button(yield_frame,text=施肥按钮[1],style='TButton',
    command=self.快捷配方,takefocus=False)
self.Button2.grid(row=0, column=4,pady=5,padx=5)
self.Button3=Button(yield_frame,text=施肥按钮[2],style='TButton',
    command=self.施肥技术,takefocus=False)
self.Button3.grid(row=0, column=5,pady=5,padx=5)
self.Button4=Button(yield_frame,text=施肥按钮[3],style='TButton',
    command=self.花生营养需求特点,takefocus=False)
self.Button4.grid(row=0, column=6,pady=5,padx=5)
fertilizer_frame = Frame(mainWindow, style="Y.TFrame")
fertilizer_frame.pack(fill='x')
fertilizer_frame.columnconfigure(0, minsize=20, weight= 1)
fertilizer_frame.columnconfigure(1, minsize=20, weight= 1)
fertilizer_frame.columnconfigure(2, minsize=20, weight= 1)
fertilizer_frame.columnconfigure(3, minsize=20, weight= 1)
self.氮肥Label=Label(fertilizer_frame,style = "18.TLabel",
    text='氮肥')
```

```
self.氮肥Label.grid(row=0, column=0)
self.氮肥 = Combobox(fertilizer_frame,style = 'TCombobox',width=10,
    state='normal', justify='center')
self.氮肥.grid(row=1, column=0,sticky=E+W,ipady=2)
self.氮肥V = StringVar();self.氮肥["textvariable"] = self.氮肥V
self.氮肥.bind('<FocusIn>', self.N_focusin)
self.氮肥.bind("<<ComboboxSelected>>",self.氮肥_select)
self.磷肥Label=Label(fertilizer_frame,style = "18.TLabel",
    text='磷肥')
self.磷肥Label.grid(row=0, column=1)
self.磷肥 = Combobox(fertilizer_frame,style = 'TCombobox', width=10,
    state='normal',justify='center')
self.磷肥.grid(row=1,column=1,sticky=E+W,ipady=2)
self.磷肥V = StringVar();self.磷肥["textvariable"] = self.磷肥V
self.磷肥.bind('<FocusIn>', self.p_focusin)
self.磷肥.bind("<<ComboboxSelected>>", self.磷肥_select)
self.钾肥Label=Label(fertilizer_frame,style = "18.TLabel",
    text='钾肥')
self.钾肥Label.grid(row=0,column=2)
self.钾肥 = Combobox(fertilizer_frame,style = 'TCombobox',width=10,
    state='normal', justify='center')
self.钾肥.grid(row=1, column=2,sticky=E+W,ipady=2)
self.钾肥V = StringVar();self.钾肥["textvariable"] = self.钾肥V
self.钾肥.bind('<FocusIn>', self.k_focusin)
self.钾肥.bind("<<ComboboxSelected>>", self.钾肥_select)

self.钙肥Label=Label(fertilizer_frame,style = "18.TLabel",
    text='钙肥')
self.钙肥Label.grid(row=0, column=3)
self.钙肥 = Combobox(fertilizer_frame,style = 'TCombobox',
                     state='normal', justify='center')
self.钙肥.grid(row=1, column=3,sticky=E+W,ipady=2)
self.钙肥V = StringVar();self.钙肥["textvariable"] = self.钙肥V
self.钙肥.bind('<FocusIn>', self.ca_focusin)
self.钙肥.bind("<<ComboboxSelected>>", self.钙肥_select)

self.微肥Label=Label(fertilizer_frame,style = "18.TLabel",
    text='微肥')
self.微肥Label.grid(row=0, column=4)
self.微肥 = Combobox(fertilizer_frame,style = 'TCombobox',width=10,
    state='normal',justify='center')
self.微肥.grid(row=1,column=4,sticky=E+W,ipady=2)
self.微肥V = StringVar();self.微肥["textvariable"] = self.微肥V
self.微肥.bind("<<ComboboxSelected>>", self.微肥_select)
self.N_有效 = Entry(fertilizer_frame,style = 'TEntry',
```

```
                          state='normal', justify='center')
        self.N_有效.grid(row=2, column=0,sticky=E+W,ipady=2,pady=10)
        self.N_有效V = StringVar()
        self.N_有效["textvariable"] = self.N_有效V
        self.P_有效 = Entry(fertilizer_frame,style = 'TEntry',
                          state='normal', justify='center')
        self.P_有效.grid(row=2, column=1,sticky=E+W,ipady=2,pady=10)
        self.P_有效V = StringVar()
        self.P_有效["textvariable"] = self.P_有效V
        self.K_有效 = Entry(fertilizer_frame,style = 'TEntry',
                          state='normal', justify='center')
        self.K_有效.grid(row=2,column=2,sticky=E+W,ipady=2,pady=10)
        self.K_有效V = StringVar()
        self.K_有效["textvariable"] = self.K_有效V
        self.K_有效.bind('<FocusIn>', self.ca_focusin)
        self.钙_有效 = Entry(fertilizer_frame,style = 'TEntry',
                          state='normal',justify='center')
        self.钙_有效.grid(row=2,column=3,sticky=E+W,ipady=2,pady=10)
        self.钙_有效V = StringVar()
        self.钙_有效["textvariable"] = self.钙_有效V
        self.钙_有效.bind('<FocusIn>', self.ca_focusin)

        self.微肥_有效 = Entry(fertilizer_frame,style = 'TEntry',
                            state='normal',justify='center',width=10)
        self.微肥_有效.grid(row=2,column=4,sticky=E+W,ipady=2,pady=10)
        self.微肥_有效V = StringVar()
        self.微肥_有效["textvariable"] = self.微肥_有效V
        参数_frame = Frame(mainWindow, style="Y.TFrame")
        参数_frame.pack(fill='both', expand=True)
        参数_frame.columnconfigure(0, minsize=20, weight=1)
        参数_frame.columnconfigure(1, minsize=20, weight=1)
        参数_frame.columnconfigure(2, minsize=20, weight=1)
        参数_frame.columnconfigure(3, minsize=20, weight=1)
        参数_frame.columnconfigure(4, minsize=20, weight=1)
        参数_frame.columnconfigure(5, minsize=20, weight=1)
        参数_frame.rowconfigure(1, weight=1)
        参数_frame.rowconfigure(3, weight=1)
        参数_frame.rowconfigure(5, weight=1)
        self.有效氮Label=Label(参数_frame,style='18.TLabel',text=养分key[0])
        self.有效氮Label.grid(row=0, column=0)
        self.有效氮=Entry(参数_frame,background = 背景色[0],justify='center')
        self.有效氮.grid(row=1, column=0, sticky=E+W+S+N)
        self.有效氮V = DoubleVar()
        self.有效氮["textvariable"] = self.有效氮V
        self.有效氮.bind('<KeyRelease>', self.N_out)
```

```
self.有效氮.bind('<FocusIn>', self.N_in)
self.有效氮.bind('<Key-Return>', self.tab_N)
self.有效氮.bind('<Configure>', self.font_resize)
self.有效磷Label=Label(参数_frame,style='18.TLabel',text=养分key[1])
self.有效磷Label.grid(row=0, column=1)
self.有效磷=Entry(参数_frame, background = 背景色[0],justify='center')
self.有效磷.grid(row=1, column=1, sticky=E+W+S+N)
self.有效磷V = DoubleVar();self.有效磷["textvariable"] = self.有效磷V
self.有效磷.bind('<KeyRelease>', self.P_out)
self.有效磷.bind('<FocusIn>', self.P_in)
self.有效磷.bind('<Key-Return>', self.tab_P)
self.有效钾Label=Label(参数_frame,style='18.TLabel',text=养分key[2])
self.有效钾Label.grid(row=0, column=2)
self.有效钾=Entry(参数_frame, background = 背景色[0],
    justify='center')
self.有效钾.grid(row=1, column=2, sticky=E+W+S+N)
self.有效钾V = DoubleVar()
self.有效钾["textvariable"] = self.有效钾V
self.有效钾.bind('<KeyRelease>', self.K_out)
self.有效钾.bind('<FocusIn>', self.K_in)
self.有效钾.bind('<Key-Return>', self.tab_K)
self.有效钙Label=Label(参数_frame,style='18.TLabel',
    text=养分key[3])
self.有效钙Label.grid(row=0, column=3)
self.有效钙=Entry(参数_frame, background = 背景色[0],justify='center')
self.有效钙.grid(row=1,column=3,sticky=E+W+S+N)
self.有效钙V = DoubleVar()
self.有效钙["textvariable"] = self.有效钙V
self.有效钙.bind('<KeyRelease>', self.Ca_out)
self.有效钙.bind('<FocusIn>', self.Ca_in)
self.有效钙.bind('<Key-Return>', self.tab_Ca)
self.交换性镁Label=Label(参数_frame,style='18.TLabel',
    text=养分key[4])
self.交换性镁Label.grid(row=0, column=4)
self.交换性镁=Entry(参数_frame,background = 背景色[0],justify='center')
self.交换性镁.grid(row=1, column=4, sticky=E+W+S+N)
self.交换性镁V = DoubleVar()
self.交换性镁["textvariable"] = self.交换性镁V
self.交换性镁.bind('<KeyRelease>', self.Mg_out)
self.交换性镁.bind('<FocusIn>', self.Mg_in)
self.交换性镁.bind('<Key-Return>', self.tab_Mg)
self.有效硫Label=Label(参数_frame,style='18.TLabel',
    text=养分key[5])
self.有效硫Label.grid(row=0, column=5)
self.有效硫=Entry(参数_frame,background = 背景色[0],justify='center')
```

```
self.有效硫.grid(row=1, column=5, sticky=E+W+S+N)
self.有效硫V = DoubleVar()
self.有效硫["textvariable"] = self.有效硫V
self.有效硫.bind('<KeyRelease>', self.S_out)
self.有效硫.bind('<FocusIn>', self.S_in)
self.有效硫.bind('<Key-Return>', self.tab_S)
self.有效硼Label=Label(参数_frame,style='18.TLabel',text=养分key[6])
self.有效硼Label.grid(row=2, column=0)
self.有效硼=Entry(参数_frame, background = 背景色[0],justify='center')
self.有效硼.grid(row=3, column=0, sticky=E+W+S+N)
self.有效硼V = DoubleVar()
self.有效硼["textvariable"] = self.有效硼V
self.有效硼.bind('<KeyRelease>', self.B_out)
self.有效硼.bind('<FocusIn>', self.B_in)
self.有效硼.bind('<Key-Return>', self.tab_B)
self.有效钼Label=Label(参数_frame,style='18.TLabel',text=养分key[7])
self.有效钼Label.grid(row=2, column=1)
self.有效钼=Entry(参数_frame,background = 背景色[0],justify='center')
self.有效钼.grid(row=3, column=1, sticky=E+W+S+N)
self.有效钼V = DoubleVar();self.有效钼["textvariable"] = self.有效钼V
self.有效钼.bind('<KeyRelease>', self.Mo_out)
self.有效钼.bind('<FocusIn>', self.Mo_in)
self.有效钼.bind('<Key-Return>', self.tab_Mo)
self.有效态铁Label=Label(参数_frame,style='18.TLabel',
    text=养分key[8])
self.有效态铁Label.grid(row=2, column=2)
self.有效态铁=Entry(参数_frame,background = 背景色[0],justify='center')
self.有效态铁.grid(row=3, column=2, sticky=E+W+S+N)
self.有效态铁V = DoubleVar()
self.有效态铁["textvariable"] = self.有效态铁V
self.有效态铁.bind('<KeyRelease>', self.Fe_out)
self.有效态铁.bind('<FocusIn>', self.Fe_in)
self.有效态铁.bind('<Key-Return>', self.tab_Fe)
self.有效态锌Label=Label(参数_frame,style='18.TLabel',
    text=养分key[9])
self.有效态锌Label.grid(row=2, column=3)
self.有效态锌=Entry(参数_frame,background = 背景色[0],justify='center')
self.有效态锌.grid(row=3, column=3, sticky=E+W+S+N)
self.有效态锌V = DoubleVar()
self.有效态锌["textvariable"] = self.有效态锌V
self.有效态锌.bind('<KeyRelease>', self.Zn_out)
self.有效态锌.bind('<FocusIn>', self.Zn_in)
self.有效态锌.bind('<Key-Return>', self.tab_Zn)
self.有效态铜Label=Label(参数_frame, style='18.TLabel',
   text=养分key[10])
```

```
        self.有效态铜Label.grid(row=2, column=4)
        self.有效态铜=Entry(参数_frame,background = 背景色[0],justify='center')
        self.有效态铜.grid(row=3, column=4, sticky=E+W+S+N)
        self.有效态铜V = DoubleVar()
        self.有效态铜["textvariable"] = self.有效态铜V
        self.有效态铜.bind('<KeyRelease>', self.Cu_out)
        self.有效态铜.bind('<FocusIn>', self.Cu_in)
        self.有效态铜.bind('<Key-Return>', self.tab_Cu)
        self.有效态锰Label=Label(参数_frame,style='18.TLabel',
            text=养分key[11])
        self.有效态锰Label.grid(row=2, column=5)
        self.有效态锰=Entry(参数_frame, background = 背景色[0],
            justify='center')
        self.有效态锰.grid(row=3, column=5, sticky=E+W+S+N)
        self.有效态锰V = DoubleVar()
        self.有效态锰["textvariable"] = self.有效态锰V
        self.有效态锰.bind('<KeyRelease>', self.Mn_out)
        self.有效态锰.bind('<FocusIn>', self.Mn_in)
        self.有效态锰.bind('<Key-Return>', self.tab_Mn)
        self.氯离子Label=Label(参数_frame,style='18.TLabel',text=养分key[12])
        self.氯离子Label.grid(row=4,column=0)
        self.氯离子=Entry(参数_frame,background = 背景色[0],justify='center')
        self.氯离子.grid(row=5, column=0, sticky=E+W+S+N)
        self.氯离子V = DoubleVar()
        self.氯离子["textvariable"] = self.氯离子V
        self.氯离子.bind('<KeyRelease>', self.Cl_out)
        self.氯离子.bind('<FocusIn>', self.Cl_in)
        self.氯离子.bind('<Key-Return>', self.tab_Cl)
        self.有效态钴Label=Label(参数_frame,style='18.TLabel',
            text=养分key[13])
        self.有效态钴Label.grid(row=4, column=1)
        self.有效态钴=Entry(参数_frame,background = 背景色[0],justify='center')
        self.有效态钴.grid(row=5, column=1, sticky=E+W+S+N)
        self.有效态钴V = DoubleVar()
        self.有效态钴["textvariable"] = self.有效态钴V
        self.有效态钴.bind('<KeyRelease>', self.Co_out)
        self.有效态钴.bind('<FocusIn>', self.Co_in)
        self.有效态钴.bind('<Key-Return>', self.tab_Co)
        self.有机质Label=Label(参数_frame,style='18.TLabel',
            text=养分key[14])
        self.有机质Label.grid(row=4, column=2)
        self.有机质=Entry(参数_frame,background = 背景色[0],justify='center')
        self.有机质.grid(row=5, column=2, sticky=E+W+S+N)
        self.有机质V = DoubleVar()
        self.有机质["textvariable"] = self.有机质V
```

```
self.有机质.bind('<KeyRelease>', self.organ_out)
self.有机质.bind('<FocusIn>', self.organ_in)
self.有机质.bind('<Key-Return>', self.tab_organ)
self.pHLabel=Label(参数_frame,style='18.TLabel', text=养分key[15])
self.pHLabel.grid(row=4, column=3)
self.pH=Entry(参数_frame, background = 背景色[0],justify='center')
self.pH.grid(row=5, column=3, sticky=E+W+S+N)
self.pHV = DoubleVar(); self.pH["textvariable"] = self.pHV
self.pH.bind('<KeyRelease>', self.pH_out)
self.pH.bind('<FocusIn>', self.pH_in)
self.pH.bind('<Key-Return>', self.tab_pH)
self.容重Label=Label(参数_frame,style='18.TLabel',text=养分key[16])
self.容重Label.grid(row=4, column=4)
self.容重=Entry(参数_frame,background = 背景色[0],justify='center')
self.容重.grid(row=5, column=4, sticky=E+W+S+N)
self.容重V = DoubleVar();self.容重["textvariable"] = self.容重V
self.容重.bind('<KeyRelease>', self.vw_in)
self.容重.bind('<FocusIn>', self.vw_in)
self.容重.bind('<Key-Return>', self.tab_vw)
self.耕层厚度Label=Label(参数_frame, style='18.TLabel',
    text=养分key[17])
self.耕层厚度Label.grid(row=4, column=5)
self.耕层厚度=Entry(参数_frame, background = 背景色[0],
    justify='center')
self.耕层厚度.grid(row=5, column=5, sticky=E+W+S+N)
self.耕层厚度V = DoubleVar()
self.耕层厚度["textvariable"] = self.耕层厚度V
self.耕层厚度.bind('<KeyRelease>', self.厚度_out)
self.耕层厚度.bind('<FocusIn>', self.厚度_in)
self.耕层厚度.bind('<Key-Return>', self.tab_厚度)
site_frame = Frame(mainWindow, style="Y.TFrame")
site_frame.pack(fill='both',expand=True)
site_frame.columnconfigure(0, weight=1)
site_frame.columnconfigure(1, weight=1)
site_frame.columnconfigure(2, weight=1)
site_frame.columnconfigure(3, weight=1)
site_frame.columnconfigure(4, weight=1)
site_frame.columnconfigure(5, weight=1)
site_frame.columnconfigure(6, weight=1)
site_frame.rowconfigure(0, weight=1)
site_frame.rowconfigure(1, weight=1)
self.省Label=Label(site_frame, style='18.TLabel', text=位置[0])
self.省Label.grid(row=0, column=0)
self.省=Combobox(site_frame, font = ('宋体', 18, 'bold'),
                 state='normal', justify='center')
```

```
        self.省.grid(row=1, column=0, sticky=E+W+S+N)
        self.省V = StringVar();self.省["textvariable"] = self.省V
        self.省.bind("<<ComboboxSelected>>", self.筛选省)
        self.省['values']=省_list;self.省.bind('<Key-Return>',self.tab_省)
        self.省.bind('<FocusIn>', self.省_in)
        self.省.bind('<KeyRelease>', self.省_out)
        self.市Label=Label(site_frame, style='18.TLabel', text=位置[1])
        self.市Label.grid(row=0, column=1)
        self.市=Combobox(site_frame, font = ('宋体', 18, 'bold'),
                          state='normal', justify='center')
        self.市.grid(row=1, column=1, sticky=E+W+S+N)
        self.市V = StringVar();self.市["textvariable"] = self.市V
        self.市.bind("<<ComboboxSelected>>", self.筛选市)
        self.市.bind('<Key-Return>', self.tab_市)
        self.市.bind('<FocusIn>', self.市_in)
        self.市.bind('<KeyRelease>', self.市_out)
        self.县Label=Label(site_frame, style='18.TLabel', text=位置[2])
        self.县Label.grid(row=0, column=2)
        self.县=Combobox(site_frame, font = ('宋体', 18, 'bold'),
                          state='normal', justify='center')
        self.县.grid(row=1, column=2, sticky=E+W+S+N)
        self.县V = StringVar();self.县["textvariable"] = self.县V
        self.县.bind("<<ComboboxSelected>>", self.筛选县)
        self.县.bind('<Key-Return>', self.tab_县)
        self.县.bind('<FocusIn>', self.县_in)
        self.县.bind('<KeyRelease>', self.县_out)
        self.乡Label=Label(site_frame, style='18.TLabel', text=位置[3])
        self.乡Label.grid(row=0, column=3)
        self.乡=Combobox(site_frame, font = ('宋体', 18, 'bold'),
                          state='normal', justify='center')
        self.乡.grid(row=1, column=3, sticky=E+W+S+N)
        self.乡V = StringVar();self.乡["textvariable"] = self.乡V
        self.乡.bind("<<ComboboxSelected>>", self.筛选乡)
        self.乡.bind('<Key-Return>', self.tab_乡)
        self.乡.bind('<FocusIn>', self.乡_in)
        self.乡.bind('<KeyRelease>', self.乡_out)
        self.村Label=Label(site_frame, style='18.TLabel', text=位置[4])
        self.村Label.grid(row=0, column=4)
        self.村=Combobox(site_frame, font = ('宋体', 18, 'bold'),
                          state='normal', justify='center')
        self.村.grid(row=1, column=4, sticky=E+W+S+N)
        self.村V = StringVar();self.村["textvariable"] = self.村V
        self.村.bind("<<ComboboxSelected>>", self.筛选村)
        self.村.bind('<Key-Return>', self.tab_村)
        self.村.bind('<FocusIn>', self.村_in)
```

```
self.村.bind('<KeyRelease>', self.村_out)
self.屯Label=Label(site_frame, style='18.TLabel', text=位置[5])
self.屯Label.grid(row=0, column=5)
self.屯=Combobox(site_frame, font = ('宋体', 18, 'bold'),
                 state='normal', justify='center')
self.屯.grid(row=1, column=5, sticky=E+W+S+N)
self.屯V = StringVar();self.屯["textvariable"] = self.屯V
self.屯.bind("<<ComboboxSelected>>", self.筛选屯)
self.屯.bind('<Key-Return>', self.tab_屯)
self.屯.bind('<FocusIn>', self.屯_in)
self.屯.bind('<KeyRelease>', self.屯_out)
self.地块Label=Label(site_frame, style='18.TLabel', text=位置[6])
self.地块Label.grid(row=0, column=6)
self.地块=Combobox(site_frame,font=('宋体',18,'bold'),
                 state='normal', justify='center')
self.地块.grid(row=1, column=6, sticky=E+W+S+N)
self.地块V = StringVar();self.地块["textvariable"] = self.地块V
self.地块.bind("<<ComboboxSelected>>", self.筛选地块)
self.地块.bind('<Key-Return>', self.tab_地块)
self.地块.bind('<FocusIn>', self.地块_in)
self.地块.bind('<KeyRelease>', self.地块_out)
record_frame = Frame(mainWindow, style="Y.TFrame")
record_frame.pack(fill='both', side='bottom',expand=True)
record_frame.columnconfigure(0, weight=1)
record_frame.columnconfigure(1, weight=1)
record_frame.columnconfigure(3, weight=1)
record_frame.columnconfigure(4, weight=1)
record_frame.columnconfigure(5, weight=1)
record_frame.columnconfigure(6, weight=1)
record_frame.columnconfigure(7, weight=1)
record_frame.rowconfigure(0, weight=1)
Button_last=Button(record_frame, text='第一个', style='TButton',
                  command=self.first_one,takefocus=False)
Button_last.grid(row=0, column=0)
Button_last=Button(record_frame, text='前一个',style='TButton',
                  command=self.上一地点,takefocus=False)
Button_last.grid(row=0, column=1)
self.当前记录 = Entry(record_frame, justify='center',
    takefocus=False)
self.当前记录.grid(row=0, column=2,ipady=5)
self.当前记录V = StringVar()
self.当前记录["textvariable"] = self.当前记录V
self.当前记录.bind('<Key-Return>', self.to_current_record)
Button_next=Button(record_frame, text='后一个',style='TButton',
                  command=self.下一地点,takefocus=False)
```

```
        Button_next.grid(row=0, column=3)
        Button_next=Button(record_frame, text='最后',style='TButton',
                           command=self.last_one,takefocus=False)
        Button_next.grid(row=0, column=4)
        Button_next=Button(record_frame, text='插入',style='TButton',
                           command=self.insert_newrecord,takefocus=False)
        Button_next.grid(row=0, column=5)
        Button_next=Button(record_frame, text='新增',style='TButton',
                           command=self.add_newrecord,takefocus=False)
        Button_next.grid(row=0, column=6)
        Button_next=Button(record_frame, text='删除',style='TButton',
                           command=self.delete_record,takefocus=False)
        Button_next.grid(row=0, column=7)
        self.value_in = 0;self.threshold = 0
        if para_dict_list:
            current_record = para_dict_list[current_record_index[0]]
            self.show_record(current_record)
        else:
            self.add_newrecord()
    def space_select(self,event):
        行穴距 = self.行穴距V.get()
        self.行穴距V.set('行穴距(m): {}'.format(行穴距))
    def threshold_button(self):
        if self.threshold == 0:
            self.threshold_show()
        else:
            item = [];item.append(self.有效氮V.get());n = 0
            item.append(self.有效磷V.get());item.append(self.有效钾V.get())
            item.append(self.有效钙V.get())
            item.append(self.交换性镁V.get())
            item.append(self.有效硫V.get())
            item.append(self.有效硼V.get())
            item.append(self.有效钼V.get())
            item.append(self.有效态铁V.get())
            item.append(self.有效态锌V.get())
            item.append(self.有效态铜V.get())
            item.append(self.有效态锰V.get())
            item.append(self.氯离子V.get())
            item.append(self.有效态钴V.get())
            item.append(self.有机质V.get())
            for key in 临界养分_dict:
                if key in 'pH':
                    break
                临界养分_dict[key] = item[n]
                n = n + 1
```

```
            with open(临界养分_dict_path,'w') as f:
                json.dump(临界养分_dict,f)
            current_record = para_dict_list[current_record_index[0]]
            self.show_record(current_record);self.threshold = 0
    def threshold_show(self):
        self.threshold = 1;self.button_normal()
        item = list(临界养分_dict.values())
        self.省V.set('');self.市V.set('');self.县V.set('');self.乡V.set('')
        self.村V.set('');self.屯V.set('');self.地块V.set('')
        self.有效氮V.set(item[0]);self.有效磷V.set(item[1])
        self.有效钾V.set(item[2]);self.有效钙V.set(item[3])
        self.交换性镁V.set(item[4]);self.有效硫V.set(item[5])
        self.有效硼V.set(item[6]);self.有效钼V.set(item[7])
        self.有效态铁V.set(item[8]);self.有效态锌V.set(item[9])
        self.有效态铜V.set(item[10]);self.有效态锰V.set(item[11])
        self.氯离子V.set(item[12]);self.有效态钴V.set(item[13])
        self.有机质V.set(item[14]);self.pHV.set('')
        self.容重V.set('');self.耕层厚度V.set('')
        self.有效氮['foreground'] = 'red'; self.有效磷['foreground'] = 'red'
        self.有效钾['foreground'] = 'red';self.有效钙['foreground'] = 'red'
        self.交换性镁['foreground'] = 'red';self.有效硫['foreground'] = 'red'
        self.有效硼['foreground']='red';self.有效钼['foreground']='red'
        self.有效态铁['foreground']='red';self.有效态锌['foreground']='red'
        self.有效态铜['foreground']='red';self.有效态锰['foreground']='red'
        self.氯离子['foreground'] = 'red';self.有效态钴['foreground'] = 'red'
        self.有机质['foreground'] = 'red';self.磷肥V.set('')
        self.钾肥V.set('')
        self.钙肥V.set('');self.当前记录V.set('')
    def 省_in(self,event):
        self.key = '省';self.value_in = self.省V.get();self.button_normal()
    def 市_in(self,event):
        self.key = '市';self.value_in = self.市V.get();self.button_normal()
    def 县_in(self,event):
        self.key = '县';self.value_in = self.县V.get();self.button_normal()
    def 乡_in(self,event):
        self.key = '乡';self.value_in = self.乡V.get();self.button_normal()
    def 村_in(self,event):
        self.key = '村';self.value_in = self.村V.get();self.button_normal()
    def 屯_in(self,event):
        self.key = '屯';self.value_in = self.屯V.get();self.button_normal()
    def 地块_in(self,event):
        self.key = '地块';self.value_in = self.地块V.get()
        self.button_normal()
    def 省_out(self,event):
        current_record = para_dict_list[current_record_index[0]]
```

```
        new_value = self.省V.get()
        if self.value_in != new_value:
            current_record[self.key] = new_value
    def 市_out(self,event):
        current_record = para_dict_list[current_record_index[0]]
        new_value = self.市V.get()
        if self.value_in != new_value:
            current_record[self.key] = new_value
            省=self.省V.get();县=self.县V.get();乡=self.乡V.get()
            村=self.村V.get();屯=self.屯V.get();地块=self.地块V.get()
            current_record = para_dict_list[current_record_index[0]]
            current_record['省'] = 省;current_record['县'] = 县
            current_record['乡'] = 乡;current_record['村'] = 村
            current_record['屯'] = 屯;current_record['地块'] = 地块
    def 县_out(self,event):
        current_record = para_dict_list[current_record_index[0]]
        new_value = self.县V.get()
        if self.value_in != new_value:
            current_record[self.key] = new_value
            省=self.省V.get();市=self.市V.get();乡=self.乡V.get()
            村=self.村V.get();屯=self.屯V.get();地块=self.地块V.get()
            current_record = para_dict_list[current_record_index[0]]
            current_record['省'] = 省;current_record['市'] = 市
            current_record['乡'] = 乡;current_record['村'] = 村
            current_record['屯'] = 屯;current_record['地块'] = 地块
    def 乡_out(self,event):
        current_record = para_dict_list[current_record_index[0]]
        new_value = self.乡V.get()
        if self.value_in != new_value:
            current_record[self.key] = new_value
            省=self.省V.get();市=self.市V.get();县=self.县V.get()
            村=self.村V.get();屯=self.屯V.get();地块=self.地块V.get()
            current_record = para_dict_list[current_record_index[0]]
            current_record['省'] = 省;current_record['市'] = 市
            current_record['县'] = 县;current_record['村'] = 村
            current_record['屯'] = 屯;current_record['地块'] = 地块
    def 村_out(self,event):
        current_record = para_dict_list[current_record_index[0]]
        new_value = self.村V.get()
        if self.value_in != new_value:
            current_record[self.key] = new_value
            省=self.省V.get();市=self.市V.get();县=self.县V.get()
            乡=self.乡V.get();屯=self.屯V.get();地块=self.地块V.get()
            current_record = para_dict_list[current_record_index[0]]
            current_record['省'] = 省;current_record['市'] = 市
```

```
            current_record['县'] = 县;current_record['乡'] = 乡
            current_record['屯'] = 屯;current_record['地块'] = 地块
    def 屯_out(self,event):
        current_record = para_dict_list[current_record_index[0]]
        new_value = self.屯V.get()
        if self.value_in != new_value:
            current_record[self.key] = new_value
            省=self.省V.get();市=self.市V.get();县=self.县V.get()
            乡=self.乡V.get();村=self.村V.get();地块=self.地块V.get()
            current_record = para_dict_list[current_record_index[0]]
            current_record['省'] = 省;current_record['市'] = 市
            current_record['县'] = 县;current_record['乡'] = 乡
            current_record['村'] = 村;current_record['地块'] = 地块
    def 地块_out(self,event):
        current_record = para_dict_list[current_record_index[0]]
        new_value = self.地块V.get()
        if self.value_in != new_value:
            current_record[self.key] = new_value
            省=self.省V.get();市=self.市V.get();县=self.县V.get()
            乡=self.乡V.get();村=self.村V.get();屯=self.屯V.get()
            current_record = para_dict_list[current_record_index[0]]
            current_record['省'] = 省;current_record['市'] = 市
            current_record['县'] = 县;current_record['乡'] = 乡
            current_record['村'] = 村;current_record['屯'] = 屯
    def N_in(self,event):
        self.key = '氮'
        try:
            self.value_in = self.有效氮V.get()
        except:
           self.value_in = 0
        self.button_normal()
    def P_in(self,event):
        self.key = '磷'
        try:
            self.value_in = self.有效磷V.get()
        except:
           self.value_in = 0
        self.button_normal()
    def K_in(self,event):
        self.key = '钾'
        try:
            self.value_in = self.有效钾V.get()
        except:
           self.value_in = 0
        self.button_normal()
```

```
    def Ca_in(self,event):
        self.key = '钙'
        try:
            self.value_in = self.有效钙V.get()
        except:
            self.value_in = 0
        self.button_normal()
    def Mg_in(self,event):
        self.key = '镁'
        try:
            self.value_in = self.交换性镁V.get()
        except:
            self.value_in = 0
        self.button_normal()
    def S_in(self,event):
        self.key = '硫'
        try:
            self.value_in = self.有效硫V.get()
        except:
            self.value_in = 0
        self.button_normal()
    def B_in(self,event):
        self.key = '硼'
        try:
            self.value_in = self.有效硼V.get()
        except:
            self.value_in = 0
        self.button_normal()
    def Mo_in(self,event):
        self.key = '钼'
        try:
            self.value_in = self.有效钼V.get()
        except:
            self.value_in = 0
        self.button_normal()
    def Fe_in(self,event):
        self.key = '铁'
        try:
            self.value_in = self.有效态铁V.get()
        except:
            self.value_in = 0
        self.button_normal()
    def Zn_in(self,event):
        self.key = '锌'
        try:
```

```
            self.value_in = self.有效态锌V.get()
        except:
            self.value_in = 0
        self.button_normal()
    def Cu_in(self,event):
        self.key = '铜'
        try:
            self.value_in = self.有效态铜V.get()
        except:
            self.value_in = 0
        self.button_normal()
    def Mn_in(self,event):
        self.key = '锰'
        try:
            self.value_in = self.有效态锰V.get()
        except:
            self.value_in = 0
        self.button_normal()
    def Cl_in(self,event):
        self.key = '氯'
        try:
            self.value_in = self.氯离子V.get()
        except:
            self.value_in = 0
        self.button_normal()
    def Co_in(self,event):
        self.key = '钴'
        try:
            self.value_in = self.有效态钴V.get()
        except:
            self.value_in = 0
        self.button_normal()
    def 厚度_in(self,event):
        self.key = '厚度'
        try:
            self.value_in = self.耕层厚度V.get()
        except:
            self.value_in = 0
        self.button_normal()
    def vw_in(self,event):
        self.key = '容重'
        try:
            self.value_in = self.容重V.get()
        except:
            self.value_in = 0
```

```
        self.button_normal()
    def pH_in(self,event):
        self.key = 'pH'
        try:
            self.value_in = self.pHV.get()
        except:
            self.value_in = 0
        self.button_normal()
    def organ_in(self,event):
        self.key = '有机质'
        try:
            self.value_in = self.有机质V.get()
        except:
            self.value_in = 0
        self.button_normal()
    def N_out(self,event):
        current_record = para_dict_list[current_record_index[0]]
        try:
            new_value = self.有效氮V.get()
        except:
            new_value = 0
        if self.value_in != new_value:
            current_record[self.key] = new_value
    def P_out(self,event):
        current_record = para_dict_list[current_record_index[0]]
        try:
            new_value = self.有效磷V.get()
        except:
            new_value = 0
        if self.value_in != new_value:
            current_record[self.key] = new_value
    def K_out(self,event):
        current_record = para_dict_list[current_record_index[0]]
        try:
            new_value = self.有效钾V.get()
        except:
            new_value = 0
        if self.value_in != new_value:
            current_record[self.key] = new_value
    def Ca_out(self,event):
        current_record = para_dict_list[current_record_index[0]]
        try:
            new_value = self.有效钙V.get()
        except:
            new_value = 0
```

```
        if self.value_in != new_value:
            current_record[self.key] = new_value
    def Mg_out(self,event):
        current_record = para_dict_list[current_record_index[0]]
        try:
            new_value = self.交换性镁V.get()
        except:
            new_value = 0
        if self.value_in != new_value:
            current_record[self.key] = new_value
    def S_out(self,event):
        current_record = para_dict_list[current_record_index[0]]
        try:
            new_value = self.有效硫V.get()
        except:
            new_value = 0
        if self.value_in != new_value:
            current_record[self.key] = new_value
    def B_out(self,event):
        current_record = para_dict_list[current_record_index[0]]
        try:
            new_value = self.有效硼V.get()
        except:
            new_value = 0
        if self.value_in != new_value:
            current_record[self.key] = new_value
    def Mo_out(self,event):
        current_record = para_dict_list[current_record_index[0]]
        try:
            new_value = self.有效钼V.get()
        except:
            new_value = 0
        if self.value_in != new_value:
            current_record[self.key] = new_value
    def Fe_out(self,event):
        current_record = para_dict_list[current_record_index[0]]
        try:
            new_value = self.有效态铁V.get()
        except:
            new_value = 0
        if self.value_in != new_value:
            current_record[self.key] = new_value
    def Zn_out(self,event):
        current_record = para_dict_list[current_record_index[0]]
        try:
```

```
            new_value = self.有效态锌V.get()
        except:
            new_value = 0
        if self.value_in != new_value:
            current_record[self.key] = new_value
    def Cu_out(self,event):
        current_record = para_dict_list[current_record_index[0]]
        try:
            new_value = self.有效态铜V.get()
        except:
            new_value = 0
        if self.value_in != new_value:
            current_record[self.key] = new_value
    def Mn_out(self,event):
        current_record = para_dict_list[current_record_index[0]]
        try:
            new_value = self.有效态锰V.get()
        except:
            new_value = 0
        if self.value_in != new_value:
            current_record[self.key] = new_value
    def Cl_out(self,event):
        current_record = para_dict_list[current_record_index[0]]
        try:
            new_value = self.氯离子V.get()
        except:
            new_value = 0
        if self.value_in != new_value:
            current_record[self.key] = new_value
    def Co_out(self,event):
        current_record = para_dict_list[current_record_index[0]]
        try:
            new_value = self.有效态钴V.get()
        except:
            new_value = 0
        if self.value_in != new_value:
            current_record[self.key] = new_value
    def 厚度_out(self,event):
        current_record = para_dict_list[current_record_index[0]]
        try:
            new_value = self.耕层厚度V.get()
        except:
            new_value = 0
        if self.value_in != new_value:
            current_record[self.key] = new_value
```

```
def vw_out(self,event):
    current_record = para_dict_list[current_record_index[0]]
    try:
        new_value = self.容重V.get()
    except:
        new_value = 0
    if self.value_in != new_value:
        current_record[self.key] = new_value
def pH_out(self,event):
    current_record = para_dict_list[current_record_index[0]]
    try:
        new_value = self.pHV.get()
    except:
        new_value = 0
    if self.value_in != new_value:
        current_record[self.key] = new_value
def organ_out(self,event):
    current_record = para_dict_list[current_record_index[0]]
    try:
        new_value = self.有机质V.get()
    except:
        new_value = 0
    if self.value_in != new_value:
        current_record[self.key] = new_value
def 备份数据(self):
    data_path = filedialog.askdirectory()
    data_path = '{}\\花生施肥数据库.txt'.format(data_path)
    with open(data_path,'w') as f:
        json.dump(para_dict_list,f)
def configure_button(self):
    mainWindow.withdraw();设置窗体()
    app = 设置界面(master = configure_mainWindow);app.mainloop()

def 清空数据(self):
    yesno = messagebox.askyesno('提醒','确定要清空所有记录？')
    if not yesno:
        return
    else:
        yesno = messagebox.askyesno('再次提醒','确定要清空所有记录？')
        if yesno:
            para_dict_list.clear();self.add_newrecord()
            with open(data_path,'w') as f:
                json.dump(para_dict_list,f)
def button_normal(self):
    self.Button1['state'] = 'normal';self.Button2['state'] = 'normal'
```

```
        self.Button3['state'] = 'normal';self.Button4['state'] = 'normal'
    def N_focusin(self, event):
        self.button_normal()
    def p_focusin(self, event):
        self.button_normal()
    def k_focusin(self, event):
        self.button_normal()
    def ca_focusin(self, event):
        self.button_normal()
    def yield_focusin(self, event):
        self.button_normal()
    def row_focusin(self, event):
        self.button_normal()
    def to_current_record(self, event):
        self.button_normal()
        record_rank = self.当前记录V.get()
        record_rank = record_rank.split('(')
        record_rank = eval(record_rank[0]);record_rank = int(record_rank)
        record_num = len(para_dict_list)
        if record_rank < 1:
            messagebox.showerror('警示', '输入的序号应为正整数! ')
            current_record_index[0] = 0
        elif record_rank > record_num:
            messagebox.showerror('警示',
                '数据库中只有{}个地块记录! '.format(record_num))
            current_record_index[0] = record_num-1
        else:
            current_record_index[0] = record_rank-1
        current_record = para_dict_list[current_record_index[0]]
        self.show_record(current_record)
    def font_resize(self, event):
        self.entry_height = event.height;self.entry_width  = event.height
        self.font_configure()
    def font_configure(self):
        font_size = int(36 * self.entry_height/68)
        if font_size < 12:
            font_size = 12
        font_size_f = 16 + int((self.entry_width-49)/20)
        self.N_有效['font'] = ('宋体',  font_size_f, 'bold' )
        self.P_有效['font'] = ('宋体',  font_size_f, 'bold' )
        self.K_有效['font'] = ('宋体',  font_size_f, 'bold' )
        self.钙_有效['font'] = ('宋体',  font_size_f, 'bold' )
        self.微肥_有效['font'] = ('宋体',  font_size_f, 'bold' )
        self.目标产量['font'] = ('宋体',  font_size_f, 'bold' )
        self.行穴距['font'] = ('宋体',  font_size_f, 'bold' )
```

```
        self.氮肥['font'] = ('宋体', font_size_f, 'bold' )
        self.磷肥['font'] = ('宋体', font_size_f, 'bold' )
        self.钾肥['font'] = ('宋体', font_size_f, 'bold' )
        self.钙肥['font'] = ('宋体', font_size_f, 'bold' )
        self.微肥['font'] = ('宋体', font_size_f, 'bold' )
        self.有效氮['font'] = ('宋体', font_size, 'bold' )
        self.有效磷['font'] = ('宋体', font_size, 'bold' )
        self.有效钾['font'] = ('宋体', font_size, 'bold' )
        self.有效钙['font'] = ('宋体', font_size, 'bold' )
        self.交换性镁['font'] = ('宋体', font_size, 'bold' )
        self.有效硫['font'] = ('宋体', font_size, 'bold' )
        self.有效硼['font'] = ('宋体', font_size, 'bold' )
        self.有效钼['font'] = ('宋体', font_size, 'bold' )
        self.有效态铁['font'] = ('宋体', font_size, 'bold' )
        self.有效态锌['font'] = ('宋体', font_size, 'bold' )
        self.有效态铜['font'] = ('宋体', font_size, 'bold' )
        self.有效态锰['font'] = ('宋体', font_size, 'bold' )
        self.氯离子['font'] = ('宋体', font_size, 'bold' )
        self.有效态钴['font'] = ('宋体', font_size, 'bold' )
        self.有机质['font'] = ('宋体', font_size, 'bold' )
        self.pH['font'] = ('宋体', font_size, 'bold' )
        self.容重['font'] = ('宋体', font_size, 'bold' )
        self.耕层厚度['font'] = ('宋体', font_size, 'bold' )
        self.当前记录['font'] = ('宋体', font_size, 'bold' )
    def first_one(self):
        self.button_normal();current_record_index[0] = 0
        current_record = para_dict_list[current_record_index[0]]
        self.show_record(current_record)
    def last_one(self):
        self.button_normal();record_num = len(para_dict_list)
        current_record_index[0] = record_num-1
        current_record = para_dict_list[current_record_index[0]]
        self.show_record(current_record)
    def tab_省(self, event):
        self.市.focus();self.市.select_range(start=0, end=END)
    def tab_市(self, event):
        self.县.focus();self.县.select_range(start=0, end=END)
    def tab_县(self, event):
        self.乡.focus();self.乡.select_range(start=0, end=END)
    def tab_乡(self, event):
        self.村.focus();self.村.select_range(start=0, end=END)
    def tab_村(self, event):
        self.屯.focus();self.屯.select_range(start=0, end=END)
    def tab_屯(self, event):
        self.地块.focus();self.地块.select_range(start=0, end=END)
```

```
    def tab_地块(self, event):
        self.目标产量.focus();self.目标产量.select_range(start=0,end=END)
    def tab_N(self, event):
        self.有效磷.focus();self.有效磷.select_range(start=0, end=END)
    def tab_P(self, event):
        self.有效钾.focus();self.有效钾.select_range(start=0, end=END)
    def tab_K(self, event):
        self.有效钙.focus();self.有效钙.select_range(start=0, end=END)
    def tab_Ca(self, event):
        self.交换性镁.focus();self.交换性镁.select_range(start=0, end=END)
    def tab_Mg(self, event):
        self.有效硫.focus();self.有效硫.select_range(start=0, end=END)
    def tab_S(self, event):
        self.有效硼.focus();self.有效硼.select_range(start=0, end=END)
    def tab_B(self, event):
        self.有效钼.focus();self.有效钼.select_range(start=0, end=END)
    def tab_Mo(self, event):
        self.有效态铁.focus();self.有效态铁.select_range(start=0, end=END)
    def tab_Fe(self, event):
        self.有效态锌.focus();self.有效态锌.select_range(start=0, end=END)
    def tab_Zn(self, event):
        self.有效态铜.focus();self.有效态铜.select_range(start=0, end=END)
    def tab_Cu(self, event):
        self.有效态锰.focus();self.有效态锰.select_range(start=0, end=END)
    def tab_Mn(self, event):
        self.氯离子.focus();self.氯离子.select_range(start=0, end=END)
    def tab_Cl(self, event):
        self.有效态钴.focus();self.有效态钴.select_range(start=0, end=END)
    def tab_Co(self, event):
        self.有机质.focus();self.有机质.select_range(start=0, end=END)
    def tab_organ(self, event):
        self.pH.focus();self.pH.select_range(start=0, end=END)
    def tab_pH(self, event):
        self.容重.focus();self.容重.select_range(start=0, end=END)
    def tab_vw(self, event):
        self.耕层厚度.focus();self.耕层厚度.select_range(start=0, end=END)
    def tab_厚度(self, event):
        self.目标产量.focus();self.目标产量.select_range(start=0, end=END)
    def tab_yield(self, event):
        self.有效氮.focus();self.有效氮.select_range(start=0, end=END)
    def label_resize(self, event):
        window_width = event.width;self.title_label_configure(window_width)
    def title_label_configure(self,window_width):
        font_size = int(32 *window_width / 1150)
        self.title_soft['font'] = ('微软雅黑', font_size, 'bold')
```

```
        self.title_soft['justify'] = 'center'
        self.title_soft['anchor'] = 'n'
        self.title_soft['text'] = app_name
        self.copyright_owner['font'] = ('微软雅黑', int(font_size*0.5))
        self.copyright_owner['justify'] = 'center'
        self.copyright_owner['anchor'] = 'n'
        self.copyright_owner['text'] = '唐荣华; 于海秋; 王兴祥; 张正; 刘娟; 李亮;\
            张昆; 邹晓霞; 黄志鹏; 唐秀梅\n(财政部和农业农村部: \
            国家现代农业产业技术体系资助)'
    def 导入数据(self):
        '''
        导入保存在其他电子表格格式、兼容的csv、txt格式文件中的耕地参数。
        '''
        pathFile =filedialog.askopenfilename(filetypes=[('所有','*'),
        ("xlsx", ".xlsx"),("xlsx", ".xls"),('CSV', '.csv'),
            ('文本文件','.txt')])
        if pathFile == '':
            return
        file_path=pathFile.rstrip('\n')
        row_dict_list = input_data(file_path)
        self.renew_data(row_dict_list)
    def renew_data(self, row_dict_list):
        if not row_dict_list:
            return
        #把新导入的数据中不重复的数据加到原有数据库中
        for line in row_dict_list:
            if line not in para_dict_list:
                para_dict_list.append(line)
        省_list = combo_value(para_dict_list)
        record_num = len(para_dict_list)
        self.省['values'] = 省_list;current_record_index[0] = record_num-1
        current_record = para_dict_list[current_record_index[0]]
        self.show_record(current_record)

    def 上一地点(self):
        current_record_index[0] = current_record_index[0]-1
        if current_record_index[0] == -1:
            current_record_index[0] = 0
        current_record = para_dict_list[current_record_index[0]]
        self.show_record(current_record);self.button_normal()
    def 下一地点(self):
        record_num = len(para_dict_list)
        current_record_index[0] = current_record_index[0]+1
        if current_record_index[0] > record_num-1:
            current_record_index[0] = record_num-1
```

```
        current_record = para_dict_list[current_record_index[0]]
        self.show_record(current_record);self.button_normal()
    def insert_newrecord(self):
        global current_record
        '''
        在当前记录前插入新记录。
        self.insert_newrecord()
        '''
        line_dict = {}
        for key in para_name:
            line_dict[key] = ''
        para_dict_list.insert(current_record_index[0],line_dict)
        self.show_record(line_dict);self.button_normal()
    def add_newrecord(self):
        '''
        在数据库末尾插入新记录。
        self.add_newrecord()
        '''
        last_record = para_dict_list[-1];pH = last_record['pH']
        if not pH:
            return
        line_dict = {}
        for key in para_name:
            line_dict[key] = ''
        para_dict_list.append(line_dict);record_num = len(para_dict_list)
        current_record_index[0] = record_num-1
        self.show_record(line_dict);self.button_normal()
    def show_record(self,current_record_dict):
        if current_record_dict:
            line_value_list = list(current_record_dict.values())
        else:
            line_value_list = [''] * 25
        self.fill_value(line_value_list)
        record_num = len(para_dict_list)
        self.当前记录V.set('{}({})'.format(current_record_index[0]+1,
            record_num))
        self.目标产量.focus_force();self.目标产量.select_range
            (start=0, end=END)
        self.目标产量.icursor(END);self.肥料选择()
    def fill_value(self,item):
        '''
        显示当前地块记录的参数值。

        Parameters
        ----------
```

```
item : list
    为与施肥界面参数对应的参数值列表.

Returns
-------
None.

'''
#土壤参数如果没有检测值，统一设置为0
if item[7]:
    item[7] = float(item[7]) if isinstance(eval(str(item[7])),
        (int,float)) else 0
    self.有效氮['foreground'] = 'red' if item[7] <= 临界养分_dict\
        ['碱解氮'] else 'black'
if item[8]:
    item[8] = float(item[8]) if isinstance(eval(str(item[8])),
        (int,float)) else 0
    self.有效磷['foreground'] = 'red' if item[8] <= 临界养分_dict\
        ['有效磷'] else 'black'
if item[9]:
    item[9] = float(item[9]) if isinstance(eval(str(item[9])),
        (int,float)) else 0
    self.有效钾['foreground'] = 'red' if item[9] <= 临界养分_dict\
        ['有效钾'] else 'black'
if item[10]:
    item[10] = float(item[10]) if isinstance(eval(str(item[10])),
        (int,float)) else 0
    self.有效钙['foreground'] = 'red' if item[10] <= 临界养分_dict\
        ['交换性钙'] else 'black'
if item[11]:
    item[11] = float(item[11]) if isinstance(eval(str(item[11])),
        (int,float)) else 0
    self.交换性镁['foreground'] = 'red' if item[11] <= 临界养分_dict\
        ['交换性镁'] else 'black'
if item[12]:
    item[12] = float(item[12]) if isinstance(eval(str(item[12])),
        (int,float)) else 0
    self.有效硫['foreground'] = 'red' if item[12] <= 临界养分_dict\
        ['有效硫'] else 'black'
if item[13]:
    item[13] = float(item[13]) if isinstance(eval(str(item[13])),
        (int,float)) else 0
    self.有效硼['foreground'] = 'red' if item[13] <= 临界养分_dict\
        ['有效硼'] else 'black'
if item[14]:
```

```
        item[14] = float(item[14]) if isinstance(eval(str(item[14])),
            (int,float)) else 0
        self.有效钼['foreground'] = 'red' if item[14] <= 临界养分_dict\
            ['有效钼'] else 'black'
    if item[15]:
        item[15] = float(item[15]) if isinstance(eval(str(item[15])),
            (int,float)) else 0
        self.有效态铁['foreground'] = 'red' if item[15] <= 临界养分_dict\
            ['有效态铁'] else 'black'
    if item[16]:
        item[16] = float(item[16]) if isinstance(eval(str(item[16])),
            (int,float)) else 0
        self.有效态锌['foreground'] = 'red' if item[16] <= 临界养分_dict\
            ['有效态锌'] else 'black'
    if item[17]:
        item[17] = float(item[17]) if isinstance(eval(str(item[17])),
            (int,float)) else 0
        self.有效态铜['foreground'] = 'red' if item[17] <= 临界养分_dict\
            ['有效态铜'] else 'black'
    if item[18]:
        item[18] = float(item[18]) if isinstance(eval(str(item[18])),
            (int,float)) else 0
        self.有效态锰['foreground'] = 'red' if item[18] <= 临界养分_dict\
            ['有效态锰'] else 'black'
    if item[19]:
        item[19] = float(item[19]) if isinstance(eval(str(item[19])),
            (int,float)) else 0
        self.氯离子['foreground'] = 'red' if item[19] <= 临界养分_dict\
            ['氯离子'] else 'black'
    if item[20]:
        item[20] = float(item[20]) if isinstance(eval(str(item[20])),
            (int,float)) else 0
        self.有效态钴['foreground'] = 'red' if item[20] <= 临界养分_dict\
            ['有效态钴'] else 'black'
    self.省V.set(item[0]);self.市V.set(item[1]);self.县V.set(item[2])
    self.乡V.set(item[3]);self.村V.set(item[4]);self.屯V.set(item[5])
    self.地块V.set(item[6]);self.有效氮V.set(item[7])
    self.有效磷V.set(item[8]);self.有效钾V.set(item[9])
    self.有效钙V.set(item[10]);self.交换性镁V.set(item[11])
    self.有效硫V.set(item[12]);self.有效硼V.set(item[13])
    self.有效钼V.set(item[14]);self.有效态铁V.set(item[15])
    self.有效态锌V.set(item[16]);self.有效态铜V.set(item[17])
    self.有效态锰V.set(item[18]);self.氯离子V.set(item[19])
    self.有效态钴V.set(item[20]);self.有机质V.set(item[21])
    self.pHV.set(item[22]);self.容重V.set(item[23])
```

```
        self.耕层厚度V.set(item[24])
    def clear_value(self):
        self.有效氮V.set('');self.有效磷V.set('');self.有效钾V.set('')
        self.有效钙V.set('');self.交换性镁V.set('');self.有效硫V.set('')
        self.有效硼V.set('');self.有效钼V.set('');self.有效态铁V.set('')
        self.有效态锌V.set('');self.有效态铜V.set('')
        self.有效态锰V.set('');self.氯离子V.set('')
        self.有效态钴V.set('');self.有机质V.set('');self.pHV.set('')
        self.容重V.set('');self.耕层厚度V.set('');self.省.focus()
    def delete_record(self):
        self.button_normal()
        yesno = messagebox.askyesno('提醒','确定要删除该条记录？')
        if yesno:
            para_dict_list.pop(current_record_index[0])
        else:
            return
        record_num = len(para_dict_list)
        if record_num == 0:
            self.add_newrecord()
            current_record_index[0] = 0
        if current_record_index[0] >= record_num:
            current_record_index[0] = record_num-1
        current_record = para_dict_list[current_record_index[0]]
        self.show_record(current_record)
    def get_para_value(self):
        try:
            氮=self.有效氮V.get()
            if 氮 < 0:
                氮 = abs(氮)
        except:
            氮 = 0
        try:
            磷=self.有效磷V.get()
            if 磷 < 0:
                磷 = abs(磷)
        except:
            磷=0
        try:
            钾=self.有效钾V.get()
            if 钾 < 0:
                钾=abs(钾)
        except:
            钾=0
        try:
            钙=self.有效钙V.get()
```

```
            if 钙 < 0:
                钙 =abs(钙)
        except:
            钙=0
        try:
            镁=self.交换性镁V.get()
            if 镁 < 0:
                镁 = abs(镁)
        except:
            镁=0
        try:
            硫=self.有效硫V.get()
            if 硫 < 0:
                硫=abs(硫)
        except:
            硫=0
        try:
            硼=self.有效硼V.get()
            if 硼 < 0:
                硼=abs(硼)
        except:
            硼=0
        try:
            钼=self.有效钼V.get()
            if 钼 < 0:
                钼= abs(钼)
        except:
            钼=0
        try:
            铁=self.有效态铁V.get()
            if 铁 < 0:
                铁=abs(铁)
        except:
            铁=0
        try:
            锌=self.有效态锌V.get()
            if 锌 < 0:
                锌 =abs(锌)
        except:
            锌=0
        try:
            铜=self.有效态铜V.get()
            if 铜 < 0:
                铜=abs(铜)
        except:
```

```
        铜=0
    try:
        锰=self.有效态锰V.get()
        if 锰 < 0:
            锰=abs(锰)
    except:
        锰=0
    try:
        氯=self.氯离子V.get()
        if 氯 < 0:
            氯=abs(氯)
    except:
        氯=0
    try:
        钴=self.有效态钴V.get()
        if 钴 < 0:
            钴=abs(钴)
    except:
        钴=0
    try:
        有机质=self.有机质V.get()
        if 有机质 < 0:
            有机质 = abs(有机质)
    except:
        有机质=10
    try:
        pH=self.pHV.get()
        if pH < 0:
            pH=abs(pH)
    except:
        pH=6.0
        self.pHV.set(6.0)
    try:
        土壤容重=self.容重V.get()
        if 土壤容重 < 0:
            土壤容重=abs(土壤容重)
    except:
        土壤容重=1.4
        self.容重V.set(1.4)
    try:
        耕层厚度=self.耕层厚度V.get()
        if 耕层厚度 < 0:
            耕层厚度=abs(耕层厚度)
    except:
        耕层厚度=20
```

```
        self.耕层厚度V.set(20)
    参数值 =[氮, 磷, 钾, 钙, 镁, 硫, 硼, 钼, 铁, 锌, 铜, 锰, 氯, 钴,
            有机质,pH,土壤容重, 耕层厚度]
    return 参数值
def 筛选省(self, event):
    '''
    在地点处选择省时, 筛选出在施肥数据库中该省的记录
    '''
    省=self.省V.get()
    data = []
    for record in para_dict_list:
        value_list = list(record.values())
        if 省 in value_list[0]:
            data.append(record)
    city = []
    for record in data:
        value_list = list(record.values());city.append(value_list[1])
    city = set(city)
    city = list(city)
    self.市['values']=city
    if not self.市['values']:
        省=self.省V.get();市=self.市V.get();县=self.县V.get()
        乡=self.乡V.get();村=self.村V.get();屯=self.屯V.get()
        地块=self.地块V.get()
        current_record = para_dict_list[current_record_index[0]]
        current_record['省'] = 省;current_record['市'] = 市
        current_record['县'] = 县;current_record['乡'] = 乡
        current_record['村'] = 村;current_record['屯'] = 屯
        current_record['地块'] = 地块
def 筛选市(self, event):
    '''
    在地点处选择市时, 筛选出在施肥数据库中该市的记录
    '''
    省=self.省V.get();市=self.市V.get();data = []
    for record in para_dict_list:
        key_list = list(record.values())
        if 省 in key_list[0]:
            data.append(record)
    data1 = []
    for record in data:
        key_list = list(record.values())
        if 市 in key_list[1]:
            data1.append(record)
    county = []
    for record in data1:
```

```
            key_list = list(record.values())
            county.append(key_list[2])
        county = set(county);county = list(county)
        self.县['values']=county;self.县V.set('');self.乡V.set('')
        self.村V.set('');self.屯V.set('');self.地块V.set('')
        if not self.县['values']:
            省=self.省V.get();市=self.市V.get();县=self.县V.get()
            乡=self.乡V.get();村=self.村V.get();屯=self.屯V.get()
            地块=self.地块V.get()
            current_record = para_dict_list[current_record_index[0]]
            current_record['省'] = 省;current_record['市'] = 市
            current_record['县'] = 县;current_record['乡'] = 乡
            current_record['村'] = 村;current_record['屯'] = 屯
            current_record['地块'] = 地块
    def 筛选县(self, event):
        '''
        在地点处选择县时，筛选出在施肥数据库中该县的记录
        '''
        省=self.省V.get();市=self.市V.get();县=self.县V.get()
        data = []
        for record in para_dict_list:
            key_list = list(record.values())
            if 省 in key_list[0]:
                data.append(record)
        data1 = []
        for record in data:
            key_list = list(record.values())
            if 市 in key_list[1]:
                data1.append(record)
        data2 = []
        for record in data1:
            key_list = list(record.values())
            if 县 in key_list[2]:
                data2.append(record)
        town = []
        for record in data2:
            key_list = list(record.values());town.append(key_list[3])
        town = set(town);town = list(town);self.乡['values']=town
        self.乡V.set('');self.村V.set('');self.屯V.set('')
        self.地块V.set('')
        if not self.乡['values']:
            省=self.省V.get();市=self.市V.get();县=self.县V.get()
            乡=self.乡V.get();村=self.村V.get();屯=self.屯V.get()
            地块=self.地块V.get()
            current_record = para_dict_list[current_record_index[0]]
```

```
        current_record['省'] = 省;current_record['市'] = 市
        current_record['县'] = 县;current_record['乡'] = 乡
        current_record['村'] = 村;current_record['屯'] = 屯
        current_record['地块'] = 地块
def 筛选乡(self, event):
    '''
    在地点处选择乡时，筛选出在施肥数据库中该乡的记录
    '''
    省=self.省V.get();市=self.市V.get();县=self.县V.get()
    乡=self.乡V.get();data = []
    for record in para_dict_list:
        key_list = list(record.values())
        if 省 in key_list[0]:
            data.append(record)
    data1 = []
    for record in data:
        key_list = list(record.values())
        if 市 in key_list[1]:
            data1.append(record)
    data2 = []
    for record in data1:
        key_list = list(record.values())
        if 县 in key_list[2]:
            data2.append(record)
    data3 = []
    for record in data2:
        key_list = list(record.values())
        if 乡 in key_list[3]:
            data3.append(record)

    village = []
    for record in data3:
        key_list = list(record.values())
        village.append(key_list[4])
    village = set(village);village = list(village)
    self.村['values']=village;self.村V.set('');self.屯V.set('')
    self.地块V.set('')
    if not self.村['values']:
        省=self.省V.get();市=self.市V.get();县=self.县V.get()
        乡=self.乡V.get();村=self.村V.get();屯=self.屯V.get()
        地块=self.地块V.get()
        current_record = para_dict_list[current_record_index[0]]
        current_record['省'] = 省;current_record['市'] = 市
        current_record['县'] = 县;current_record['乡'] = 乡
        current_record['村'] = 村;current_record['屯'] = 屯
```

```
        current_record['地块'] = 地块
def 筛选村(self, event):
    '''
    在地点处选择村时，筛选出在施肥数据库中该村的记录
    '''
    省=self.省V.get();市=self.市V.get();县=self.县V.get()
    乡=self.乡V.get();村=self.村V.get();data = []
    for record in para_dict_list:
        key_list = list(record.values())
        if 省 in key_list[0]:
            data.append(record)
    data1 = [];data2 = [];data3 = [];data4 = [];village = []
    for record in data:
        key_list = list(record.values())
        if 市 in key_list[1]:
            data1.append(record)
    for record in data1:
        key_list = list(record.values())
        if 县 in key_list[2]:
            data2.append(record)
    for record in data2:
        key_list = list(record.values())
        if 乡 in key_list[3]:
            data3.append(record)
    for record in data3:
        key_list = list(record.values())
        if 村 in key_list[4]:
            data4.append(record)
    for record in data4:
        key_list = list(record.values())
        village.append(key_list[5])
    village = set(village);village = list(village)
    self.屯['values']=village
    self.屯V.set('');self.地块V.set('')
    if not self.屯['values']:
        省=self.省V.get();市=self.市V.get();县=self.县V.get()
        乡=self.乡V.get();村=self.村V.get();屯=self.屯V.get()
        地块=self.地块V.get()
        current_record = para_dict_list[current_record_index[0]]
        current_record['省'] = 省;current_record['市'] = 市
        current_record['县'] = 县;current_record['乡'] = 乡
        current_record['村'] = 村;current_record['屯'] = 屯
        current_record['地块'] = 地块
def 筛选屯(self, event):
    '''
```

```
        在地点处选择屯时，地块组合框自动显示该屯已有的地块记录
        '''
        省=self.省V.get();市=self.市V.get();县=self.县V.get()
        乡=self.乡V.get();村=self.村V.get();屯=self.屯V.get();data=[]
        for record in para_dict_list:
            key_list = list(record.values())
            if 省 in key_list[0]:
                data.append(record)
        data1 = [];data2 = [];data3 = [];data4 = [];data5 = [];village = []
        for record in data:
            key_list = list(record.values())
            if 市 in key_list[1]:
                data1.append(record)
        for record in data1:
            key_list = list(record.values())
            if 县 in key_list[2]:
                data2.append(record)
        for record in data2:
            key_list = list(record.values())
            if 乡 in key_list[3]:
                data3.append(record)
        for record in data3:
            key_list = list(record.values())
            if 村 in key_list[4]:
                data4.append(record)
        for record in data4:
            key_list = list(record.values())
            if 屯 in key_list[5]:
                data5.append(record)
        for record in data5:
            key_list = list(record.values())
            village.append(key_list[6])
        village = set(village);village = list(village)
        self.地块['values']=village;self.地块V.set('')
        if not self.地块['values']:
            省=self.省V.get();市=self.市V.get()
            县=self.县V.get();乡=self.乡V.get()
            村=self.村V.get();屯=self.屯V.get();地块=self.地块V.get()
            current_record = para_dict_list[current_record_index[0]]
            current_record['省'] = 省;current_record['市'] = 市
            current_record['县'] = 县;current_record['乡'] = 乡
            current_record['村'] = 村;current_record['屯'] = 屯
            current_record['地块'] = 地块

    def 筛选地块(self, event):
```

```
    '''
    在地点处选择地块
    '''
    self.button_normal();省=self.省V.get();市=self.市V.get()
    县=self.县V.get();乡=self.乡V.get();村=self.村V.get()
    屯=self.屯V.get(); 地块=self.地块V.get(); data = []
    for record in para_dict_list:
        key_list = list(record.values())
        if 省 in key_list[0]:
            data.append(record)
    data1 = [];data2 = [];data3 = [];data4 = [];data5 = [];data6 = []
    for record in data:
        key_list = list(record.values())
        if 市 in key_list[1]:
            data1.append(record)
    for record in data1:
        key_list = list(record.values())
        if 县 in key_list[2]:
            data2.append(record)
    for record in data2:
        key_list = list(record.values())
        if 乡 in key_list[3]:
            data3.append(record)
    for record in data3:
        key_list = list(record.values())
        if 村 in key_list[4]:
            data4.append(record)
    for record in data4:
        key_list = list(record.values())
        if 屯 in key_list[5]:
            data5.append(record)
    for record in data5:
        key_list = list(record.values())
        if 地块 in key_list[6]:
            data6.append(record)
    if len(data6) > 0:
        record_selected = data6[0]
        current_record_index[0]=para_dict_list.index(record_selected)
        self.show_record(record_selected)
def 恢复(self):
    '''
    恢复程序预设的土壤测定值、耕地及肥料参数。
    self.恢复()
    '''
    默认位置=['', '', '', '', '', '', '']
```

```
        item=list(临界养分_dict.values())
        try:
            self.省V.set(默认位置[0]);self.市V.set(默认位置[1])
            self.县V.set(默认位置[2]);self.乡V.set(默认位置[3])
            self.村V.set(默认位置[4]);self.屯V.set(默认位置[5])
            self.地块V.set(默认位置[6]);self.有效氮V.set(item[0])
            self.有效磷V.set(item[1]);self.有效钾V.set(item[2])
            self.有效钙V.set(item[3]);self.有效硼V.set(item[4])
            self.有效态铁V.set(item[5]);self.有效态铜V.set(item[6])
            self.有效钼V.set(item[7]);self.有机质V.set(item[8])
            self.pHV.set(item[9]);self.容重V.set(item[10])
            self.耕层厚度V.set(item[11]);self.目标产量V.set(4500)
        except:
            pass
    def 养分需要量(self):
        try:
            目标产量=self.目标产量V.get()
        except:
            messagebox.showwarning(title='提醒',
                   message='请输入目标产量，必须为不带单位的纯数字！')
            self.目标产量V.set(4500); self.目标产量.focus();目标产量 = 300
        目标产量 = 目标产量 * 15;N=round((目标产量/100)*5.5, 2)
        P=round((目标产量/100)*1.0, 2); K=round((目标产量/100)*3.0, 2)
        Ca=round((目标产量/100)*3.0*0.714, 2)
        return N, P, K, Ca, 目标产量

    def show_fertilizer(self, content):
        with open('{}\\技术内容.txt'.format(back_path),'w',
            encoding='utf-8') as f:
            f.write(content)
        startfile('{}\\技术内容.txt'.format(back_path), 'open')
        #动作还可以是'print'

    def 肥料选择(self):
        氮肥={'尿素':46, '硫酸铵':21, '硝酸铵':34}
        钾肥={'硫酸钾':5, '磷酸二氢钾':34}
        微肥_dict = {'硼酸':17.5, '硼砂':11.3,'硼镁肥':1,'钼酸铵':50,
                     '钼酸钠':36,'三氧化钼':66,'硫酸亚铁':19,
                     '螯合态铁':10,'硫酸锌':35,'硫酸锰':26, '硫酸铜':24}
        微肥_list = list(微肥_dict.keys());磷肥_select_list = []
        钙肥_select_list = []
        try:
            pH = self.pHV.get()
        except:
           messagebox.showwarning(title='缺pH',message='请输入土壤pH! ,\
```

```
                            默认值为6.0! ')
            self.pH.focus();pH=6.0
        if pH<7:
            磷肥_select_list = ['钙镁磷肥', '重过磷酸钙',
                                '磷酸二氢钾','磷矿粉']
            钙肥_select_list = ['钙镁磷肥', '熟石灰']
        elif 7<=pH<14:
            磷肥_select_list = ['普通过磷酸钙', '磷酸二氢钾','重过磷酸钙']
            钙肥_select_list = ['石膏']
        self.氮肥['values'] = list(氮肥.keys()) + ['硫酸钾复合肥']
        self.磷肥['values'] = 磷肥_select_list + ['硫酸钾复合肥']
        self.钾肥['values'] = list(钾肥.keys()) + ['硫酸钾复合肥']
        self.钙肥['values'] = 钙肥_select_list
        self.微肥['values'] = 微肥_list
        self.微肥V.set(微肥_list[0]);N_f = self.氮肥V.get()
        Ca_f = self.钙肥V.get()
        if not N_f:
            self.氮肥V.set('硫酸钾复合肥');self.磷肥V.set('硫酸钾复合肥')
            self.钾肥V.set('硫酸钾复合肥')
        if not Ca_f:
            self.钙肥V.set(钙肥_select_list[0])
        self.肥料养分()

    def 氮肥_select(self,event):
        self.肥料选择();self.肥料养分()

    def 磷肥_select(self,event):
        self.肥料选择();self.肥料养分()

    def 钾肥_select(self,event):
        self.肥料选择();self.肥料养分()

    def 钙肥_select(self,event):
        self.肥料选择();self.肥料养分()

    def 微肥_select(self,event):
        self.肥料养分()

    def 肥料养分(self):
        '''
        根据肥料品种确定默认的有效养分含量（%）
        self.肥料养分()

        Returns
        -------
```

```
    None.

    '''
    氮肥={'尿素':46, '硫酸铵':21, '硝酸铵':34}
    磷肥={'钙镁磷肥':18, '普通过磷酸钙':16, '重过磷酸钙':45,
         '磷酸二氢钾':52, '磷矿粉':15, '熟石灰':0, '石膏':0}
    钾肥={'硫酸钾':5, '磷酸二氢钾':34}
    钙肥={'熟石灰':9, '石膏':31, '钙镁磷肥':20,
         '特级过磷酸钙':20, '普通过磷酸钙':12}
    镁肥={'钙镁磷肥':12}
    N_f = self.氮肥V.get();P_f = self.磷肥V.get()
    K_f = self.钾肥V.get()
    Ca_f = self.钙肥V.get()
    if N_f in 氮肥:
        content = 氮肥[N_f];text = 'N:{}%'.format(content)
    elif '复合肥' in N_f or '复混肥' in N_f:
        text = 'N:15%;P₂{}:15%;K₂O:15%'.format('O'+chr(8325))
    self.N_有效V.set(text)

    if P_f in 磷肥:
        if '磷酸二氢钾' in P_f:
            P_content = 磷肥[P_f];K_content = 钾肥[P_f]
            text = 'P₂{}:{}%K₂O:{}%'.format('O'+chr(8325),
            P_content,K_content)
            self.P_有效V.set(text)
        else:
            content = 磷肥[P_f]
            text = 'P₂{}:{}%'.format('O'+chr(8325),content)
            self.P_有效V.set(text)
    elif '复合肥' in P_f or '复混肥' in P_f:
        text = 'N:15%;P₂{}:15%;K₂O:15%'.format('O'+chr(8325))
        self.P_有效V.set(text)

    if K_f in 钾肥:
        if '磷酸二氢钾' in K_f:
            P_content = 磷肥[K_f];K_content = 钾肥[K_f]
            text = 'P₂{}:{}%K₂O:{}%'.format('O'+chr(8325),
            P_content,K_content)
        else:
            K_content = 钾肥[K_f]
            text = 'K₂O:{}%'.format(K_content)
    elif '复合肥' in K_f or '复混肥' in K_f:
        content = 15;text ='N:15%P₂{}:15%;K₂O:15%'.format('O'+chr(8325))
    self.K_有效V.set(text)
    if Ca_f in 钙肥:
```

```
            content1 = 钙肥[Ca_f]
            if Ca_f in 磷肥:
                content2 = 磷肥[Ca_f]
            else:
                content2 = 0
            if Ca_f in 镁肥:
                content3 = 镁肥[Ca_f]
            else:
                content3 = 0
            text = 'Ca:{}%; P₂{}:{}%MgO:{}%'.format(content1,
            'O'+chr(8325),content2,content3)
        self.钙_有效V.set(text)

        微肥_name = self.微肥V.get()
        if '硼酸' in 微肥_name:
            text = 'B{}O{}:17.5%'.format(chr(8322),chr(8323))
        elif '硼砂' in 微肥_name:
            text = 'B{}O{}:11.3%'.format(chr(8322),chr(8323))
        elif '硼镁肥' in 微肥_name:
            text = 'B{}O{}:1.0%'.format(chr(8322),chr(8323))
        elif '钼酸铵' in 微肥_name:
            text = 'Mo:50%'
        elif '钼酸钠' in 微肥_name:
            text = 'Mo:36%'
        elif '三氧化钼' in 微肥_name:
            text = 'Mo:66%'
        elif '硫酸亚铁' in 微肥_name:
            text = 'Fe:66%'
        elif '螯合态铁' in 微肥_name:
            text = 'Fe:10%'
        elif '硫酸锌' in 微肥_name:
            text = 'Zn:35%'
        elif '硫酸锰' in 微肥_name:
            text = 'Mn:26%'
        elif '硫酸铜' in 微肥_name:
            text = 'Cu:24%'
        self.微肥_有效V.set(text)
    def f_content(self,text_content):
        '''
        f_content_dict = self.f_content(text_content)
        把带有用中文或英文分号分隔的前缀说明和百分号后缀的肥料有效成分含量转换成小数格式\
        的含量值
        Parameters
        ----------
        text_content : text
```

```
        DESCRIPTION.

    Returns
    -------
    num_content : float
        DESCRIPTION.

    '''
    if '; ' in text_content:
        text_content = text_content.replace('; ',';')
    if ', ' in text_content:
        text_content = text_content.replace(', ',';')
    if ',' in text_content:
        text_content = text_content.replace(',',';')
    if ': ' in text_content:
        text_content = text_content.replace(': ',':')
    text_content_list = text_content.split(';')
    f_content_dict = {}
    for item in text_content_list:
        item_list = item.split(':')
        f_name = item_list[0]
        f_content = item_list[1]
        f_content = f_content.replace('%','')
        num_content = eval(f_content)/100
        if 'N' in f_name:
            f_content_dict['N'] = num_content
        elif 'P' in f_name:
            f_content_dict['P'] = num_content
        elif 'K' in f_name:
            f_content_dict['K'] = num_content
        elif 'Ca' in f_name:
            f_content_dict['Ca'] = num_content
        elif 'Mg' in f_name:
            f_content_dict['Mg'] = num_content
    return f_content_dict
def Ca_content(self,text_content):
    '''
    self.Ca_content(text_content)
    把钙镁磷肥的有效营养文本分解为钙、磷、镁有效养分含量文本
    Parameters
    ----------
    text_content : text
        DESCRIPTION.

    Returns
```

```
        -------
        list_content : list
            DESCRIPTION.

        '''
        if ';' in text_content:
            list_content = text_content.split(';')
        elif '; ' in text_content:
            list_content = text_content.split('; ')
        else:
            list_content =  [text_content]
        return list_content
    def NPK_content(self,text_content):
        '''
        self.NPK_content(text_content)
        把复合肥的有效营养文本分解为氮、磷、钾有效养分含量文本
        Parameters
        ----------
        text_content : text
            DESCRIPTION.

        Returns
        -------
        list_content : list
            DESCRIPTION.

        '''
        if '; ' in text_content:
            text_content = text_content.replace('; ',';')
        elif ',' in text_content:
            text_content = text_content.replace(',',';')
        elif ', ' in text_content:
            text_content = text_content.replace(', ',';')
        if ';' in text_content:
            list_content = text_content.split(';')
        else:
            list_content =  [text_content]
        return list_content

    def 快捷配方(self):
        self.Button1['state'] = 'normal'
        self.Button2['state'] = 'disable'
        self.Button3['state'] = 'normal'
        self.Button4['state'] = 'normal'
        hole_area = self.行穴距V.get()
```

```
if 'x' in hole_area:
    hole_area = hole_area.replace('x','*')
elif 'X' in hole_area:
    hole_area = hole_area.replace('X','*')
elif ';' in hole_area:
    hole_area = hole_area.replace(';','*')
elif '; ' in hole_area:
    hole_area = hole_area.replace('; ','*')
elif ', ' in hole_area:
    hole_area = hole_area.replace(', ','*')
elif ',' in hole_area:
    hole_area = hole_area.replace(',','*')
else:
    hole_area = '行穴距(m): 0.4 * 0.12'
if ': ' in hole_area:
    hole_area = hole_area.split(': ')[1]
elif ':' in hole_area:
    hole_area = hole_area.split(':')[1]
hole_area = eval(hole_area);hole_num_hm = int(10000 / hole_area)
self.氮肥V.set('硫酸钾复合肥');self.磷肥V.set('硫酸钾复合肥')
self.钾肥V.set('硫酸钾复合肥')
self.肥料选择(); self.肥料养分()
N, P, K, Ca, 目标产量 = self.养分需要量()
硼肥品种 =['硼砂', '硼酸', '硼镁肥', '液体硼']
钼肥品种 =['钼酸铵', '钼酸钠'];钙肥 = self.钙肥V.get()
N_text_content = self.N_有效V.get()
f_content_dict = self.f_content(N_text_content)
N_content = f_content_dict['N'];P_text_content = self.P_有效V.get()
f_content_dict = self.f_content(P_text_content)
P_content = f_content_dict['P'];K_text_content = self.K_有效V.get()
f_content_dict = self.f_content(K_text_content)
K_content = f_content_dict['K']
Ca_content_text = self.钙_有效V.get()
f_content_dict = self.f_content(Ca_content_text)
P_content_in_钙肥 = f_content_dict['P'] if 'P' in f_content_dict\
    else 0
Ca_content = f_content_dict['Ca'] if 'Ca' in f_content_dict else 0
需复合肥 = '';需钙肥 = ''; record_value = self.get_para_value()
有效氮 = record_value[0];有效磷 = record_value[1]
有效钾 = record_value[2];有效钙 = record_value[3];
交换性镁 = record_value[4];有效硫 = record_value[5]
有效硼 = record_value[6];有效钼 = record_value[7]
有效态铁 = record_value[8];有效态锌 = record_value[9]
有效态铜 = record_value[10];有效态锰 = record_value[11]
氯离子 = record_value[12];有效态钴 = record_value[13]
```

```
有机质 = record_value[14];土壤容重 = record_value[16]
耕层厚度 = record_value[17];根瘤菌供氮比=0.6
校正系数=0.55;肥料利用率=0.5;钙肥利用率=0.2
耕作层质量系数=10*(耕层厚度/100)*土壤容重
#土壤供氮量用碱解氮表示
try:
    土壤氮 = 有效氮 * 耕作层质量系数 * 校正系数
except:
    土壤氮 = 0
try:
    土壤磷 = 有效磷 * 耕作层质量系数 * 校正系数
except:
    土壤磷 = 0
try:
    土壤钾 = 有效钾 * 耕作层质量系数 * 校正系数
except:
    土壤钾 = 0
#每厘摩尔交换性钙离子质量计为200.4克, 0.7147是钙在氧化钙中的含量
try:
    土壤钙 = (有效钙*200.4)*耕作层质量系数*0.04
except:
    土壤钙 = 0
Ca肥 = (Ca-土壤钙)/(钙肥利用率*Ca_content)
if Ca肥>0:
    #亩需钙镁磷肥量
    亩钙肥 =round(Ca肥 / 15, 0);米钙肥 = round(10*(Ca肥/250), 2)
    穴钙肥 = round((Ca肥/hole_num_hm)*1000,2);Ca肥 = round(Ca肥, 0)
    需钙肥 = '{}({})\n{}kg/公顷({}kg/亩, {}g/m, {}g/穴)'.\
       format(钙肥,Ca_content_text,Ca肥,亩钙肥, 米钙肥, 穴钙肥)
else:
    需钙肥 = '土壤钙营养充足, 不需要施用钙肥。';Ca肥 = 0
N肥 = ((N-土壤氮)*(1-根瘤菌供氮比))/(肥料利用率*N_content)
if N肥 < 0:
    N肥 = 0
P_Ca = Ca肥 * P_content_in_钙肥
P肥 = (P-土壤磷-P_Ca)/(肥料利用率*P_content)
if P肥 < 0:
    P肥 = 0
K肥 = (K-土壤钾)/(肥料利用率*K_content)
if K肥 < 0:
    K肥 = 0
N肥 = round(N肥, 0);P肥 = round(P肥, 0);K肥 = round(K肥, 0)
复合肥 = max([N肥, P肥, K肥])
if 复合肥 == N肥:
    messagebox.showinfo('提示','根据土壤养分和花生营养需求, 请选用纯氮含量\
```

```
            高的复合肥！')
    elif 复合肥 == P肥：
        messagebox.showinfo('提示','根据土壤养分和花生营养需求，\
            请选用五氧化二磷含量高的复合肥！')
    elif 复合肥 == K肥：
        messagebox.showinfo('提示','根据土壤养分和花生营养需求，\
            请选用氧化钾含量高的复合肥！')
    if P肥 < 0:
        if '钙镁磷肥' in 钙肥：
            messagebox.showinfo('提示','土壤磷营养充足，请选用不含磷钙肥！')
            return
    #亩需复合肥量，采用平衡集中施肥可减少30%的施肥量
    复合肥 = 复合肥 * 0.7;亩复合肥 = 复合肥/15
    亩复合肥 = round(亩复合肥, 0);米需复合肥 = round(10*(复合肥/250), 2)
    穴需复合肥 = round((复合肥/hole_num_hm)*1000, 2)
    复合肥 = round(复合肥,0);NPK = self.N_有效V.get()
    if 复合肥 > 0:
        需复合肥 = '复合肥({})\n{}kg/公顷({}kg/亩，{}g/m，{}g/穴)'.\
        format(NPK,复合肥, 亩复合肥, 米需复合肥, 穴需复合肥)
    else:
        需复合肥 = ''
    if 交换性镁 < 临界养分_dict['交换性镁']:
        if '钙镁磷肥' in 钙肥：
            需镁肥=''
        else:
            需镁肥='需要增施钙镁磷肥等含镁肥料'
    elif 交换性镁== 100:
        需镁肥='无土壤交换性镁检测值，如有缺素症状请酌情施用镁肥'
    else:
        需镁肥=''
    if 有效硫 < 临界养分_dict['有效硫']:
        需硫肥='需要增施硫酸钾等含硫肥料'
    elif 有效硫== 100:
        需硫肥='无土壤有效硫检测值，如有缺素症状请酌情施用硫肥'
    else:
        需硫肥=''
    if 有效硼<临界养分_dict['有效硼']:
        需硼肥='{}或{}或{}：{}kg/公顷({}kg/亩)'.format(硼肥品种[0],
            硼肥品种[1],硼肥品种[2], 7.5, 0.5)
    elif 有效硼==100:
        需硼肥='无土壤有效硼检测值，如有缺素症状请酌情施用硼肥'
    else:
        需硼肥=''
    if 有效钼<临界养分_dict['有效钼']:
        需钼肥='{}或{}：{}g/公顷({}g/亩)'.format(钼肥品种[0],
```

```
        钼肥品种[1], 300, 20)
    elif 有效钼==100:
        需钼肥='无土壤有效钼检测值，如有缺素症状请酌情施用钼肥'
    else:
        需钼肥=''
    if 有效态铁<临界养分_dict['有效态铁']:
        需铁肥='硫酸亚铁：从花生初花期始，一般用{}的浓度进行叶面喷施,\
            连续喷洒两次。'.format('0.2%')
    elif 有效态铁==100:
        需铁肥='无土壤有效态铁检测值，如有缺素症状请酌情施用铁肥'
    else:
        需铁肥=''
    if 有效态锌<临界养分_dict['有效态锌']:
        需锌肥='硫酸锌：{}kg/公顷({}kg/亩)'.format(7.5, 0.5)
    elif 有效态锌==100:
        需锌肥='无土壤有效态铜检测值，如有缺素症状请酌情施用锌肥'
    else:
        需锌肥=''
    if 有效态铜<临界养分_dict['有效态铜']:
        需铜肥='硫酸铜：{}kg/公顷({}kg/亩)'.format(7.5, 0.5)
    elif 有效态铜==100:
        需铜肥='无土壤有效态铜检测值，如有缺素症状请酌情施用铜肥'
    else:
        需铜肥=''
    if 有效态锰<临界养分_dict['有效态锰']:
        需锰肥='硫酸锰：苗期0.2%水溶液叶面喷施'
    elif 有效态锰==100:
        需锰肥='无土壤氯离子检测值，如有缺素症状请酌情施用锰肥'
    else:
        需锰肥=''
    if 氯离子<临界养分_dict['氯离子']:
        需氯肥='适量施用氯化钾肥料'
    elif 氯离子==100:
        需氯肥='无土壤氯离子检测值，如有缺素症状请酌情施用氯肥'
    else:
        需氯肥=''
    if 有效态钴<临界养分_dict['有效态钴']:
        需钴肥='硫酸钴：苗期0.1%水溶液叶面喷施'
    elif 有效态钴==100:
        需钴肥='无土壤有效态钴检测值，如有缺素症状请酌情施用钴肥'
    else:
        需钴肥=''
    try:
        有机质=self.有机质V.get()
        if 有机质<=10:
```

```
                有机肥='45吨/公顷（3000kg/亩）'
            elif 10<有机质<=20:
                有机肥='30吨/公顷（2000kg/亩）'
            elif 20<有机质<=30:
                有机肥='15吨/公顷（1000kg/亩）'
            else:
                有机肥=''
        except:
            有机肥='15吨/公顷（1000kg/亩）'
        肥料配方 = [['肥料品种','用量或施用方法']]
        if len(有机肥) > 1:
            肥料配方.append(['有机肥',有机肥])
        if len(需复合肥) > 1:
            肥料配方.append(['复合肥',需复合肥])
        if len(需钙肥) > 1:
            肥料配方.append(['钙肥',需钙肥])
        if len(需镁肥) > 1:
            肥料配方.append(['镁肥',需镁肥])
        if len(需硫肥) > 1:
            肥料配方.append(['硫肥',需硫肥])
        if len(需硼肥) > 1:
            肥料配方.append(['硼肥',需硼肥])
        if len(需钼肥) > 1:
            肥料配方.append(['钼肥',需钼肥])
        if len(需铁肥) > 1:
            肥料配方.append(['铁肥',需铁肥])
        if len(需锌肥) > 1:
            肥料配方.append(['锌肥',需锌肥])
        if len(需铜肥) > 1:
            肥料配方.append(['铜肥',需铜肥])
        if len(需锰肥) > 1:
            肥料配方.append(['锰肥',需锰肥])
        if len(需氯肥) > 1:
            肥料配方.append(['氯肥',需氯肥])
        if len(需钴肥) > 1:
            肥料配方.append(['钴肥',需钴肥])
        list_to_table(肥料配方, 目标产量,'快捷配方')
    def 精准配方(self):
        self.Button1['state'] = 'disable';self.Button2['state'] = 'normal'
        self.Button3['state'] = 'normal';self.Button4['state'] = 'normal'
        hole_area = self.行穴距V.get()
        if 'x' in hole_area:
            hole_area = hole_area.replace('x','*')
        elif 'X' in hole_area:
            hole_area = hole_area.replace('X','*')
```

```
elif ';' in hole_area:
    hole_area = hole_area.replace(';','*')
elif '; ' in hole_area:
    hole_area = hole_area.replace('; ','*')
elif ', ' in hole_area:
    hole_area = hole_area.replace(', ','*')
elif ',' in hole_area:
    hole_area = hole_area.replace(',','*')
else:
    hole_area = '行穴距(m): 0.4 * 0.12'
if ': ' in hole_area:
    hole_area = hole_area.split(': ')[1]
elif ':' in hole_area:
    hole_area = hole_area.split(':')[1]
hole_area = eval(hole_area);hole_num_hm = int(10000/hole_area)
self.肥料选择();self.肥料养分()
氮肥 = self.氮肥V.get();磷肥 = self.磷肥V.get()
钾肥 = self.钾肥V.get();钙肥 = self.钙肥V.get()
N, P, K, Ca, 目标产量 = self.养分需要量()
硼肥品种 =['硼砂', '硼酸', '硼镁肥', '液体硼']
钼肥品种 =['钼酸铵', '钼酸钠'];N_text_content = self.N_有效V.get()
f_content_dict = self.f_content(N_text_content)
N_content = f_content_dict['N']
P_text_content = self.P_有效V.get()
f_content_dict = self.f_content(P_text_content)
P_content = f_content_dict['P']
K_text_content = self.K_有效V.get()
f_content_dict = self.f_content(K_text_content)
K_content = f_content_dict['K']
Ca_content_text = self.钙_有效V.get()
f_content_dict = self.f_content(Ca_content_text)
P_content_in_钙肥=f_content_dict['P'] if 'P' in f_content_dict
    else 0
Ca_content = f_content_dict['Ca'] if 'Ca' in f_content_dict else 0
需复合肥 = '';需氮肥 = '';需磷肥 = '';需钾肥 = '';需钙肥 =''
record_value = self.get_para_value()
有效氮 = record_value[0];有效磷 = record_value[1]
有效钾 = record_value[2];有效钙 = record_value[3]
交换性镁 = record_value[4];有效硫 = record_value[5]
有效硼 = record_value[6];有效钼 = record_value[7]
有效态铁 = record_value[8];有效态锌 = record_value[9]
有效态铜 = record_value[10];有效态锰 = record_value[11]
氯离子 = record_value[12];有效态钴 = record_value[13]
有机质 = record_value[14];土壤容重 = record_value[16]
耕层厚度 = record_value[17]
```

```
根瘤菌供氮比=0.6;校正系数=0.55;肥料利用率=0.5;钙肥利用率=0.2
耕作层质量系数=10*(耕层厚度/100)*土壤容重
try:
    土壤氮 = 有效氮*耕作层质量系数 * 校正系数
except:
    土壤氮 = 0
try:
    土壤磷 = 有效磷 * 耕作层质量系数 * 校正系数
except:
    土壤磷 = 0
try:
    土壤钾 = 有效钾 * 耕作层质量系数 * 校正系数
except:
    土壤钾 = 0
#每厘摩尔交换性钙离子质量计为200.4克， 0.7147是钙在氧化钙中的含量占比
N_pure = N-土壤氮
if N_pure < 0:
    N_pure = 0
N肥 = (N_pure*(1-根瘤菌供氮比))/(肥料利用率*N_content)
K_pure = K-土壤钾
if K_pure < 0:
    K_pure=0
K肥 = K_pure/(肥料利用率*K_content)
try:
    土壤钙 = (有效钙*200.4)*耕作层质量系数*0.04
except:
    土壤钙 = 0
if 钙肥:
    Ca肥 = (Ca-土壤钙)/(钙肥利用率*Ca_content)
    if Ca肥 < 0:
        Ca肥 = 0
else:
    Ca肥 = 0
if Ca肥>0:# 亩需钙镁磷肥量
    亩钙肥 =round(Ca肥 / 15, 0);米钙肥 = round(10*(Ca肥/250), 2)
    穴钙肥 = round((Ca肥/hole_num_hm)*1000, 2)
    Ca肥 = round(Ca肥, 0)
    需钙肥 = '{}({})\n{}kg/公顷({}kg/亩, {}g/m, {}g/穴)'.\
        format(钙肥,Ca_content_text,Ca肥, 亩钙肥, 米钙肥, 穴钙肥)
else:
    需钙肥 = '';Ca肥 = 0
P_Ca = Ca肥 * P_content_in_钙肥; P_pure = P-土壤磷-P_Ca
if P_pure < 0:
    P_pure = 0
P肥 = P_pure/(肥料利用率*P_content);N肥 = round(N肥,0)
```

```
P肥 = round(P肥, 0);K肥 = round(K肥, 0)
if N肥 < 0:
    N肥 = 0
if P肥 < 0:
    P肥 = 0
if K肥 < 0:
    K肥 = 0
需氮肥 = '';需磷肥 = '';需钾肥 = '';需复合肥 = ''
if '复合肥' in 氮肥 and '复合肥' in 磷肥 and '复合肥' in 钾肥:
    复合肥 = min([N肥,P肥,K肥])
    复合肥 = 复合肥 * 0.7 #采用平衡施肥技术, 肥料用量减少30%
    米需复合肥=round(10*(复合肥/250), 2)
    穴需复合肥=round((复合肥/hole_num_hm)*1000, 2)
    亩复合肥=round(复合肥/15, 0);复合肥 = round(复合肥, 0)
    NPK = self.N_有效V.get()
    if 复合肥>0:
        需复合肥 = '复合肥({})\n{}kg/公顷({}kg/亩,{}g/m,{}g/穴)'.\
        format(NPK,复合肥, 亩复合肥, 米需复合肥, 穴需复合肥)
    else:
        需复合肥 = ''
    if 复合肥 == N肥:
        P_pure_1 = P_pure - 复合肥 * 肥料利用率 * P_content
        K_pure_1 = K_pure - 复合肥 * 肥料利用率 * K_content
        if P_pure_1 < 0:
            P_pure_1 = 0
        if K_pure_1 < 0:
            K_pure_1 = 0
        磷肥 = '磷酸二氢钾';self.磷肥V.set(磷肥)
        self.钾肥V.set(磷肥)
        self.肥料养分()
        P_content_text = self.P_有效V.get()
        P_content_dict = self.f_content(P_content_text)
        P_content = P_content_dict['P']
        K_content_text = self.K_有效V.get()
        K_content_dict = self.f_content(K_content_text)
        K_content = K_content_dict['K']
        P_肥 = P_pure_1/(肥料利用率 * P_content)
        K_肥 = K_pure_1/(肥料利用率 * K_content)
        PK_肥 = round(max(P_肥,K_肥),0)
        mu_PK_肥 = round(PK_肥/15,0)
        m_PK_肥 = round(10*(PK_肥/250), 2)
        pole_PK_肥 = round((PK_肥/hole_num_hm)*1000, 2)
        if PK_肥> 0:
            需磷肥 = '磷酸二氢钾\n{}kg/公顷({}kg/亩,{}g/m,{}g/穴)'.\
            format(PK_肥,mu_PK_肥,m_PK_肥,pole_PK_肥)
```

```
        else:
            需磷肥 = ''
    elif 复合肥 == P肥:
        N_pure_1 = (N_pure - 复合肥 * 肥料利用率 * N_content)*\
            (1-根瘤菌供氮比)
        K_pure_1 = K_pure - 复合肥 * 肥料利用率 * K_content
        if N_pure_1 < 0:
            N_pure_1 = 0
        if K_pure_1 < 0:
            K_pure_1 = 0
        氮肥 = '尿素';钾肥 = '硫酸钾';self.钾肥V.set(钾肥)
        self.氮肥V.set('尿素');self.肥料养分()
        K_content_text = self.K_有效V.get()
        K_content_dict = self.f_content(K_content_text)
        K_content = K_content_dict['K']
        N_content_text = self.N_有效V.get()
        N_content_dict = self.f_content(N_content_text)
        N_content = N_content_dict['N']
        N_肥 = N_pure_1/(肥料利用率 * N_content)
        K_肥 = K_pure_1/(肥料利用率 * K_content)
        mu_N_肥 = round(N_肥/15,0)
        m_N_肥 = round(10*(N_肥/250), 2)
        pole_N_肥 = round((N_肥/hole_num_hm)*1000, 2)
        mu_K_肥 = round(K_肥/15,0)
        m_K_肥 = round(10*(K_肥/250), 2)
        pole_K_肥 = round((K_肥/hole_num_hm)*1000, 2)
        N_肥 = round(N_肥,0)
        K_肥 = round(K_肥,0)
        if N_肥 > 0:
            需氮肥 = '尿素({})\n{}kg/公顷({}kg/亩,{}g/m,{}g/穴)'.\
            format(N_content_text,N_肥,mu_N_肥,m_N_肥,pole_N_肥)
        else:
            需氮肥 = ''
        if K_肥 > 0:
            需钾肥 = '硫酸钾({})\n{}kg/公顷({}kg/亩,{}g/m, {}g/穴)'.\
            format(K_content_text,K_肥,mu_K_肥,m_K_肥,pole_K_肥)
        else:
            需钾肥 = ''
    elif 复合肥 == K肥:
        N_pure_1 = (N_pure - 复合肥 * 肥料利用率 * N_content)*\
            (1-根瘤菌供氮比)
        P_pure_1 = P_pure - 复合肥 * 肥料利用率 * P_content
        if N_pure_1 < 0:
            N_pure_1 = 0
        if P_pure_1 < 0:
```

```
                P_pure_1 = 0
            self.磷肥V.set('普通过磷酸钙');self.氮肥V.set('尿素')
            self.肥料养分();P_content_text = self.P_有效V.get()
            P_content_dict = self.f_content(P_content_text)
            P_content = P_content_dict['P']
            N_content_text = self.N_有效V.get()
            N_content_dict = self.f_content(N_content_text)
            N_content = N_content_dict['N']
            P_肥 = P_pure_1/(肥料利用率 * P_content)
            N_肥 = N_pure_1/(肥料利用率 * N_content)
            mu_N_肥 = round(N_肥/15,0)
            m_N_肥 = round(10*(N_肥/250), 2)
            pole_N_肥 = round((N_肥/hole_num_hm)*1000, 2)
            mu_P_肥 = round(P_肥/15,0)
            m_P_肥 = round(10*(P_肥/250), 2)
            pole_P_肥 = round((P_肥/hole_num_hm)*1000, 2)
            P_肥 = round(P_肥,0); N_肥 = round(N_肥,0)
            if N_肥 > 0:
                需氮肥 = '尿素({})\n{}kg/公顷({}kg/亩,{}g/m,{}g/穴)'.\
                format(N_content_text,N_肥,mu_N_肥,m_N_肥,pole_N_肥)
            else:
                需氮肥 = ''
            if P_肥 > 0:
                需磷肥='普通过磷酸钙({})\n{}kg/公顷({}kg/亩,{}g/m,{}g/穴)'.\
                format(P_content_text,P_肥,mu_P_肥,m_P_肥,pole_P_肥)
            else:
                需磷肥 = ''
    else:
        米氮肥=round(10*(N肥/250), 2)
        穴氮肥=round((N肥/hole_num_hm)*1000, 2)
        亩氮肥=round(N肥/15, 0);N肥 = round(N肥, 0)
        if N肥 > 0:
            需氮肥 = '{}({})\n{}kg/公顷({}kg/亩,{}g/m,{}g/穴)'.\
            format(氮肥,self.N_有效V.get(),N肥, 亩氮肥, 米氮肥, 穴氮肥)
        else:
            需氮肥 = ''
        米磷肥=round(10*(P肥/250), 2)
        穴磷肥=round((P肥/hole_num_hm)*1000, 2)
        亩磷肥=round(P肥/15, 0);P肥 = round(P肥, 0)
        if P肥 > 0:
            需磷肥 = '{}({})\n{}kg/公顷({}kg/亩,{}g/m,{}g/穴)'.\
            format(磷肥, self.P_有效V.get(),P肥, 亩磷肥, 米磷肥, 穴磷肥)
        else:
            需磷肥 = ''
        米钾肥=round(10*(K肥/250), 2)
```

```
        穴钾肥=round((K肥/hole_num_hm)*1000, 2)
        亩钾肥=round(K肥/15, 0);K肥 = round(K肥, 0)
        if K肥 > 0:
            需钾肥 = '{}({})\n{}kg/公顷({}kg/亩,{}g/m,{}g/穴)'.\
            format(钾肥, self.K_有效V.get(),K肥, 亩钾肥, 米钾肥, 穴钾肥)
        else:
            需钾肥 = ''
    if 交换性镁 < 临界养分_dict['交换性镁']:
        if '钙镁磷肥' in 钙肥:
            需镁肥=''
        else:
            需镁肥='需要增施钙镁磷肥等含镁肥料'
    elif 交换性镁== 100:
        需镁肥='无土壤交换性镁检测值, 如有缺素症状请酌情施用镁肥'
    else:
        需镁肥=''
    if 有效硫 < 临界养分_dict['有效硫']:
        需硫肥='需要增施含硫肥料'
    elif 有效硫== 100:
        需硫肥='无土壤有效硫检测值, 如有缺素症状请酌情施用硫肥'
    else:
        需硫肥=''
    if 有效硼<临界养分_dict['有效硼']:
        需硼肥='{}或{}或{}: {}kg/公顷({}kg/亩)'.format(硼肥品种[0],\
               硼肥品种[1],硼肥品种[2], 7.5, 0.5)
    elif 有效硼==100:
        需硼肥='无土壤有效硼检测值, 如有缺素症状请酌情施用硼肥'
    else:
        需硼肥=''
    if 有效钼<临界养分_dict['有效钼']:
        需钼肥='{}或{}: {}g/公顷({}g/亩)'.format(钼肥品种[0],\
               钼肥品种[1], 300, 20)
    elif 有效钼==100:
        需钼肥='无土壤有效钼检测值, 如有缺素症状请酌情施用钼肥'
    else:
        需钼肥=''
    if 有效态铁<临界养分_dict['有效态铁']:
        需铁肥='硫酸亚铁: 从花生初花期始, 一般用{}的浓度进行叶面喷施,\
            连续喷洒两次。'.format('0.2%')
    elif 有效态铁==100:
        需铁肥='无土壤有效态铁检测值, 如有缺素症状请酌情施用铁肥'
    else:
        需铁肥=''
    if 有效态锌<临界养分_dict['有效态锌']:
        需锌肥='硫酸锌: {}kg/公顷({}kg/亩)'.format(7.5, 0.5)
```

```
elif 有效态锌==100:
    需锌肥='无土壤有效态铜检测值，如有缺素症状请酌情施用锌肥'
else:
    需锌肥=''
if 有效态铜<临界养分_dict['有效态铜']:
    需铜肥='硫酸铜：{}kg/公顷({}kg/亩)'.format(7.5, 0.5)
elif 有效态铜==100:
    需铜肥='无土壤有效态铜检测值，如有缺素症状请酌情施用铜肥'
else:
    需铜肥=''
if 有效态锰 < 临界养分_dict['有效态锰']:
    需锰肥='硫酸锰：苗期0.2%水溶液叶面喷施'
elif 有效态锰==100:
    需锰肥='无土壤氯离子检测值，如有缺素症状请酌情施用锰肥'
else:
    需锰肥=''
if 氯离子<临界养分_dict['氯离子']:
    需氯肥='适量施用氯化钾肥料'
elif 氯离子==100:
    需氯肥='无土壤氯离子检测值，如有缺素症状请酌情施用氯肥'
else:
    需氯肥=''
if 有效态钴<临界养分_dict['有效态钴']:
    需钴肥='硫酸钴：苗期0.1%水溶液叶面喷施'
elif 有效态钴==100:
    需钴肥='无土壤有效态钴检测值，如有缺素症状请酌情施用钴肥'
else:
    需钴肥=''
try:
    有机质=self.有机质V.get()
    if 有机质<=10:
        有机肥='45吨/公顷（3000kg/亩）'
    elif 10<有机质<=20:
        有机肥='30吨/公顷（2000kg/亩）'
    elif 20<有机质<=30:
        有机肥='15吨/公顷（1000kg/亩）'
    else:
        有机肥=''
except:
    有机肥='15吨/公顷（1000kg/亩）'
肥料配方 = [['肥料品种','用量或施用方法']]
if 有机肥:
    肥料配方.append(['有机肥',有机肥])
if 需复合肥:
    肥料配方.append(['复合肥',需复合肥])
```

```
        if 需氮肥:
            肥料配方.append(['氮肥',需氮肥])
        if 需磷肥:
            肥料配方.append(['磷肥',需磷肥])
        if 需钾肥:
            肥料配方.append(['钾肥',需钾肥])
        if 需钙肥:
            肥料配方.append(['钙肥',需钙肥])
        if 需镁肥:
            肥料配方.append(['镁肥',需镁肥])
        if 需硫肥:
            肥料配方.append(['硫肥',需硫肥])
        if 需硼肥:
            肥料配方.append(['硼肥',需硼肥])
        if 需钼肥:
            肥料配方.append(['钼肥',需钼肥])
        if 需铁肥:
            肥料配方.append(['铁肥',需铁肥])
        if 需锌肥:
            肥料配方.append(['锌肥',需锌肥])
        if 需铜肥:
            肥料配方.append(['铜肥',需铜肥])
        if 需锰肥:
            肥料配方.append(['锰肥',需锰肥])
        if 需氯肥:
            肥料配方.append(['氯肥',需氯肥])
        if 需钴肥:
            肥料配方.append(['钴肥',需钴肥])
        list_to_table(肥料配方, 目标产量,'精准配方')
    def 施肥技术(self):
        self.button_normal();self.show_fertilizer(施肥方法)
    def 花生营养需求特点(self):
        施肥原理_path= '{}\\花生的营养特点和施肥原理.docx'.format(getcwd())
        self.button_normal(); startfile(施肥原理_path)
    def helptext(self):
        help_path = '{}\\花生施肥帮助.docx'.format(getcwd())
        startfile(help_path)
    def about(self):
        证书号 = '软著登字第11768956号';登记号 = '2023SR1181783'
        about_text='''
        软件名称：{}
        简称：{}
        著作权人：唐荣华；于海秋；王兴祥；张正；刘娟；李亮；张昆；邹晓霞；黄志鹏；唐秀梅
        版本号：{}
        软著证书号：软著登字第{}号
```

```
        登记号：{}
        完成时间：2023年07月28日
        技术依托：国家花生产业技术体系
        联系方式：QQ(475888619)
        财政部和农业农村部：国家现代农业产业技术体系资助
        (Supported by China Agriculture Research System of MOF and MARA)。
        '''.format(app_name, app_abbr,version_number,证书号,登记号)
        self.show_fertilizer(about_text)
if __name__ == '__main__':
    施肥方法='''
    建议采用结荚区集中施肥技术，具体施肥方法如下：
    1、在不缺氯情况下，花生不建议使用含氯肥料；
    2、每亩施用量小于50kg的硫酸钾复合肥，钙镁磷肥等钙肥，在播种时条施在3～5cm
       深的花生播种沟区域（结荚区），肥料与种子不用分隔；
    3、可能烧种的氮磷钾等肥料，采取在播种沟内分层施用，烧种肥料深施，盖3cm厚土后
       再施用钙肥等肥料；
    4、推荐的化肥在播种时一次性施用；
    5、微量元素肥料可以用合适的浓度进行叶面喷施，也可与其他肥料拌匀作种肥；
    6、缺钙土壤施用熟石灰，可在开花下针期撒施在植株基部表土上。
        '''
    位置=['省', '市', '县', '乡', '村', '屯', '地块']
    临界养分_dict={'碱解氮':60,'有效磷':10,'有效钾':50,'交换性钙':2.0,
        '交换性镁':80,'有效硫':45,'有效硼':0.5,'有效钼':0.15,'有效态铁':10,
        '有效态锌':0.5,'有效态铜':1.0,'有效态锰':10,'氯离子':0.5,
        '有效态钴':0.5,'有机质':10,'pH':4.80,'容重':1.4,'耕层厚度(cm)':20}
    app_name='花生结荚区平衡集中精准施肥软件'; version_number = 'V4.0'
    app_abbr = '花生施肥';data_fold = '{}_fold'.format(app_abbr)
    背景色=['cornsilk'];back_path_default = 创建文件夹路径()
    if not path.exists(back_path_default):
        makedirs(back_path_default)
    back_file_path = '{}//back_path.txt'.format(back_path_default)
    if path.exists(back_file_path):
        with open(back_file_path) as f:
            back_path = f.read()
        if not path.exists(back_path):
            back_path = back_path_default
    else:
        back_path = back_path_default
    临界养分_dict1 = {}
    临界养分_dict_path = '{}\\nutrient_threshold.txt'.format(back_path)
    if path.exists(临界养分_dict_path):
        with open(临界养分_dict_path) as f:
            临界养分_dict1 = json.load(f)
    for key in 临界养分_dict:
        if key in 临界养分_dict1:
```

```
        临界养分_dict[key] = 临界养分_dict1[key]
para_name = ['省', '市', '县', '乡', '村', '屯', '地块', '氮',
             '磷', '钾', '钙', '镁', '硫', '硼', '钼', '铁',
             '锌', '铜', '锰', '氯', '钴', '有机质', 'pH',
             '容重', '厚度']
data_path = '{}\\para_dict_list.txt'.format(back_path)
data_path1 = '{}\\para_dict_list.txt'.format(getcwd())
para_dict_list = []
if path.exists(data_path):
    with open(data_path) as f:
        para_dict_list = json.load(f)
elif path.exists(data_path1):
    with open(data_path1) as f:
        para_dict_list = json.load(f)
else:
    csvfile = '{}\\data_{}.csv'.format(back_path, app_abbr)
    if path.exists(csvfile):
        field_list = csv_to_list(csvfile)
        if len(field_list) > 1:
            field_data = field_list[1:];cols_name = field_list[0]
            for line in field_data:
                line_dict = {}
                for name in para_name:
                    line_dict[name] = ''
                    for key,v in zip(cols_name,line):
                        if name in key:
                            line_dict[name] = v
                para_dict_list.append(line_dict)
            if para_dict_list:
                with open(data_path,'w') as f:
                    json.dump(para_dict_list,f)
省_list = combo_value(para_dict_list);current_record_index = [0]
record_path = '{}\\当前记录位置备份.txt'.format(back_path)
if path.exists(record_path):
    with open(record_path) as f:
        save_record_index = json.load(f)
    if isinstance(save_record_index,int):
        current_record_index[0] = save_record_index
    elif isinstance(save_record_index,list):
        record_index = save_record_index[0]
        if isinstance(record_index,int):
            current_record_index[0] = record_index
主窗体();app = 主界面(master = mainWindow);app.mainloop()
```

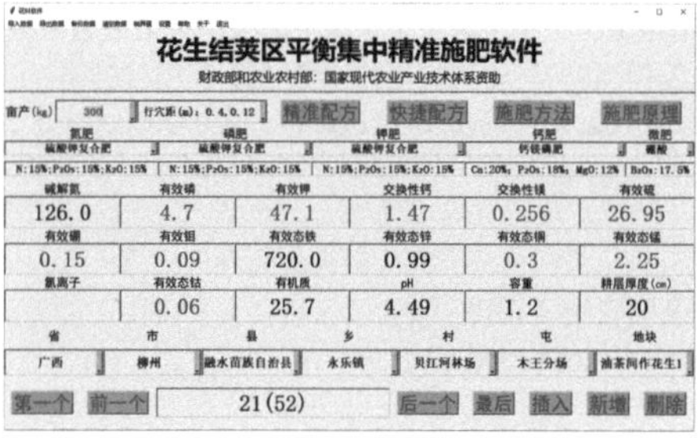


图 8-3　花生施肥软件界面

把前述代码输入到 Python IDLE 脚本编辑窗体并保存为一个 py 文档，单击菜单栏 Run 菜单的 Run Module 按钮，就能启动花生施肥应用程序（图 8-3）。单击帮助菜单可以查看详细的操作说明。单击导入数据按钮，可以导入保存在电子表文件中的土壤化验结果，单击记录导航按钮，可以在数据库记录间切换。该软件设置了精准配方、快捷配方、施肥方法和施肥原理 4 个主要功能按钮。单击精准配方软件能根据花生目标产量、土壤的供肥能力、酸碱度自动计算出需要施用的肥料品种和数量，并把施肥配方和施肥方法发送到一个 docx 文档并打开供用户参考使用（图 8-4）；快捷配方按钮提供的肥料配方以复合肥为主，某些

花生结荚区平衡集中精准施肥软件(花生施肥)V4.0

精准配方及施肥方法

一、肥料配方表

目标产量：4500.0kg/hm²

| 肥料品种 | 用量或施用方法 |
|---|---|
| 有机肥 | 15t/hm² (1000 kg/亩) |
| 氮肥 | 尿素 (N: 46%)<br>141.0kg/hm² (9.0kg/亩, 5.65g/m, 0.68g/穴) |
| 钾肥 | 硫酸钾 ($K_2O$: 5%)<br>2913.0kg/hm² (194.0kg/亩, 116.52g/m, 13.98g/穴) |
| 钙肥 | 钙镁磷肥 (Ca: 20%; $P_2O_5$: 18%; MgO: 12%)<br>1703.0kg/hm² (114.0kg/亩, 68.11g/m, 8.17g/穴) |
| 硫肥 | 需要增施含硫肥料 |
| 硼肥 | 硼砂或硼酸或硼镁肥：7.5kg/hm² (0.5kg/亩) |
| 钼肥 | 钼酸铵或钼酸钠：300g/hm² (20g/亩) |
| 铜肥 | 硫酸铜：7.5kg/hm² (0.5kg/亩) |
| 锰肥 | 硫酸锰：苗期0.2%水溶液叶面喷施 |
| 氯肥 | 适量施用氯化钾肥料 |
| 钴肥 | 硫酸钴：苗期0.1%水溶液叶面喷施 |

二、施肥方法

建议采用结荚区集中施肥技术，具体施肥方法如下：

1. 在不缺氯情况下，花生不建议使用含氯肥料；

2. 每亩(1亩≈667m²)施用量小于50kg的硫酸钾复合肥，钙镁磷肥等钙肥，在播种时条施在3~5cm深的花生播种沟区域(结荚区)，肥料与种子不用分隔；

3. 可能烧种的氮磷钾等肥料，采取在播种沟内分层施用，烧种肥料深施，盖3cm厚土后再施用钙肥等肥料；

4. 推荐的化肥在播种时一次性施用；

5. 微量元素肥料可以用合适的浓度进行叶面喷施，也可与其他肥料拌匀作种肥；

6. 缺钙土壤施用熟石灰，可在开花下针期撒施在植株基部表土上。

输出时间：2024 年 4 月 25 日 21 时 10 分 30 秒

图 8-4　软件自动生成的施肥建议文档

肥料养分可能稍多，但肥料配置方便，也会以 docx 文档生成施肥指导意见。单击施肥方法按钮，会单独打开一个文本文件介绍花生施肥技术；单击施肥原理按钮会单独打开一个 docx 文档，介绍花生的营养特点和施肥知识。

## 8.3 甘蔗花生复合栽培技术指导软件

### 8.3.1 主要目的和功能

为了提高农业种植效益和促进“宽行丛式甘蔗 + 花生复合栽培技术”的推广应用，本书开发出操作方便、提供智能技术指导的软件。该软件能提供多种复合栽培模式供用户选择，并根据选择的甘蔗种植模式和行距等参数快速计算出甘蔗穴距、亩播种芽数、间作的花生行数、间作规格以及甘蔗和花生的目标产量，提供对应的栽培技术要点和参考图片，供甘蔗和花生科研人员、技术推广人员以及种植户参考使用。

### 8.3.2 功能的实现

*1. 界面构建*

人机交互程序界面利用 Python 内置的 `tkinter` 模块构建，界面主要包括需要用户输入的甘蔗种植模式、甘蔗行距、甘蔗单芽分蘖数、蔗种出苗率、用于预测目标产量的单茎重等基础参数，显示软件自动计算出的甘蔗穴距、每穴播种芽数、甘蔗花生间距、花生播种行数、甘蔗和花生目标产量等参数，以及自动输出种植方案或技术要点、示例图片等内容的单行文本框、组合框、多行文本框及对应标签、显示关键栽培技术的功能按钮等。通过构建一个“主窗体”函数完成主窗体的创建和外观、大小的设置，构建一个在主窗体添加图形组件、完成相关计算和显示功能的应用程序界面类（主界面（`Frame`））来完成界面创建，创建的界面如图 8-5 所示。

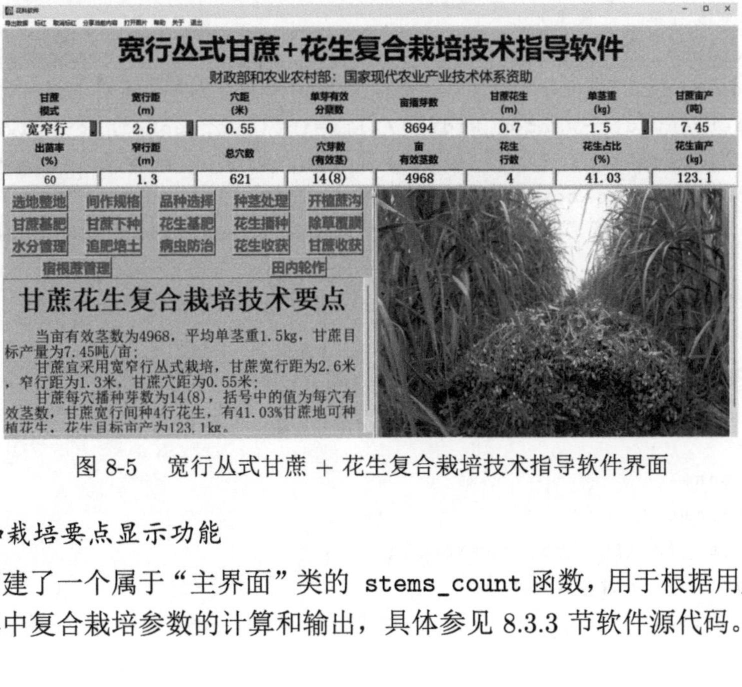


图 8-5 宽行丛式甘蔗 + 花生复合栽培技术指导软件界面

*2. 计算和栽培要点显示功能*

该软件创建了一个属于“主界面”类的 `stems_count` 函数，用于根据用户输入或选择的参数完成其中复合栽培参数的计算和输出，具体参见 8.3.3 节软件源代码。

栽培技术要点以多行字符串的形式内置在软件源代码中，通过功能按钮调用对应的函数，在显示栽培技术要点的多行文本框中显示其内容，同步显示对应的示例图片。

3. 示例图片显示功能

通过模块 Pillow 的相关类和函数实现显示栽培要点示例图片的功能。首先，使用 Pillow Image 模块的 open 函数加载指定路径的图片来创建一个图片对象，使用图片对象的 resize 方法调整图片大小以适应界面图片显示文本框的大小，然后通过 ImageTk 模块的 PhotoImage 方法转换图片对象为 tkinter 认可的类型，通过多行文本框的 image_create 方法显示加载的图片。

### 8.3.3 软件源代码

下面脚本编辑窗体的代码为宽行丛式甘蔗 + 花生复合栽培技术指导软件的全部源代码，读者可以复制或输入到一个新的 Python 脚本文件中，保存后就可运行，供读者学习交流或进一步完善代码。

```
from tkinter import Tk, DoubleVar,END,messagebox,IntVar,StringVar,Menu,\
E, W,filedialog,PanedWindow
from tkinter.ttk import Combobox,Style,Entry,Label,Frame,Button,Separator
from tkinter.scrolledtext import ScrolledText;import os;import glob
import shutil
from PIL import Image, ImageTk
def 主窗体 ():
    global mainWindow,window_width
    mainWindow = Tk();    mainWindow.title("{}".format('花科软件'))
    screenwidth = mainWindow.winfo_screenwidth()
    screenheight = mainWindow.winfo_screenheight()
    #设置窗体宽度 (单位: 像素)
    window_width= int(screenwidth * 0.8);height1= int(screenheight * 0.8)
    # 设置mainWindow起始坐标 (整数), 使其在计算机屏幕上居中, 坐标单位: 像素
    x=int((screenwidth-window_width)/2);y=int((screenheight-height1)/2)
    mainWindow.geometry('{}x{}+{}+{}'.format(window_width, height1, x, y))
    mainWindow.maxsize(screenwidth, screenheight)
    tb_path = "{}\\甘蔗花生间作\\tb.ico".format(os.environ ['PROGRAMFILES'])
    try:
        mainWindow.iconbitmap("{}\\tb.ico".format(os.getcwd()))
    except:
        if os.path.exists(tb_path):
            mainWindow.iconbitmap(tb_path)
        else:
            pass
class 主界面(Frame):
    def __init__(self, master=None):
        super().__init__(master)
        self.master = master;self.pack();self.sig = ''
```

```
        self.img_path = '{}\\封面图片.txt'.format(picture_path)
        self.添加部件 ()
    def 添加部件(self):
        self.mainmenubar=Menu(mainWindow)
        self.mainlander['activeborderwidth']=1
        self.mainmenubar['font']=('宋体', 18, 'bold')
        self.mainmenubar['relief']='sunken'
        mainWindow.config(menu=self.mainmenubar)
        self.mainmenubar.add_command(label='导出数据', command=self.导出数据)
        self.mainmenubar.add_command(label='标红', command=self.font_red)
        self.mainmenubar.add_command(label='取消标红',
            command=self.font_black)
        self.mainmenubar.add_command(label='分享当前内容',
            command=self.打印技术内容)
        self.mainmenubar.add_command(label='打开图片',
            command=self.open_picture)
        self.mainmenubar.add_command(label='帮助', command=self.helptext)
        self.mainmenubar.add_command(label='关于', command=self.abouttext)
        self.mainmenubar.add_command(label='退出',
            command=self.master.destroy)
        self.mystyle = Style()
        self.mystyle.theme_create('mystyle', parent='alt',
            settings={'TCombobox':{'configure':{'foreground': 'black',
                        'selectbackground': 'yellow',  #选择后的背景颜色
                        'selectforeground': 'red',  #选择后的文字颜色
                            'background': 'red', }},
                    'TEntry':{'configure':{'foreground': 'black', #前景色
                        'state':'normal', }},
                    'TLabel':{'configure':{'foreground': 'black', #前景色
                        'justify': 'center', 'font':('宋体',16, 'bold'),
                        'background':'wheat'}},
                     'TButton':{'configure':{'foreground':'red',
                        'font':('宋体',14,'bold'), 'relief':'raised',
                        'background':'wheat'}},
                     'TFrame':{'configure':{'background': 'wheat',}},
                     'TSeparator':{'configure':{'background':
                        'lightgrey',}}})
        self.mystyle.theme_use('mystyle')
        self.mystyle.map("TButton",
                     foreground=[('pressed','red'), ('active','blue')],
                     background=[('pressed', '!disabled', 'black'),
                        ('active', 'white')])
        self.title_soft = Label(mainWindow)
        self.title_soft.pack(fill='x')
        self.fund = Label(mainWindow);self.fund.pack(fill='x')
```

```
self.title_soft.bind('<Configure>', self.label_resize)
self.Separator=Separator(mainWindow, orient='horizontal')
self.Separator.pack(fill='x')
# 构建参数名称标签h和输入框
self.planting_parameter=Frame(mainWindow)
self.planting_parameter.pack(fill='x')
self.planting_parameter.columnconfigure(0, minsize=100, weight=1)
self.planting_parameter.columnconfigure(1, minsize=100, weight=1)
self.planting_parameter.columnconfigure(2, minsize=100, weight=1)
self.planting_parameter.columnconfigure(3, minsize=100, weight=1)
self.planting_parameter.columnconfigure(4, minsize=100, weight=1)
self.planting_parameter.columnconfigure(5, minsize=100, weight=1)
self.planting_parameter.columnconfigure(6, minsize=100, weight=1)
self.planting_parameter.columnconfigure(7, minsize=100, weight=1)
self.sugar_model_label = Label(self.planting_parameter,
    text='甘蔗\n模式')
self.sugar_model_label.grid(row=0, column=0, ipadx = 1,ipady = 1,
    padx = 0, pady = 2)
self.sugar_model = Combobox(self.planting_parameter,
    state='normal', justify='center',font=('宋体', 18))
self.sugar_model.grid(row=1, column=0, ipadx = 1,ipady = 1,
    padx = 2, pady = 2, sticky=E+W)
self.sugar_modelV = StringVar()
self.sugar_model["values"]=['宽窄行','等行距']
self.sugar_model["textvariable"] = self.sugar_modelV
self.sugar_model.current(0)
self.sugar_model.bind("<<ComboboxSelected>>",
    self.sugar_model_select)
self.sugar_buds_rate_label=Label(self.planting_parameter,
    text='出苗率\n(%)')
self.sugar_buds_rate_label.grid(row=2, column=0, ipadx = 1,
    ipady = 1, padx = 2, pady = 2)
self.sugar_buds_rate = Entry(self.planting_parameter,
    state='normal', justify='center',font=('宋体', 18))
self.sugar_buds_rate.grid(row=3, column=0, ipadx = 1,ipady = 1,
    padx = 2, pady = 2, sticky=E+W)
self.sugar_buds_rateV = DoubleVar();self.sugar_buds_rateV.set(60)
self.sugar_buds_rate["textvariable"] = self.sugar_buds_rateV
self.sugar_buds_rate.bind('<Key-Return>', self.sugar_row_select)
self.sugar_wide_row_space_label = Label(self.planting_parameter,
    text='宽行距\n(m)')
self.sugar_wide_row_space_label.grid(row=0, column=1, ipadx = 1,
    ipady = 1, padx = 2, pady = 2)
self.sugar_wide_row_space = Combobox(self.planting_parameter,
    state='normal', justify='center',font=('宋体', 18))
```

```
self.sugar_wide_row_space.grid(row=1, column=1, ipadx = 1,
    ipady = 1, padx = 2, pady = 2, sticky=E+W)
self.sugar_wide_rowV = DoubleVar()
self.sugar_wide_row_space["values"]=[1.2, 1.3, 1.4, 1.5, 1.6, 1.7,
    1.8, 1.9, 2.0, 2.1, 2.20, 2.30, 2.40, 2.5, 2.60, 2.7, 2.80, 2.9,
    3.0, 3.4,3.5, 3.6, 3.7, 3.8]
self.sugar_wide_row_space["textvariable"] = self.sugar_wide_rowV;
self.sugar_wide_row_space.current(14)
self.sugar_wide_row_space.bind("<<ComboboxSelected>>",
    self.sugar_row_select)
self.sugar_wide_row_space.bind('<Key-Return>',
    self.sugar_row_select)
self.sugar_narrow_row_space_label=Label(self.planting_parameter,
    text='窄行距\n(m)')
self.sugar_narrow_row_space_label.grid(row=2, column=1, ipadx = 1,
    ipady = 1, padx = 2, pady = 2)
self.sugar_narrow_row_space = Entry(self.planting_parameter,
    state='normal', justify='center',font=('宋体', 18))
self.sugar_narrow_row_space.grid(row=3, column=1, ipadx = 1,
    ipady = 1, padx = 2, pady = 2, sticky=E+W)
self.sugar_narrow_rowV = DoubleVar()
self.sugar_narrow_row_space["textvariable"]=self.sugar_narrow_rowV
self.sugar_narrow_rowV.set(round(self.sugar_wide_rowV.get()/2,2))
self.sugar_narrow_row_space.bind('<KeyRelease>',self.sugar_row_ok)
self.sugar_hole_space_label=Label(self.planting_parameter,
    text='穴距\n(米)')
self.sugar_hole_space_label.grid(row=0, column=2, ipadx = 1,
    ipady = 1, padx = 2, pady = 2)
self.sugar_hole_space = Entry(self.planting_parameter,
    state='normal', justify='center', font=('宋体', 18))
self.sugar_hole_space.grid(row=1, column=2, ipadx = 1,ipady = 1,
    padx = 2, pady = 2, sticky=E+W)
self.sugar_hole_spaceV = DoubleVar()
self.sugar_hole_space["textvariable"] = self.sugar_hole_spaceV
self.sugarHoleslabel=Label(self.planting_parameter, text='总穴数')
self.sugarHoleslabel.grid(row=2, column=2, ipadx = 1,ipady = 1,
    padx = 2, pady = 2)
self.sugarHoles = Entry(self.planting_parameter,
    state='normal', justify='center',font=('宋体', 18))
self.sugarHoles.grid(row=3, column=2, ipadx = 1, ipady = 1,
    padx = 2, pady = 2, sticky=E+W)
self.sugarHolesV = DoubleVar()
self.sugarHoles ["textvariable"] = self.sugarHolesV
self.sugar_tiller_label=Label(self.planting_parameter,
    text='单芽有效\n分蘖数')
```

```
self.sugar_tiller_label.grid(row=0, column=3, ipadx = 1,ipady = 1,
    padx = 2, pady = 2)
self.sugar_tiller_num = Entry(self.planting_parameter,
    state='normal', justify='center',font=('宋体', 18))
self.sugar_tiller_num.grid(row=1, column=3, ipadx = 1,ipady = 1,
    padx = 2, pady = 2, sticky=E+W)
self.sugar_tiller_numV = DoubleVar()
self.sugar_tiller_num["textvariable"] = self.sugar_tiller_numV
self.sugar_tiller_numV.set(0)
self.sugar_tiller_num.bind('<KeyRelease>',
    self.sugar_tiller_num_input)
self.label3=Label(self.planting_parameter,text='穴芽数\n(有效茎)')
self.label3.grid(row=2, column=3, ipadx = 1,ipady = 1, padx = 2,
    pady = 2)
self.sugarBudsperHole = Entry(self.planting_parameter,
    state='normal', justify='center',font=('宋体', 18))
self.sugarBudsperHole.grid(row=3, column=3, ipadx = 1,ipady = 1,
    padx = 2, pady = 2, sticky=E+W)
self.sugarBH = StringVar()
self.sugarBudsperHole["textvariable"] = self.sugarBH
self.label1=Label(self.planting_parameter,text='亩播芽数')
self.label1.grid(row=0, column=4, ipadx = 1, ipady = 1, padx = 2,
    pady = 2)
self.sugarBuds = Entry(self.planting_parameter,state='normal',
    justify='center', font=('宋体', 18))
self.sugarBuds.grid(row=1, column=4, ipadx = 1,ipady = 1,
    padx = 2, pady = 2)
self.sugar_total_buds = IntVar()
self.sugarBuds["textvariable"] = self.sugar_total_buds
self.有效茎数label=Label(self.planting_parameter,
    text='亩\n有效茎数')
self.有效茎数label.grid(row=2,column=4,ipadx = 1,ipady = 1,
    padx = 2, pady = 2)
self.有效茎数 = Entry(self.planting_parameter,state='normal',
    justify='center', font=('宋体', 18))
self.有效茎数.grid(row=3, column=4, ipadx = 1,ipady = 1, padx = 2,
    pady = 2, sticky=E+W)
self.有效茎数V = IntVar()
self.有效茎数["textvariable"] = self.有效茎数V
self.label6=Label(self.planting_parameter, text='甘蔗花生\n(m)')
self.label6.grid(row=0, column=5, ipadx = 1,ipady = 1, padx = 2,
    pady = 2)
self.sugar_peanutRowSpace = Entry(self.planting_parameter,
    state='normal', justify='center',font=('宋体', 18))
self.sugar_peanutRowSpace.grid(row=1, column=5, ipadx = 1,
```

```
        ipady = 1, padx = 2, pady = 2, sticky=E+W)
    self.sugar_peanutRS = DoubleVar()
    self.sugar_peanutRowSpace["textvariable"] = self.sugar_peanutRS
    self.labelpeanutR=Label(self.planting_parameter,text='花生\n行数')
    self.labelpeanutR.grid(row=2, column=5, ipadx = 1,ipady = 1,
        padx = 2, pady = 2)
    self.peanutRows = Entry(self.planting_parameter,state='normal',
        justify='center',font=('宋体', 18))
    self.peanutRows.grid(row=3, column=5, ipadx = 1,ipady = 1,
        padx = 2, pady = 2, sticky=E+W)
    self.peanutR = DoubleVar()
    self.peanutRows["textvariable"] = self.peanutR
    self.stem_waight_label=Label(self.planting_parameter,
        text='单茎重\n(kg)')
    self.stem_waight_label.grid(row=0, column=6, ipadx = 1, ipady = 1,
        padx = 2, pady = 2)
    self.stem_waight = Combobox(self.planting_parameter,
        state='normal', justify='center',font=('宋体', 18))
    self.stem_waight.grid(row=1, column=6, ipadx = 1,ipady = 1,
        padx = 2, pady = 2, sticky=E+W)
    self.stem_waightV = DoubleVar()
    self.stem_waight["values"]=[1.0, 1.1, 1.2, 1.3, 1.4, 1.5, 1.6, 1.7,
        1.8, 1.9, 2.0, 2.1, 2.2, 2.3, 2.4, 2.5, 2.6, 2.7, 2.8, 2.9, 3.0]
    self.stem_waight["textvariable"] = self.stem_waightV
    self.stem_waight.current(5)
    self.stem_waight.bind("<<ComboboxSelected>>",
        self.sugar_row_select)
    self.stem_waight.bind('<Key-Return>', self.sugar_row_select)
    self.peanut_arealabel=Label(self.planting_parameter,
        text='花生占比\n(%)')
    self.peanut_arealabel.grid(row=2, column=6, ipadx = 1, ipady = 1,
        padx = 2, pady = 2)
    self.peanut_area = Entry(self.planting_parameter,
        state='normal', justify='center',font=('宋体', 18))
    self.peanut_area.grid(row=3, column=6, ipadx = 1,ipady = 1,
        padx = 2, pady = 2, sticky=E+W)
    self.peanut_areaV = DoubleVar()
    self.peanut_area["textvariable"] = self.peanut_areaV
    self.labelYield=Label(self.planting_parameter,text='甘蔗亩产\n(吨)')
    self.labelYield.grid(row=0, column=7, ipadx = 1, ipady = 1,
        padx = 2, pady = 2)
    self.sugar_Yield = Entry(self.planting_parameter,
        state='normal', justify='center',font=('宋体', 18))
    self.sugar_Yield.grid(row=1, column=7, ipadx = 1,ipady = 1,
        padx = 2, pady = 2, sticky=E+W)
```

```
self.sugar_YieldV = DoubleVar()
self.sugar_Yield["textvariable"] = self.sugar_YieldV
self.peanut_yieldlabel = Label(self.planting_parameter,
    text='花生亩产\n(kg)')
self.peanut_yieldlabel.grid(row=2, column=7, ipadx = 1, pady = 1,
    padx = 2)
self.peanut_yield = Entry(self.planting_parameter,
    state='normal', justify='center',font=('宋体', 18))
self.peanut_yield.grid(row=3, column=7, ipadx = 1,ipady = 1,
    padx = 2, pady = 2, sticky=E+W)
self.peanut_yieldV = DoubleVar()
self.peanut_yield["textvariable"] = self.peanut_yieldV
self.peanut_yieldV.set(150)
self.Separator=Separator(mainWindow, orient='horizontal')
self.Separator.pack(fill='x')
# 公用的信息显示框
self.show_frame = PanedWindow(mainWindow,showhandle=True,
    sashrelief='raised',sashpad=0,handlesize=10)
self.show_frame.pack(fill='both', expand=True)
self.button_text_frame = Frame(self.show_frame)
self.button_text_frame.rowconfigure(0,  weight = 1)
self.button_text_frame.rowconfigure(1,  weight = 1)
self.show_frame.add(self.button_text_frame,
    width=int (window_width/2))
# 构建功能按钮
self.function_frame = Frame(self.button_text_frame)
self.function_frame.pack(fill='x')
self.function_frame.columnconfigure(0, minsize = 50, weight = 1)
self.function_frame.columnconfigure(1, minsize = 50, weight = 1)
self.function_frame.columnconfigure(2, minsize = 50, weight = 1)
self.function_frame.columnconfigure(3, minsize = 50, weight = 1)
self.function_frame.columnconfigure(4, minsize = 50, weight = 1)
整地=Button(self.function_frame, text='选地整地',
    command=self.选地整地);整地.grid(row=0, column=0)
间作规格 = Button(self.function_frame, text='间作规格',
    command=self.间作规格)
间作规格.grid(row=0, column=1)
甘蔗品种 = Button(self.function_frame, text='品种选择',
    command=self.品种选择)
甘蔗品种.grid(row=0, column=2)
种茎处理 = Button(self.function_frame, text='种茎处理',
    command=self.种茎处理)
种茎处理.grid(row=0, column=3)
甘蔗开沟 = Button(self.function_frame, text='开植蔗沟',
    command=self.开植蔗沟)
```

```
甘蔗开沟.grid(row=0, column=4)
甘蔗基肥 = Button(self.function_frame, text='甘蔗基肥',
    command=self.甘蔗基肥)
甘蔗基肥.grid(row=1, column=0)
甘蔗下种 = Button(self.function_frame, text='甘蔗下种',
    command=self.甘蔗下种)
甘蔗下种.grid(row=1, column=1)
花生种肥 = Button(self.function_frame, text='花生基肥',
    command=self.花生基肥)
花生种肥.grid(row=1, column=2)
花生播种 = Button(self.function_frame, text='花生播种',
    command=self.花生播种)
花生播种.grid(row=1, column=3)
除草覆膜 = Button(self.function_frame, text='除草覆膜',
    command=self.除草覆膜)
除草覆膜.grid(row=1, column=4)
水分管理 = Button(self.function_frame, text='水分管理',
    command=self.水分管理)
水分管理.grid(row=2, column=0)
追肥培土 = Button(self.function_frame, text='追肥培土',
    command=self.追肥培土)
追肥培土.grid(row=2, column=1)
甘蔗病虫防治=Button(self.function_frame,text='病虫防治',
    command=self.病虫防治)
甘蔗病虫防治.grid(row=2, column=2)
花生病虫防治=Button(self.function_frame,text='花生收获',
    command=self.花生收获)
花生病虫防治.grid(row=2, column=3)
甘蔗收获 = Button(self.function_frame, text='甘蔗收获',
    command=self.甘蔗收获)
甘蔗收获.grid(row=2, column=4)
宿根蔗管理=Button(self.function_frame, text='宿根蔗管理',
    command=self.宿根蔗管理)
宿根蔗管理.grid(row=3, column=0,columnspan=2)
田内轮作=Button(self.function_frame, text='田内轮作',
    command=self.田内轮作)
田内轮作.grid(row=3, column=3,columnspan=2)
self.Separator=Separator(mainWindow, orient='horizontal')
self.Separator.pack(fill='x')
# 构建显示计算结果的右侧带滚动条的文本框
self.技术内容 = ScrolledText(self.button_text_frame,bg='wheat')
self.技术内容.pack(fill='both')
self.技术内容.bind("<Button-3>", self.popup)
self.技术内容.bind('<Configure>', self.resize)
self.pic_text = ScrolledText(self.show_frame)
```

```
        self.show_frame.add(self.pic_text)
        self.pic_text.bind('<Configure>', self.picture_resize)
        self.pic_text.bind("<Button-3>",  self.popup)
        self.pic_text.bind("<Double-Button-1>",  self.open_picture_event)
    def open_picture_event(self,event):
        self.open_picture()
    def open_picture(self):
        if '.txt' not in self.img_path:
            os.startfile(self.img_path)
        else:
            img = Image.open(self.img_path);img.show()
    def label_resize(self, event):
        window_width = event.width;font_size = int(32*window_width/1150)
        font_size_label = int(16*window_width/1150)
        self.title_soft['font'] = ('微软雅黑', font_size, 'bold')
        self.title_soft['justify'] = 'center'
        self.title_soft['anchor'] = 'center'
        self.title_soft['text']=app_name
        self.fund['font']=('微软雅黑', int(font_size*0.5))
        self.fund['justify'] = 'center';self.fund['anchor'] ='center'
        self.fund['text'] = fund
        self.mystyle.configure('TButton',font = ('微软雅黑',
            font_size_label,'bold'))
        self.mystyle.configure('TLabel',font = ('微软雅黑',
            font_size_label-6,'bold'))
        self.sugar_model['font']=('宋体',font_size_label,'bold')
        self.sugar_wide_row_space['font'] = ('宋体', font_size_label,
            'bold')
        self.sugar_narrow_row_space['font'] = ('宋体', font_size_label,
            'bold')
        self.sugar_hole_space['font'] = ('宋体',font_size_label,'bold')
        self.sugarHoles['font'] = ('宋体', font_size_label,'bold')
        self.sugar_tiller_num['font'] = ('宋体', font_size_label,'bold')
        self.sugarBudsperHole['font'] = ('宋体', font_size_label,'bold')
        self.sugarBuds['font'] = ('宋体', font_size_label,'bold')
        self.有效茎数['font'] = ('宋体', font_size_label,'bold')
        self.sugar_peanutRowSpace['font'] = ('宋体',font_size_label,'bold')
        self.peanutRows['font'] = ('宋体', font_size_label,'bold')
        self.stem_waight['font']=('宋体',font_size_label,'bold')
        self.peanut_area['font']=('宋体',font_size_label,'bold')
        self.sugar_Yield['font']=('宋体', font_size_label,'bold')
        self.peanut_yield['font']=('宋体',font_size_label,'bold')
    def 导出数据(self):
        target_dir = filedialog.askdirectory()
        target_dir = '{}\\share_data({})'.format(target_dir, app_abbr)
```

```
        source_files = glob.glob('{}/*'.format(back_path))
        if os.path.exists(target_dir):
            shutil.rmtree(target_dir)
        os.makedirs(target_dir)
        for file in source_files:
            if os.path.isfile(file):
                shutil.copy(file, target_dir)
            elif os.path.isdir(file):
                basename = os.path.basename(file)
                shutil.copytree (file,'{}/{}'.format(target_dir, basename))
        message = '''
        已经创建导出程序修改完善的栽培技术要点等数据用于分享或网络同步，存放在文件夹中！
        '''.format(target_dir)
        messagebox.showinfo('提醒', message)
        return
    def sugar_tiller_num_input(self,event):
        self.stems_count()
    def sugar_model_select(self,event):
        self.model_select()
    def model_select(self):
        '''
        根据选择的甘蔗种植模式，计算甘蔗宽、窄行距
        Returns
        -------
        None.

        '''
        model = self.sugar_modelV.get()
        if model in '宽窄行':
            self.sugar_narrow_rowV.set(round(self.sugar_wide_rowV.get()/2,2))
        else:
            self.sugar_narrow_rowV.set(self.sugar_wide_rowV.get())
        self.stems_count()
    def sugar_row_ok(self,event):
        self.stems_count()
    def sugar_row_select(self, event):
        self.model_select();self.stems_count()
    def effective_stems_per_hole(self,effective_stems,row_spase,hole_space):
        mu_hole_num = 666.7/(row_spase * hole_space)
        mu_hole_num = int(mu_hole_num)
        hole_stems = round(effective_stems/mu_hole_num,0)
        hole_stems = int(hole_stems)
        return hole_stems, mu_hole_num
    def stems_count(self):
        effective_stems=5000;stem_weight=self.stem_waightV.get()
```

```
        sugar_buds_rate = self.sugar_buds_rateV.get();
        sugar_wide_row = self.sugar_wide_rowV.get()
        sugar_narrow_row = self.sugar_narrow_rowV.get()
        if sugar_wide_row == sugar_narrow_row:
            sugar_row = sugar_wide_row
        else:
            sugar_row = (sugar_wide_row + sugar_narrow_row) / 2
        if sugar_wide_row < sugar_narrow_row:
            sugar_wide_row = sugar_narrow_row
        effective_buds_perhole = 9; sugar_hole = 0.8
        while effective_buds_perhole>8:
            sugar_hole = round(sugar_hole - 0.05, 2)
            effective_buds_perhole, total_holes = self.\
                effective_stems_per_hole(effective_stems,
                sugar_row, sugar_hole)
        self.sugar_hole_spaceV.set(sugar_hole) #穴距
        #根据分蘖能力和目标有效茎数计算需要的有效芽数
        try:
            tiller_num = self.sugar_tiller_numV.get()
        except:
            tiller_num = 0
        effective_buds_perhole1=effective_buds_perhole/(tiller_num+1)
        # 根据出苗率计算出达到目标有效茎需要播种的芽数
        sugar_buds_perhole=int(effective_buds_perhole1/sugar_buds_rate*100)
        if sugar_buds_perhole % 2 == 1:
            sugar_buds_perhole += 1
        buds_perhole = '{}({})'.format(sugar_buds_perhole,\
        effective_buds_perhole)
        self.sugarBH.set(buds_perhole)
        total_buds_sow = sugar_buds_perhole * total_holes
        effective_stems = effective_buds_perhole * total_holes
        self.有效茎数V.set(effective_stems)
        target_yield = (effective_stems * stem_weight)/1000
        target_yield = round(target_yield, 2)
        self.sugarHolesV.set(total_holes)
        self.sugar_total_buds.set(total_buds_sow)
        self.sugar_total_buds.set(total_buds_sow)
        self.sugar_YieldV.set(target_yield)
        # 计算宽行间作花生的行数
        peanut_space = round(sugar_wide_row-0.8,1) #保证数据的准确性
        peanut_rows = int((peanut_space)/0.4)
        if peanut_rows%2 == 1:
            peanut_rows = peanut_rows - 1
        if sugar_wide_row>3.8:
             self.技术内容.delete('1.0', END)
```

```
            self.技术内容.insert('insert', '可能影响甘蔗单产，不建议使用\
                该甘蔗行距！')
            return
        p_space=(peanut_rows - 1)*0.4
        sp_space=(sugar_wide_row - p_space)/2
        sp_space = round(sp_space, 2)
        self.sugar_peanutRS.set(sp_space)
        if sugar_wide_row == sugar_narrow_row:
            peanut_area = (peanut_rows * 0.4) /sugar_row
            peanut_area = round(peanut_area * 100, 2)
        elif sugar_wide_row > sugar_narrow_row:
            peanut_area = (peanut_rows * 0.4) /(sugar_row*2)
            peanut_area = round(peanut_area * 100, 2)
        self.peanutR.set(peanut_rows)
        self.peanut_areaV.set(peanut_area)
        peanut_target_yield = round(peanut_area * 3, 1)
        self.peanut_yieldV.set(peanut_target_yield)
        if sugar_wide_row > sugar_narrow_row:
            间作方案 = '''
当亩有效茎数为{}，平均单茎重{}kg，甘蔗目标产量为{}吨/亩；
甘蔗宜采用宽窄行丛式栽培，甘蔗宽行距为{}米，窄行距为{}米，甘蔗穴距为{}米；
甘蔗每穴播种芽数为{}，括号中的值为每穴有效茎数，甘蔗宽行间种{}行花生，有{}%甘蔗地可
    种植花生，花生目标亩产为{}kg。
        '''.format(effective_stems, stem_weight, target_yield,
            sugar_wide_row,sugar_narrow_row, sugar_hole,  buds_perhole,
            peanut_rows, peanut_area, peanut_target_yield)
        else:
            间作方案 = '''
当亩有效茎数为{}，平均单茎重{}kg，甘蔗目标亩产可达{}kg；
甘蔗也可采用等行距丛式栽培，甘蔗行距为{}米，甘蔗穴距为{}米；
甘蔗每穴播种芽数为{}，括号中的值为每穴有效茎数，甘蔗行间种{}行花生，有{}%甘蔗地可种
    植花生，花生目标亩产为{}kg。
        '''.format(effective_stems, stem_weight, target_yield,
            sugar_wide_row,sugar_hole,  buds_perhole,
            peanut_rows, peanut_area, peanut_target_yield)
        self.show_skill('甘蔗花生复合栽培技术要点', 间作方案)
    def 选地整地(self):
        skill_name = '选地整地';skill_point = 技术要点[skill_name]
        self.show_skill(skill_name, skill_point)
        picture_path_current = '{}\\开植蔗沟.txt'.format(picture_path)
        if os.path.exists(picture_path_current):
            self.img_path = picture_path_current
        self.Show_Img(self.img_path,self.pic_width)
    def 间作规格(self):
        skill_name = '间作规格';skill_point = self.inter_crop()
```

```
        self.show_skill(skill_name, skill_point)
        picture_path_current = '{}\\8个双芽段.txt'.format(picture_path)
        if os.path.exists(picture_path_current):
            self.img_path = picture_path_current
        self.Show_Img(self.img_path,self.pic_width)
    def 品种选择(self):
        skill_name = '品种选择';skill_point = 技术要点[skill_name]
        self.show_skill(skill_name, skill_point)
        picture_path_current = '{}\\丛式甘蔗.txt'.format(picture_path)
        if os.path.exists(picture_path_current):
            self.img_path = picture_path_current
        self.Show_Img(self.img_path,self.pic_width)
    def 种茎处理(self):
        skill_name = '种茎处理';skill_point = 技术要点[skill_name]
        self.show_skill(skill_name, skill_point)
        picture_path_current = '{}\\种茎处理.txt'.format(picture_path)
        if os.path.exists(picture_path_current):
            self.img_path = picture_path_current
        self.Show_Img(self.img_path,self.pic_width)
    def 开植蔗沟(self):
        skill_name = '开植蔗沟';skill_point = 技术要点[skill_name]
        self.show_skill(skill_name, skill_point)
        picture_path_current = '{}\\开植蔗沟.txt'.format(picture_path)
        if os.path.exists(picture_path_current):
            self.img_path = picture_path_current
        self.Show_Img(self.img_path,self.pic_width)
    def 甘蔗基肥(self):
        skill_name = '甘蔗基肥';skill_point = 技术要点[skill_name]
        self.show_skill(skill_name, skill_point)
        picture_path_current = '{}\\甘蔗基肥.txt'.format(picture_path)
        if os.path.exists(picture_path_current):
            self.img_path = picture_path_current
        self.Show_Img(self.img_path,self.pic_width)
    def 甘蔗下种(self):
        skill_name = '甘蔗下种';skill_point = 技术要点[skill_name]
        self.show_skill(skill_name, skill_point)
        picture_path_current = '{}\\甘蔗下种.txt'.format(picture_path)
        if os.path.exists(picture_path_current):
            self.img_path = picture_path_current
        self.Show_Img(self.img_path,self.pic_width)
    def 花生基肥(self):
        skill_name = '花生基肥';skill_point = 技术要点[skill_name]
        self.show_skill(skill_name, skill_point)
        picture_path_current = '{}\\花生基肥.txt'.format(picture_path)
        if os.path.exists(picture_path_current):
```

```
            self.img_path = picture_path_current
        self.Show_Img(self.img_path,self.pic_width)
    def 花生播种(self):
        skill_name = '花生播种'
        花生播种 = '''
花生宜采用宽窄行起垄种植，包沟垄宽85cm左右，沟宽30cm，垄面宽55cm，垄面种两行花生，
        花生窄行距为30cm，穴距为12cm，每穴播 1 粒花生种
花生宜与甘蔗下种同步进行，在完成甘蔗下种2～3天内完成播种。
        '''
        self.show_skill(skill_name,花生播种)
        picture_path_current = '{}\\花生播种.txt'.format(picture_path)
        if os.path.exists(picture_path_current):
            self.img_path = picture_path_current
        self.Show_Img(self.img_path,self.pic_width)
    def 除草覆膜(self):
        skill_name='除草覆膜';skill_point=技术要点[skill_name]
        self.show_skill(skill_name, skill_point)
        picture_path_current = '{}\\除草覆膜.txt'.format(picture_path)
        if os.path.exists(picture_path_current):
            self.img_path = picture_path_current
        self.Show_Img(self.img_path,self.pic_width)
    def 水分管理(self):
        skill_name = '水分管理';skill_point = 技术要点[skill_name]
        self.show_skill(skill_name, skill_point)
        picture_path_current = '{}\\水分管理.txt'.format(picture_path)
        if os.path.exists(picture_path_current):
            self.img_path = picture_path_current
        self.Show_Img(self.img_path,self.pic_width)
    def 追肥培土(self):
        skill_name = '追肥培土';skill_point = 技术要点[skill_name]
        self.show_skill(skill_name, skill_point)
        picture_path_current = '{}\\追肥培土.txt'.format(picture_path)
        if os.path.exists(picture_path_current):
            self.img_path = picture_path_current
        self.Show_Img(self.img_path,self.pic_width)
    def 病虫防治(self):
        skill_name = '病虫防治';skill_point = 技术要点[skill_name]
        self.show_skill(skill_name, skill_point)
        picture_path_current = '{}\\甘蔗病虫防治.txt'.format(picture_path)
        if os.path.exists(picture_path_current):
            self.img_path = picture_path_current
        self.Show_Img(self.img_path,self.pic_width)
    def 花生收获(self):
        skill_name = '花生收获';skill_point = 技术要点[skill_name]
        self.show_skill(skill_name, skill_point)
```

```
        picture_path_current = '{}\\花生收获.txt'.format(picture_path)
        if os.path.exists(picture_path_current):
            self.img_path = picture_path_current
        self.Show_Img(self.img_path,self.pic_width)
    def 甘蔗收获(self):
        skill_name = '甘蔗收获';skill_point = 技术要点[skill_name]
        self.show_skill(skill_name, skill_point)
        picture_path_current = '{}\\甘蔗收获.txt'.format(picture_path)
        if os.path.exists(picture_path_current):
            self.img_path = picture_path_current
        self.Show_Img(self.img_path,self.pic_width)
    def 宿根蔗管理(self):
        skill_name='宿根蔗管理';skill_point=技术要点[skill_name]
        self.show_skill(skill_name, skill_point)
        picture_path_current = '{}\\宿根蔗管理.txt'.format(picture_path)
        if os.path.exists(picture_path_current):
            self.img_path = picture_path_current
        self.Show_Img(self.img_path,self.pic_width)
    def 田内轮作(self):
        skill_name = '田内轮作';skill_point = 技术要点[skill_name]
        self.show_skill(skill_name, skill_point)
        picture_path_current = '{}\\田内轮作.txt'.format(picture_path)
        if os.path.exists(picture_path_current):
            self.img_path = picture_path_current
        self.Show_Img(self.img_path,self.pic_width)
    def inter_crop(self):
        宽行距 = self.sugar_wide_rowV.get()
        窄行距 = self.sugar_narrow_rowV.get()
        甘蔗穴距 = self.sugar_hole_spaceV.get()
        甘蔗穴芽数 = self.sugarBH.get()
        甘蔗花生间距=self.sugar_peanutRS.get()
        花生行数=int(self.peanutR.get())
        if 宽行距 == 窄行距:
            间作规格 = '''
1、间作行向：行向宜与太阳光线同一方向，宜东西行向。
2、具体参数：甘蔗采用等行距种植，甘蔗行距为{}米，甘蔗穴距为{}米，每穴下种{}个芽，每行甘蔗
   间作{}行花生，甘蔗花生间距为{}米。
        '''.format(宽行距，甘蔗穴距，甘蔗穴芽数，花生行数，甘蔗花生间距)
        else:
            间作规格 = '''
1、间作行向：行向宜与太阳光线同一方向，宜东西行向。
2、具体参数：甘蔗采用宽窄行种植，宽行距为{}米，窄行距为{}米，甘蔗穴距为{}米，每穴下种{}个
   芽，甘蔗宽行间作{}行花生，甘蔗花生间距为{}米。
        '''.format(宽行距，窄行距，甘蔗穴距，甘蔗穴芽数，花生行数，甘蔗花生间距)
```

```
        花生播种 = '''
花生宜采用宽窄行起垄种植，包沟垄宽85cm左右，沟宽30cm，垄面宽55cm，垄面种两行花生，花生
        窄行距为30cm，穴距为12cm，每穴播1粒花生种
花生宜与甘蔗下种同步进行，在完成甘蔗下种2～3天内完成播种。
        '''
        间作规格 = '{}\n{}'.format(间作规格, 花生播种)
        return 间作规格
    def show_skill(self, skill_name, skill_point):
        width = self.width;title_size = int(32 * width / 564)
        text_size  = int(18 * width / 564)
        skill_point = skill_point.replace('P205','P{}O{}'.format\
        (chr(8322),chr(8325)))
        skill_point = skill_point.replace('K20', 'K{}O'.format(chr(8322)))
        skill_name_len = len(skill_name)
        welcome_text = '{0:^{1}}'.format(skill_name,26-skill_name_len)
        self.技术内容.tag_configure('tag_title', font = ('宋体',
            title_size,'bold'),foreground = 'black', wrap='word')
        self.技术内容.tag_configure('tag1', font = ('宋体', text_size))
        self.技术内容.delete(0.0, END)
        self.技术内容.insert('insert', '\n')
        self.技术内容.insert('insert', welcome_text, 'tag_title')
        self.技术内容.insert('insert', '\n')
        self.技术内容.insert('insert', skill_point, 'tag1')
    def Show_Img(self,picture_path,pic_width):
        global img_png
        if not os.path.exists(picture_path):
            return
        img = Image.open(picture_path); width1, height1 = img.size
        height = int(height1 * (pic_width/width1))
        img1 = img.resize((pic_width, height))
        img_png = ImageTk.PhotoImage(img1);self.pic_text.delete(0.0, END)
        self.pic_text.image_create('insert',  image = img_png)
    def picture_resize(self, event):
        self.pic_width = event.width
        self.Show_Img(self.img_path,self.pic_width)
    def begin_input(self, event):
        原始数据 = self.技术内容.get(1.0, END)
        self.sig = self.get_sig(原始数据)
    def 关闭(self):
        self.master.destroy()
    def popup(self, event):
        self.mainmenubar.post(event.x_root,  event.y_root)
    def font_black(self):
        self.技术内容.tag_delete('font')
        try:
```

```
            x = self.技术内容.selection_get()
        except:
            return
        x_start = self.技术内容.search(x, 1.0, END)
        x_end   = self.技术内容.search(x[-3:], x_start, END)
        x_end   = x_end.split('.')
        if len(x)>2:
            x_end[1] = int(x_end[1]) + 3
        elif len(x)==2:
            x_end[1] = int(x_end[1]) + 2
        elif len(x)==1:
            x_end[1] = int(x_end[1]) + 1
        x_end = '{}.{}'.format(x_end[0], x_end[1])
        self.技术内容.tag_add('font', x_start, x_end)
        self.技术内容.tag_config("font", foreground="black",
            background=背景色[0])
    def font_red(self):
        self.技术内容.tag_delete('font')
        try:
            x = self.技术内容.selection_get()
        except:
            return
        x_start = self.技术内容.search(x, 1.0, END)
        x_end   = self.技术内容.search(x[-3:], x_start, END)
        x_end   = x_end.split('.')
        if len(x)>2:
            x_end[1] = int(x_end[1]) + 3
        elif len(x)==2:
            x_end[1] = int(x_end[1]) + 2
        elif len(x)==1:
            x_end[1] = int(x_end[1]) + 1
        x_end = '{}.{}'.format(x_end[0], x_end[1])
        self.技术内容.tag_add('font', x_start, x_end)
        self.技术内容.tag_config("font", foreground="yellow",
            background='red')
    def resize(self, event):
        '''
        根据窗体大小获得信息文本框的宽度。
        '''
        self.width = event.width;self.height = event.height
        self.model_select();self.stems_count()
    def welcome(self, width):
        技术内容 = self.技术内容.get('1.0', END)
        for skill_name in 技术要点:
            title_text = '《{}》'.format(skill_name)
```

```
            if title_text in 技术内容:
                skill_point = 技术要点[skill_name]
                self.show_skill(skill_name, skill_point)
                return
        user_guide = '''
该软件根据国家花生产业技术体系华南区域高产栽培岗位多年研究成果编写。单击菜单栏的“帮助”按
    钮查看详细使用说明。

{}
        '''.format(fund)
        title_text = '{}'.format(app_name)
        if title_text in 技术内容 or len(技术内容) == 1:
            if width <= 600:
                self.技术内容.tag_configure('tag_title',font=('宋体', 18,
                    'bold'), foreground = 'black', wrap='word')
                self.技术内容.tag_configure('tag1',font =('宋体', 16))
                x=int(width/12.5);width_num=x-len(title_text)
                title_text = '{0: ^{1}}'.format(title_text, width_num)
                self.技术内容.delete(0.0, END)
                self.技术内容.insert('insert', '\n')
                self.技术内容.insert('insert',title_text,'tag_title')
                self.技术内容.insert('insert', '\n\n\n')
                self.技术内容.insert('insert', user_guide, 'tag1')
            else:
                self.技术内容['height'] = 30
                self.技术内容.tag_configure('tag_title',font=('宋体', 24,
                    'bold'), foreground = 'black', wrap='word')
                self.技术内容.tag_configure('tag1',font=('宋体', 18))
                x=int(width/16.5);width_num=x-len(title_text)
                title_text = '{0: ^{1}}'.format(title_text, width_num)
                self.技术内容.delete(0.0, END)
                self.技术内容.insert('insert', '\n')
                self.技术内容.insert('insert',title_text,'tag_title')
                self.技术内容.insert('insert', '\n\n\n')
                self.技术内容.insert('insert', user_guide, 'tag1')
        else:
            self.技术内容.tag_configure('tag1', font = ('宋体', 16))
            self.技术内容.delete(0.0, END)
            self.技术内容.insert('insert', 技术内容, 'tag1')
    def 打印技术内容(self):
        技术内容 = self.技术内容.get(0.0, END)
        with open('{}\\技术内容.txt'.format(back_path), 'w',
            encoding='utf-8') as f:
            f.write(技术内容)
        os.startfile('{}\\技术内容.txt'.format(back_path))
```

```
    def abouttext(self):
        self.技术内容.delete(0.0, END)
        self.技术内容.insert('insert', about_text,'tag1')
    def helptext(self):
        helptext = 技术要点['使用说明']
        self.show_skill('使用说明', helptext)
if __name__ == '__main__':
    背景色=['wheat', 'cornsilk']
    选地整地 = '''
宜选择交通方便、排灌条件较好，地势平坦，坡度小于15°的蔗地进行甘蔗间作花生，土层深度宜大于
    50cm，耕层深度为40～45cm，耕层土壤应是土质疏松的壤土或沙壤土。
宜用大型拖拉机配套深耕犁或深松器进行全田深耕深松,耕层深度为40～45cm,耕作层宜深、松、碎、平。
    '''
    品种选择 = '''
甘蔗品种应选择宿根性好、抗逆性强、适合机械化栽培的高产高糖抗病品种，如选择桂糖42、桂糖44、
    桂糖58、粤糖00236等品种。
花生品种应选择适合市场需求、通过国家品种登记、适合当地种植的花生良种，如桂花36、桂花69、桂
    花红198、桂花1026等
    '''
    开植蔗沟 = '''
根据选择的甘蔗行距，播种前 7 天内，东西向开甘蔗种植沟，沟深35～40cm，沟底宽40cm，沟底宜平
    坦，以利于摆放甘蔗种茎。
    '''
    种茎处理 = '''
宜选择脱毒无病虫、无霉菌、茎径大小均匀、蔗芽饱满、芽鳞新鲜的新植甘蔗上半部茎、梢部种茎或半年
    蔗的全茎作种，切成双芽段种茎，确保切口不破裂，蔗芽完好。
下种前用50%多菌灵可湿性粉剂或70%甲基硫菌灵可湿性粉剂1000倍液浸种10min，或30%嘧菌酯可
    湿性粉剂1500倍液浸种1.5～3.0min以进行种茎消毒。
应选择活力高、出苗率85%以上的花生种子，南方首选秋花生种。播前用防病防虫的花生专用拌种剂拌种
    或包衣。
    '''
    甘蔗基肥 = '''
下种时，在甘蔗穴间和穴周围，每667m²均匀撒施70kg钙镁磷肥，30kg甘蔗专用复合肥
    （N-P{0}O{1}-K{0}O=15-7-8）、25kg氯化钾，施用时肥料与种茎应分开。
    '''.format(chr(8322), chr(8325))
    甘蔗下种 = '''
下种时间应在气温稳定在15℃以上适合甘蔗和花生播种的时期。
土壤相对含水量宜为75%左右，可等待自然降雨或人工喷淋造墒。
种茎摆放与种植沟垂直，每穴种茎平行放置，芽向两侧，种茎间距为2～5cm，蔗种与土壤紧密接触。
下种施肥后，播种沟应覆土5～10cm，使种植行呈中间高两边稍低的龟背形。
    '''
    防草覆膜 = '''
封闭除草：甘蔗花生复合种植地块在完成播种后2天内，应用异松•乙草胺、甲咪唑烟酸、扑草净等甘蔗、
    花生共用的芽前除草剂进行土壤喷雾，甘蔗再按常规要求覆膜，花生不建议覆膜。
芽后除草：甘蔗花生复合种植地块在花生苗期（五张叶左右），应用甲咪唑烟酸、扑草净等甘蔗、花生共
```

```
    用的芽后除草剂对杂草进行低位定向喷雾。

    '''
    水分管理 = '''
根据水源和地形等不同条件，采用喷灌或滴灌，确保甘蔗各生长期的水分供应，雨季应排除积水。
花生比甘蔗耐旱，只要能保证甘蔗水分需要，花生生育期不需要另行人工浇水。
    '''
    追肥培土 = '''
花生生育期不需要追肥培土。
花生收获后，在甘蔗基部每667㎡均匀撒施70kg甘蔗专用复合肥（N-P₂O₅-K₂O=15-7-8），把花生茎
    叶覆盖在蔗基部后进行大培土。
    '''
    宿根蔗管理= '''
破垄施肥：甘蔗收获后10天内完成。蔗叶粉碎还田，留宿根的蔗地应及时破垄。破垄前砍除秋冬笋；破
    垄时紧贴蔗头两边犁翻。结合破垄，在甘蔗基部每667㎡均匀撒施30kg甘蔗专用复合肥
    （N-P₂O₅-K₂O=15-7-8），再培土。
    '''
    田内轮作 = '''
在下一轮新植蔗种植时，清除宿根蔗蔸，按新植蔗种植技术在花生种植区开种植沟重新种植甘蔗。
    '''
    花生基肥 = '''
花生施肥宜在测定土壤养分状况前提下，用“花科花生结荚区平衡集中精准施肥软件”计算出按花生实
    际面积计所需要施用的肥料品种及用量，防止花生空果，提高花生产量，降低化肥用量。
    '''
    花生收获 = '''
当80%以上荚果果壳硬化，网纹清晰，果壳内壁呈铁褐色斑块时即可选晴天收获。鲜食花生及时净化上
    市销售，其他用途花生应及时干燥使荚果含水量低于10%，避免发芽发霉。
    '''
    病虫防治 = '''
一、甘蔗常见病害及防治
1：凤梨病：雨天植蔗及植后久雨容易诱发。应及时排除积水和植前用2%石灰水或50%多菌灵浸种可防治
    病害。
2：黑穗病：选用抗病品种、拔除病株并用生石灰撒施消毒效果较好。
3：叶斑病：种类有黄点病、眼点病、褐条病等。高温多湿会诱发。可用剪除并烧毁病叶、用50%多菌灵
    防治。
4：赤腐病：多为害后期老叶。及时剥除枯死叶片可减少病害。
5：梢腐病：真菌性病害，可用75%百菌清可湿性粉剂600～1000倍液用量1.6～3kg/hm²，每隔
    10～15d喷1次，喷2～3次。
6：根线虫病：3%米乐尔颗粒剂每亩用2～3kg混土沟施防治。
二、甘蔗常见虫害及防治
（一）甘蔗根部害虫
    即地下害虫，主要有金针虫、蝼蛄、金龟子、白蚁、蟋蟀等。
1：在播种时基肥每亩混合3.6%杀虫双颗粒剂施用，或5%丁硫克百威等颗粒剂3～4kg，以消灭已经在
    地里活动的害虫。
2：当田间虫口密度即蔗株危害率在2%以上时，要结合中耕培土及时用药，一般每亩用2.5%的敌杀死
```

```
    2000倍液，或50%辛硫磷乳油1000～1500倍液60kg交替喷雾。
（二）甘蔗叶面害虫
    主要为刺吸式害虫，有棉蚜、黄蚜、蓟马、蔗飞虱、蔗叶蟑、粉蚧、蜂蠓、螨类等。
    防治方法：叶面害虫发生初期，一般每亩可用10%吡虫啉，或40%乐斯本或80%敌敌畏1000～2000
        倍液60kg喷杀。棉蚜、黄蚜的第1次防治在6月下旬至7月中旬，第2次防治在8月中旬至9月上
        旬。蓟马、蔗飞虱、蔗叶蟑、粉蚧、蜂蠓等害虫，应根据虫口发生为害情况确定用药时机。
（三）甘蔗茎部害虫
    主要为钻蛀性害虫，有二点螟、条螟、大螟、黄螟、白螟、台湾稻螟等。
1：根据螟虫田间虫口发生密度，结合在中耕培土用药，一般每亩用3.6%杀虫双颗粒剂，或5%丁硫克百
    威等颗粒剂3～4kg集中撒于蔸部。
2：抓住在蚁螟期每亩用90%敌百虫结晶体500倍液，或80%敌敌畏800～1000倍液60kg喷施心叶，特
    别是条螟为害时，若心叶表现出花叶圈的特点，可及时用药集中喷杀。
三、花生病虫害防治
    与甘蔗间作的花生病虫害较轻，可参考“花生病虫害防控软件”进行防治。
  '''
    甘蔗收获 = '''
    在甘蔗工艺完全成熟时及时收获送交糖厂，其糖分最高，蔗汁纯度最佳，还原糖最低，品质最好，
        糖厂经济效益最大。
    因此，收获期的确定对提高效益、降低成本十分重要。
    判断甘蔗是否成熟，可以根据蔗株的外部形态和解剖特征、田间锤度和蔗糖含量分析来进行。
    除了削好原料蔗，砍收甘蔗质量好，还有3个条件：
    一是适当留蔗头高度，不浪费原料蔗；
    二是蔗蔸留在土内，蔗茎不破裂；
    三是砍收时保护好蔗蔸过冬。
    '''
    helptext= '''
一、宽行丛式甘蔗花生复合栽培技术简介
    该技术在国家花生产业技术体系专项资金长期资助下创制。
    该技术的甘蔗种植模式：甘蔗宽行距由常规的1.2m左右扩大到2.0～2.8m，甘蔗芽摆放方式由轨
        道式改为多芽穴播。

技术优势：
1：甘蔗行株间通风透光条件大大改善，甘蔗植株生长健壮，增加了单茎重、有效茎数；
2：甘蔗植株成丛状，增强了抗倒伏能力，方便田间管理和收获；
3：甘蔗单产与常规1.2m行距相当，约有一半的甘蔗地可以间作花生，大幅度地提高了土地利用率；
4：通过甘蔗花生间作，可以大幅度地减少病虫草害的发生，减少化肥、农药用量；
5：每一种植周期1年新植蔗和3～5年宿根蔗甘蔗花生间作后，下一种植周期甘蔗花生交换种植位置，
    继续间作。
    因此，在同一块地可实现甘蔗、花生间作和轮作的有机结合，有利于耕地的永续利用。


二、主要功能
    在保持甘蔗单产与常规高产栽培模式相当的前提下，为宽行丛式甘蔗间作花生栽培提供技术指导。
    根据选择的行距给出科学的甘蔗种植模式、亩播种芽数、间作的花生行数和间作规格，提供对应的
        栽培技术要点和参考图片。
```

```
三、软件界面
    该软件为免安装的可执行文件，存放在本地文件夹中就能正常打开运行。
    软件界面主要有菜单栏、参数区、功能按钮区、信息显示区（文字信息显示框和一个图像显示框）。
    参数区由3行输入或显示有关甘蔗种植参数和花生种植参数的16个文本框（以下简称参数文本
        框）及对应标签组成。
    功能按钮区由3行共18个技术要点显示按钮组成，单击一个按钮就会显示相应的技术要点和图片。

四、使用方法
    1: 软件启动后，界面显示推荐的种植参数、欢迎界面和封面图片。
    2: 单击甘蔗宽行距或窄行距任意组合框下拉箭头，选择其中一个行距数值后，软件就能计算出甘
        蔗、花生的其他种植参数;
    3: 软件具有自动备份功能，下次启动软件后会自动显示前一次选择和计算出的种植参数;
    4: 单击软件中部的任意技术按钮，文字信息显示框显示相关的栽培技术要点，图像显示框显示参
        考图片。
    5: 用户单击某一技术按钮后，可以自行修改完善对应的技术内容，修改后单击任意按钮，软件均
        可自动保存内容，也可单击菜单栏的撤销、恢复和保存按钮，进行相应操作。
    6: 单击菜单栏的“导出数据”按钮，软件会在用户选择的位置生成一个数据备份文件夹，用于同
        步或共享软件运行的基础数据。
    7: 单击菜单栏的“打印当前技术内容”按钮，软件会把信息文本框中的内容输出到一个文本文件
        中，可打印或共享。
    8: 信息文本框和图形框的宽度可以通过拉动两个组件间的分隔线进行调整;
    9: 单击“关于”按钮显示本软件的有关信息，单击“退出”按钮可关闭该软件。

    '''
    app_name='宽行丛式甘蔗花生复合栽培技术指导软件'
    app_abbr = '甘蔗+花生'
    fund = '财政部和农业农村部：国家现代农业产业技术体系资助'
    证书号 = '软著登字第11845070号'; 登记号 = '2023SR1257897'
    about_text='''
    软件名称：{}
    简称：{}
    著作权人：唐荣华；唐秀梅；吴海宁；黄志鹏；李忠；贺梁琼；韩柱强；蒋菁；钟瑞春；熊军
    版本号：V5.0
    软著证书号：软著登字第{}号
    登记号：{}
    完成时间：2023年06月17日
    编程：唐荣华
    工作单位：广西壮族自治区农业科学院经济作物研究所
    联系方式：QQ(475888619)
    {}
    '''.format(app_name, app_abbr, 证书号, 登记号, fund)
    back_path =  os.getcwd()
    技术要点 = {'选地整地':选地整地, '品种选择':品种选择, '种茎处理':种茎处理,
    '开植蔗沟':开植蔗沟,'甘蔗基肥':甘蔗基肥,'甘蔗下种':甘蔗下种,
    '花生基肥':花生基肥, '除草覆膜':防草覆膜, '水分管理':水分管理,
```

```
'花生收获':花生收获, '追肥培土':追肥培土, '病虫防治':病虫防治,
'甘蔗收获':甘蔗收获,'宿根蔗管理':宿根蔗管理, '田内轮作':田内轮作,
'使用说明':helptext}
picture_path = '{}\\技术图片'.format(back_path)
if not os.path.exists(picture_path):
    picture_path = "{}\\甘蔗花生间作\\技术图片".format(os.environ['\
        PROGRAMFILES'])
主窗体();app = 主界面(master = mainWindow);app.mainloop()
```

# 第 9 章 作物育种学应用软件开发实例

## 9.1 种质资源信息保存和评价利用

作物种质资源是作物品种改良的物质基础。每种作物的资源数量有数百到数万份不等，每份资源的身份数据、农艺性状、抗性和品质性状可达数十到上百种，庞大的数据量用前面介绍过的 Python 列表、字典、多维数组或标签表保存，将数据容器对象的对应方法或 json 模块函数以 csv 或 JSON 格式保存到 txt 文本文件中，更利于数据的维护和后期评价利用。

科学地把作物种质资源用于作物品种改良或直接应用于农业生产中，是收集保存作物种质资源的重要目的。利用 Python 编程可以根据编程者掌握的育种知识和创新思维编写函数，一次性地完成对大量种质资源数据进行针对性统计分析、汇总和个性分析。例如，找出满足当前或未来市场需求的资源，对其进行直接利用，或给出每份资源的利用价值评价结论，为种质资源的利用提供科学的依据。这些工作通过编程，实现一次编程无限次地高效进行，节约大量的人力物力。

在种质资源信息保存方面，可以把种质资源的性状或特征名称作为键、将性状数据作为值，为每个品种建立一个字典，或者使用固定的性状顺序用列表保存每份资源的数据，利用 csv 模块 csv.writer 或 Pandas 模块的 DataFrame.to_csv 函数把数据保存到一个文本文件中，利用 csv.reader 或 pandas.read_csv 函数读取文件数据并转换为 list 或 DataFrame 数据，也可自己编写专门的程序读取数据，通过 tkinter 模块的 Treeview 或 Text 对象查阅其中数据，通过 Pandas 模块的 DataFrame 对数据进行查找、筛选、计算或统计分析，或编写专门的函数对数据进行自定义的处理。

## 9.2 杂交育种亲本选配

通常依靠育种者的经验进行常规的杂交育种亲本选配。作物种质资源数量多，性状数据多，在对种质资源进行综合评价的基础上，可以根据育种目标、育种规律和育种家的智慧来编写一个函数，在已经评价的数百或数千份种质资源中，查找筛选出最适合育种目标的种质资源作为亲本利用，可大幅度地提高亲本选配的准确性和效率，更有利于在杂交后代中出现优良的重组单株，可避免外界不稳定因素干扰育种者的亲本选配工作。

## 9.3 田间试验数据统计分析

作物新品种、栽培新技术、新肥料和新农药等新产品在大面积推广应用之前，需要经过田间试验对作物产量、品质及与环境的互作进行综合评价，常用的田间试验设计如完全随机试验、随机区组试验、裂区试验，需要对试验数据进行方差分析，进而对处理参试地点、参试年份及其互作效应进行统计学评价。这些试验数据分析工作，特别是多年多点区域试验，用常规的计算方法工作量大，耗费了汇总人员大量的时间和精力。如果用 Python 语言编写应用程序，则可以实现一次编程，无限次使用，分析结果准确，并且秒出分析结果，利用第三方模块 `python-docx` 可以自动地把分析结果编写成.docx 文档格式的分析报告，体现了现代高科技的优势，可以节约大量的时间和人力，把科技人员从繁杂的数据整理和分析中解放出来，有更多的时间和精力去进行创新性工作。

## 9.4 "作物新品种区域试验数据分析软件"开发实例

### 9.4.1 开发目标

软件能导入保存在电子表格文档中的多年多点、单年多点、单点多年或单个试验数据，自动识别或汇总试验数据，并能计算出参试品种相对于对照品种的增减率，进行差异显著性分析，输出分析结果到 docx 文档中。

### 9.4.2 技术方案

1. 功能模块

根据开发目标，功能模块应包括电子表数据导入、试验数据提取、方差分析、差异显著性检测、分析结果输出等功能，需要导入相关模块、编写相关函数来完成这些功能（图 9-1）。

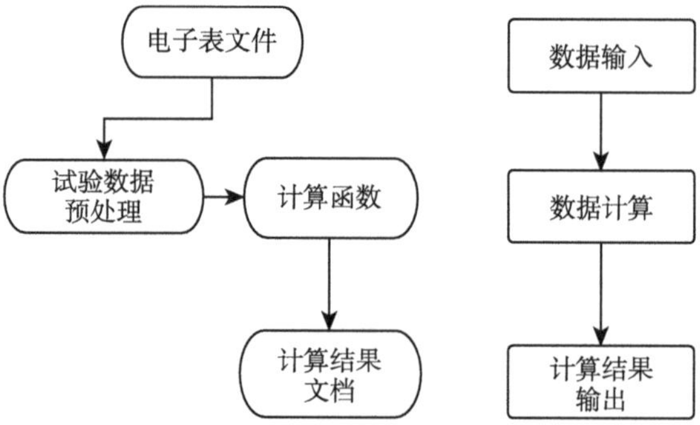


图 9-1　软件的功能模块

2. 功能实现

（1）软件界面构建：利用 `tkinter` 模块的框架、菜单、按钮、输入和显示信息用文本框、显示电子表及其工作表名称的列表框等界面图形控件类构建与布局软件界面相应的图形元素实例，分别用于导入数据、输出试验报告、打开导入文档等功能。菜单界面的按钮用于文件和工作表选择。通过创建函数"区试主窗体"构建应用程序主窗体，通过创建"区试主界面"类添加图形组件来完成应用程序界面的构建，软件界面如图 9-2 所示。

（2）数据导入：从打开的文档对话框选择存放区域试验小区产量原始数据的文件夹，选择一个目标文件，导入该文件夹的所有数据文件，界面左上的文件列表框会列出所选文件夹中的电子表格类型文件，然后在文件列表框中选择需要分析的一个或单击菜单栏的"全选"按钮选择全部文件，软件可以同时对保存在单个或多个工作表或多个文件中的数据进行多年多点合并分析。选择一个数据文件后，在界面左下的工作表列表框中显示所选择的数据文件含有的工作表，选择工作表即可在右边的文本框中显示工作表的内容。

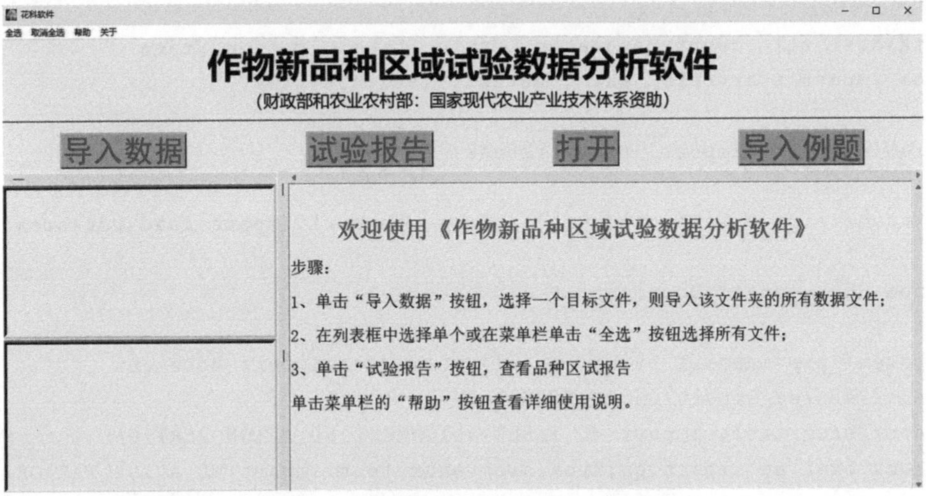


图 9-2 作物区域试验数据分析软件界面

（3）全局函数编写：编写与试验数据统计分析相关的计算平方和、t 测验、F 测验、单试验分析等多个函数来完成数据处理和计算。

（4）数据计算：组合调用相关函数，完成区域试验数据方差分析、差异显著性分析。

（5）结果输出：把计算结果转换为列表，利用全局函数 `list_to_table` 输出到 docx 文档中。

3. 软件界面所属函数

（1）启动函数（`__init__`）：用于启动主界面，调用创建界面函数。

（2）4 个菜单按钮绑定函数：“全选”和“取消全选”按钮调用相关函数对导入电子表格文件进行选择；帮助函数（`helptext`）由“帮助”按钮调用，在显示文本框中显示该软件的使用说明；关于函数（`abouttext`）由“关于”按钮调用，在显示文本框中显示该软件的基本信息；退出函数由“退出”按钮调用，关闭该软件。

（3）软件主要功能实现函数：由“导入数据”、“试验报告”、“打开”和“导入例题”四个按钮调用。

### 9.4.3 软件源代码

下面脚本编辑窗体中的代码为“作物新品种区域试验数据分析软件”的软件源代码，供读者学习交流或进一步完善，为作物区域试验数据分析提供更优秀的应用软件。按顺序复制或输入到 IDLE 脚本编辑窗体的新建文件中，保存后运行会启动程序，具体如图 9-2 所示。

```
# -*- coding: utf-8 -*-
"""
Created on Tue Feb  7 11:07:17 2023
```

```
@author: trong
"""
from tkinter import Tk, Menu, E, W, N, S,END,Listbox,Scrollbar,Text,\
   messagebox, filedialog
from tkinter.ttk import Separator, Style, Label, Button,Frame
from os import startfile, path, getcwd,listdir,system
try:
    from openpyxl import load_workbook
except:
    system('pip install openpyxl'); from openpyxl import load_workbook
try:
    from docx import Document
except:
    system('pip install python-docx');from docx import Document
from docx.shared import Cm,Pt,RGBColor
from docx.enum.table import WD_TABLE_ALIGNMENT,WD_ALIGN_VERTICAL
from docx.oxml.ns import qn;from docx.enum.text import WD_ALIGN_PARAGRAPH
from datetime import datetime;import getpass
try:
    from  xlrd import open_workbook
except:
    system('pip install xlrd')
def 平方和(data_list):
    '''
    求出列表中每个值平方的和。
    Parameters
    ----------
    data_list : list
        其中元素必须是数字.
    Returns
    -------
    SS.平方和
    '''
    SS = 0
    for item in data_list:
        SS = SS + item**2
    return SS
def SSR0501(v=9,p=2):
    '''
    该函数能从内置字典数据中，根据自由度参数v和秩次距p返回在0.05和0.01水平上的最短显著极
    差（shortest significant ranges, SSR）。
    Parameters
    ----------
    v : 整数
        自由度，默认值设置为 9.
```

```
p : 整数
    排序后的两个平均数间秩次距。默认值设置为2。

Returns
-------
SSR05 : 浮点数
    概率在0.05水平上的最小极差。
SSR01 : 浮点数
    概率在0.01水平上的最小极差。
'''
SSR_dict = {
1:[[18.0,18.0,18.0,18.0,18.0,18.0,18.0,18.0,18.0,18.0,18.0,18.0,
18.0,18.0],[90.0,90.0,90.0,90.0,90.0,90.0,90.0,90.0,90.0,90.0,
90.0,90.0,90.0,90.0]],
2:[[6.09,6.09,6.09,6.09,6.09,6.09,6.09,6.09,6.09,6.09,6.09,6.09,
6.09,6.09],[14.0,14.0,14.0,14.0,14.0,14.0,14.0,14.0,14.0,14.0,
14.0,14.0,14.0,14.0]],
3:[[4.5,4.5,4.5,4.5,4.5,4.5,4.5,4.5,4.5,4.5,4.5,4.5,4.5,4.5],
   [8.26,8.5,8.6,8.7,8.8,8.9,8.9,9.0, 9.0, 9.0, 9.1,9.2,9.3,9.3 ]],
4:[[3.93,4.01,4.02,4.02,4.02,4.02,4.02,4.02,4.02,4.02,4.02,4.02,4.02,
4.02],[6.51,6.8,6.9,7.0,7.1,7.1,7.2,7.2,7.3,7.3,7.4,7.4,7.5,7.5]],
5:[[3.64,3.74,3.79,3.83,3.83,3.83,3.83,3.83,3.83,3.83,3.83,3.83,
3.83,3.83],[5.7,5.96,6.11,6.18,6.26,6.33,6.4,6.44,6.5,6.6,6.6,
6.7,6.7,6.8 ]],
6:[[3.46,3.58,3.64,3.68,3.68,3.68,3.68,3.68,3.68,3.68,3.68,3.68,
3.68,3.68],[5.24,5.51,5.65,5.73,5.81,5.88,5.95,6.0, 6.0,
6.1,6.2,6.2,6.3,6.3]],
7:[[3.35,3.47,3.54,3.58,3.6,3.61,3.61,3.61,3.61,3.61,3.61,3.61,
3.61,3.61],[4.95,5.22,5.37,5.45,5.53,5.61,5.69,5.73,5.8,5.8,5.9,
5.9,6.0,6.0]],
8:[[3.26,3.39,3.47,3.52,3.55,3.56,3.56,3.56,3.56,3.56,3.56,3.56,3.56,
3.56],[4.74,5.0,5.14,5.23,5.32,5.4,5.47,5.51,5.5,5.6,5.7,5.7,5.8,5.8]],
9:[[3.2,3.34,3.41,3.47,3.5,3.52,3.52,3.52,3.52,3.52,3.52,3.52,3.52,
3.52],[4.6,4.86,4.99,5.08,5.17,5.25,5.32,5.36,5.4,5.5,5.5,5.6,5.7,5.7]],
10:[[3.15,3.3,3.37,3.43,3.46,3.47,3.47,3.47,3.47,3.47,3.47,3.47,
3.47,3.47],[4.48,4.73,4.88,4.96,5.06,5.13,5.2,5.24,5.28,
5.36,5.42,5.48,5.54,5.55]],
11:[[3.11,3.27,3.35,3.39,3.43,3.44,3.45,3.46,3.46,3.46,3.46,3.46,
3.47,3.48],[4.39,4.63,4.77,4.86,4.94,5.01,5.06,5.12,5.15,
5.24,5.28,5.34,5.38,5.39]],
12:[[3.08,3.23,3.33,3.36,3.4,3.42,3.44,3.44,3.46,3.46,3.46,3.46,
3.47,3.48],[4.32,4.55,4.68,4.76,4.84,4.92,4.96,5.02,5.07,
5.13,5.17,5.22,5.24,5.26]],
13:[[3.06,3.21,3.3,3.35,3.38,3.41,3.42,3.44,3.45,3.45,3.46,3.46,
3.47,3.47],[4.26,4.48,4.62,4.69,4.74,4.84,4.88,4.96,4.98,
```

```
5.04,5.08,5.13,5.14,5.15]],
14:[[3.03,3.18,3.27,3.33,3.37,3.39,3.41,3.42,3.44,3.45,3.46,3.46,
3.47,3.47],[4.21,4.42,4.55,4.63,4.7,4.78,4.83,4.87,4.91,
4.96,5.03,5.04,5.06,5.07]],
15:[[3.01,3.06,3.25,3.31,3.36,3.38,3.4,3.42,3.43,3.44,3.45,3.46,
3.47,3.47],[4.17,4.37,4.5,4.58,4.64,4.72,4.77,4.81,4.84,
4.9,4.94,4.97,4.99,5.0]],
16:[[3.0,3.15,3.23,3.3,3.34,3.37,3.39,3.41,3.43,3.44,3.45,3.46,
3.47,3.47],[4.13,4.34,4.45,4.54,4.6,4.67,4.72,4.76,4.79,4.84,
4.88,4.91,4.93,4.94]],
17:[[2.98,3.13,3.22,3.28,3.33,3.36,3.38,3.4,3.42,3.44,3.45,3.46,
3.47,3.47],[4.1,4.3,4.41,4.5,4.56,4.63,4.68,4.72,4.75,4.8,4.83,4.86,
4.88,4.89]],
18:[[2.97,3.12,3.21,3.27,3.32,3.35,3.37,3.39,3.41,3.43,3.45,3.46,
3.47,3.47],[4.07,4.27,4.38,4.46,4.53,4.59,4.64,4.68,4.71,4.76,4.79,
4.82,4.84,4.85]],
19:[[2.96,3.11,3.19,3.26,3.31,3.35,3.37,3.39,3.41,3.43,3.44,3.46,
3.47,3.47],[4.05,4.24,4.35,4.43,4.5,4.56,4.61,4.64,4.67,4.72,4.76,
4.79,4.81,4.82]],
20:[[2.95,3.1,3.18,3.25,3.3,3.34,3.36,3.38,3.4,3.43,3.44,3.46,3.46,
3.47],[4.02,4.22,4.33,4.4,4.47,4.53,4.58,4.61,4.65,4.69,4.73,
4.76,4.78,4.79]],
22:[[2.93,3.08,3.17,3.24,3.29,3.32,3.35,3.37,3.39,3.42,3.44,3.46,
3.46,3.47],[3.99,4.17,4.28,4.36,4.42,4.48,4.53,4.57,4.6,4.65,4.68,
4.71,4.74,4.75]],
24:[[2.92,3.07,3.15,3.22,3.28,3.31,3.34,3.37,3.38,3.41,3.43,3.45,
3.46,3.47],[3.96,4.14,4.24,4.33,4.39,4.44,4.49,4.53,4.57,4.62,4.62,
4.67,4.7,4.72]],
26:[[2.91,3.06,3.14,3.21,3.27,3.3,3.34,3.36,3.38,3.41,3.43,3.45,
3.46,3.47],[3.93,4.11,4.21,4.3,4.36,4.41,4.46,4.5,4.53,4.58,4.6,
4.65,4.67,4.69]],
28:[[2.9,3.04,3.13,3.2,3.26,3.3,3.33,3.35,3.37,3.4,3.43,3.45,3.46,
3.47],[3.91,4.08,4.18,4.28,4.34,4.39,4.43,4.47,4.51,4.56,4.58,
4.62,4.65,4.67]],
30:[[2.89,3.04,3.12,3.2,3.25,3.29,3.32,3.35,3.37,3.4,3.42,3.44,
3.46,3.47],[3.89,4.06,4.16,4.22,4.32,4.36,4.41,4.45,4.48,4.54,4.57,
4.61,4.63,4.65]],
40:[[2.86,3.01,3.1,3.17,3.22,3.27,3.3,3.33,3.35,3.39,3.4,3.44,3.46,
3.47],[3.82,3.99,4.1,4.17,4.24,4.3,4.34,4.37,4.41,4.46,4.44,
4.54,4.57,4.59]],
60:[[2.83,2.98,3.08,3.14,3.2,3.24,3.28,3.31,3.33,3.37,3.4,3.43,
3.45,3.47],[3.76,3.92,4.03,4.12,4.17,4.23,4.27,4.31,4.34,4.39,4.44,
4.54,4.57,4.59]],
100:[[2.8,2.95,3.05,3.12,3.18,3.22,3.26,3.29,3.32,3.36,3.4,3.42,
3.45,3.47],[3.71,3.96,3.98,4.06,4.11,4.17,4.21,4.25,4.29,4.35,4.38,
```

```
    4.42,4.45,4.48]],
    10000:[[2.77,2.92,3.02,3.09,3.15,3.19,3.23,3.26,3.29,3.34,3.38,
    3.41,3.44,3.47],[3.64,3.80,3.90,3.98,4.04,4.09,4.14,4.17,4.20,4.26,
    4.31,4.34,4.38,4.41]]}
    if p>10:
        p = p+1 if p%2==1 else p
    elif p>20:
        p=20
    if 20<v<=30:
        v=v-1 if v%2==1 else v
    elif 30<v<=35:
        v=30
    elif 35<v<=50:
        v=40
    elif 50<v<=80:
        v=60
    elif v>80:
        v=100
    elif v > 100:
        v = 10000
    columns = [2,3,4,5,6,7,8,9,10,11,12,13,14,15,16,17,18,19,20]
    index   = columns.index(p);value_list_05 = SSR_dict[v][0]
    value_list_01 = SSR_dict[v][1];SSR05 = value_list_05[index]
    SSR01 = value_list_01[index]
    return SSR05,SSR01
def ssr_sig(mean_sort_list,DFe,Se):
    '''
    该功能根据提供的倒序排列的平均数列表mean_sort_list、误差自由度DFe和误差标准差Se计
    算出平均数两两间的差异显著性，并用字母标注法表示平均数间的差异显著性。
    mean_SSR05,mean_SSR01 = ssr_sig(mean_sort_list,DFe,Se)
    Parameters
    ----------
    mean_sort_list : list
        降序排列的处理平均数
    DFe : int
        误差自由度
    Se : float
        误差标准差

    Returns
    -------
    mean_SSR05 : list
        表示显著的小写字母组合列表
    mean_SSR01 : list
        表示极显著的大写字母组合列表
```

```
'''
letter = list('abcdefghijkmnopqrstuvwxyz')
LETTER = list('ABCDEFGHIJKLMNOPQRSTUVWXYZ')
# 显著性比较并用小写字母标注
L=0;c=0;mean_SSR05 = [];mean_SSR01 = []
for i in range(len(mean_sort_list)):
    mean_SSR05.append(' ');mean_SSR01.append(' ')
mean_SSR05[0] = letter[L];mean_SSR01[0] = LETTER[L]
while  mean_SSR05[-1][-1] not in letter:
    i=1;p=2;mean1 = mea_sort_list[c];mean2 = mean_sort_list[c+i]
    SSR05,SSR01 = SSR0501(DFe,p);LSR05   = Se * SSR05
    while mean1-mean2<LSR05:
        if mean_SSR05[c+i][-1] not in letter[L]:
            mean_SSR05[c+i] = mean_SSR05[c+i]+letter[L]
            if mean_SSR05[c+i][-1] in mean_SSR05[-1][-1]:
                break
        p += 1;i += 1
        try:
            mean2 = mean_sort_list[c+i]
        except:
            break
        SSR05,SSR01 = SSR0501(DFe,p);LSR05   = Se * SSR05
    try:
        end_item = mean_SSR01[c+i][-1]
    except:
        break
    if mean_SSR05[c+i][-1] in mean_SSR05[-1][-1]:
        if mean_SSR05[c+i][-1] in letter[L]:
            break
    L += 1;mean_SSR05[c+i] = mean_SSR05[c+i]+letter[L];s=c+i;p=2;i=1
    mean1 = mean_sort_list[s];mean2 = mean_sort_list[s-i]
    SSR05,SSR01 = SSR0501(DFe,p);LSR05 = Se * SSR05
    while mean2-mean1<LSR05:
        mean_SSR05[s-i] = mean_SSR05[s-i]+letter[L];p += 1;i += 1;
        mean2 = mean_sort_list[s-i]
        SSR05,SSR01 =SSR0501(DFe,p);LSR05=round(SSR05*Se,2)
    c=s-i+1
# 显著性比较并用大写字母标注极显著水平
L=0;c=0
mean_SSR01[0] = LETTER[L]
while  mean_SSR01[-1][-1] not in LETTER:
    i=1;p=2;mean1 = mean_sort_list[c];mean2 = mean_sort_list[c+i];
    SSR05,SSR01 = SSR0501(DFe,p);LSR01 = Se * SSR01
    while mean1-mean2<LSR01:
```

```
        if mean_SSR01[c+i][-1] not in LETTER[L]:
            mean_SSR01[c+i] = mean_SSR01[c+i]+LETTER[L]
            if mean_SSR01[c+i][-1] in mean_SSR01[-1][-1]:
                break
        p += 1;i += 1
        try:
            mean2 = mean_sort_list[c+i]
        except:
            break
        SSR05,SSR01 = SSR0501(DFe,p);LSR01    = Se * SSR01
    try:
        end_item = mean_SSR01[c+i][-1]
    except:
        break
    if end_item in mean_SSR01[-1][-1]:
        if mean_SSR01[c+i][-1] in LETTER[L]:
            break
    L += 1;mean_SSR01[c+i] = mean_SSR01[c+i]+LETTER[L];s=c+i;p=2;i=1
    mean1 = mean_sort_list[s];mean2 = mean_sort_list[s -i]
    SSR05,SSR01 = SSR0501(DFe,p);LSR01 = Se * SSR01
    while mean2-mean1<LSR01:
        mean_SSR01[s-i] = mean_SSR01[s-i]+LETTER[L];p += 1;i += 1
        mean2 = mean_sort_list[s -i];SSR05,SSR01 =SSR0501(DFe,p)
        LSR01=round(SSR01*Se,2)
    c=s-i+1
  return mean_SSR05,mean_SSR01
def mean_sif_result(mean_dict,S_e,DF_e,n):
  '''
  用于多年多点品种区域试验处理平均数的多重比较，输出一个用于生成表格的列表分析结果。
  Parameters
  ----------
  mean_dict : 字典
      处理平均数字典.
  S_e : 误差标准差
  DF_e : 误差自由度
  n:样品容量

  Returns
  -------
  ssr_table_list : 二维列表
      标注字母的品种平均数多重比较分析结果.

  '''
  mean_dict=dict_sort(mean_dict);mean_sort_list=list(mean_dict.values())
  treats_list =list(mean_dict.keys())
```

```
    Se=(S_e/n)**0.5;mean_SSR05,mean_SSR01=ssr_sig(mean_sort_list,DF_e,Se)
    ssr_table_list = []
    for t,m,ssr1,ssr2 in zip(treats_list,mean_sort_list,
        mean_SSR05,mean_SSR01):
        line_list=[t,m,ssr1,ssr2];ssr_table_list.append(line_list)
    return ssr_table_list
# 查F值
def F0501(v1,v2):
    #F05,F01 = F0501(v1,v2)
    dataF = {
     '1':[[161.45,199.5,215.71,224.58,230.16,233.99,236.77,238.88,240.54,
     241.88,242.98,243.91,245.36,246.46,248.01,249.05,250.1,251.14,
     251.77,252.62,253.04,253.68,254.06,254.19],
     [4052.18,4999.5,5403.35,5624.58,5763.65,5858.99,5928.36,
    5981.07,6022.47,6055.85,6083.32,6106.32,6142.67,6170.1,
    6208.73,6234.63,6260.65,6286.78,6302.52,6323.56,6334.11,
    6349.97,6359.5,6362.68]],
    '2':[[18.51,19.0,19.16,19.25,19.3,19.33,19.35,19.37,19.38,
    19.4,19.4,19.41,19.42,19.43,19.45,19.45,19.46,19.47,19.48,
    19.48,19.49,19.49,19.49,19.49],[98.5,99.0,99.17,99.25,99.3,
    99.33,99.36,99.37,99.39,99.4,99.41,99.42,99.43,99.44,99.45,
    99.46,99.47,99.47,99.48,99.49,99.49,99.49,99.5,99.5]],
    '3':[[10.13,9.55,9.28,9.12,9.01,8.94,8.89,8.85,8.81,8.79,8.76,8.74,
    8.71,8.69,8.66,8.64,8.62,8.59,8.58,8.56,8.55,8.54,8.53,8.53],
    [34.12,30.82,29.46,28.71,28.24,27.91,27.67,27.49,27.35,27.23,27.13,
    27.05,26.92,26.83,26.69,26.6,26.5,26.41,26.35,26.28,26.24,
    26.18,26.15,26.14]],
    '4':[[7.71,6.94,6.59,6.39,6.26,6.16,6.09,6.04,6.0,5.96,5.94,5.91,
    5.87,5.84,5.8,5.77,5.75,5.72,5.7,5.68,5.66,5.65,5.64,5.63],
    [21.2,18.0,16.69,15.98,15.52,15.21,14.98,14.8,14.66,14.55,
    14.45,14.37,14.25,14.15,14.02,13.93,13.84,13.75,13.69,13.61,
    13.58,13.52,13.49,13.47]],
    '5':[[6.61,5.79,5.41,5.19,5.05,4.95,4.88,4.82,4.77,4.74,4.7,
    4.68,4.64,4.6,4.56,4.53,4.5,4.46,4.44,4.42,4.41,4.39,4.37,
    4.37],[16.26,13.27,12.06,11.39,10.97,10.67,10.46,10.29,10.16,
    10.05,9.96,9.89,9.77,9.68,9.55,9.47,9.38,9.29,9.24,9.17,9.13,
    9.08,9.04,9.03]],
    '6':[[5.99,5.14,4.76,4.53,4.39,4.28,4.21,4.15,4.1,4.06,4.03,4.0,
    3.96,3.92,3.87,3.84,3.81,3.77,3.75,3.73,3.71,3.69,3.68,3.67],
    [13.75,10.92,9.78,9.15,8.75,8.47,8.26,8.1,7.98,7.87,7.79,
    7.72,7.6,7.52,7.4,7.31,7.23,7.14,7.09,7.02,6.99,6.93,6.9,6.89]],
    '7':[[5.59,4.74,4.35,4.12,3.97,3.87,3.79,3.73,3.68,3.64,3.6,3.57,
    3.53,3.49,3.44,3.41,3.38,3.34,3.32,3.29,3.27,3.25,3.24,3.23],
    [12.25,9.55,8.45,7.85,7.46,7.19,6.99,6.84,6.72,6.62,6.54,6.47,
    6.36,6.28,6.16,6.07,5.99,5.91,5.86,5.79,5.75,5.7,5.67,5.66]],
```

```
'8':[[5.32,4.46,4.07,3.84,3.69,3.58,3.5,3.44,3.39,3.35,3.31,3.28,
3.24,3.2,3.15,3.12,3.08,3.04,3.02,2.99,2.97,2.95,2.94,2.93],
[11.26,8.65,7.59,7.01,6.63,6.37,6.18,6.03,5.91,5.81,5.73,5.67,
5.56,5.48,5.36,5.28,5.2,5.12,5.07,5.0,4.96,4.91,4.88,4.87]],
'9':[[5.12,4.26,3.86,3.63,3.48,3.37,3.29,3.23,3.18,3.14,3.1,3.07,
3.03,2.99,2.94,2.9,2.86,2.83,2.8,2.77,2.76,2.73,2.72,2.71],
[10.56,8.02,6.99,6.42,6.06,5.8,5.61,5.47,5.35,5.26,5.18,5.11,
5.01,4.92,4.81,4.73,4.65,4.57,4.52,4.45,4.41,4.36,4.33,4.32]],
'10':[[4.96,4.1,3.71,3.48,3.33,3.22,3.14,3.07,3.02,2.98,2.94,2.91,
2.86,2.83,2.77,2.74,2.7,2.66,2.64,2.6,2.59,2.56,2.55,2.54],
[10.04,7.56,6.55,5.99,5.64,5.39,5.2,5.06,4.94,4.85,4.77,4.71,
4.6,4.52,4.41,4.33,4.25,4.17,4.12,4.05,4.01,3.96,3.93,3.92]],
'11':[[4.84,3.98,3.59,3.36,3.2,3.09,3.01,2.95,2.9,2.85,2.82,2.79,
2.74,2.7,2.65,2.61,2.57,2.53,2.51,2.47,2.46,2.43,2.42,2.41],
[9.65,7.21,6.22,5.67,5.32,5.07,4.89,4.74,4.63,4.54,4.46,4.4,
4.29,4.21,4.1,4.02,3.94,3.86,3.81,3.74,3.71,3.66,3.62,3.61]],
'12':[[4.75,3.89,3.49,3.26,3.11,3.0,2.91,2.85,2.8,2.75,2.72,2.69,
2.64,2.6,2.54,2.51,2.47,2.43,2.4,2.37,2.35,2.32,2.31,2.3],
[9.33,6.93,5.95,5.41,5.06,4.82,4.64,4.5,4.39,4.3,4.22,4.16,4.05,
3.97,3.86,3.78,3.7,3.62,3.57,3.5,3.47,3.41,3.38,3.37]],
'13':[[4.67,3.81,3.41,3.18,3.03,2.92,2.83,2.77,2.71,2.67,2.63,2.6,
2.55,2.51,2.46,2.42,2.38,2.34,2.31,2.28,2.26,2.23,2.22,2.21],
[9.07,6.7,5.74,5.21,4.86,4.62,4.44,4.3,4.19,4.1,4.02,3.96,
3.86,3.78,3.66,3.59,3.51,3.43,3.38,3.31,3.27,3.22,3.19,3.18]],
'14':[[4.6,3.74,3.34,3.11,2.96,2.85,2.76,2.7,2.65,2.6,2.57,2.53,
2.48,2.44,2.39,2.35,2.31,2.27,2.24,2.21,2.19,2.16,2.14,2.14],
[8.86,6.51,5.56,5.04,4.69,4.46,4.28,4.14,4.03,3.94,3.86,3.8,
3.7,3.62,3.51,3.43,3.35,3.27,3.22,3.15,3.11,3.06,3.03,3.02]],
'15':[[4.54,3.68,3.29,3.06,2.9,2.79,2.71,2.64,2.59,2.54,2.51,2.48,
2.42,2.38,2.33,2.29,2.25,2.2,2.18,2.14,2.12,2.1,2.08,2.07],
[8.68,6.36,5.42,4.89,4.56,4.32,4.14,4.0,3.89,3.8,3.73,3.67,
3.56,3.49,3.37,3.29,3.21,3.13,3.08,3.01,2.98,2.92,2.89,2.88]],
'16':[[4.49,3.63,3.24,3.01,2.85,2.74,2.66,2.59,2.54,2.49,2.46,2.42,
2.37,2.33,2.28,2.24,2.19,2.15,2.12,2.09,2.07,2.04,2.02,2.02],
[8.53,6.23,5.29,4.77,4.44,4.2,4.03,3.89,3.78,3.69,3.62,3.55,
3.45,3.37,3.26,3.18,3.1,3.02,2.97,2.9,2.86,2.81,2.78,2.76]],
'17':[[4.45,3.59,3.2,2.96,2.81,2.7,2.61,2.55,2.49,2.45,2.41,2.38,2.33,
2.29,2.23,2.19,2.15,2.1,2.08,2.04,2.02,1.99,1.97,1.97],
[8.4,6.11,5.18,4.67,4.34,4.1,3.93,3.79,3.68,3.59,3.52,
3.46,3.35,3.27,3.16,3.08,3.0,2.92,2.87,2.8,2.76,2.71,2.68,2.66]],
'18':[[4.41,3.55,3.16,2.93,2.77,2.66,2.58,2.51,2.46,2.41,2.37,2.34,
2.29,2.25,2.19,2.15,2.11,2.06,2.04,2.0,1.98,1.95,1.93,1.92],
[8.29,6.01,5.09,4.58,4.25,4.01,3.84,3.71,3.6,3.51,3.43,3.37,
3.27,3.19,3.08,3.0,2.92,2.84,2.78,2.71,2.68,2.62,2.59,2.58]],
'19':[[4.38,3.52,3.13,2.9,2.74,2.63,2.54,2.48,2.42,2.38,2.34,2.31,
```

```
2.26,2.21,2.16,2.11,2.07,2.03,2.0,1.96,1.94,1.91,1.89,1.88],
[8.18,5.93,5.01,4.5,4.17,3.94,3.77,3.63,3.52,3.43,3.36,3.3,
3.19,3.12,3.0,2.92,2.84,2.76,2.71,2.64,2.6,2.55,2.51,2.5]],
'20':[[4.35,3.49,3.1,2.87,2.71,2.6,2.51,2.45,2.39,2.35,2.31,2.28,
2.22,2.18,2.12,2.08,2.04,1.99,1.97,1.93,1.91,1.88,1.86,1.85],
[8.1,5.85,4.94,4.43,4.1,3.87,3.7,3.56,3.46,3.37,3.29,3.23,
3.13,3.05,2.94,2.86,2.78,2.69,2.64,2.57,2.54,2.48,2.44,2.43]],
'21':[[4.32,3.47,3.07,2.84,2.68,2.57,2.49,2.42,2.37,2.32,2.28,2.25,
2.2,2.16,2.1,2.05,2.01,1.96,1.94,1.9,1.88,1.84,1.83,1.82],
[8.02,5.78,4.87,4.37,4.04,3.81,3.64,3.51,3.4,3.31,3.24,
3.17,3.07,2.99,2.88,2.8,2.72,2.64,2.58,2.51,2.48,2.42,
2.38,2.37]],
'22':[[4.3,3.44,3.05,2.82,2.66,2.55,2.46,2.4,2.34,2.3,2.26,2.23,
2.17,2.13,2.07,2.03,1.98,1.94,1.91,1.87,1.85,1.82,1.8,1.79],
[7.95,5.72,4.82,4.31,3.99,3.76,3.59,3.45,3.35,3.26,3.18,3.12,
3.02,2.94,2.83,2.75,2.67,2.58,2.53,2.46,2.42,2.36,2.33,2.32]],
'23':[[4.28,3.42,3.03,2.8,2.64,2.53,2.44,2.37,2.32,2.27,2.24,2.2,
2.15,2.11,2.05,2.01,1.96,1.91,1.88,1.84,1.82,1.79,1.77,1.76],
[7.88,5.66,4.76,4.26,3.94,3.71,3.54,3.41,3.3,3.21,3.14,3.07,
2.97,2.89,2.78,2.7,2.62,2.54,2.48,2.41,2.37,2.32,2.28,2.27]],
'24':[[4.26,3.4,3.01,2.78,2.62,2.51,2.42,2.36,2.3,2.25,2.22,2.18,
2.13,2.09,2.03,1.98,1.94,1.89,1.86,1.82,1.8,1.77,1.75,1.74],
[7.82,5.61,4.72,4.22,3.9,3.67,3.5,3.36,3.26,3.17,3.09,3.03,
2.93,2.85,2.74,2.66,2.58,2.49,2.44,2.37,2.33,2.27,2.24,2.22]],
'25':[[4.24,3.39,2.99,2.76,2.6,2.49,2.4,2.34,2.28,2.24,2.2,2.16,
2.11,2.07,2.01,1.96,1.92,1.87,1.84,1.8,1.78,1.75,1.73,1.72],
[7.77,5.57,4.68,4.18,3.85,3.63,3.46,3.32,3.22,3.13,3.06,2.99,
2.89,2.81,2.7,2.62,2.54,2.45,2.4,2.33,2.29,2.23,2.19,2.18]],
'26':[[4.23,3.37,2.98,2.74,2.59,2.47,2.39,2.32,2.27,2.22,2.18,2.15,
2.09,2.05,1.99,1.95,1.9,1.85,1.82,1.78,1.76,1.73,1.71,1.7],
[7.72,5.53,4.64,4.14,3.82,3.59,3.42,3.29,3.18,3.09,3.02,2.96,
2.86,2.78,2.66,2.58,2.5,2.42,2.36,2.29,2.25,2.19,2.16,2.14]],
'27':[[4.21,3.35,2.96,2.73,2.57,2.46,2.37,2.31,2.25,2.2,2.17,2.13,
2.08,2.04,1.97,1.93,1.88,1.84,1.81,1.76,1.74,1.71,1.69,1.68],
[7.68,5.49,4.6,4.11,3.78,3.56,3.39,3.26,3.15,3.06,2.99,2.93,
2.82,2.75,2.63,2.55,2.47,2.38,2.33,2.26,2.22,2.16,2.12,2.11]],
'28':[[4.2,3.34,2.95,2.71,2.56,2.45,2.36,2.29,2.24,2.19,2.15,2.12,
2.06,2.02,1.96,1.91,1.87,1.82,1.79,1.75,1.73,1.69,1.67,1.66],
[7.64,5.45,4.57,4.07,3.75,3.53,3.36,3.23,3.12,3.03,2.96,2.9,
2.79,2.72,2.6,2.52,2.44,2.35,2.3,2.23,2.19,2.13,2.09,2.08]],
'29':[[4.18,3.33,2.93,2.7,2.55,2.43,2.35,2.28,2.22,2.18,2.14,2.1,
2.05,2.01,1.94,1.9,1.85,1.81,1.77,1.73,1.71,1.67,1.65,1.65],
[7.6,5.42,4.54,4.04,3.73,3.5,3.33,3.2,3.09,3.0,2.93,2.87,
2.77,2.69,2.57,2.49,2.41,2.33,2.27,2.2,2.16,2.1,2.06,2.05]],
'30':[[4.17,3.32,2.92,2.69,2.53,2.42,2.33,2.27,2.21,2.16,2.13,2.09,
```

```
2.04,1.99,1.93,1.89,1.84,1.79,1.76,1.72,1.7,1.66,1.64,1.63],
[7.56,5.39,4.51,4.02,3.7,3.47,3.3,3.17,3.07,2.98,2.91,2.84,
2.74,2.66,2.55,2.47,2.39,2.3,2.25,2.17,2.13,2.07,2.03,2.02]],
'32':[[4.15,3.29,2.9,2.67,2.51,2.4,2.31,2.24,2.19,2.14,2.1,2.07,
2.01,1.97,1.91,1.86,1.82,1.77,1.74,1.69,1.67,1.63,1.61,1.6],
[7.5,5.34,4.46,3.97,3.65,3.43,3.26,3.13,3.02,2.93,2.86,2.8,
2.7,2.62,2.5,2.42,2.34,2.25,2.2,2.12,2.08,2.02,1.98,1.97]],
'34':[[4.13,3.28,2.88,2.65,2.49,2.38,2.29,2.23,2.17,2.12,2.08,2.05,
1.99,1.95,1.89,1.84,1.8,1.75,1.71,1.67,1.65,1.61,1.59,1.58],
[7.44,5.29,4.42,3.93,3.61,3.39,3.22,3.09,2.98,2.89,2.82,2.76,
2.66,2.58,2.46,2.38,2.3,2.21,2.16,2.08,2.04,1.98,1.94,1.92]],
'36':[[4.11,3.26,2.87,2.63,2.48,2.36,2.28,2.21,2.15,2.11,2.07,2.03,
1.98,1.93,1.87,1.82,1.78,1.73,1.69,1.65,1.62,1.59,1.56,1.56],
[7.4,5.25,4.38,3.89,3.57,3.35,3.18,3.05,2.95,2.86,2.79,2.72,
2.62,2.54,2.43,2.35,2.26,2.18,2.12,2.04,2.0,1.94,1.9,1.89]],
'38':[[4.1,3.24,2.85,2.62,2.46,2.35,2.26,2.19,2.14,2.09,2.05,2.02,
1.96,1.92,1.85,1.81,1.76,1.71,1.68,1.63,1.61,1.57,1.54,1.54],
[7.35,5.21,4.34,3.86,3.54,3.32,3.15,3.02,2.92,2.83,2.75,2.69,
2.59,2.51,2.4,2.32,2.23,2.14,2.09,2.01,1.97,1.9,1.86,1.85]],
'40':[[4.08,3.23,2.84,2.61,2.45,2.34,2.25,2.18,2.12,2.08,2.04,2.0,
1.95,1.9,1.84,1.79,1.74,1.69,1.66,1.61,1.59,1.55,1.53,1.52],
[7.31,5.18,4.31,3.83,3.51,3.29,3.12,2.99,2.89,2.8,2.73,2.66,
2.56,2.48,2.37,2.29,2.2,2.11,2.06,1.98,1.94,1.87,1.83,1.82]],
'42':[[4.07,3.22,2.83,2.59,2.44,2.32,2.24,2.17,2.11,2.06,2.03,1.99,
1.94,1.89,1.83,1.78,1.73,1.68,1.65,1.6,1.57,1.53,1.51,1.5],
[7.28,5.15,4.29,3.8,3.49,3.27,3.1,2.97,2.86,2.78,2.7,2.64,2.54,
2.46,2.34,2.26,2.18,2.09,2.03,1.95,1.91,1.85,1.8,1.79]],
'44':[[4.06,3.21,2.82,2.58,2.43,2.31,2.23,2.16,2.1,2.05,2.01,1.98,
1.92,1.88,1.81,1.77,1.72,1.67,1.63,1.59,1.56,1.52,1.49,1.49],
[7.25,5.12,4.26,3.78,3.47,3.24,3.08,2.95,2.84,2.75,2.68,2.62,
2.52,2.44,2.32,2.24,2.15,2.07,2.01,1.93,1.89,1.82,1.78,1.76]],
'46':[[4.05,3.2,2.81,2.57,2.42,2.3,2.22,2.15,2.09,2.04,2.0,1.97,
1.91,1.87,1.8,1.76,1.71,1.65,1.62,1.57,1.55,1.51,1.48,1.47],
[7.22,5.1,4.24,3.76,3.44,3.22,3.06,2.93,2.82,2.73,2.66,2.6,
2.5,2.42,2.3,2.22,2.13,2.04,1.99,1.91,1.86,1.8,1.76,1.74]],
'48':[[4.04,3.19,2.8,2.57,2.41,2.29,2.21,2.14,2.08,2.03,1.99,1.96,
1.9,1.86,1.79,1.75,1.7,1.64,1.61,1.56,1.54,1.49,1.47,1.46],
[7.19,5.08,4.22,3.74,3.43,3.2,3.04,2.91,2.8,2.71,2.64,2.58,
2.48,2.4,2.28,2.2,2.12,2.02,1.97,1.89,1.84,1.78,1.73,1.72]],
'50':[[4.03,3.18,2.79,2.56,2.4,2.29,2.2,2.13,2.07,2.03,1.99,1.95,
1.89,1.85,1.78,1.74,1.69,1.63,1.6,1.55,1.52,1.48,1.46,1.45],
[7.17,5.06,4.2,3.72,3.41,3.19,3.02,2.89,2.78,2.7,2.63,2.56,
2.46,2.38,2.27,2.18,2.1,2.01,1.95,1.87,1.82,1.76,1.71,1.7]],
'55':[[4.02,3.16,2.77,2.54,2.38,2.27,2.18,2.11,2.06,2.01,1.97,1.93,
1.88,1.83,1.76,1.72,1.67,1.61,1.58,1.53,1.5,1.46,1.43,1.42],
```

```
[7.12,5.01,4.16,3.68,3.37,3.15,2.98,2.85,2.75,2.66,2.59,2.53,
2.42,2.34,2.23,2.15,2.06,1.97,1.91,1.83,1.78,1.71,1.67,1.65]],
'60':[[4.0,3.15,2.76,2.53,2.37,2.25,2.17,2.1,2.04,1.99,1.95,1.92,
1.86,1.82,1.75,1.7,1.65,1.59,1.56,1.51,1.48,1.44,1.41,1.4],
[7.08,4.98,4.13,3.65,3.34,3.12,2.95,2.82,2.72,2.63,2.56,2.5,
2.39,2.31,2.2,2.12,2.03,1.94,1.88,1.79,1.75,1.68,1.63,1.62]],
'65':[[3.99,3.14,2.75,2.51,2.36,2.24,2.15,2.08,2.03,1.98,1.94,1.9,
1.85,1.8,1.73,1.69,1.63,1.58,1.54,1.49,1.46,1.42,1.39,1.38],
[7.04,4.95,4.1,3.62,3.31,3.09,2.93,2.8,2.69,2.61,2.53,2.47,
2.37,2.29,2.17,2.09,2.0,1.91,1.85,1.77,1.72,1.65,1.6,1.59]],
'70':[[3.98,3.13,2.74,2.5,2.35,2.23,2.14,2.07,2.02,1.97,1.93,1.89,
1.84,1.79,1.72,1.67,1.62,1.57,1.53,1.48,1.45,1.4,1.37,1.36],
[7.01,4.92,4.07,3.6,3.29,3.07,2.91,2.78,2.67,2.59,2.51,2.45,
2.35,2.27,2.15,2.07,1.98,1.89,1.83,1.74,1.7,1.62,1.57,1.56]],
'80':[[3.96,3.11,2.72,2.49,2.33,2.21,2.13,2.06,2.0,1.95,1.91,1.88,
1.82,1.77,1.7,1.65,1.6,1.54,1.51,1.45,1.43,1.38,1.35,1.34],
[6.96,4.88,4.04,3.56,3.26,3.04,2.87,2.74,2.64,2.55,2.48,2.42,
2.31,2.23,2.12,2.03,1.94,1.85,1.79,1.7,1.65,1.58,1.53,1.51]],
'100':[[3.94,3.09,2.7,2.46,2.31,2.19,2.1,2.03,1.97,1.93,1.89,1.85,
1.79,1.75,1.68,1.63,1.57,1.52,1.48,1.42,1.39,1.34,1.31,1.3],
[6.9,4.82,3.98,3.51,3.21,2.99,2.82,2.69,2.59,2.5,2.43,2.37,
2.27,2.19,2.07,1.98,1.89,1.8,1.74,1.65,1.6,1.52,1.47,1.45]],
'125':[[3.92,3.07,2.68,2.44,2.29,2.17,2.08,2.01,1.96,1.91,1.87,1.83,
1.77,1.73,1.66,1.6,1.55,1.49,1.45,1.4,1.36,1.31,1.27,1.26],
[6.84,4.78,3.94,3.47,3.17,2.95,2.79,2.66,2.55,2.47,2.39,2.33,
2.23,2.15,2.03,1.94,1.85,1.76,1.69,1.6,1.55,1.47,1.41,1.39]],
'150':[[3.9,3.06,2.66,2.43,2.27,2.16,2.07,2.0,1.94,1.89,1.85,1.82,
1.76,1.71,1.64,1.59,1.54,1.48,1.44,1.38,1.34,1.29,1.25,1.24],
[6.81,4.75,3.91,3.45,3.14,2.92,2.76,2.63,2.53,2.44,2.37,2.31,
2.2,2.12,2.0,1.92,1.83,1.73,1.66,1.57,1.52,1.43,1.38,1.35]],
'200':[[3.89,3.04,2.65,2.42,2.26,2.14,2.06,1.98,1.93,1.88,1.84,1.8,
1.74,1.69,1.62,1.57,1.52,1.46,1.41,1.35,1.32,1.26,1.22,1.21],
[6.76,4.71,3.88,3.41,3.11,2.89,2.73,2.6,2.5,2.41,2.34,2.27,
2.17,2.09,1.97,1.89,1.79,1.69,1.63,1.53,1.48,1.39,1.33,1.3]],
'400':[[3.86,3.02,2.63,2.39,2.24,2.12,2.03,1.96,1.9,1.85,1.81,1.78,
1.72,1.67,1.6,1.54,1.49,1.42,1.38,1.32,1.28,1.22,1.17,1.15],
[6.7,4.66,3.83,3.37,3.06,2.85,2.68,2.56,2.45,2.37,2.29,2.23,
2.13,2.05,1.92,1.84,1.75,1.64,1.58,1.48,1.42,1.32,1.25,1.22]],
'1000':[[3.85,3.0,2.61,2.38,2.22,2.11,2.02,1.95,1.89,1.84,1.8,1.76,
1.7,1.65,1.58,1.53,1.47,1.41,1.36,1.3,1.26,1.19,1.13,1.11],
[6.66,4.63,3.8,3.34,3.04,2.82,2.66,2.53,2.43,2.34,2.27,2.2,
2.1,2.02,1.9,1.81,1.72,1.61,1.54,1.44,1.38,1.28,1.19,1.16]],
'10000':[[3.84,3.0,2.61,2.37,2.22,2.1,2.01,1.94,1.88,1.83,1.79,1.76,
1.7,1.65,1.57,1.52,1.46,1.4,1.35,1.29,1.25,1.18,1.12,1.09],
[6.64,4.61,3.79,3.33,3.02,2.81,2.65,2.52,2.41,2.33,2.25,2.19,
```

```
2.09,2.01,1.88,1.8,1.7,1.6,1.53,1.43,1.37,1.26,1.17,1.13]]}
columns=[1,2,3,4,5,6,7,8,9,10,11,12,14,16,20,24,30,40,
50,75,100,200,500,2000]
if 12<v1<18:
    v1=v1+1 if v1%2==1 else v1
elif 18<=v1<=21:
    v1=20
elif 21<v1<=26:
    v1=24
elif 26<v1<=35:
    v1=30
elif 35<v1<=45:
    v1=40
elif 45<v1<=60:
    v1=50
elif 60<v1<=90:
    v1=75
elif 90<v1<=150:
    v1=100
elif 150<v1<=350:
    v1=200
elif 350<v1<=1000:
    v1=500
elif v1>1000:
    v1=2000
index = columns.index(v1)
if  30<v2<=50:
    v2=v2-1 if v2%2==1 else v2
elif 50<v2<=53:
    v2=50
elif 53<v2<=58:
    v2=55
elif 58<v2<=68:
    v2=60
elif 68<v2<=75:
    v2=70
elif 75<v2<=90:
    v2=80
elif 90<v2<=110:
    v2=100
elif 110<v2<=135:
    v2=125
elif 135<v2<=175:
    v2=150
elif 175<v2<=300:
```

```
            v2=200
        elif 300<v2<=700:
            v2=400
        elif 700<v2<=5000:
            v2=100
        elif v2>5000:
            v2=10000
        for key in dataF:
            if int(key) == v2:
                F05=dataF[key][0][index];F01=dataF[key][1][index]
                break
        return F05,F01
# 查t值
def t_test(DF,P1=0.05,P2 = 0.01):
    '''
    根据输入的自由度，概率值，查找出其临界t值。
    t05,t01 = t_test(DFe)
    '''
    if 30<DF<=60:
        df_str = str(DF)
        DF = eval(df_str[0] + '0') if eval(df_str[1]) <= 5 else eval(\
            df_str[0] + '5')
    elif 60<DF<=95:
        df_str = str(DF)
        DF=eval(df_str[0]+'0') if eval(df_str[1])<=5 else(eval\
          (df_str[0])+1)*10
    elif 95<DF<=105:
        DF=100
    elif 105<DF<=115:
        DF=110
    elif 115<DF<=125:
        DF=120
    elif DF>125:
        DF=10000
    t_value = {
    0.500:
    [1.000,0.816,0.765,0.741,0.727,0.718,0.711,0.706,0.703,
    0.700,0.697,0.695,0.694,0.692,0.691,0.690,0.689,0.688,
    0.688,0.687,0.686,0.686,0.685,0.685,0.684,0.684,0.684,
    0.683,0.683,0.683,0.682,0.681,0.680,0.679,0.679,0.679,
    0.678,0.678,0.677,0.677,0.677,0.677,0.6745],
    0.400:
    [1.376,1.061,0.978,0.941,0.920,0.906,0.896,0.889,0.883,
    0.879,0.876,0.873,0.870,0.868,0.866,0.865,0.863,0.862,
    0.861,0.860,0.859,0.858,0.858,0.857,0.856,0.856,0.855,
```

```
0.855,0.854,0.854,0.852,0.851,0.850,0.849,0.848,0.848,
0.847,0.846,0.846,0.845,0.845,0.845,0.8416],
0.200:
[3.078,1.886,1.638,1.533,1.476,1.440,1.415,1.397,1.383,
1.372,1.363,1.356,1.350,1.345,1.341,1.337,1.333,1.330,
1.328,1.325,1.323,1.321,1.319,1.318,1.316,1.315,1.314,
1.313,1.311,1.310,1.306,1.303,1.301,1.299,1.297,1.296,
1.294,1.292,1.291,1.290,1.289,1.289,1.2816],
0.100:
[6.314,2.920,2.353,2.132,2.015,1.943,1.895,1.860,1.833,
1.812,1.796,1.782,1.771,1.761,1.753,1.746,1.740,1.734,
1.729,1.725,1.721,1.717,1.714,1.711,1.708,1.706,1.703,
1.701,1.699,1.697,1.690,1.684,1.679,1.676,1.673,1.671,
1.667,1.664,1.662,1.660,1.659,1.658,1.6448],
0.05:
[12.706,4.303,3.182,2.776,2.571,2.447,2.365,2.306,2.262,
2.228,2.201,2.179,2.160,2.145,2.131,2.120,2.110,2.101,
2.093,2.086,2.080,2.074,2.069,2.064,2.060,2.056,2.052,
2.048,2.045,2.042,2.030,2.021,2.014,2.009,2.004,2.000,
1.994,1.990,1.987,1.984,1.982,1.980,1.960],
0.025:
[25.452,6.205,4.177,3.495,3.163,2.969,2.841,2.752,2.685,
2.634,2.593,2.560,2.533,2.510,2.490,2.473,2.458,2.445,
2.433,2.423,2.414,2.405,2.398,2.391,2.385,2.379,2.373,
2.368,2.364,2.360,2.342,2.329,2.319,2.311,2.304,2.299,
2.291,2.284,2.280,2.276,2.272,2.270,2.2414],
0.01:
[63.657,9.925,5.841,4.604,4.032,3.707,3.499,3.355,3.250,
3.169,3.106,3.055,3.012,2.977,2.947,2.921,2.898,2.878,
2.861,2.845,2.831,2.819,2.807,2.797,2.787,2.799,2.771,
2.763,2.756,2.750,2.724,2.704,2.690,2.678,2.668,2.660,
2.648,2.639,2.632,2.626,2.621,2.617,2.5758],
0.005:
[127.321,14.089,7.453,5.598,4.773,4.317,4.029,3.833,
3.690,3.581,3.497,3.428,3.372,3.326,3.286,3.252,3.222,
3.197,3.174,3.153,3.135,3.119,3.104,3.091,3.078,3.067,
3.057,3.047,3.038,3.030,2.996,2.971,2.952,2.937,2.925,
2.915,2.899,2.887,2.878,2.871,2.865,2.860,2.8070],
0.001:
[636.619,31.599,12.924,8.610,6.869,5.959,5.408,5.041,
4.781,4.587,4.437,4.318,4.221,4.140,4.073,4.015,3.965,
3.922,3.883,3.850,3.819,3.792,3.768,3.745,3.725,3.707,
3.690,3.674,3.659,3.646,3.591,3.551,3.520,3.496,3.476,
3.460,3.435,3.416,3.402,3.390,3.381,3.373,3.2905]}
v=[1,2,3,4,5,6,7,8,9,10,11,12,13,14,15,16,17,18,19,20,
```

```
    21,22,23,24,25,26,27,28,29,30,35,40,45,50,55,60,70,80,
    90,100,110,120,10000]
    n=v.index(DF);t_value_P1 = t_value[P1];t_value_P2 = t_value[P2];
    t_value_P1 = t_value_P1[n];t_value_P2 = t_value_P2[n]
    return t_value_P1,t_value_P2
def F_test(F_t,DF_treat,DF_e):
    '''
    F测验，根据提供的F值、处理自由度、误差自由度判断F值的差异显著性。
    F_t,F05_t,F01_t,result_text = F_test(F_t,DF_treat,DF_e)
    Parameters
    ----------
    F_t : float
        处理F值
    DF_treat : int
        处理自由度.
    DF_e : int
        误差自由度.
    Returns
    -------
    F_t : str
        带有显著性标注的字符串F值.
    F05_t : float
        显著水平F值.
    F01_t : float
        极显著水平F值.
    result_text : str
        对显著性的文字描述.
    '''
    result_text = ''
    F05_t,F01_t = F0501(DF_treat,DF_e)
    if F_t >= F01_t:
        result_text = result_text + '方差分析结果表明，该试验处理间的F值{}大于等\
            于{}，达到极显著差异水平；'.format(F_t,F01_t)
        F_t = '{}**'.format(F_t)
    elif F_t >= F05_t:
        result_text = result_text + '方差分析结果表明，该试验处理间的F值{}大于等\
            于{}，达到显著差异水平；'.format(F_t,F05_t)
        F_t = '{}*'.format(F_t)
    else:
        result_text = result_text + '方差分析结果表明，该试验处理间的F值小于{}，处\
            理间差异不显著；'.format(F05_t)
        F_t = str(F_t)
    return F_t,F05_t,F01_t,result_text

def F_星号(F,DF_treat,DF_e):
```

```
    F05,F01 = F0501(DF_treat,DF_e)
    if F >= F01:
        F = '{}**'.format(F)
    elif F >= F05:
        F = '{}*'.format(F)
    else:
        F = str(F)
    return F,F05,F01
def list_to_table(table_doc,data_list,table_name):
    if not data_list:
        return
    p = table_doc.add_paragraph();p.alignment = WD_ALIGN_PARAGRAPH.CENTER
    run = p.add_run(table_name);run.font.name = u'黑体'
    run.font.size = Pt(18);run.font.bold = True
    run._element.rPr.rFonts.set(qn('w:eastAsia'), u'黑体')
    m = len(data_list);n = len(data_list[0])
    table = table_doc.add_table(rows=m,cols=n,style='Table Grid')
    table.alignment = WD_TABLE_ALIGNMENT.CENTER
    table.rows[0].height=Cm(1.0);table.autofit = True
    heading_cells = table.rows[0].cells;head_list = data_list[0]
    for i,head_text in enumerate(head_list):
        head_text = str(head_text);heading_cells[i].paragraphs[0].\
            paragraph_format.alignment = WD_ALIGN_PARAGRAPH.CENTER
        heading_cells[i].vertical_alignment = WD_ALIGN_VERTICAL.CENTER
        run = heading_cells[i].paragraphs[0].add_run(head_text)
        run.font.name = u'宋体'
        run._element.rPr.rFonts.set(qn('w:eastAsia'), u'宋体')
        run.font.bold = False;run.font.size = Pt(16)
    table_data = data_list[1:]
    for i,rowL in enumerate(table_data):
        row = table.rows[i+1];row.height = Cm(0.6);row_cells = row.cells
        for c,value in enumerate(rowL):
            value = str(value)
            try:
                row_cells[c].paragraphs[0].paragraph_format.alignment =\
                    WD_ALIGN_PARAGRAPH.CENTER
            except Exception as err:
               messagebox.showwarning('错误！','该行的数据有问题：{}\n{}'.\
                   format(rowL,err))
            row_cells[c].vertical_alignment = WD_ALIGN_VERTICAL.CENTER
            run = row_cells[c].paragraphs[0].add_run(value)
            run.font.name = u'宋体'
            run._element.rPr.rFonts.set(qn('w:eastAsia'), u'宋体')
            run.font.bold = False;run.font.size = Pt(12)
def dict_sort(dict_data,descending=True):
```

```
    '''
    对字典按照值的大小排序
    Parameters
    ----------
    dict_data : dict
        值为单个数值.
    descending : TYPE, optional
        DESCRIPTION. The default is True.

    Returns
    -------
    new_dict : dict
        默认返回按降序对字典按值排序的新字典

    '''
    key_up = sorted(dict_data,key = lambda x:dict_data[x],reverse =\
        descending)
    new_dict = {}
    for item in key_up:
        new_dict[item] = dict_data[item]
    return new_dict
def str_to_float(data_list):
    '''
    把列表中的数值型字符串转换为数值，其他的原样保留。

    Parameters
    ----------
    data_list : list
        有部分元素为数值型字符串的列表.

    Returns
    -------
    data_list : 列表
        数值型字符串元素转换为浮点数的原列表.

    '''
    for i,item in enumerate(data_list):
        if isinstance(item,str):
            try:
                item = float(item);data_list[i] = item
            except:
                pass
    return data_list
def std_and_cv(data_list):
    '''
```

```
    返回给定列表数据的平均数、标准差和变异系数(%)
    data_list的元素全部为数字

    '''
    mean = sum(data_list)/len(data_list);SS = 0
    for v in data_list:
        SS = SS + (v - mean)**2
    std = (SS/len(data_list))**0.5;mean = round(mean,2)
    std = round(std,2);cv = (std/mean) * 100;cv = round(cv,2)
    return mean,std,cv
def LSD_result(mean_dict,MS_e,DF_e,n,cf=1):
    '''
    用最小显著差数法对参试品种与对照差异进行显著性检验。
    一个*表示差异显著，两个**表示差异极显著，无星号表示差异不显著。
    参数
    ----------
    mean_dict : dict
        关键字为品种名称或编号，值为平均值的字典。
    MS_e : float
        误差方差。
    DF_e : int
        误差自由度。
    n : int
        参数品种的观测值个数。
    cf : float，可选参数
        换算为单位面积产量的系数，默认为1，不换算。

    Returns
    -------
    table_result_list : list
        返回一个二维列表，表示各品种的差异显著性分析结果.

    '''
    mean_dict=dict_sort(mean_dict);mean_sort_list=list(mean_dict.values())
    treats_list = list(mean_dict.keys())
    Se_t = (MS_e * 2 / n)**0.5;t_05,t_01 = t_test(DF_e,P1=0.05,P2 = 0.01)
    LSD_05 = t_05*Se_t;LSD_01 = t_01*Se_t
    check_mean = 0
    for treat in treats_list:
        if '对照' in treat or 'CK' in treat or 'Ck' in treat or 'ck' in\
            treat or 'check' in treat:
            check_mean = mean_dict[treat];break
    if check_mean==0:
        check_mean = mean_sort_list[-1]
    star_sig_list = [];percent_list = []
```

```
    for mean_t in mean_sort_list:
        dis = mean_t - check_mean;per = dis/check_mean
        per = round(per*100,2)
        if abs(dis) > LSD_01:
            sig = '**'
        elif abs(dis) > LSD_05:
            sig = '*'
        elif dis == 0 :
            per = '--'
            sig = ''
        else:
            sig = ''
        star_sig_list.append(sig);percent_list.append(per)
    if cf > 1:
        table_result_list = [['处理','平均亩产','比对照增减(%)','显著性','排名']]
    else:
        table_result_list = [['处理','小区产量平均值','比对照增减(%)',
            '显著性','排名']]
    sort_seq_num = []
    for i,item in enumerate(mean_sort_list):
        sort_seq_num.append(i+1)
        if cf > 1:
            mean_sort_list[i] = round(item*cf,2)
    for t,m,p,s,seq in zip(treats_list,mean_sort_list,percent_list,\
       star_sig_list,sort_seq_num):
        table_result_list.append([t,m,p,s,seq])
    return table_result_list

def dict_to_list(table_dict):
    '''
    把以列为关键字保存的字典数据转换为以行保存的列表。
    table_list = dict_to_list(table_dict)

    Parameters
    ----------
    table_dict : TYPE
        DESCRIPTION.

    Returns
    -------
    table_list : TYPE
        DESCRIPTION.

    '''
    cols_name = list(table_dict.keys())
```

```
    if 'spot_area' in cols_name:
        cols_name.remove('spot_area')
    table_list = []
    try:
        first_col_list = table_dict[cols_name[0]]
    except:
        return table_list
    for i, v in enumerate(first_col_list):
        row_list = [];row_list.append(v)
        for key in cols_name[1:]:
            col_list = table_dict[key]
            try:
                cell_value = col_list[i]
            except:
                cell_value = ''
            if cell_value == '--' :
                cell_value = ''
            row_list.append(cell_value)
        table_list.append(row_list)
    return table_list

def column_to_row_dict(column_dict):
    '''
    把以列保存的字典数据转换为以行保存的字典。
    row_dict = column_to_row_dict(column_dict)
    行字典关键字为0开始的行号
    Parameters
    ----------
    table_dict : TYPE
        DESCRIPTION.

    Returns
    -------
    table_dict : TYPE
        DESCRIPTION.

    '''
    table_list = dict_to_list(column_dict)
    row_dict = {}
    for line in table_list:
        line_list = line[1:];line_list_clean = []
        for item in line_list:
            if 'None' in str(item):
                item = None
            if 'none' in str(item):
```

```
                item = None
            if item:
                line_list_clean.append(item)
        row_dict[line[0]] = line_list_clean
    return row_dict

def 单试验方差(table_dict):
    '''
    对单个随机区间试验数据进行方差分析。
    table_dict为单个试验的字典数据。
    SS_T,SS_b,SS_a,SS_e = 单试验方差(table_dict)

    Parameters
    ----------
    table_dict : 字典数据
        包括参试品种在多个重复的小区数据.
    Returns
    -------
    SS_T : float
        总平方和.
    SS_b : float
        区组平方和.
    SS_a : float
        品种平方和.
    SS_e : float
        误差平方和.
    '''
    repeat_dict = table_dict.copy();key_list = list(table_dict.keys())
    if 'spot_area' in repeat_dict:
        repeat_dict.pop('spot_area')
    if key_list[0] in repeat_dict:
        repeat_dict.pop(key_list[0])
    #平方和的分解
    treat_dict = column_to_row_dict(table_dict)
    #转换为以品种作为关键字的字典
    SS_T = 0;SS_a = 0;T_n = 0;sum_a_list = [];sum_b_list = []
    sum_spot_list = []
    for treat in treat_dict:
        treat_value_list = treat_dict[treat] #依次获得每个品种多个重复的数据
        treat_value_list = str_to_float(treat_value_list);
        sum_spot_list.extend(treat_value_list)
        for spot_yield in treat_value_list:
            SS_T = SS_T + spot_yield**2 #计算总平方和
        t = sum(treat_value_list) # 每个品种或处理的多个重复小区产量之和
        sum_a_list.append(t);n = len(treat_value_list);T_n = T_n + n
```

```
        SS_a = SS_a + t**2/n
        mean = t/n;mean = round(mean,2)
    # 计算小区产量总和和区组产量平方和
    T = 0;SS_b = 0
    key_list = list(repeat_dict.keys())
    for key in key_list:
        block_value_list = table_dict[key]
        block_value_list = str_to_float(block_value_list)
        t = sum(block_value_list);sum_b_list.append(t);T = T + t
        n = len(block_value_list);SS_b = SS_b + t**2/n
    C = T**2/T_n;SS_T = round(SS_T - C,2)
    SS_a = round(SS_a - C,2);SS_b = round(SS_b - C,2)
    SS_e = round(SS_T - SS_a - SS_b,2);平方和 = [SS_T,SS_b,SS_a,SS_e]
    return sum_spot_list,sum_a_list,sum_b_list,T,平方和,treat_dict,\
        repeat_dict

def rowlist_to_collist(row_list):
    '''
    把按行表示表格数据的列表转换为按列表示的表格数据。

    参数
    ----------
    row_list : list
        按行表示表格数据的二维列表。

    Returns
    -------
    col_list : list
        按列表示的表格数据二维列表。

    '''
    col_list = [];cols_name = row_list[0]
    for i,key in enumerate(cols_name):
        line_list = []
        for line in row_list:
            try:
                line_list.append(line[i])
            except:
                line_list.append('')
        col_list.append(line_list)
    return col_list
def list_to_dict(data_list):
    '''
    把按行表示的表格数据转换为列名为关键字值为列数据的表格数据。
```

```
    参数
    ----------
    data_list : list
        按行表示的表格数据二维列表。

    Returns
    -------
    data_dict : dict
        列名为关键字值为列数据的表格数据字典。

    '''
    data_dict = {};cols_name = data_list[0];data_list = data_list[1:]
    for i,key in enumerate(cols_name):
        line_list = []
        for line in data_list:
            try:
                line_list.append(line[i])
            except:
                line_list.append('')
        data_dict[key] = line_list
    return data_dict

def add_table_dict(cols_value,cols_name,合并=1):
    '''
    根据按列导入的电子表格数据cols_value，识别处理编号，多个区组处理，试验地点，试验年份，
        小区面积等试验要素名称及数据，合并到按试验地点、试验年份、单个试验分级的嵌套字典
        data_dict中。
    单个试验数据为包含关键字含有品种、重复、小区面积或spot_area的字典，品种和重复关键字的
        值为列表，小区面积的值为单个浮点数。

    参数
    ----------
    cols_value : list
        按列表示的二维列表，每列数据第一个元素为列名。
    cols_name : list
        列名列表。

    Returns
    -------
    None.

    '''
    date_time = datetime.now();current_year = str(date_time.year) + '年'
    current_site = '试验地点';spot_area = -1
    #获取区试电子表列名称中地点、年份、品种、小区面积列位置
```

```
site_index_list = [];year_index_list = [];treat_index_list = []
spotarea_index_list = []
for i, item in enumerate(cols_name):
    if '年份' in item or '年度' in item or '时间' in item or 'date' in\
        item or 'time' in item or 'year' in item:
        year_index_list.append(i)
    elif '品种' in item or '处理' in item or '因素' in item or 'treat'\
        in item or 'variety' in item:
        treat_index_list.append(i)
    elif '面积' in item or '大小' in item or '㎡' in item or '平方米' in\
        item or 'area' in item:
        spotarea_index_list.append(i)
    elif '地点' in item or '位置' in item or 'site' in item or\
        'position' in item or 'city' in item or '城市' in item:
        site_index_list.append(i)
#计算区组数，要求每个试验的区组数相同
first_treat_index = treat_index_list[0];repeat_name_list = []
for item in cols_name[first_treat_index+1:]:
    if '年份' in item or '年度' in item or '时间' in item or
        '面积' in item or '大小' in item or '地点' in item or '位置'\
        in item or '品种' in item or '处理' in item or '因素'\
        in item or 'site' in item or 'date' in item or 'area'\
        in item or 'city' in item or 'position' in item or '㎡'\
        in item or 'treat' in item or '城市' in item:
        break
    else:
        repeat_name_list.append(item)
r = len(repeat_name_list);treats_list = cols_value[treat_index_list[0]]
    treats_list = treats_list[1:]
treats_list1 = [] #清除处理列表中可能存在的空值
for treat in treats_list:
    if treat and treat not in treats_list1:
        treats_list1.append(treat)
treat_num = len(treats_list1)
if not site_index_list and not year_index_list and treat_index_list:
    table_dict = {};treat_index = treat_index_list[0]
    for i,line in enumerate(cols_value[treat_index:treat_index+r+1]):
        line.pop(0);value_list = []
        for item in line:
            item = str(item).strip()
            if item and i == 0:
                value_list.append(item)
            else:
                item = float(item);value_list.append(item)
        if i == 0:
```

```
                table_dict['处理'] = value_list
            else:
                key = '重复{}'.format(i)
                table_dict[key] = value_list
        if spotarea_index_list:
            spotarea_list = cols_value[spotarea_index_list[0]]
            for item in spotarea_list:
                if item:
                    try:
                        spot_area = float(item)
                        break
                    except:
                        pass
        table_dict['spot_area'] = spot_area
        if 合并==1:
            if current_site in data_dict:
                year_dict = data_dict[current_site]
            else:
                data_dict[current_site] = {}
                year_dict = data_dict[current_site]
            year_dict[current_year] = table_dict
        else:
            data_dict[合并]= table_dict
    elif site_index_list and year_index_list:#地点和年份列都存在情况下
        # 计算出所有年份列的年份列表
        year_list = []
        for test_y in year_index_list:
            year_item_list = cols_value[test_y];year_item_list.pop(0)
            while 'None' in year_item_list:
                year_item_list.remove('None')
            while None in year_item_list:
                year_item_list.remove(None)
            while '' in year_item_list:
                year_item_list.remove('')
            year_list.append(year_item_list)
        # 计算出所有地点列的试验地点列表
        site_list = []
        for test_s in site_index_list:
            site_item_list = cols_value[test_s];site_item_list.pop(0)
            while 'None' in site_item_list:
                site_item_list.remove('None')
            while None in site_item_list:
                site_item_list.remove(None)
            while '' in site_item_list:
                site_item_list.remove('')
```

```
        site_list.append(site_item_list)
    # 计算出所有小区面积列的面积列表
    area_list = []
    for i in spotarea_index_list:
        area_item_list = cols_value[i];area_item_list.pop(0)
        while 'None' in area_item_list:
            area_item_list.remove('None')
        while None in area_item_list:
            area_item_list.remove(None)
        while '' in area_item_list:
            area_item_list.remove('')
        area_list.append(area_item_list)
    if not area_list:
        messagebox.showwarning('缺失小区面积数据！','请补充小区面积\
            （单位：平方米）')
        return
    #分别提取每个随机区组试验原始数据，处理列后必须是试验重复的小区产量数据
    for i,treat_index in enumerate(treat_index_list):
    #横向有多少个处理列就有多少个试验数据
        repeat_yield_list = [] #用于保存与第i个纵向的所有试验的原始数据
        treat_list = cols_value[treat_index] # 纵向所有试验的参试品种列表
        treat_list.pop(0);repeat_yield_list.append(treat_list)
        column_test_num = int(len(treat_list)/treat_num)
        for repeat in range(treat_index+1,treat_index+r+1):
        #纵向所有试验的重复小区产量列表
            repeat_list = cols_value[repeat];repeat_list.pop(0)
            repeat_yield_list.append(repeat_list)
        try:
            test_area_list = area_list[i]
        except:
            test_area_list = area_list[0]
        try:
            test_site_list = site_list[i]
        except:
            test_site_list = site_list[0]
        try:
            test_year_list = year_list[i]
        except:
            test_year_list = year_list[0]
        #获取单个试验的数据并保存到table_dict
        for test in range(column_test_num):
            table_dict = {}
        #在每个试验的小区面积列查找是否有小区面积，如果没有，那么就用统一的小区面积
            try:
                spot_area = float(test_area_list[test])
```

```
                except:
                    spot_area = float(test_area_list[0])
                try:
                    test_site = test_site_list[test]
                except:
                    test_site = test_site_list[0]
                try:
                    test_year = test_year_list[test]
                except:
                    test_year = test_year_list[0]

                for i,repeat in enumerate(repeat_yield_list):
                    test_data_list = repeat[test*treat_num:(test+1)*\
                        treat_num]
                    if i == 0:
                        key = '品种'
                    else:
                        key = '重复{}'.format(i)
                    table_dict[key] = test_data_list
                table_dict['spot_area'] = spot_area
                if 合并 == 1:
                    if test_site not in data_dict:
                        data_dict[test_site] = {}
                    year_dict = data_dict[test_site]
                    year_dict[test_year] = table_dict
                else:
                    data_dict[合并]= table_dict

def list_to_str(list_data):
    '''
    把列表数据以逗号分隔形式转换为由列表元素组成的字符串。

    参数
    ----------
    list_data : list
        列表数据。

    返回
    -------
    text : str
        由列表元素组成的字符串。

    '''
    text = ''
    for item in list_data:
```

```
        if text:
            text = '{}{}, '.format(text,item)
        else:
            text = '{}, '.format(item)
    text = text[:-1]
    return text

def 品种区试(group_table_dict):
    '''
    对品种区试原始数据进行方差和显著性分析，获得方差分析结果，以及地点品种互作、年份品种互
        作平均数差异显著性分析结果。
    table_F,vs_mean_table,vy_mean_table = 品种区试(group_table_dict)
    Parameters
    ----------
    group_table_dict : 多年多点区试字典数据
        由年份、地点、小区面积及对应的小区产量值组成.

    Returns
    -------
    方差分析结果和多重比较结果字典.
    '''
    site_list = list(group_table_dict.keys())
    if not site_list:
        return
    #获得原始测产数据表中的第一个试验年份、地点、小区面积
    year_dict = group_table_dict[site_list[0]]
    year_list = list(year_dict.keys())
    table_dict = year_dict[year_list[0]]
    spot_area = table_dict['spot_area'];
    cols_name = list(table_dict.keys());
    variety_list = table_dict[cols_name[0]]
    # 区组数r, 地点数, 参试年数, 品种数
    r = len(cols_name) - 2;s = len(site_list);y = len(year_list)
    v = len(variety_list)
    if v==1 or r == 1:
        return
    # 自由度分解
    DF_s = s - 1
    if DF_s == 0:
        DF_s = 1
    DF_y = y - 1
    if DF_y == 0:
        DF_y = 1
    DF_sy = s*y - 1
    if DF_sy == 0:
```

```
        DF_sy = 1
    DF_v   = v - 1
    if DF_v == 0:
        DF_v = 1
    DF_vs = (v-1)*(s-1)
    if DF_vs == 0:
        DF_vs = 1
    DF_vy = (v-1)*(y-1)
    if DF_vy == 0:
        DF_vy = 1
    DF_vsy = (v-1)*(s-1)*(y-1)
    if DF_vsy == 0:
        DF_vsy = 1
    DF_e = s*y*(v-1)*(r-1)
    DF_T = r*s*y*v - 1

    # 遍历所有试验，计算相关数据
    Sum_a_list = [] # 保存品种不同重复小区产量数据之和
    Sum_b_list = [] # 保存区组不同品种小区产量数据之和
    Sum_s_list = [] # 保存地点所有小区产量数据之和
    Sum_y_dict = {} # 保存年度所有小区产量数据之和
    for year in year_list:
        Sum_y_dict[year] = []
    variety_dict = {} # 保存品种所有小区产量
    Repeat_dict = {}  # 保存地点所有小区产量
    Site_dict = {}  # 保存地点所有小区产量
    VS_dict = {}  # 保存品种地点产量
    VY_dict = {}  # 保存品种年份小区产量
    Year_dict = {}  # 保存年份所有小区产量
    Sum_test_list = [] #保存单个试验小区产量之和
    Sum_spot_list = [] #保存所有小区产量，用于计算总平方和
    table_SS = [] #保存地点年份多个试验的平方和数据
    for site in site_list:
        T_s = 0;year_dict = group_table_dict[site]
        year_list = list(year_dict.keys())
        for year in year_list:
            site_year = '{}{}'.format(site,year)
            if year in Year_dict:
                year_yield = Year_dict[year]
            else:
                Year_dict[year] = 0
                year_yield = Year_dict[year]
            table_dict = year_dict[year]
            cols_name = list(table_dict.keys())
            variety_list_1 = table_dict[cols_name[0]]
```

```
        r1 = len(cols_name) -2;v1 = len(variety_list_1)
        if r1 != r or v1 != v:
            messagebox.showwarning('错误！','试验间参试品种数或区组数不一致。')
            return
        sum_spot_list,sum_a_list,sum_b_list,T,ss_list,treat_dict,\
            repeat_dict = 单试验方差(table_dict) #计算出单个随机区组试验的自由\
            度、平方和和均分、总和等数据
        ss_list.insert(0,site_year);table_SS.append(ss_list)

        # 更新品种年度小区产量数据VY_dict
        for v_key in treat_dict:
            vy_key = '{}{}'.format(v_key,year)
            if vy_key not in VY_dict:
                VY_dict[vy_key] = []
            vy_list = VY_dict[vy_key];vy_list.extend(treat_dict[v_key])
        year_yield = year_yield + T;Year_dict[year] = year_yield
        # 更新品种字典variety_dict
        for key in treat_dict:
            if key in variety_dict:
                variety_list = variety_dict[key]
                variety_list.extend(treat_dict[key])
            else:
                variety_dict[key] = [];variety_list = variety_dict[key]
                variety_list.extend(treat_dict[key])
        # 更新区组字典Repeat_dict
        for key in repeat_dict:
            if key in Repeat_dict:
                repeat_list = Repeat_dict[key]
                repeat_list.extend(repeat_dict[key])
            else:
                Repeat_dict[key] = [];repeat_list = Repeat_dict[key]
                repeat_list.extend(repeat_dict[key])

        # 更新品种地点字典VS_dict
        for v_key in treat_dict:
            vs_key = '{}{}'.format(v_key,site)
            if vs_key not in VS_dict:
                VS_dict[vs_key] = []
            vs_list = VS_dict[vs_key]
            vs_list.extend(treat_dict[v_key])
        Sum_a_list.extend(sum_a_list);Sum_b_list.extend(sum_b_list)
        Sum_test_list.append(T)
        Sum_spot_list.extend(sum_spot_list);T_s = T_s + T
        Site_dict[site]=T_s;sum_y_list=Sum_y_dict[year]
        sum_y_list.append(T)
```

```
        Sum_s_list.append(T_s)
    T = sum(Sum_spot_list);C = round(T**2/(v*s*y*r),2)
    SS_T = 平方和(Sum_spot_list);SS_T = round(SS_T - C,2) #总变异
    # 计算品种或处理间变异（平方和）
    variety_yield_list = []
    for key in variety_dict:
        value_list = variety_dict[key];value_list = str_to_float(value_list)
        variety_yield_list.append(sum(value_list))
    SS_v = 平方和(variety_yield_list);SS_v = round(SS_v/(s*y*r) - C,2)
    # 计算区组间变异（平方和）
    repeat_yield_list = []
    for key in Repeat_dict:
        value_list = Repeat_dict[key];value_list = str_to_float(value_list)
        repeat_yield_list.append(sum(value_list))
    SS_r = 平方和(repeat_yield_list);SS_r = round(SS_r/v - C,2)
    # 计算年度间变异（平方和）
    year_yield_list = list(Year_dict.values());SS_y = 平方和(year_yield_list)
    SS_y = round(SS_y/(s*r*v) - C,2)
    # 计算地点间变异（平方和）
    site_yield_list = list(Site_dict.values());SS_s = 平方和(site_yield_list)
    SS_s = round(SS_s/(r*y*v) - C,2)
    # 计算品种、地点、年份互作变异（平方和）
    SS_vsy = 平方和(Sum_a_list);SS_vsy = round(SS_vsy/r - C,2)
    # 计算区组、地点、年份互作变异（平方和）
    SS_rsy = 平方和(Sum_b_list);SS_rsy = round(SS_rsy/v - C,2)
    # 计算品种地点间变异（平方和）及降序的小区平均值字典vs_mean_dict_up
    vs_mean_dict_up = {};VS_list = []
    for vs_key in VS_dict:
        value_list = VS_dict[vs_key];value_list = str_to_float(value_list)
        data_mean = round(sum(value_list)/len(value_list),2)
        VS_list.append(sum(value_list));vs_mean_dict_up[vs_key] = data_mean
    SS_vs = 平方和(VS_list);SS_vs = round(SS_vs/(r*y) - C,2)

    # 计算品种年份间变异（平方和）及小区平均值字典vy_mean_dict_up
    VY_list = [];vy_mean_dict_up = {}
    for vy_key in VY_dict:
        value_list = VY_dict[vy_key];value_list = str_to_float(value_list)
        data_mean = round(sum(value_list)/len(value_list),2)
        VY_list.append(sum(value_list));vy_mean_dict_up[vy_key] = data_mean
    SS_vy = 平方和(VY_list);SS_vy = round(SS_vy/(r*s) - C,2)
    # 计算地点年份间变异（平方和）
    SS_sy = 平方和(Sum_test_list);SS_sy = round(SS_sy/(r*v) - C,2)
    # 误差平方和SS_e，累加单个试验的误差平方和求得
    SS_e = 0
    for line in table_SS:
```

```
    SS_e = SS_e + line[-1]
column_title = ['地点年份','总平方和','区组','品种','误差']
table_SS.insert(0,column_title) #为平方和分解表添加列标题
variety_data_list = []
# 计算每个品种的基本统计数
variety_summary_list = [['品种','最小','最大','平均','标准差','变异系数(%)']]
for item in variety_dict:
    line_list = variety_dict[item];line_list = str_to_float(line_list)
    variety_data_list.append(sum(line_list))
    v_mean,v_std,v_cv = std_and_cv(line_list);v_min = min(line_list)
    v_max = max(line_list)
    v_line_value = [item,v_min,v_max,v_mean,v_std,v_cv]
    variety_summary_list.append(v_line_value)
#计算区组、品种、地点、年份互作平方和
SS_sy = SS_sy - SS_s - SS_y;SS_vs = SS_vs - SS_v - SS_s
SS_vy = SS_vy - SS_v - SS_y
SS_vsy = SS_vsy - SS_s - SS_y- SS_v - SS_vs - SS_vy - SS_sy
MS_v = round(SS_v/DF_v,2)
if DF_s > 0:
    MS_s = round(SS_s/DF_s,2)
else:
    MS_s = 0
if DF_y > 0:
    MS_y = round(SS_y/DF_y,2)
else:
    MS_y = 0
if DF_sy > 0:
    MS_sy = round(SS_sy/DF_sy,2)
else:
    MS_sy = 0
MS_v  = round(SS_v/DF_v,2)
if DF_vs > 0:
    MS_vs = round(SS_vs/DF_vs,2)
else:
    MS_vs = 0
if DF_vy > 0:
    MS_vy = round(SS_vy/DF_vy,2)
else:
    MS_vy = 0
if DF_vsy > 0:
    MS_vsy = round(SS_vsy/DF_vsy,2)
else:
    MS_vsy = 0
MS_e  = round(SS_e/DF_e,2);F_s = round(MS_s/MS_e,2)
F_y = round(MS_y/MS_e,2);F_sy = round(MS_sy/MS_e,2)
```

```
F_v = round(MS_v/MS_e,2);F_vs = round(MS_vs/MS_e,2)
F_vy = round(MS_vy/MS_e,2);F_vsy = round(MS_vsy/MS_e,2)
# 星号表示F值的差异显著性
if DF_s > 0:
    F_s,F05_s,F01_s = F_星号(F_s,DF_s,DF_e)
else:
    F_s,F05_s,F01_s = ('','','')
if DF_y > 0:
    F_y,F05_y,F01_y = F_星号(F_y,DF_y,DF_e)
else:
    F_y,F05_y,F01_y = ('','','')

if DF_sy>0:
    F_sy,F05_sy,F01_sy = F_星号(F_sy,DF_sy,DF_e)
else:
    F_sy,F05_sy,F01_sy = ('','','')

if DF_v>0:
    F_v,F05_v,F01_v = F_星号(F_v,DF_v,DF_e)
else:
    F_v,F05_v,F01_v = ('','','')
if DF_vs>0:
    F_vs,F05_vs,F01_vs = F_星号(F_vs,DF_vs,DF_e)
else:
    F_vs,F05_vs,F01_vs = ('','','')
if DF_vy>0:
    F_vy,F05_vy,F01_vy = F_星号(F_vy,DF_vy,DF_e)
else:
    F_vy,F05_vy,F01_vy = ('','','')
if DF_vsy>0:
    F_vsy,F05_vsy,F01_vsy = F_星号(F_vsy,DF_vsy,DF_e)
else:
    F_vsy,F05_vsy,F01_vsy = ('','','')

SS_T = round(SS_T,2);SS_v = round(SS_v,2);SS_s = round(SS_s,2)
SS_y = round(SS_y,2);SS_vs = round(SS_vs,2)
SS_vy = round(SS_vy,2);SS_vsy = round(SS_vsy,2)
SS_e = round(SS_e,2);SS_sy = round(SS_sy,2)
#构建方差分析结果字典用于后续输出为表格
if s>1 and y>1:
    table_F = [['变异来源','DF','SS','MS','F','F0.05','F0.01'],
            ['试点间',DF_s,SS_s,MS_s,F_s,F05_s,F01_s],
            ['年份间',DF_y,SS_y,MS_y,F_y,F05_y,F01_y],
            ['试点x年份',DF_sy,SS_sy,MS_sy,F_sy,F05_sy,F01_sy],
            ['品种',DF_v,SS_v,MS_v,F_v,F05_v,F01_v],
```

```
            ['品种x试点',DF_vs,SS_vs,MS_vs,F_vs,F05_vs,F01_vs],
            ['品种x年份',DF_vy,SS_vy,MS_vy,F_vy,F05_vy,F01_vy],
            ['品种x试点x年份',DF_vsy,SS_vsy,MS_vsy,F_vsy,F05_vsy,F01_vsy],
            ['试点内误差',DF_e,SS_e,MS_e,'','',''],
            ['总变异',DF_T,SS_T,'','','','']]
elif s>1 and y==1:
    table_F = [['变异来源','DF','SS','MS','F','F0.05','F0.01'],
            ['试点间',DF_s,SS_s,MS_s,F_s,F05_s,F01_s],
            ['品种',DF_v,SS_v,MS_v,F_v,F05_v,F01_v],
            ['品种x试点',DF_vs,SS_vs,MS_vs,F_vs,F05_vs,F01_vs],
            ['试点内误差',DF_e,SS_e,MS_e,'','',''],
            ['总变异',DF_T,SS_T,'','','','']]

elif s == 1 and y>1:
    table_F = [['变异来源','DF','SS','MS','F','F0.05','F0.01'],
            ['年份间',DF_y,SS_y,MS_y,F_y,F05_y,F01_y],
            ['品种',DF_v,SS_v,MS_v,F_v,F05_v,F01_v],
            ['品种x年份',DF_vy,SS_vy,MS_vy,F_vy,F05_vy,F01_vy],
            ['试点内误差',DF_e,SS_e,MS_e,'','',''],
            ['总变异',DF_T,SS_T,'','','','']]
elif s==1 and y==1:
    table_F = [['变异来源','DF','SS','MS','F','F0.05','F0.01'],
            ['品种间',DF_v,SS_v,MS_v,F_v,F05_v,F01_v],
            ['误差',DF_e,SS_e,MS_e,'','',''],
            ['总变异',DF_T,SS_T,'','','','']]
LSD_result_list = [];ssr_table_list = [];variety_mean_dict = {}
for key in variety_dict:
    data = variety_dict[key];data = str_to_float(data)
    n = len(data);data = sum(data);mean = round(data/n,2)
    if key:
        variety_mean_dict[key] = mean
n_b = s*y*r
if spot_area == -1:
    cf = 1
else:
   cf = 666.7/spot_area
LSD_result_list = LSD_result(variety_mean_dict,MS_e,DF_e,n_b,cf)
variety_mean_dict = dict_sort(variety_mean_dict)
# 创建品种地点产量结果比较表
vs_mean_table = []
for v_key in variety_mean_dict:
    line_list = [];line_list.append(v_key)
    for site in site_list:
        find_key = '{}{}'.format(v_key,site)
        line_list.append(vs_mean_dict_up[find_key])
```

```
        mean_v = variety_mean_dict[v_key];line_list.append(mean_v)
        vs_mean_table.append(line_list)
    # 创建品种年份产量结果比较表
    vy_mean_table = []
    for v_key in variety_mean_dict:
        line_list = [];line_list.append(v_key)
        for year in year_list:
            find_key = '{}{}'.format(v_key,year)
            line_list.append(vy_mean_dict_up[find_key])
        mean_v = variety_mean_dict[v_key];line_list.append(mean_v)
        vy_mean_table.append(line_list)
    if s == 1 and y==1:
        #品种平均数多重比较结果
        ssr_table_list = mean_sif_result(variety_mean_dict,MS_e,DF_e,r)
        for i,data in enumerate(ssr_table_list):
            product = round(data[1] * cf,1);data[1] = product
            ssr_table_list[i] = data
        column_list = ['品种','平均亩产','SSR(5%)','SSR(1%)']
        ssr_table_list = [column_list] + ssr_table_list
    if s > 1:
        #计算地点、品种互作平均数多重比较结果
        k = y*r;table_list = mean_sif_result(vs_mean_dict_up,MS_e,DF_e,k)
        for i,data in enumerate(table_list):
            product = round(data[1] * cf,1);data[1] = product
            table_list[i] = data
        column_list = ['品种'] + site_list + ['平均亩产','SSR(5%)','SSR(1%)']
        for i,line in enumerate(vs_mean_table):
            line.extend(table_list[i][-2:])
        vs_mean_table.insert(0,column_list)
    else:
        vs_mean_table = []
    if y > 1:
        #计算年份、品种互作平均数多重比较结果
        k = s*r;table_list = mean_sif_result(vy_mean_dict_up,MS_e,DF_e,k)
        for i,data in enumerate(table_list):
            product = round(data[1] * cf,1);data[1] = product
            table_list[i] = data
        column_list = ['品种'] + year_list + ['平均亩产','SSR(5%)','SSR(1%)']
        for i,line in enumerate(vy_mean_table):
            line.extend(table_list[i][-2:])
        vy_mean_table.insert(0,column_list)
    else:
        vy_mean_table = []
    return table_F,vs_mean_table,vy_mean_table,ssr_table_list,\
      LSD_result_list,variety_summary_list
```

```
def 区试主窗体():
    global mainWindow,screenwidth,screenheight;mainWindow = Tk();
        mainWindow.title('花科软件')
    mainWindow['bg']='cornsilk'
    screenwidth,  screenheight = mainWindow.maxsize()
    #设置窗体宽度（单位：像素）
    app_height = int(screenheight * 0.6)
    app_width = int(screenwidth * 0.6)
    #设置mainWindow起始坐标（整数），使其在计算机屏幕上居中，坐标单位：像素
    x=int((screenwidth-app_width)/2);y=int((screenheight-app_height)/2)
    mainWindow.geometry('{}x{}+{}+{}'.format(app_width, app_height, x, y))
    run_path = getcwd()
    mainWindow.iconbitmap("{}\\tb.ico".format(run_path))
class 区试主界面(Frame):
    def __init__(self,  master=None):
        super().__init__(master);self.master = master;self.pack()
        self.current_table_index = 0;self.type_t = ''
        self.合并 = 1
        self.创建界面元素()
    def 创建界面元素(self):
        #设置窗体部件格式
        mystyle = Style()
        mystyle.theme_create('mystyle',  parent='alt',
            settings={'TCombobox':{'configure':{'foreground':'black',
                'selectbackground': 'yellow',
                'selectforeground': 'red', 'fieldbackground':'cornsilk',
                'background': 'red'}},
            'TEntry':{'configure':{'foreground':'black',
                'state':'normal','selectbackground':'yellow',
                'selectforeground':'red','fieldbackground':'cornsilk'}},
            'TLabel':{'configure':{'foreground': 'black','font':('黑体', 18),
                'background': 'cornsilk'}},
            'TButton':{'configure':{ 'foreground': 'red','font':('黑体', 32),
                'relief':'raised','background': 'lightgreen'}},
            'TFrame':{'configure':{ 'background': 'cornsilk'}},
                'TSeparator':{'configure':{'background': 'red'}}})
        mystyle.theme_use('mystyle');
        mystyle.map("TButton",foreground=[('pressed', 'red'),
            ('active', 'blue')],
            background=[('pressed', '!disabled', 'black'),
                ('active',  'white')])
        self.mainmenubar=Menu(mainWindow)
        mainWindow.config(menu=self.mainmenubar)
        self.mainmenubar.add_command(label='全选',command=self.all_select)
```

```
self.mainmenubar.add_command(label='取消全选',command=self.all_clear)
self.mainmenubar.add_command(label='帮助',command=self.帮助)
self.mainmenubar.add_command(label='关于',command=self.关于)
self.title_soft = Label(mainWindow,background='cornsilk')
self.title_soft.pack(fill='x')
self.fund = Label(mainWindow);self.fund.pack(fill='x')
self.title_soft.bind('<Configure>',self.label_resize)
sep=Separator(mainWindow,orient='horizontal',style='red.TSeparator')
sep.pack(fill='x', side='top', pady=10)
button_frame = Frame(mainWindow, style="TFrame")
button_frame.pack(fill='both')
button_frame.columnconfigure(0,minsize=20,weight= 1)
button_frame.columnconfigure(1,minsize=20,weight= 1)
button_frame.columnconfigure(2,minsize=20,weight= 1)
button_frame.columnconfigure(3, minsize=20, weight= 1)
input_Button = Button(button_frame, text='导入数据',
    style='TButton',command=self.导入电子表)
input_Button.grid(row=0, column=0,pady=5,padx=5)
output_Button = Button(button_frame, text='试验报告',
    style='TButton',command=self.试验报告)
output_Button.grid(row=0, column=1,pady=5,padx=5)
plot_Button = Button(button_frame, text='打开',
    style='TButton',command=self.open_select_file)
plot_Button.grid(row=0, column=2,pady=5,padx=5)
plot_Button = Button(button_frame,text='导入例题',style='TButton',
    command=self.导入例题)
plot_Button.grid(row=0, column=3,pady=5,padx=5)
table_frame = Frame(mainWindow, style="TFrame")
table_frame.pack(fill='x')
table_frame.columnconfigure(2,minsize=20,weight= 1)
table_frame.rowconfigure(1,minsize=20,weight= 1)
table_frame.rowconfigure(2,minsize=20,weight= 1)
list_scroll_v=Scrollbar(table_frame,orient='vertical')
list_scroll_h = Scrollbar(table_frame,orient = 'horizontal')
self.all_table_list = Listbox(table_frame, selectmode='browse',
    font=('宋体', 16),background='cornsilk', borderwidth=6,
    width=35,yscrollcommand = list_scroll_v,
    xscrollcommand = list_scroll_h)
self.all_table_list.bind('<<ListboxSelect>>',self.all_table_select)
list_scroll_h.grid(row=0,column=0,sticky = W+E)
self.all_table_list.grid(row=1,column=0,sticky=N+S)
list_scroll_v.grid(row=0,column=1,sticky = N+S,rowspan=2)
list_scroll_v.config(command = self.all_table_list.yview)
list_scroll_h.config(command = self.all_table_list.xview)
list_scroll_v1 = Scrollbar(table_frame, orient = 'vertical')
```

```
    self.son_table_list = Listbox(table_frame, selectmode='browse',
        font=('宋体', 16),background='cornsilk',borderwidth=6,width=35,
        yscrollcommand = list_scroll_v1)
    self.son_table_list.bind('<<ListboxSelect>>',self.son_table_select)
    self.son_table_list.grid(row=2,column=0,sticky=N+S)
    list_scroll_v1.grid(row=2,column=1,sticky = N+S)
    list_scroll_v1.config(command = self.son_table_list.yview)
    height = int(28*screenheight/960)
    sb_task = Scrollbar(table_frame, orient = 'horizontal')
    sb_task.grid(row=0,column=2,columnspan=2,sticky=E+W)
    self.sb_vert = Scrollbar(table_frame, orient = 'vertical')
    self.信息框 = Text(table_frame, xscrollcommand = sb_task.set,
        yscrollcommand = self.sb_vert.set,font=('宋体', 18),
        wrap = 'word',state='normal',bg='cornsilk',
        undo = True, maxundo = 50, height=height,autoseparators = False)
    self.信息框.grid(row=1, column=2,sticky=E+W,rowspan=2)
    self.sb_vert.grid(row=1,column=3,sticky = N+S,rowspan=2)
    self.信息框.tag_config("tag1",foreground="red",
        font=('宋体',24,'bold'))
    self.信息框.bind('<Configure>',self.resize)
    sb_task.config(command = self.信息框.xview)
    self.sb_vert.config(command = self.信息框.yview)
    self.sel_index_list = []
def all_select(self):
    self.all_table_list.selection_set(0, last='end')
    table_list = list(self.all_table_list.curselection())
    if table_list:
        self.all_table_list.activate(table_list[-1])
def all_clear(self):
    self.all_table_list.selection_clear(0,last='end')
    self.all_table_list.select_set(self.current_table_index)
def 导入电子表(self):
    '''
    从保存品种区域试验数据的文件夹中导入所有区域试验小区产量数据电子表文件。并在软件
        界面的电子表列表框中显示导入的所有电子表。
    Returns
    -------
    None.

    '''

    self.sel_index_list = [];self.all_table_list.delete(0,'end')
    data_fold = filedialog.askopenfilename(title='导入电子表',
        filetypes=[('电子表','xls*')])
    if path.isfile(data_fold):
```

```
        yes_no = messagebox.askyesnocancel('选择文件','只导入选择的数据文件\
            还是导入该文件所在文件夹的所有数据文件?。\n单击“是”只导入选择的文件。\
            \n单击“否”导入选择文件所在文件夹的所有电子表文件。\n单击“取消”不导\
            入任何文件。')
        if yes_no == False:
            data_fold = path.dirname(data_fold)
            if data_fold:
                file_list = listdir(data_fold)
                first_file = file_list[0]
                first_file_path = path.join(data_fold,first_file)
                for file in file_list:
                    if '.xls' in file:
                        self.all_table_list.insert('end',file)

        elif yes_no == True:
            data_file = path.basename(data_fold)
            first_file_path = data_fold
            self.all_table_list.insert('end',data_file)
        else:
            return
    if path.isfile(data_fold):
        data_fold = path.dirname(data_fold)
    self.data_fold = data_fold
    self.all_table_list.select_set(0)
    self.file_path = first_file_path
    self.son_table_insert(first_file_path)

def 导入例题(self):
    self.sel_index_list = [];self.all_table_list.delete(0,'end')
    data_fold = getcwd()
    data_fold = '{}\\例题'.format(data_fold)
    if path.exists(data_fold):
        file_list = listdir(data_fold)
        for file in file_list:
            if '.xls' in file:
                self.all_table_list.insert('end',file)
        self.data_fold = data_fold;self.all_table_list.select_set(0)
        first_file = file_list[0]
        first_file_path = '{}/{}'.format(data_fold,first_file)
        self.file_path = first_file_path
        self.son_table_insert(first_file_path)

def open_select_file(self):
    sel_index_set = self.all_table_list.curselection()
    if sel_index_set:
```

```
            index = sel_index_set[-1]
            sel_file = self.all_table_list.get(index)
            file_path = '{}/{}'.format(self.data_fold,sel_file)
            try:
                startfile(file_path)
            except:
                pass
        else:
            messagebox.showinfo('提醒','先在文件列表框中选中一个文件!')

    def son_table_select(self,event):
        try:
            table_index  = self.son_table_list.curselection()
            table_index  = table_index[0]
        except:
            table_index = 0
        self.show_table(table_index)

    def show_table(self,table_index):
        '''
        self.show_table(table_index)
        显示指定电子表中指定工作表的数据。
        Parameters
        ----------
        wb : 电子表
            DESCRIPTION.
        table_index : 整数
            DESCRIPTION.
        type : 文本, optional
            电子表类型. The default is 'xlsx'.

        Returns
        -------
        None.

        '''
        if not self.type_t:
            return
        table_dict = {}
        if self.type_t == 'xlsx':
            wb = load_workbook(filename =self.file_path)
            table_names = wb.sheetnames;ws = wb[table_names[table_index]]
            rows_value = list(ws.iter_rows(values_only=True))
            cols_name_index = 0
            for i,row in enumerate(rows_value):
```

```
                if all(row):
                    cols_name_index = i
                    break
            cols_value = list(ws.iter_cols(values_only=True))
            for i,col in enumerate(cols_value):
                col = col[cols_name_index:];cols_value[i] = col
            for line in cols_value:
                key = line[0];value_list = line[1:]
                table_dict[key] = value_list
        elif self.type_t == 'xls':
            wb = open_workbook(self.file_path)
            table_names = wb.sheet_names();ws = wb[table_names[table_index]]
            row_n = ws.nrows;rows_value = []
            for i in range(row_n):
                line = ws.row_values(i);rows_value.append(line)
            cols_name_index = 0
            for i,row in enumerate(rows_value):
                if all(row):
                    cols_name_index = i
                    break
            col_n = ws.ncols;cols_value = []
            for i in range(col_n):
                line = ws.col_values(i);line = line[cols_name_index:]
                key  = line[0]
                value_list = line[1:];table_dict[key] = value_list
        width_dict = self.col_width(table_dict)
        self.show_data_in_text(rows_value,width_dict)

    def all_table_select(self,event):
        try:
            current_table_index = self.all_table_list.curselection()
            self.current_table_index = current_table_index[0]
        except:
            pass
        try:
            sel_file = self.all_table_list.get(self.current_table_index)
        except:
            return
        try:
            file_path = '{}/{}'.format(self.data_fold,sel_file)
            self.file_path = file_path;self.son_table_insert(file_path)
        except:
            return
    def son_table_insert(self,file_path):
        '''
```

```
    在工作表显示列表框中显示指定电子表（file_path）中的电子表
    Parameters
    ----------
    file_path : str
        电子表文件的绝对路径.
    Returns
    -------
    None.

    '''
    if '.xlsx' in file_path:
        self.type_t = 'xlsx';wb = load_workbook(filename =file_path);
        table_names = wb.sheetnames;
        self.son_table_list.delete(0, last='end')
        for name in table_names:
            self.son_table_list.insert('end',name)
    elif '.xls' in file_path:
        self.type_t = 'xls';wb = open_workbook(file_path)
        table_names = wb.sheet_names()
        self.son_table_list.delete(0,last='end')
        for name in table_names:
            self.son_table_list.insert('end',name)
    self.show_table(0)

def col_width(self,table_dict):
    width_dict = {}
    for key in table_dict:
        width_list = [];a1,a2 = 0,0
        for a in str(key):
            if a.isascii():
                a1 = a1 + 1
            else:
                a2 = a2 + 1
        a = a1 +  a2 * 2;width_list.append(a)
        value_list = table_dict[key]
        for v in value_list:
            v = str(v);a1,a2 = 0,0
            for a in v:
                if a.isascii():
                    a1 = a1 + 1
                else:
                    a2 = a2 + 1
            a = a1 + a2 * 2;width_list.append(a)
        width_dict[key] =width_list
    return width_dict
```

```
def show_data_in_text(self,list_data,width_dict):
    cols_name_index = 0
    for i,row in enumerate(list_data):
        if all(row):
            cols_name_index = i
            break
    list_data = list_data[cols_name_index:]
    self.信息框['wrap'] = 'none';self.信息框.delete(1.0,'end')
    cols_name = list_data[0]
    for i,row in enumerate(list_data):
        line_text = ''
        for col,col_value in zip(cols_name,row):
            width_list = width_dict[col];width_num = max(width_list)
            try:
                col_width  = width_list[i]
            except:
                col_width = 8
            dif_width  = width_num - col_width
            if not col_value:
                col_value = ''* 2
            else:
                col_value = str(col_value).strip()
            line_text = line_text+str(col_value)+''*(dif_width+4)
        line_text = line_text+'\n'
        self.信息框.insert('insert', line_text)

def 试验报告(self):
    data_dict.clear();
    sel_index_set = self.all_table_list.curselection()
    self.table_list_sel = []
    for index in sel_index_set:
        item = self.all_table_list.get(index)
        self.table_list_sel.append(item)
    if not self.table_list_sel:
        messagebox.showwarning('提醒','请先单击“导入数据”按钮导入区试小区产量
            原始数据文件!')
        return
    for file in self.table_list_sel:
        self.input_data(file)
    file_name = self.table_list_sel[0]
    file_name = path.splitext(file_name)[0];table_doc = Document()
    p = table_doc.add_heading(level=1)
    p.alignment = WD_ALIGN_PARAGRAPH.CENTER
    report_title = '《{}》'.format(file_name)
```

```
run = p.add_run(report_title);run.font.name = u'黑体'
run.font.size = Pt(18);run.font.color.rgb = RGBColor(0,0,0)
run._element.rPr.rFonts.set(qn('w:eastAsia'), u'黑体')
p2 = table_doc.add_heading(level=0);p2_format = p2.paragraph_format
p2_format.alignment = WD_ALIGN_PARAGRAPH.CENTER
run = p2.add_run('分析报告');run.font.name = u'黑体'
run.font.size = Pt(24);run.font.bold = True
run.font.color.rgb = RGBColor(255,0,0)
run._element.rPr.rFonts.set(qn('w:eastAsia'), u'黑体')
date_time = datetime.now();Y = date_time.year;M = date_time.month
D = date_time.day;H = date_time.hour
minute = date_time.minute;second = date_time.second
日期 = '报告生成时间: {}年{}月{}日  {}时{}分{}秒'.format(Y,M,D,H,
    minute,second)
p = table_doc.add_paragraph();p_format = p.paragraph_format
p_format.alignment = WD_ALIGN_PARAGRAPH.RIGHT
run = p.add_run(日期);run.font.name = u'宋体';run.font.size = Pt(11)
run.font.bold = False;
run._element.rPr.rFonts.set(qn('w:eastAsia'), u'宋体')
if self.合并==1:
    table_F,vs_mean_table,vy_mean_table,ssr_table_list,
        LSD_result_list,variety_summary_list = 品种区试(data_dict)
else:
    table_names = list(data_dict.keys())
    table_name = table_names[0]
    for table_name in table_names:
        table_dict = data_dict[table_name]
        _,_,_,_,ss_list,treat_dict,repeat_dict\
        = 单试验方差(table_dict) #计算出单个随机区组试验的方差分析结果
        SS_T = ss_list[0]
        SS_r = ss_list[1]
        SS_t = ss_list[2]
        SS_e = ss_list[3]
        r = len(repeat_dict)
        t = len(treat_dict)
        DF_r = r - 1
        DF_t = t - 1
        DF_e = (r-1)*(t-1)
        MS_r = SS_r/DF_r
        MS_t = SS_t/DF_t
        MS_e = SS_e/DF_e
        F_r = round(MS_r/MS_e,2)
        F_t = round(MS_t/MS_e,2)
        MS_r = round(MS_r,2)
        MS_t = round(MS_t,2)
```

```
            MS_e = round(MS_e,2)
            SS_r = round(SS_r,2)
            SS_t = round(SS_t,2)
            SS_e = round(SS_e,2)
            F05_r,F01_r = F0501(DF_r,DF_e)
            F05_t,F01_t = F0501(DF_t,DF_e)
            F_t,F05_t,F01_t,result_text_t = F_test(F_t,DF_t,DF_e)
            F_r,F05_r,F01_r,result_text_r = F_test(F_r,DF_r,DF_e)
            DF_T = DF_r + DF_t + DF_e
            table_F = [['变异来源','DF','SS','MS','F','F0.05','F0.01'],
                       ['区组间',DF_r,SS_r,MS_r,F_r,F05_r,F01_r],
                       ['处理间',DF_t,SS_t,MS_t,F_t,F05_t,F01_t],
                       ['误差',DF_e,SS_e,MS_e,'','',''],
                       ['总变异',DF_T,SS_T,'','','','']]
            v_name = '《{}》方差分析结果'.format(table_name)
            list_to_table(table_doc,table_F,v_name)
            p = table_doc.add_paragraph('\n\n')
            p.add_run(result_text_t)
            for key in treat_dict:
                mean = round(sum(treat_dict[key])/r,2)
                treat_dict[key] = mean
            LSD_result_list = LSD_result(treat_dict,MS_e,DF_e,r,cf=1)
            p = table_doc.add_paragraph('\n')
            table_name_1 = '《{}》比对照增减及显著性分析结果'.format(\
                table_name)
            list_to_table(table_doc,LSD_result_list,table_name_1)
            ssr_table_list = mean_sif_result(treat_dict,MS_e,DF_e,r)
            ssr_table_list.insert(0,['处理','平均值','显著','极显著'])
            p = table_doc.add_paragraph('\n')
            table_name_2 = '《{}》多重比较显著性分析结果'.\
                format(table_name)
            list_to_table(table_doc,ssr_table_list,table_name_2)
            table_doc.add_page_break()
        try:
            save_dir = filedialog.askdirectory()
            result_file_name_path = path.join(save_dir,
                file_name+'.docx')
            table_doc.save(result_file_name_path)
            startfile(result_file_name_path)
        except:
            pass
        return
    site_list = list(data_dict.keys())
    #获得原始测产数据表中的试验年份、地点、小区面积
    if site_list:
```

```
        year_dict = data_dict[site_list[0]]
    year_list = list(year_dict.keys())
    table_dict = year_dict[year_list[0]]
    cols_name = list(table_dict.keys())
    variety_list = table_dict[cols_name[0]]
    # 区组数r, 地点数, 参试年数, 品种数
    r = len(cols_name) - 1;s = len(site_list);y = len(year_list)
    v = len(variety_list);p = table_doc.add_heading(level=1)
    run = p.add_run('一、试验基本情况')
    run.font.color.rgb = RGBColor(255,0,0);run.font.name = u'黑体'
    run.font.size = Pt(18)
    run._element.rPr.rFonts.set(qn('w:eastAsia'), u'黑体')
    table_doc.add_paragraph();p = table_doc.add_paragraph()
    p_format = p.paragraph_format
    run = p.add_run('试验设计: 随机区组设计, 参试品种数: {}, 区组数: {}, \
        年度数: {}, 地点数: {}\n'.format(v,r,y,s))
    run.font.name = u'宋体';run.font.size = Pt(11)
    run.font.bold = False
    run._element.rPr.rFonts.set(qn('w:eastAsia'), u'宋体')
    run='参试品种: {}。\n'.format(list_to_str(variety_list))
    p.add_run(run)
    run = '参试地点: {}。\n'.format(list_to_str(site_list))
    p.add_run(run)
    run = '参试年份: {}。'.format(list_to_str(year_list))
    p.add_run(run)
    p = table_doc.add_heading(level=1)
    run = p.add_run('二、参试品种基本统计参数')
    run.font.color.rgb = RGBColor(255,0,0)
    result_table_name = '表1 {}地点{}年份参试品种小区产量基本统计参数'.\
        format(s,y);run.font.name = u'黑体'
    run.font.size = Pt(18)
    run._element.rPr.rFonts.set(qn('w:eastAsia'), u'黑体')
    table_doc.add_paragraph()
    list_to_table(table_doc,variety_summary_list,result_table_name)
    table_doc.add_page_break()
    p = table_doc.add_heading(level=1);run = p.add_run('三、{}参试地点\
        {}年度品种区域试验方差分析和多重比较结果'.format(s,y))
    run.font.color.rgb = RGBColor(255,0,0);run.font.name = u'黑体'
    run.font.size = Pt(18)
    run._element.rPr.rFonts.set(qn('w:eastAsia'), u'黑体')
    #方差分析结果表
    result_table_name = '表2 {}地点{}年份品种区域试验方差分析结果'. format(s,y)
    table_doc.add_paragraph()
    list_to_table(table_doc,table_F,result_table_name)
    if LSD_result_list:
```

```
        table_doc.add_paragraph();result_table_name = '表3 {}地点{}年\
            份参试品种产量差异显著性分析结果'.format(s,y)
        list_to_table(table_doc,LSD_result_list,result_table_name)
    table_doc.add_paragraph('注：与对照品种（处理）比较，**表示差异极显著，\
        *表示差异显著，无星号表示差异不显著')

    if vs_mean_table:
        table_doc.add_page_break();result_table_name = '表4 {}地点{}年\
            份参试品种和地点互作分析结果'.format(s,y)
        list_to_table(table_doc,vs_mean_table,result_table_name);
            table_doc.add_paragraph('注：具有不同大写字母的两品种（处理）间表\
            示差异极显著，具有不同小写字母的两品种（处理）间表示差异显著，具有任一\
            相同字母的两品种（处理）间表示差异不显著')
    table_doc.add_paragraph('')
    if vy_mean_table:
        result_table_name = '表5 {}地点{}年份参试品种和年份互作分析结果'.\
            format(s,y)
        list_to_table(table_doc,vy_mean_table,result_table_name)
        table_doc.add_paragraph('注：具有不同大写字母的两品种（处理）间表示差异\
            极显著，具有不同小写字母的两品种（处理）间表示差异显著，具有任意相同字\
            母的两品种（处理）间表示差异不显著')
    if len(site_list) > 1:
        table_doc.add_page_break();yield_id_dict = {}
        for variety in variety_list:
            line = [0,0];yield_id_dict[variety] = line
        p = table_doc.add_heading(level=1)
        run = p.add_run('四、各参试点小区产量方差分析和多重比较结果')
        run.font.color.rgb = RGBColor(255,0,0);run.font.name = u'黑体'
        run.font.size = Pt(18)
        run._element.rPr.rFonts.set(qn('w:eastAsia'), u'黑体')
        for i,site in enumerate(site_list):
            site_group_dict = {};site_dict = data_dict[site]
            site_group_dict[site] = site_dict
            table_F,site_v_ssr_table_list,year_v_ssr_table_list,\
                ssr_table_list,LSD_result_list,variety_summary_list =\
                品种区试(site_group_dict)
            #方差分析结果表
            result_table_name = '表6-{}-1 {}试验{}年的小区产量方差分析结果'.\
                format(1+i,site,y)
            table_doc.add_paragraph()
            list_to_table(table_doc,table_F,result_table_name)
            table_doc.add_paragraph()
            if LSD_result_list:
                result_table_name = '表6-{}-2 {}试验{}年各参试品种产量差异\
                    显著性分析结果'.format(i+1,site,y)
```

```
                list_to_table(table_doc,LSD_result_list,
                    result_table_name)
                for line in LSD_result_list[1:]:
                    key = line[0];line_id = yield_id_dict[key]
                    try:
                        item_value = float(line[2])
                    except:
                        item_value = 0
                    if item_value > 0:
                        a = 1 + line_id[0];b = 0 + line_id[1]
                    elif item_value < 0:
                        a = 0 + line_id[0];b = 1 + line_id[1]
                    line_id = [a,b];yield_id_dict[key] = line_id
            table_doc.add_paragraph('注：与对照品种（处理）比较，**表示差异极\
                显著，*表示差异显著，无星号表示差异不显著');
            table_doc.add_page_break()
        result_table_name = '表7 参试品种增减地点数统计'
        yield_id_list=[['品种','增产地点数','减产地点数']]
        for key in yield_id_dict:
            line_list = [key] + yield_id_dict[key]
            yield_id_list.append(line_list)
        table_doc.add_paragraph()
        list_to_table(table_doc,yield_id_list,result_table_name)
    user_name = getpass.getuser()
    filename = "C:\\Users\\{}\\Desktop\\《{}》分析报告.docx".\
        format(user_name,file_name)
    result_file_name_path = filedialog.asksaveasfilename\
        (filetypes=[("文件", ".docx")],initialfile=filename)
    try:
        table_doc.save(result_file_name_path)
        startfile(result_file_name_path)
    except:
        pass
def 帮助(self):
    self.信息框['wrap'] = 'word';self.信息框.delete('1.0','end')
    text= '''
    本软件用于对单个或多个单因素随机区组试验小区产量等数据进行方差分析和品种间差异显
        著性分析，快速提供分析报告的主要内容。可用于分析作物品种区域试验、品系比较试
        验等随机区组试验数据，供相关人员安装使用。
    试验数据保存要求：参考例题把试验数据保存在单个或多个电子表格文件（.xls或.xlsx）
        中，单个试验数据参试品种（处理）后必须是重复（区组）产量数据，应包括地点、年
        份、小区面积信息，电子表的列标题宜为中文，可参考例题。不同试验的数据可以分别保
        存在同一文件不同的工作表中，也可以分别保存在同一文件同一工作表中，还可保存在
        不同文件中。
    软件启动后，首先单击“导入数据”按钮，选择存放区域试验小区产量原始数据的文件夹，选
```

```
        择一个目标文件，就能导入该文件夹的所有数据文件，界面左上的文件列表框会列出所
        选文件夹中的电子表格类型文件，然后在文件列表框中选择需要分析的一个或单击菜单
        栏的“全选”按钮选择全部文件，软件可以同时对保存在单个或多个工作表或多个文件
        中的文件进行多年多点合并分析。选择一个数据文件后，在界面左下的工作表列表框中
        显示所选择的数据文件含有的工作表，选择工作表即可在右边的文本框中显示工作表的
        内容。
    单击“分析报告”按钮，选择文件保存路径，软件自动生成并打开保存分析结果的文档。单击
        “例题”按钮，软件导入内置的例题数据，用于展示原始数据保存格式或分析结果。在文
        件列表框中单选一个文件，单击“打开”按钮，软件用office或WPS打开选择的原始数
        据文档。

    '''
    width_num = int(50 *self.window_width / 964)
    welcome_text = '{0: ^{1}}'.format('使用说明', width_num)
    self.信息框.insert('insert','\n'+welcome_text+'\n','tag1')
    self.信息框.insert('insert','\n'+text+'\n')
def 关于(self):
    app_name='作物新品种区域试验数据分析软件';version_number = 'V2.0'
    app_abbr = '品种区试'
    证书号 = '';登记号 = ''
    about_text='''
    软件名称：{}
    简称：{}
    著作权人：唐荣华等
    版本号：{}
    软著证书号：软著登字第{}号
    登记号：{}
    完成时间：2023年8月16日
    编程：唐荣华
    工作单位：广西壮族自治区农业科学院经济作物研究所
    联系方式：QQ(475888619)
    财政部和农业农村部：国家现代农业产业技术体系资助(Supported by China\
        Agriculture Research System of MOF and MARA)。
    '''.format(app_name, app_abbr,version_number, 证书号, 登记号)
    self.信息框.delete('1.0','end')
    self.信息框.insert('insert','\n\n'+about_text)
def label_resize(self, event):
    window_width = event.width;font_size = int(32*window_width/1150)
    self.title_soft['font'] = ('微软雅黑', font_size, 'bold')
    self.title_soft['justify'] = 'center'
    self.title_soft['anchor'] = 'n'
    self.title_soft['text'] = '作物新品种区域试验数据分析软件'
    self.fund['font'] = ('微软雅黑', int(font_size*0.5))
    self.fund['justify'] = 'center';self.fund['anchor'] = 'center'
    self.fund['text'] = '(财政部和农业农村部：国家现代农业产业技术体系资助)'
```

```
def resize(self,event):
    self.信息框.delete(0.0, END)
    welcome_text='欢迎使用《{}》'.format('作物新品种区域试验数据分析软件')
    text1 = '步骤: ';
    text2 = '1、单击《导入数据》按钮, 选择一个目标文件, 则导入该文件夹的所有数据文件; '
    text3 = '2、在列表框中选择单个或在菜单栏单击“全选”按钮选择所有文件; '
    text4 = '3、单击《试验报告》按钮, 查看品种区试报告'
    text5 = '单击菜单栏的“帮助”按钮查看详细使用说明。'
    self.window_width = event.width;
    width_num = int(33*self.window_width/964)
    welcome_text = '{0: ^{1}}'.format(welcome_text, width_num)
    text1 = '{0: <{1}}'.format(text1, width_num)
    text2 = '{0: <{1}}'.format(text2, width_num)
    text3 = '{0: <{1}}'.format(text3, width_num)
    text4 = '{0: <{1}}'.format(text4, width_num)
    text5 = '{0: <{1}}'.format(text5, width_num)
    self.信息框.delete(0.0, END)
    self.信息框.insert('insert', '\n')
    self.信息框.insert('insert', '\n')
    self.信息框.insert('insert', welcome_text, 'tag1')
    self.信息框.insert('insert', '\n')
    self.信息框.insert('insert', '\n')
    self.信息框.insert('insert', text1+'\n')
    self.信息框.insert('insert', '\n')
    self.信息框.insert('insert', text2+'\n')
    self.信息框.insert('insert', '\n')
    self.信息框.insert('insert', text3+'\n')
    self.信息框.insert('insert', '\n')
    self.信息框.insert('insert', text4+'\n')
    self.信息框.insert('insert', '\n')
    self.信息框.insert('insert', text5+'\n')
def empty_item_num(self,list_data):
    n=0
    for item in list_data:
        if item:
            continue
        else:
            n = n+1
    return n

def input_data(self,file_base_name):
    file_path = '{}/{}'.format(self.data_fold,file_base_name)
    合并 = messagebox.askyesnocancel('是否进行多年多点试验数据合并分析? ','单\
        击“是”进行合并分析。\n单击“否”进行独立分析。\n单击“取消”什么都不做。')
    self.合并 = 合并
```

```
    if '.xlsx' in file_base_name:
        #打开电子表格文件
        wb = load_workbook(filename =file_path)
        table_names = wb.sheetnames
        for table_name in table_names:
            cols_value = [];cols_name  = [];ws = wb[table_name]
            row_values = []
            for row in ws.iter_rows(values_only=True):
                row_values.append(list(row))
            for i,row in enumerate(row_values):
                if all(row):
                    col_row_index = i
                    break
            cols_name = row_values[col_row_index];row_values_1 = []
            for row in row_values[col_row_index:]:
                if any(row) and row not in row_values_1:
                    row_values_1.append(row)
            cols_value = rowlist_to_collist(row_values_1)
            if 合并:
                add_table_dict(cols_value,cols_name)
            elif 合并==False:
                table_name = path.splitext(file_base_name)[0]+table_name
                add_table_dict(cols_value,cols_name,table_name)
            else:
                return
    elif '.xls' in file_base_name:
        wb = open_workbook(file_path);table_names = wb.sheet_names()
        for table_name in table_names:
            cols_value = [];cols_name  = [];ws = wb[table_name]
            row_num = ws.nrows;row_values = []
            for i in range(row_num):
                row = ws.row_values(i);row_values.append(row)
            for i,row in enumerate(row_values):
                if all(row):
                    col_row_index = i
                    break
            cols_name = row_values[col_row_index];row_values_1 = []
            for row in row_values[col_row_index:]:
                if any(row) and row not in row_values_1:
                    row_values_1.append(row)
            cols_value = rowlist_to_collist(row_values_1)
            合并 = messagebox.askyesnocancel('是否进行多年多点试验数据合并分\
                析？','单击“是”进行合并分析。\n单击“否”进行独立分析。\n单击\
                “取消”什么都不做。')
            self.合并 = 合并
```

```
            if 合并:
                add_table_dict(cols_value,cols_name)
            elif 合并==False:
                table_name = path.splitext(file_base_name)+table_name
                add_table_dict(cols_value,cols_name, table_name)
            else:
                return
if __name__ == '__main__':
    data_dict = {};区试主窗体();app = 区试主界面(master = mainWindow)
    app.mainloop()
```

# 第 10 章　生物信息学应用软件开发实例

生物信息是指生物基因组、蛋白质组、代谢组等各方面的信息。这些生物信息数据量巨大，如植物基因组最小也有 1 亿左右的碱基对，一般有 5 亿 ~25 亿碱基对，多的达 200 亿左右的碱基对。其中，水稻基因组如籼稻约有 4.66 亿碱基对，粳稻约有 4.2 亿碱基对，小麦基因组约有 17 亿碱基对，花生栽培种基因组约有 25 亿碱基对。因此，生物信息犹如天书，没有现代计算机和信息技术的支持，很难从这些天书中获取有用的信息。Python 语言的数据容器不仅能存储这些天书的信息，还能快速地对这些数据进行比较、查找、统计分析等各种处理，很适合对生物信息进行加工、数据挖掘，有助于读者看懂这些天书，获取生命的秘密，对探索自然规律和物种改良均有不可估量的作用。

下面只是简单介绍如何实现基因组序列文件的读取、DNA 复制、转录和翻译的软件模拟，以及对基因组信息的挖掘实例，更多地需要读者充分地发挥各自的聪明才智，更好地读懂和利用生物信息这些天书。

## 10.1　基因组序列文件的读取

基因组序列或其他序列一般保存在.fasta 格式文件中，其中每片段或每染色体的序列的第一行以英文符号 `>` 开头，这个符号之后为片段或染色体的编号等其他注释信息，其后各行按照每行 60 个碱基或氨基酸保存其序列。在读取序列时，首先要获取序列的编号信息，然后获取该编号的序列。用 Python 内置的 `open` 函数，以读模式打开指定路径的序列文件，用打开的文件对象的 `readlines` 方法读取所有行的序列，对每个片段或染色体的行序列进行去换行符、去空格或去其他不需要的符号处理，然后合并所有行形成该片段或染色体的完整序列，供后期处理或分析。在下面构建的函数中，根据路径参数，打开指定序列文件，读取每条染色体或片段的序列。为了节约内存，先以染色体或片段编号作为文件名分别保存到序列信息文件夹，该函数返回各片段保存的文件路径，供下一步分别或一起调用。对其他格式的文件，可以根据文件内容的排列特征，编制对应的函数来读取其内容。示例代码参见如下脚本编辑窗体中的代码。

```
def 读文件(filepath):
    '''
    从序列文件路径filepath读取序列信息，保存到文本文件中。每一染色体序列单独以其编号名保
    存，其序列为以行为单位的列表，通过json模块保存和读取。如果文件大于2GB并在Python IDLE
    中打开，需要安装64位 Python对应版本。
    参数
    ----------
    filepath : 序列文件路径。
    返回
```

```
    -------
    序列路径_list : list
        为filepath中的序列编号列表。
    '''
    try:
        with open(filepath,encoding='utf-8') as fileData:
            inputSeq = fileData.readlines()
    except:
        return
    reA=re.compile('[^NATGCatgcn]');Seq='';序列路径_list=[];seq_num=''
    file_fold = path.dirname(filepath)
    if '序列信息' not in file_fold:
        file_fold = path.join(file_fold,'序列信息')
    if not path.exists(file_fold):
        mkdir(file_fold)
    if '>' in inputSeq[0]:
        # 对含多个序列信息的文件，分别读取每个序列信息并写入以序列代号为文件名的文本文件\
            中，如果已经存在，那么不重新写入
        for line in inputSeq:
            if '>' in line:
                if Seq:
                    seq_file_name='{}.txt'.format(seq_num)
                    save_path = path.join(file_fold,seq_file_name)
                    if not path.exists(save_path):
                        with open(save_path,'wt',encoding='utf-8') as f:
                            f.write(Seq)
                    Seq='';seq_num=line.strip('>\r\n')
                    seq_num=seq_num[0:20].strip(' ')
                    序列路径_list.append(save_path)
                else:
                    seq_num=line.strip('>\r\n')
            else:
                line=line.strip('>\r\n');line=line.replace(' ','')
                match=reA.search(line)
                if not match and line:
                    line_upper = line.upper(); Seq =  Seq + line_upper
                    print(line_upper)
        seq_file_name='{}.txt'.format(seq_num)
        save_path = path.join(file_fold,seq_file_name)
        if not path.exists(save_path):
            with open(save_path,'wt',encoding='utf-8') as f:
                f.write(Seq)
        序列路径_list.append(save_path)
    else:
        for line in inputSeq:
```

```
            line=line.strip('>\r\n ');line=line.replace(' ','')
            match=reA.search(line)
            if not match and line:
                Seq=Seq+line.upper()
        seq_file_name=path.basename(filepath)
        file_name = path.splitext(seq_file_name)[0]
        seq_file_name='{}.txt'.format(seq_file_name)
        save_path = path.join(file_fold,seq_file_name)
        if not path.exists(save_path):
            with open(save_path,'wt',encoding='utf-8') as f:
                f.write(Seq)
        序列路径_list.append(save_path)
    return 序列路径_list
```

## 10.2 DNA 复制、转录和 mRNA 翻译的计算机模拟

植物、动物等生物的双链 DNA 复制为半保留复制，以每条 DNA 分子的子链作为模板，根据碱基配对原则，在 DNA 聚合酶、底物、ATP 等多种因子协同作用下，完成 DNA 分子的复制。DNA 转录与 DNA 复制相似，只是初级 RNA 的碱基配对原则 T 与 U 碱基互为配对。因此，DNA 复制与转录可以利用字符串的 maketrans 和 translate 方法进行模拟或预测。DNA 的复制模拟在字符串的对应方法部分有示例代码，这里再给出转录的示例代码，参见下面的交互式窗体代码：

```
Python 3.8.10 (tags/v3.8.10:3d8993a, May  3 2021, 11:34:34) [MSC v.1928 32
    bit (Intel)] on win32
Type "help", "copyright", "credits" or "license()" for more information.
>>> gene_seq =
    'AGAGTGTAGCTCTGATCGCAACAACACCGCTGTAGCGTGTTTTTTGTTGCAGCAGCGATACGCGCAGAAAA
AGATTCTCAGAAGATCTTGAATCTTTCACGGGTCTGACGCTCATGGAACGGACTCGGTAAGGGATTGGTTGGAGAT
TTCCAAGACTCACTGAATCTTAATAATGAGACTCATACTCAAGCTTATTGAGTCAAGCTTGTGTCGGCAGATTCCA
ACGCGCT'
>>> code_table = str.maketrans('ATGC','UACG','NK')
>>> gene_seq_rna = gene_seq.translate(code_table); gene_seq_rna
'UCUCACAUCGAGACUAGCGUUGUUGUGGCGACAUCGCACAAAAAACAACGUCGUCGCUAUGCGCGUCUUUUUCUA
AGAGUCUUCUAGAACUUAGAAAGUGCCCAGACUGCGAGUACCUUGCCUGAGCCAUUCCCUAACCAACCUCUAAAGG
UUCUGAGUGACUUAGAAUUAUUACUCUGAGUAUGAGUUCGAAUAACUCAGUUCGAACACAGCCGUCUAAGGUUGCG
CGA'
```

经过在细胞内部对结构基因转录的初级 RNA 加工后形成的信使 RNA（mRNA）才是蛋白质的翻译模板，但蛋白质的翻译是 mRNA 上的 3 个碱基决定一个氨基酸，因此，不能像 DNA 复制或转录那样用字符串的 maketrans 和 translate 方法进行模拟或预测。为了实现蛋白质翻译的模拟，我们需要根据遗传密码表创建一个字典，让 3 个碱基的遗传密码作为字典的键，将其对应的氨基酸英文单字母缩写作为值，然后从翻译起始碱基开始，依

次每读取 3 个碱基，根据这 3 个碱基的键获取字典的值，从而实现蛋白质的翻译模拟。下面的交互式窗口示例代码只是演示蛋白质翻译的模拟：

```
Python 3.8.10 (tags/v3.8.10:3d8993a, May  3 2021, 11:34:34) [MSC v.1928 32
    bit (Intel)] on win32
Type "help", "copyright", "credits" or "license()" for more information.
>>> mRNA_seq='UCUCACAUCGAGACUACCGUUGUUGUGGCGACAUCGCACAAAAAACAACGUCGUCGCUAUGC
GCGUCUUUUUCUACGAGUCUUCUACAACUUAGAAAGUGCCCAGACUGCGAGUACCUUGCCUGAGCCAUUCCCUAAC
CAACCUCUAAAGGUUCUGAGUGACUUAGAAUUAUUACUCUGAGUAUGAGUUCGAAUAACUCAGUUCGAACACAGCC
GUCUAAGGUUGCGCGA'
>>> 遗传密码表 = {"UGG": "W","UUU": "F", "UUC": "F", "UUA": "L",
        "UUG": "L","UCU": "S", "UCC": "S", "UCA": "S", "UCG": "S",
        "UAU": "Y", "UAC": "Y", "UGU": "C", "UGC": "C","CUU": "L", "CUC":
        "L", "CUA": "L", "CUG": "L",
        "CCU": "P", "CCC": "P", "CCA": "P", "CCG": "P",
        "CAU": "H", "CAC": "H", "CAA": "Q", "CAG": "Q",
        "CGU": "R", "CGC": "R", "CGA": "R", "CGG": "R",
        "AUU": "I", "AUC": "I", "AUA": "I", "AUG": "M",
        "ACU": "T", "ACC": "T", "ACA": "T", "ACG": "T",
        "AAU": "N", "AAC": "N", "AAA": "K", "AAG": "K",
        "AGU": "S", "AGC": "S", "AGA": "R", "AGG": "R",
        "GUU": "V", "GUC": "V", "GUA": "V", "GUG": "V",
        "GCU": "A", "GCC": "A", "GCA": "A", "GCG": "A",
        "GAU": "D", "GAC": "D", "GAA": "E", "GAG": "E",
        "GGU": "G", "GGC": "G", "GGA": "G", "GGG": "G",}
>>> start_codon_index = gene_seq_rna.index("UUG");start_codon_index
19
>>> stop_codon_index = gene_seq_rna.index("UGA");stop_codon_index
122
>>>protein_seq=”
>>> for i in range(start_codon_index+3,stop_codon_index,3):
        try:
                code = mRNA_seq[i:i+3]
        except:
                break
        protein_seq = protein_seq + 遗传密码表[code]
>>> protein_seq
'LWRHRTKNNVVAMRVFFYESSRTLWRHRTKNNVVAMRVFFYESSTTLWRHRTKNNVVAMRVFFYESSTTYKVPRL
RVPCL'
```

# 10.3 基因组信息挖掘

## 10.3.1 基因组信息特点

基因组信息挖掘是指利用获得的庞大基因组序列信息，充分地发挥研究人员的创新思维，利用现代信息技术（如 Python 语言）发现基因组的秘密或生命规律，创制作物品种改良的新理论和新技术。基因组可以说是一部天书，允许每个人根据自己的聪明才智获取不同的有用信息，开发新的生物技术。但这部天书，如果没有现代信息技术，特别是编程技术，很难看懂，见到的只是 ATCG 等字母组成的字符串，而且数量巨大，目不暇接。

Python 语言的字符串数据容器对象和相关的方法，特别是正则表达式模块，非常适合探索基因组这部天书。由于几乎所有生物的遗传信息都是保存在 DNA 或 RNA 分子上，DNA 分子或 RNA 都是由核苷酸组成的。DNA 中的每个核苷酸都含有四种含氮碱基之一：腺嘌呤（Adenine，A）、鸟嘌呤（Guanine，G）、胞嘧啶（Cytosine，C）和胸腺嘧啶（Thymine，T）。RNA 核苷酸则含有腺嘌呤、鸟嘌呤、胞嘧啶或尿嘧啶（Uracil）。在分子生物学中，核苷酸通常仅用其碱基的一个字母来表示，即 A、T、G、C 和 U。DNA 包含 A、T、G 和 C，而 RNA 包含 A、U、G 和 C。所以基因组的序列都由 A、T（或 U）、G、C 组成，而在 DNA 的双链分子中，A 和 T（U）配对，G 和 C 配对。所以，基因组信息就可以转换为 Python 语言的字符串类型数据进行处理。利用正则表达式（re）模块的方法，可以进行单个基因或基因内特殊序列的查找或定位，也可进行简单重复序列标记（simple sequence repeats，SSR）、单核苷酸多态性（single nucleotide polymorphism，SNP）或其他分子标记的查找、定位和统计分析等各种操作。

## 10.3.2 基因组序列应用软件开发实例

作者利用正则表达式模块（re）函数和字符串对象方法开发了序列查找软件，根据基因保守序列开发基因内分子标记软件，利用微卫星序列特征开发微卫星标记等软件，编程实践证明，在生物信息研究方面，Python 编程能实现读者的所思所想。下面把作者编写的“全基因组序列查找软件”源代码分享给读者，希望能起到抛砖引玉的作用，相信聪明的读者能开发出更好的软件，完成意想不到的功能，助力读者的科技创新。

```
from tkinter import Tk,StringVar,END,E,W,filedialog,Menu,mainloop
from tkinter.ttk import Combobox,Label,Frame,Style,Separator,Entry
from tkinter.scrolledtext import ScrolledText
import xlsxwriter as xlwr;from os import listdir;import re
import itertools as itt;from time import sleep
主窗体 = Tk() # 创建主窗体; 主窗体.title("{}".format(app_name))
主窗体['bg']='white'
screenwidth = 主窗体.winfo_screenwidth()
screenheight = 主窗体.winfo_screenheight();width1=int(screenwidth*0.8)
height1=int(screenheight*0.6)#设置窗体宽度(单位: 像素)
#设置主窗体起始坐标（整数），使其在计算机屏幕上居中，坐标单位：像素
x=int((screenwidth-width1)/2);y=int((screenheight-height1)/2)
主窗体.geometry('{}x{}+{}+{}'.format(width1,height1,x,y))
```

```
def 序列分析(seq):
    碱基总数=len(seq);A=0;T=0;G=0;C=0;N=0
    for item in seq:
        if item=='A' or item=='a':
            A=A+1
        elif item=='T' or item=='t':
            T = T+1
        elif item=='G' or item=='g':
            G = G+1
        elif item=='C' or item=='c':
            C = C+1
        else:
            N +=1
    return 碱基总数,A,T,G,C,N
def SSR(baseNum):
    Com=[];base=[];长微卫星=[]
    for a in 'ATGC':
        for i in range(4,20):
            base.append(a*i)
    for c in itt.permutations('ATGC',2):
        com=''
        for item in c:
            com=com+item
        for i in range(2,5):
            base.append(com*i)
        Com.append(com)
    for c in itt.product('ATGC',repeat=3):
        com=''
        for item in c:
            com=com+item
        Com.append(com)
    if baseNum>3:
        for i in range(4,baseNum+1):
            for c in itt.product('ATGC',repeat=i):
                com=''
                for item in c:
                    com=com+item
                if com not in base:
                    Com.append(com)
                    长微卫星.append(com)
    return Com,长微卫星
def 读取序列(Chr_File):
    seqF=open(Chr_File,'rt');seq=seqF.read();seq=seq.replace('\n','')
    seqF.close()
    return seq
```

```
def 写文件(filename,seq):
    seqFile=open(filename,'wt');seqFile.writelines(seq);seqFile.close()
def 读文件(filepath,allfile,filename):
    try:
        fileData=open(filepath,'rt')
    except:
        return
    inputSeq=fileData.readlines();fileData.close()
    reA=re.compile('[^NATGCatgcn]')
    Seq=[];序列名=[];line1=''
    if '>' in inputSeq[0]:
#对含多个序列信息的文件，分别读取每个序列信息并写入以序列代号为文件名的文本文件中
#如果已经存在，则不重新写入
        for line in inputSeq:
            if '>' in line:
                if len(Seq)>1:
                    file_name='{}.txt'.format(line1)
                    if file_name not in allfile:
                        写文件(file_name,Seq)
                        print('已完成{}文件创建！'.format(file_name))
                    Seq=[];line1=line.replace('>','')
                    line1=line1.replace('\n','')
                    line1=line1[0:20].strip(' ')
                    序列名.append(line1)
                else:
                    line1=line.replace('>','')
                    line1=line1.replace('\n','')
                    line1=line1[0:20].strip(' ');序列名.append(line1)
            else:
                line=line.replace('\n','');line=line.replace(' ','')
                match=reA.search(line)
                if not match and len(line)>0:
                    Seq.append(line)
        file_name='{}.txt'.format(line1)
        if file_name not in allfile:
            写文件(file_name,Seq)
            print('已完成{}文件创建！'.format(file_name))
    else:
#对只含单个序列信息而且不包括序列编号等注释信息的文件，读取其序列信息并写入以“单序列”为\
    文件名的文本文件中；如果已经存在，则不重新写入
        for line in inputSeq:
            line=line.replace('\n','');line=line.replace(' ','')
            match=reA.search(line)
            if not match and len(line)>0:
                Seq.append(line)
```

```
        if '.txt' in filename:
            filename1=filename.replace('.txt','')
        序列名.append(filename1)
        if filename not in allfile:
            写文件(filename,Seq)
            print('已完成{}文件创建!'.format(filename));Seq=[]
    return 序列名
class 主程序(Frame):
    '''
    创建一个框架类。
    '''
    def __init__(self, master=主窗体):
        '''
        初始化类。
        调用界面元素方法创建界面上需要的菜单、命令、按钮、输入输出文本框等。
        '''
        super().__init__(master);self.master = master
        self.pack();self.界面元素()
    def 界面元素(self):
        背景色=['cornsilk','wheat'];self.mainmenubar=Menu(主窗体)
        self.mainmenubar['activeborderwidth']=1
        self.mainmenubar['relief']='sunken'
        self.mainmenubar['font']=('宋体',18,'bold')
        主窗体.config(menu=self.mainmenubar)
        self.mainmenubar.add_command(label='导入数据',command=self.打开文件)
        self.mainmenubar.add_command(label='查找微卫星',command=self.微卫星)
        self.mainmenubar.add_command(label='查找单序列',command=self.单序列)
        self.mainmenubar.add_command(label='更新',command=self.更新)
        self.mainmenubar.add_command(label='帮助',command=self.帮助)
        self.mainmenubar.add_command(label='关于',command=self.关于)
        self.mainmenubar.add_command(label='退出',
            command=self.master.destroy)
        self.Style=Style()
        self.Style.configure('TFrame',background=背景色[0])
        self.Style.configure('TLabel',font=('宋体',16,'bold'),
            background=背景色[0])
        self.Style.configure('TEntry',font=('宋体',16,'bold'),
            background=背景色[0])
        self.Style.configure('TSeparator',background='red')
        self.Style.configure('TProgressbar',foreground='red')
        self.title_soft = Label(主窗体,background=背景色[0],
            takefocus=False)
        self.title_soft.bind('<Configure>', self.label_resize)
        self.title_soft.pack(fill='x')
        sep=Separator(主窗体,orient='horizontal', style='red.TSeparator')
```

```
sep.pack(fill='x',side='top')
self.微卫星序列框架=Frame(主窗体,borderwidth=2,relief='flat',
    style='cornsilk.TFrame')
self.微卫星序列框架.pack(fill='x')
self.微卫星序列框架.columnconfigure(0,minsize=50,weight=500)
self.微卫星序列框架.columnconfigure(1,minsize=50,weight=500)
self.微卫星序列框架.columnconfigure(2,minsize=50,weight=500)
self.微卫星序列框架.columnconfigure(3,minsize=50,weight=500)
self.序列类型Label=Label(self.微卫星序列框架,text='序列类型',
    style='TLabel')
self.序列类型Label.grid(row=0,column=0,ipadx=0,ipady=0,padx=10,
    pady=2)
self.序列类型=Entry(self.微卫星序列框架,state='readonly',
    style='TEntry',justify='center')
self.序列类型.grid(row=1,column=0,ipadx=0,ipady=0,padx=10,pady=2,
    sticky=E+W)
self.序列类型V = StringVar()
self.序列类型["textvariable"] = self.序列类型V
self.序列类型V.set('DNA')
self.微卫星碱基数上限Label=Label(self.微卫星序列框架,
    text='微卫星碱基个数',style='TLabel')
self.微卫星碱基数上限Label.grid(row=0,column=1,ipadx=0,ipady=0,
    padx=10,pady=2)
self.微卫星碱基数上限 = Combobox(self.微卫星序列框架,
        state='readonly',justify='center',width=6,
            font=('宋体',16,'bold'))
self.微卫星碱基数上限.grid(row=1,column=1,ipadx=0,ipady=0,padx=10,
    pady=2,sticky=E+W)
self.微卫星碱基数上限V = StringVar()
self.微卫星碱基数上限["textvariable"] = self.微卫星碱基数上限V
self.微卫星碱基数上限['values']=[3,4,5,6]
self.微卫星碱基数上限V.set(3)
self.微卫星碱基数上限.bind("<<ComboboxSelected>>",self.单序列列表)
self.单序列Label=Label(self.微卫星序列框架,text='单序列',
    style='TLabel')
self.单序列Label.grid(row=0,column=2,ipadx=0,ipady=0,padx=10, pady=2)
self.单序列=Combobox(self.微卫星序列框架,state='readonly',
    justify='center',width=50,font=('宋体',16,'bold'))
self.单序列.grid(row=1,column=2,ipadx=0,ipady=0,padx=10,pady=2,
    sticky=E+W)
self.单序列V = StringVar()
self.单序列["textvariable"] = self.单序列V
self.单序列V.set('ATCG')
self.微卫星个数label=Label(self.微卫星序列框架,text='最少重复数',
    style='TLabel')
```

```
        self.微卫星个数label.grid(row=0,column=3,ipadx=0,ipady=0,padx=5,
            pady=2)
        self.微卫星个数 = Combobox(self.微卫星序列框架,state='normal',
            justify='center',width=6,font= ('宋体',16,'bold'))
        self.微卫星个数.grid(row=1,column=3,ipadx=0,ipady=0,padx=0,pady=2,
            sticky=E+W)
        self.微卫星个数V = StringVar();self.微卫星个数V.set(10)
        self.微卫星个数["textvariable"] = self.微卫星个数V
        self.微卫星个数['values'] =\
            [3,4,5,6,7,8,9,10,11,12,13,14,15,16,17,18,19,20]
        # 构建显示计算结果的右侧带滚动条的文本框
        self.输出结果label=Label(主窗体,text='输出结果',style='18.TLabel')
        self.输出结果label.pack(fill='x')
        self.输出结果=ScrolledText(主窗体,background=背景色[1],height=100,
            font=('宋体', 18))
        self.输出结果.pack(fill='both')
    def label_resize(self, event):
        window_width = event.width
        self.title_label_configure(window_width)
    def title_label_configure(self,window_width):
        font_size = int(32*window_width/1150)
        self.title_soft['font'] = ('微软雅黑', font_size, 'bold')
        self.title_soft['justify'] = 'center'
        self.title_soft['anchor'] = 'n'
        self.title_soft['text'] = app_name
    def 单序列(self):
        ssr表=xlwr.Workbook('《{}》单序列匹配结果.xlsx'.format (self.filename))
        ssr工作表=ssr表.add_worksheet('ssr分布表')
        参数名=['序列编号','微卫星','起始位置','终止位置',
            'ssr序列','碱基数','前序','后序']
        ssr工作表.write_row(0,0,参数名);ssr=self.微卫星序列V.get()
        m=int(self.微卫星个数V.get())
        row=0;ssr信息=[];n=500
        try:
            序列名= self.序列名
        except:
            self.输出结果.delete(0.0,END)
            self.输出结果.insert('insert','请先单击“打开文件”按钮导入序列文件!',\
                'tag1')
            return
        for chrs in 序列名:
            Chr_File=chrs+'.txt';seq=读取序列(Chr_File)
            text='({})'.format(ssr)+'{'+'{},{}'.format(m,n)+'}'
            reM=re.compile(text);match_all=reM.finditer(seq,re.I);seq=''
            for match in match_all:
```

```
                row=row+1;ssr信息.append(chrs);ssr信息.append(ssr)
                ssr信息.append(match.start());ssr信息.append(match.end())
                ssr信息.append(match.group());
                ssr信息.append(len(match.group()))
                ssr信息.append(seq[match.start()-100:match.start()])
                ssr信息.append(seq[match.end():match.end()+100])
                ssr工作表.write_row(row,0,ssr信息);ssr信息=[]
                print(match.group())
        ssr表.close()
        self.输出结果.delete(0.0,END)
        self.输出结果.insert('insert','SSR分析数据已经保存在与程序同一位置，文件名\
            为“染色体编号（或文件名）”+“单个长微卫星(SSR)分析结果.xlsx” ','tag1')
        return
    def 打开文件(self):
        '''
        通过查找保存序列的文件，导入序列。
        可识别.fasta、.gb、.txt文件并提取其中的序列编号、说明和序列本身，形成字典供后续
            分析。
        '''
        self.输出结果.delete(0.0,END)
        self.输出结果.insert('insert','正准备读取序列文件信息，需要数分钟时间，\
            请耐心等待......','tag1')
        sleep(0.01)
        try:
            allfile=listdir()
            pathFile =filedialog.askopenfilename(filetypes=[("所有",".*")])
            filepath=pathFile.rstrip('\n')
            self.filename=filepath.split('/')[-1]
            self.序列名=读文件(filepath,allfile,self.filename)
            self.输出结果.delete(0.0,END)
            self.输出结果.insert('insert','已成功读取文件《{}》序列信息，fasta文\
                件序列信息分别以序列（染色体）编号为文件名作为文本文件保存在与该软件相\
                同的位置：\n'.format(self.filename),'tag1')
            self.输出结果.insert('insert',self.序列名,'tag1')
        except Exception as err:
            self.输出结果.delete(0.0,END)
            self.输出结果.insert('insert','取消了打开文件或{}! '.format(err),\
                'tag1')
            return

    def 单序列列表(self,event):
        baseNum=int(self.微卫星碱基数上限V.get())
        all_ssr,long_ssr=SSR(baseNum);self.单序列['values']=long_ssr
        return
    def 微卫星(self):
```

```
    baseNum=int(self.微卫星碱基数上限V.get())
    all_ssr,long_ssr=SSR(baseNum)
    参数名=['序列编号','微卫星','起始位置','终止位置',
        'ssr序列','碱基数','前序','后序']
    try:
        m=int(self.微卫星个数V.get())
    except:
        self.微卫星个数V.focus();self.输出结果.delete(0.0,END)
        self.输出结果.insert('insert','微卫星重复数必须是整数，请重新输入！',\
            'tag1')
        return
    ssr信息=[];n=500
    try:
       序列名= self.序列名
    except:
        self.输出结果.delete(0.0,END)
        self.输出结果.insert('insert','请先单击“打开文件”按钮导入序列文件！',\
            'tag1')
        return

    for chrs in 序列名:
        Chr_File=chrs+'.txt';seq=读取序列(Chr_File)
        碱基数,A,T,G,C,N=序列分析(seq)
        print('已完成文件{}的读取和碱基计数！'.format(Chr_File))
        ssr表=xlwr.Workbook('《{}》微卫星(SSR)匹配结果.xlsx'.format(chrs))
        ssr工作表=ssr表.add_worksheet('ssr分布表')
        seq工作表=ssr表.add_worksheet('序列分析')
        seq工作表.write_row(0,0,['序列编号','碱基数','A','T','G','C','N'])
        seq工作表.write_row(1,0,[chrs,碱基数,A,T,G,C,N])
        row=0;ssr工作表.write_row(row,0,参数名)
        for ssr in all_ssr:
            text='({})'.format(ssr)+'{'+'{},{}'.format(m,n)+'}'
            reM=re.compile(text);match_all=reM.finditer(seq,re.I)
            for match in match_all:
                row=row+1;ssr信息.append(chrs);ssr信息.append(ssr)
                ssr信息.append(match.start())
                ssr信息.append(match.end())
                ssr信息.append(match.group())
                ssr信息.append(len(match.group()))
                ssr信息.append(seq[match.start()-100:match.start()])
                ssr信息.append(seq[match.end():match.end()+100])
                ssr工作表.write_row(row,0,ssr信息);ssr信息=[]
                print(match.group())
        seq='';ssr表.close()
    self.输出结果.delete(0.0,END)
```

```
        self.输出结果.insert('insert','SSR分析数据已经保存在与程序同一位置，文件名\
            为“染色体编号（或文件名）”+“微卫星(SSR)分析结果.xlsx” ','tag1')
        return
    def 更新(self):
        self.输出结果.delete(0.0,END);self.单序列V.set('ATCG')
        self.微卫星碱基数上限V.set(3)
        return
    def 关于(self):
        self.输出结果.delete(0.0,END)
        self.输出结果.insert('insert',abouttext,'tag2')
        return
    def 帮助(self):
        helptext='''
                                        使用说明
一、主要功能
    本软件读入基因组序列信息，在全基因组或单个染色体序列中查找微卫星(SSR)等特定序列分布信
        息，保存到电子表格文件中用于后续分析。
二、操作步骤
    （一）导入序列信息
    单击菜单栏上“打开文件”按钮，导入保存在格式为fasta、TXT格式文件中的序列信息。
    软件同时在软件同一位置以文本文件格式和染色体编号为文件名保存导入的序列信息，用于完成后
        期功能。
    为了方便，也可单独打开生成的序列文本文件，用于完成序列查找和匹配功能。
    （二）选择微卫星碱基个数
    单击《组成微卫星碱基个数》组合框的下拉列表，选择组成微卫星的碱基个数上限。
    本软件设置微卫星碱基数起点为2，单击下拉列表选择一个数字后默认生成含2个和3个碱基的所有
        微卫星。
    可选择3～6个碱基组成的所有微卫星，数字越大，含有的微卫星数量越多，软件查找所需时间越长。
    （三）选择微卫星最小重复数
    在微卫星最小重复数组合框中选择或输入查找的微卫星最小重复数，选择的数字越小，查找到的微
        卫星越多，软件运行的时间越长。
    （四）查找全部微卫星
    单击《查找全部微卫星》按钮，软件依次在每条染色体中获取每类微卫星的分布信息，把微卫星信
        息保存到与软件相同文件夹的《微卫星(SSR)匹配结果.xlsx》文件中。
    （五）查找单个序列
    在单个序列组合框输入任意长度序列或单击下拉列表选择目标微卫星序列，再单击菜单栏上的《单
        个序列》按钮，软件依次在每条染色体中获取该序列的分布信息，把相关信息保存到与软件相
        同文件夹的《单序列匹配结果.xlsx》文件中。
    （六）更新、帮助、关于和退出
    单击“更新”按钮，界面回到初始状态；
    单击“帮助”按钮可在信息文本框中显示本帮助信息；
    单击“关于”按钮可在信息文本框中显示本软件的基本信息；
    单击“退出”按钮或右上角关闭符号可退出该软件。'''
        self.输出结果.delete(0.0,END)
        self.输出结果.insert('insert',helptext)
```

```
app_name="全基因组序列查找软件";app_abbr = 'SeqF';
file_fold = '{}_fold'.format(app_abbr);证书号 = '7538100'
登记号 = '2021SR0815474'
abouttext='''
软件名称：{}
简称：{}
著作权人：唐荣华等
版本号：V1.0
软著证书号：软著登字第{}号
登记号：{}
完成时间：2021年02月05日
编程：唐荣华
工作单位：广西壮族自治区农业科学院经济作物研究所
联系方式：QQ(475888619)
财政部和农业农村部：国家现代农业产业技术体系资助(Supported by China Agriculture\
    Research System of MOF and MARA)。
'''.format(app_name,app_abbr,证书号,登记号)
主程序();mainloop()
```

把上面的代码输入到 Python 一个脚本文件，保存后单击运行按钮，程序的启动界面如图 10-1 所示。

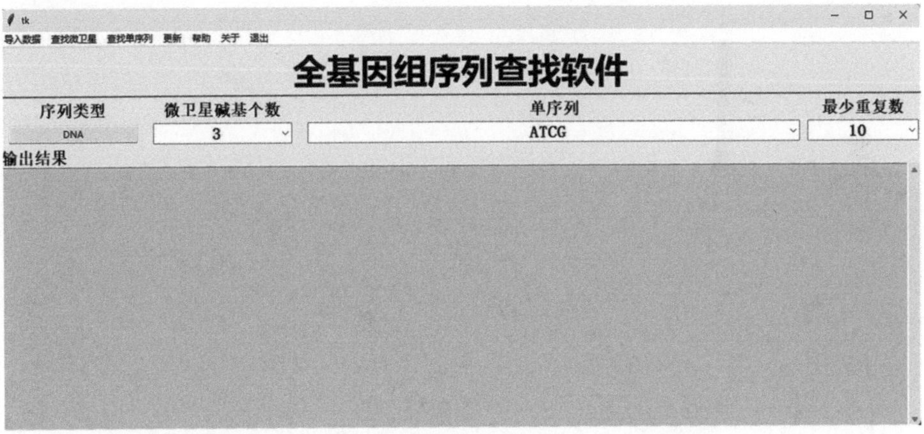


图 10-1 “全基因组序列查找软件”启动界面

单击菜单栏的导入数据按钮，选择一个序列文件，就能读取其中的序列信息。如果是分行保存的原始序列文件，软件会逐行读取其中的序列信息，按染色体编号保存各染色体的序列信息；如果选择的序列文件是保存在“序列信息”文件夹中已经合并的单染色体序列信息，就直接获取该文件的路径。单击查找微卫星按钮，软件逐个导入染色体序列，根据微卫星碱基个数查找所有对应的微卫星在染色体中的分布信息，在 IDLE 逐条打印查找到的信息，直到完成查找和结果输出任务。软件完成查找任务后，把查找结果输出到一个电子表格中（图 10-2）。表中包含染色体编号、微卫星基序、起点和终点位置、SSR 序列长度、起点前 100 个碱基序列和终点后 100 个碱基序列等信息。

| 1 | 序列编号 | 微卫星 | 起始位置 | 终止位置 | ssr序列 | 碱基数 | 前序 | 后序 |
|---|---|---|---|---|---|---|---|---|
| 10738 | Chr_A01 | CTT | 63066820 | 63066868 | CTTCTTCTTCTTCTTCTTCTTCTTCTTCTTCTTCTTCTTCTTCTTCTT | 48 | TTCCAGGGTTCCTAC | ATTTCTTCTTTTTAATTCTTCTTCTTCTTCTGA |
| 10739 | Chr_A01 | CTT | 66081446 | 66081506 | CTTCTTCTTCTTCTTCTTCTTCTTCTTCTTCTTCTTCTTCTTCTTCTTCTTCTTCTTCTT | 60 | TCACTATATAAACCC | CTCTTCTTTCATCTCTTGCTTGAGGGCGAGCAA |
| 10740 | Chr_A01 | CTT | 66238449 | 66238548 | CTTCTTCTTCTTCTTCTTCTTCTTCTTCTTCTTCTTCTTCTTCTTCTTCTTCTTCTTCTTCTTCTTCTTCTTCTTC | 99 | TCGTCCTCCTCCTCA | TACCTTGTTATAATTCTTTTAACAAGAATAAAA |
| 10741 | Chr_A01 | CTT | 76164291 | 76164324 | CTTCTTCTTCTTCTTCTTCTTCTTCTTCTTCTT | 33 | TGCCGCCGCATCGCC | CCCGCCGCCGCACCCACCGCCGCACCGCACCGC |
| 10742 | Chr_A01 | CTT | 82829262 | 82829295 | CTTCTTCTTCTTCTTCTTCTTCTTCTTCTTCTT | 33 | TCGAAAATGAAAAGA | AGTTTCTCACTTTTCTTTTGACCTAACCCTACA |
| 10743 | Chr_A01 | CTT | 87382029 | 87382104 | CTTCTTCTTCTTCTTCTTCTTCTTCTTCTTCTTCTTCTTCTTCTTCTTCTTCTTCTTCTTCTTCTTCTTCTTCTTC | 75 | CAAATGTTACACGAC | CATTTCTGAAAATGCTCCACTTGCTTCCTTCAT |
| 10744 | Chr_A01 | CTT | 90862582 | 90862642 | CTTCTTCTTCTTCTTCTTCTTCTTCTTCTTCTTCTTCTTCTTCTTCTTCTTCTTCTTCTT | 60 | AAGTTGGCTCAACAC | TTCACGCTCTTTTACTCACGGAGCGTCTTTTTC |
| 10745 | Chr_A01 | CTT | 91647712 | 91647751 | CTTCTTCTTCTTCTTCTTCTTCTTCTTCTTCTTCTTCTT | 39 | CCAGCACATTAGAAG | CAGCAATGAGGTGGAGTCTAGTGGCAGTATTCC |
| 10746 | Chr_A01 | CTT | 93622164 | 93622197 | CTTCTTCTTCTTCTTCTTCTTCTTCTTCTTCTT | 33 | CTCTTCGTCTTCTTC | CGTCGTTTTTTTTTTCGATTTTCATGGTTTCTG |
| 10747 | Chr_A01 | CTT | 97947169 | 97947199 | CTTCTTCTTCTTCTTCTTCTTCTTCTTCTT | 30 | TAGTTGTATATATAG | CCCATAGTCGCAATGGAAGCATTTACTACTGTC |
| 10748 | Chr_A01 | CTT | 98616347 | 98616413 | CTTCTTCTTCTTCTTCTTCTTCTTCTTCTTCTTCTTCTTCTTCTTCTTCTTCTTCTTCTTCTTCTT | 66 | CTCTCCAACACCACC | CTCTTCTTGCCATAGACCTACCACCGCTGCTGC |
| 10749 | Chr_A01 | CTT | 1.01E+08 | 1.01E+08 | CTTCTTCTTCTTCTTCTTCTTCTTCTTCTT | 30 | CTTCGCCTATACTGT | TCTCCGTACCTCTTCTTTTTCTTCGTAATTTTT |
| 10750 | Chr_A01 | CTT | 1.02E+08 | 1.02E+08 | CTTCTTCTTCTTCTTCTTCTTCTTCTTCTT | 30 | CCATTTGCTATCCTA | CTGCTCCTCCTATGTCACCTATCAAAGTTGCTG |
| 10751 | Chr_A01 | CTT | 1.02E+08 | 1.02E+08 | CTTCTTCTTCTTCTTCTTCTTCTTCTTCTTCTTCTTCTT | 39 | TTCCCAAAACTAGAA | TCTTTCGTTTCTTACCTTTTCTTTCTCCTTCTT |
| 10752 | Chr_A01 | CTC | 1384931 | 1384961 | CTCCTCCTCCTCCTCCTCCTCCTCCTCCTC | 30 | TTAACTTACAAGTCT | GTTTTTTTTATTTTTATGATTTTTAAAATCAAT |
| 10753 | Chr_A01 | CTC | 23449632 | 23449668 | CTCCTCCTCCTCCTCCTCCTCCTCCTCCTCCTCCTC | 36 | TCTTCTTCTTCTTCT | CTTCTTCTCCTTTATCCTTCTTCTTCTTCTTCA |
| 10754 | Chr_A01 | CTC | 31564788 | 31564824 | CTCCTCCTCCTCCTCCTCCTCCTCCTCCTCCTCCTC | 36 | GTCATTTCTGCCGGT | ATCATCATCATCATCATCATCATCATCATCATCA |
| 10755 | Chr_A01 | CTC | 35437663 | 35437693 | CTCCTCCTCCTCCTCCTCCTCCTCCTCCTC | 30 | TTCTTCTTTCTCCCC | CTTTTTTTCATCTTTTTTCATTATTGTCATGGT |
| 10756 | Chr_A01 | CTC | 46593382 | 46593418 | CTCCTCCTCCTCCTCCTCCTCCTCCTCCTCCTCCTC | 36 | ATTACACCTAATCCA | ATCATCATCATCATCATCATCATCATCATCATCA |
| 10757 | Chr_A01 | CTC | 55396015 | 55396117 | CTCCTCCTCCTCCTCCTCCTCCTCCTCCTCCTCCTCCTCCTCCTCCTCCTCCTCCTCCTCCTCCTCCTCCTCCTCC | 102 | CTTACAAGTTGCTAT | CGCATACAGTTTTTTTGAATTGCAAGTCTTACA |
| 10758 | Chr_A01 | CTC | 68235521 | 68235557 | CTCCTCCTCCTCCTCCTCCTCCTCCTCCTCCTCCTC | 36 | AAGTCTAACCAAGTT | CTTCTTCTAAATTCACGCATGCAAGTTCTTCTT |
| 10759 | Chr_A01 | CTC | 1E+08 | 1E+08 | CTCCTCCTCCTCCTCCTCCTCCTCCTCCTCCTCCTCCTCCTCCTCCTCCTCCTCCTCCTCCTCCTCCTCCTCCTCC | 75 | AAATAGATCCAACAC | CGCGTGTTTTCTCCTCACGCTACGTTATCATCG |
| 10760 | Chr_A01 | CTC | 1.01E+08 | 1.01E+08 | CTCCTCCTCCTCCTCCTCCTCCTCCTCCTC | 30 | TTACCTTCAACCTCA | GCTAAGGCAGAGTCTTTGGCTTCTTCAATTGAC |
| 10761 | Chr_A01 | CGT | 71843369 | 71843549 | CGTCGTCGTCGTCGTCGTCGTCGTCGTCGTCGTCGTCGTCGTCGTCGTCGTCGTCGTCGTCGTCGTCGTCGTCGTC | 180 | TACATAATAATAATA | GATAAAGCTCATGAATGATGATAAAGCTCATGA |
| 10762 | Chr_A01 | CCA | 23283697 | 23283736 | CCACCACCACCACCACCACCACCACCACCACCACCACCA | 39 | CAAAAACACTTTAAA | CAGACACAAACACAAACACCACTCCCTCACCCC |
| 10763 | Chr_A01 | CCA | 37956959 | 37956989 | CCACCACCACCACCACCACCACCACCACCA | 30 | AGCCACCTCTACTTC | CCGTCTCTAGCAGTGCACTACCACCATCCTCCC |
| 10764 | Chr_A01 | CCA | 55152968 | 55153001 | CCACCACCACCACCACCACCACCACCACCACCA | 33 | CTTGGACCAAATTAC | CTACCAACACCAACACAAACACCACCACCAACAC |
| 10765 | Chr_A01 | CCA | 88564307 | 88564346 | CCACCACCACCACCACCACCACCACCACCACCACCACCA | 39 | ATCCTCCTCGCTCGA | ACACCAGTCTTGTGAAGCACCTGAGTCAATGCA |
| 10766 | Chr_A01 | CCA | 90926668 | 90926716 | CCACCACCACCACCACCACCACCACCACCACCACCACCACCACCACCA | 48 | AATATATTAATAATA | ATAATAATAATAATAATAATAATAATAATAATA |
| 10767 | Chr_A01 | CCA | 92363063 | 92363093 | CCACCACCACCACCACCACCACCACCACCA | 30 | TTAAAATCATTCTTA | ACCAACCAACCAACAAACAACAACAACACTAAA |
| 10768 | Chr_A01 | CCT | 23449634 | 23449670 | CCTCCTCCTCCTCCTCCTCCTCCTCCTCCTCCTCCT | 36 | TTCTTCTTCTTCTTC | TCTTCTCCTTTATCCTTCTTCTTCTTCTTCAAC |
| 10769 | Chr_A01 | CCT | 31564787 | 31564823 | CCTCCTCCTCCTCCTCCTCCTCCTCCTCCTCCTCCT | 36 | CGTCATTTCTGCCGG | CATCATCATCATCATCATCATCATCATCATCAT |
| 10770 | Chr_A01 | CCT | 35437662 | 35437695 | CCTCCTCCTCCTCCTCCTCCTCCTCCTCCTCCT | 33 | CTTCTTCTTTCTCCC | TTTTTTCATCTTTTTTCATTATTGTCATGGTCA |
| 10771 | Chr_A01 | CCT | 46593384 | 46593417 | CCTCCTCCTCCTCCTCCTCCTCCTCCTCCTCCT | 33 | TACACCTAATCCATC | CATCATCATCATCATCATCATCATCATCATCAT |
| 10772 | Chr_A01 | CCT | 55396014 | 55396116 | CCTCCTCCTCCTCCTCCTCCTCCTCCTCCTCCTCCTCCTCCTCCTCCTCCTCCTCCTCCTCCTCCTCCTCCTCCTC | 102 | TCTTACAAGTTGCTA | CCGCATACAGTTTTTTTGAATTGCAAGTCTTAC |
| 10773 | Chr_A01 | CCT | 68235520 | 68235559 | CCTCCTCCTCCTCCTCCTCCTCCTCCTCCTCCTCCTCCT | 39 | CAAGTCTAACCAAGT | TCTTCTAAATTCACGCATGCAAGTTCTTCTTCT |
| 10774 | Chr_A01 | CCT | 78821923 | 78821953 | CCTCCTCCTCCTCCTCCTCCTCCTCCTCCT | 30 | GGTTCCATTGCTATG | TCTCCTCCTCCTCTTCCTCCAAGAAACAAAATT |
| 10775 | Chr_A01 | CCT | 1E+08 | 1E+08 | CCTCCTCCTCCTCCTCCTCCTCCTCCTCCTCCTCCTCCTCCTCCTCCTCCTCCTCCTCCTCCTCCTCCTCCT | 72 | ATAGATCCAACACCA | CCGCGTGTTTTCTCCTCACGCTACGTTATCATC |
| 10776 | Chr_A01 | CCT | 1.01E+08 | 1.01E+08 | CCTCCTCCTCCTCCTCCTCCTCCTCCTCCT | 30 | TTTACCTTCAACCTC | CGCTAAGGCAGAGTCTTTGGCTTCTTCAATTGA |

图 10-2　“全基因组序列查找软件”微卫星查找结果

# 第 11 章 Python 应用程序的运行

Python 语言是一种解释型编程语言，用其编写的应用程序可以跨平台运行。在安装有 Python 解释器的系统中（Windows 等系统计算机安装成功 Python 语言程序后也就安装了 Python 语言解释器，Linux 系统自带 Python 解释器），就可以执行 Python 代码。Python 语言实现了程序就是文件的理念，源代码就是应用程序，每个 py 文件只是一个文本文件，占有的存储空间少，Python 语言解释器就能把 py 文件转换为应用程序，用于实现相关功能，而且可以通过完善源代码，持续更新应用程序，这也是 Python 编程语言的最大优势之一。

在没有安装 Python 解释器的计算机上，需要使用相关的编译模块，将 Python 代码编译成符合系统要求的可执行程序，如 Windows 系统的.exe 程序，才可以正常执行。本章介绍 Python 代码的执行方式。

## 11.1 Python 语言代码的解释执行

以 Windows 系统为例，该方式只适用于安装了 Python 解释器的计算机。在解释器中执行 Python 代码的方式有如下几种。

### 11.1.1 命令行窗体执行

在搜索栏输入`'cmd'`，就能找到 cmd.exe，也可以把 cmd.exe 应用程序固定到开始菜单或固定到任务栏，可以更方便地打开命令行窗体。在命令行窗体输入 **python** 命令再回车，就打开了如下的 Python 解释器交互式窗体，可以直接输入代码执行。

```
Microsoft Windows [版本 10.0.22621.2506]
(c) Microsoft Corporation。保留所有权利。

C:\Users\trong>python
Python 3.8.10 (tags/v3.8.10:3d8993a, May 3 2021, 11:34:34) [MSC
    v.1928 32 bit (Intel)] on win32
Type "help", "copyright", "credits" or "license" for more information.
>>> 2+3
5
>>> import os
>>> os.path.normcase("C:\\Users\\trong\\Desktop\花生施肥4.0.py")
'c:\\users\\trong\\desktop\\花生施肥4.0.py'
>>> print('你好！')
你好！
```

如果不打开 Python 解释器交互式窗体，也可以在命令行窗体直接执行 Python 脚本文件；如果需要打开一个 Python 应用程序，执行语句结构为 python 文件路径。示例代码参见如下的 Windows 命令行窗体：

```
Microsoft Windows [版本 10.0.22621.2506]
(c) Microsoft Corporation。保留所有权利。

C:\Users\trong>python c:\\users\\trong\\desktop\\花生施肥4.0.py

C:\Users\trong>
```

如果花生施肥 4.0.py 文件中的代码没有任何问题，就打开“花生结荚区平衡集中精准施肥软件”。

另一种打开命令行窗体并直接执行命令的方式是利用 Python 模块 `os` 的 `system` 函数，在 Python 交互式窗体用代码 `os.system('cmd')` 打开命令行窗体。也可以在打开命令行窗体的同时直接执行 Windows 命令，代码格式为 `os.system('cmd 命令')`。参见下面的 Python 交互式窗体示例代码：

```
Python 3.8.10 (tags/v3.8.10:3d8993a, May  3 2021, 11:34:34) [MSC
    v.1928 32 bit (Intel)] on win32
Type "help", "copyright", "credits" or "license()" for more information.
>>> import os
>>> os.system('start cmd.exe') #只打开命令行窗体
0
>>> os.system('cmd') #只打开命令行窗体
-1073741510
>>> os.system('cmd.exe') #只打开命令行窗体
-1073741510
#下面三种打开命令行窗体执行脚本文件的效果一样，注意必须有‘/k’参数
>>> os.system('start cmd.exe /k python C:\\Users\\trong\\Desktop\花生施肥
    4.0.py') #打开命令行窗体，再进入python解释器执行指定路径的Python模块对应的应用程序
0
>>> os.system('cmd.exe /k python C:\\Users\\trong\\Desktop\花生施肥4.0.py')
#打开命令行窗体，再进入python解释器执行指定路径的Python模块对应的应用程序
-1073741510
>>> os.system('cmd /k python C:\\Users\\trong\\Desktop\花生施肥4.0.py')
#打开命令行窗体，再进入python解释器执行指定路径的Python模块对应的应用程序
-1073741510
```

### 11.1.2　在 Python 集成开发环境（IDLE）中编写和执行代码

Python 应用程序 IDLE 包括脚本编辑窗体和交互式窗体，并内置 Python 解释器。可以在 options→configure IDLE→General 选择启动界面是脚本编辑窗体还是交互式窗体，在脚本编辑窗体的 Run 菜单中，有直接运行整个文件的 Run Module 按钮，用于执行一个应用程序，以及打开交互式窗体的 Python Shell 按钮。在交互式窗体，可以逐句执行代码，

也可以执行函数或类实例化语句。在本书前面章节中的代码演示实例中，一部分在 IDLE 的交互式窗体完成，一部分在脚本编辑窗体完成。

如果 py 文件代码没有任何问题，可以双击该文件，默认用 Python 语言解释器执行，就能像打开文件一样打开 Python 应用程序，这也许是最简单的打开 Python 应用程序方式了。

### 11.1.3 在第三方 Python 集成开发环境中编写和执行代码

作者用得比较多的第三方 Python 集成开发环境为 ANACONDA 及其包含的 Spyder，该开发环境比原生的 IDLE 有更多便于代码编写的功能，如错误代码行链接、代码自动补齐、自动定位等，可以大幅度地提高代码编写效率。Spyder 在一个窗体集成了代码编辑区和交互式代码运行区，并内置了大部分常用第三方 Python 模块，省去了 IDLE 需要预先安装第三方模块的步骤。Spyder 集成开发环境窗体如图 11-1 所示。

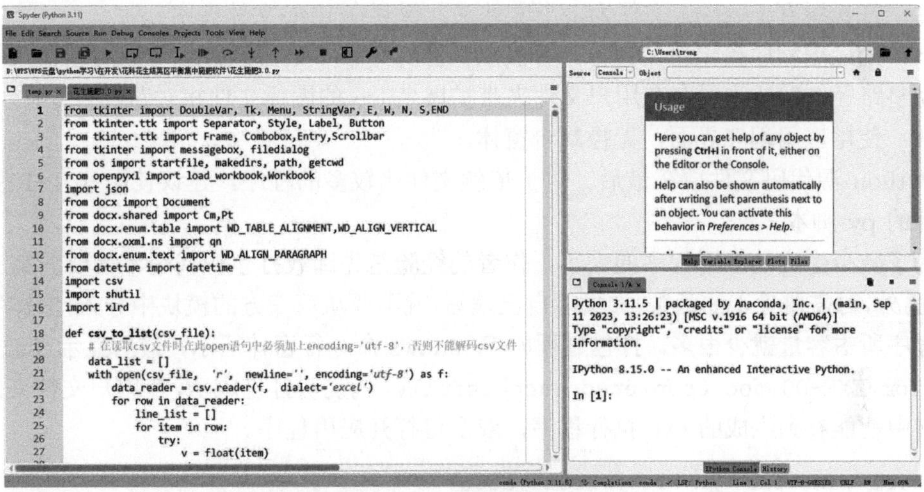


图 11-1 Spyder 集成开发环境窗体

## 11.2 Python 应用程序源代码的打包执行

在没有安装 Python 解释器的计算机等终端中，不能执行 Python 应用程序的源代码。因此，为了解决在没有 Python 解释器的计算机中运行 Python 应用程序的问题，本节采用 PyInstaller 等第三方模块把 Python 源代码、解释器和需要的第三方模块打包成一个应用程序，然后利用第三方应用程序 Inno Setup 把生成的 exe 文件及相关资源文件编译为 exe 安装程序，就可以像普通的 Windows 程序那样安装使用。

### 11.2.1 利用 PyInstaller 打包

PyInstaller 将 Python 解释器及其所有依赖项捆绑到一个包中。用户可以在不安装 Python 解释器或任何模块的情况下运行打包的应用。PyInstaller 支持 Python 3.8 及更新版本，并能正确捆绑许多主要的 Python 第三方包，如 numpy、matplotlib 等。

（1）安装 pyinstaller。PyInstaller 为一个 Python 包，可以在命令行窗体通过 pip install pyinstaller 安装最新版的 PyInstaller 及相关依赖包。

（2）确认 Python 源代码所需要的依赖模块都已经安装。验证方法就是在 Python IDLE 中运行主程序代码，如果该程序能正常运行，说明所需要的模块已经安装；如果不能正常运行，则根据提示安装需要的模块，可以在代码中利用 os 模块的 system 方法自动安装模块。

（3）把源代码文件复制到用户文件夹。在打包命令中只需提供文件名就行。

（4）打包生成应用程序。打包过程在 Windows 命令行窗体完成，打包命令为

```
pyinstaller -F（-D）-w -i 图标.ico 源代码文件名.py
```

其中的参数说明如下所示。

-F：把所有 Python 文件打包成单个可执行程序文件。PyInstaller 会在用户文件夹中创建一个 dist 文件夹，保存生成的可执行文件。

-D：打包所有 Python 文件为一个文件夹，保存在 dist 文件夹中。

-i：为应用程序提供新的图标，替换默认图标，该参数后跟打包时由用户输入的图标文件完整路径，默认为保存在用户文件夹带扩展名.ico 的图标文件相对路径。

-w：使用应用程序界面，无控制台窗体。

Python 源代码文件放在最后。对于依赖文件比较多的程序，建议使用-D，-F 更适合单文件的 py 脚本。

为了减少生成的应用程序的大小，作者的经验是先卸载打包源代码不需要的第三方程序包，另外，对需要导入的函数，如果能自己编写，就不要从第三方的模块中导入，这样生成的应用程序所占容量就少很多。打包过程如 Windows 命令行窗体所示，最后显示 Building EXE from EXE-00.toc completed successfully，就说明打包成功，在用户文件夹的 dist 文件夹中就能看到生成的 exe 执行程序，双击可打开应用程序。

```
Microsoft Windows [版本 10.0.22621.2506]
(c) Microsoft Corporation。保留所有权利。

C:\Users\trong>pyinstaller -F -w -i tb.ico 花生施肥3.0.py
350 INFO: PyInstaller: 6.1.0
350 INFO: Python: 3.8.10
361 INFO: Platform: Windows-10-10.0.22621-SP0
361 INFO: wrote C:\Users\trong\花生施肥3.0.spec
369 INFO: Extending PYTHONPATH with paths
['C:\\Users\\trong']
709 INFO: checking Analysis
816 INFO: checking PYZ
901 INFO: checking PKG
957 INFO: Bootloader c:\users\trong\appdata\local\programs\python\python38-32\
    lib\site-packages\PyInstaller\bootloader\Windows-32bit-intel\runw.exe
958 INFO: checking EXE
958 INFO: Building EXE because EXE-00.toc is non existent
```

```
958 INFO: Building EXE from EXE-00.toc
958 INFO: Copying bootloader EXE to C:\Users\trong\dist\花生施肥 3.0.exe
1066 INFO: Copying icon to EXE
1165 INFO: Copying 0 resources to EXE
1165 INFO: Embedding manifest in EXE
1276 INFO: Appending PKG archive to EXE
1304 INFO: Fixing EXE headers
4592 INFO: Building EXE from EXE-00.toc completed successfully.
```

### 11.2.2 利用 Inno Setup 生成安装程序

PyInstaller 只是把 Python 源代码打包成一个可执行文件，一些该执行文件需要的图标文件和帮助文档、运行所需要的数据和图片等资源文件必须与该 exe 文件处在同一个文件夹才能正常运行，在不同计算机间的分享不够方便。Windows 应用程序 Inno Setup 能把 PyInstaller 生成的 exe 文件和该 exe 文件运行需要的资源文件打包成一个 Windows 安装程序，可以分享到其他没有安装 Python 解释器的 Windows 系统计算机，与通常的 Windows 应用程序安装使用一样。具体过程如下所示。

（1）从开始菜单打开 Inno Setup Compiler，启动界面如图 11-2 所示。选择 Create a new script file using the Script Wizard，利用向导创建一个新文件。

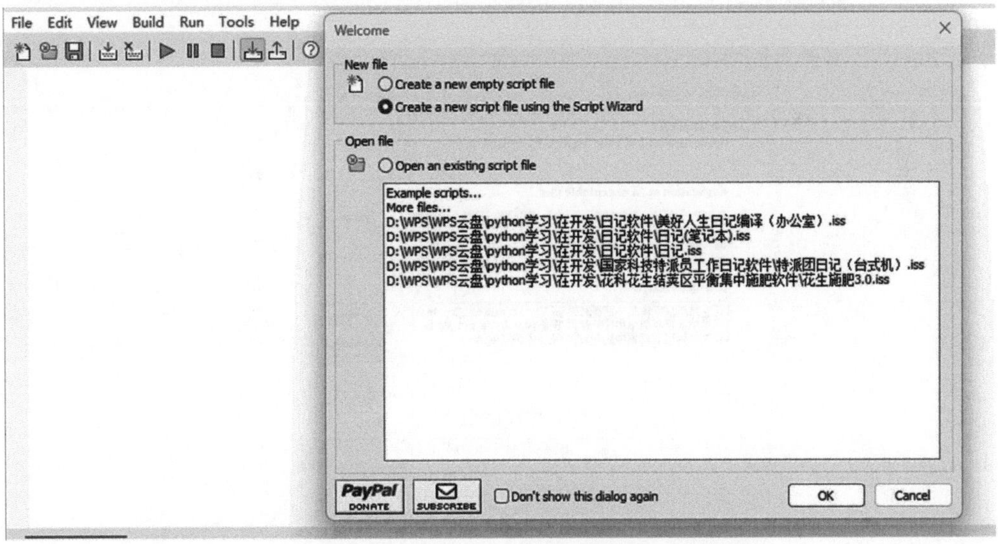


图 11-2　Inno Setup 利用向导创建新文件窗体

（2）确定后打开向导欢迎界面，单击“Next”按钮，出现第一个参数输入窗体。生成的应用程序名称、版本号、发布者、程序下载网页如图 11-3 所示。

（3）继续单击“Next”按钮，选择应用程序安装的目标文件夹等信息，利用默认设置即可。

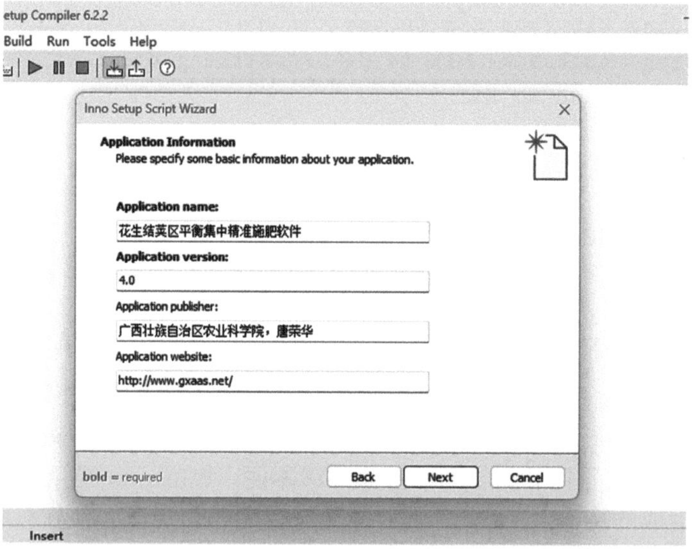


图 11-3　程序名等信息输入窗体

（4）继续单击“Next”按钮，该窗体需要输入 PyInstaller 生成 exe 文件的路径与程序运行需要使用的资源文件的路径（可以逐个文件输入，也可输入整个文件夹，见图 11-4）。

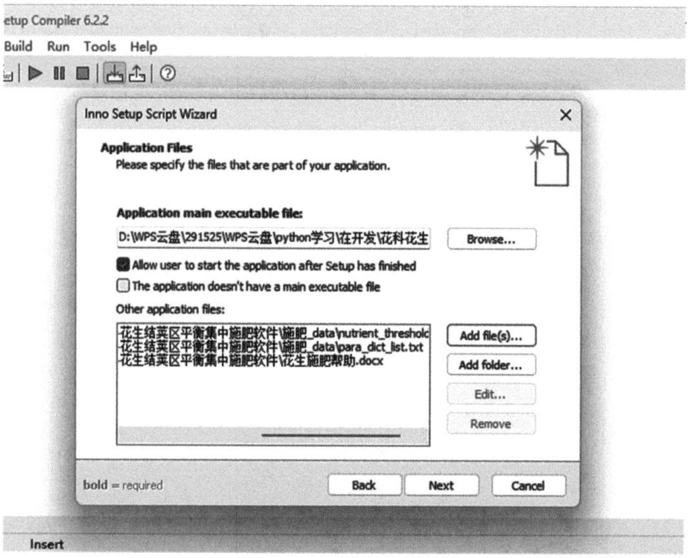


图 11-4　主程序和资源文件路径输入窗体

（5）继续单击“Next”按钮，选择应用程序关联的文件类型信息，利用默认设置即可，也可不关联文件类型。

（6）继续单击“Next”按钮，设置快捷图标等，采用默认设置。

（7）继续单击“Next”按钮，选择版权声明文件。

（8）继续单击“Next”按钮，选择安装模式，采用默认设置。

（9）继续单击“Next”按钮，选择安装语言。可选中文。

（10）继续单击“Next”按钮，选择安装程序保存位置、安装程序文件名、安装程序图标和设置安装密码等。

（11）继续单击“Next”按钮，直到最后一个完成窗体，单击“Finish”按钮，根据提示是否保存和编译文件。

（12）可单击菜单栏下的编译（compile），启动编译，如果成功编译，就能在步骤（10）指定的保存安装程序的位置看到生成的安装程序。

（13）双击生成的安装程序，就启动了程序的安装，根据提示完成安装即可在开始菜单找到新安装的程序。